Produktportfoliosteuerung mittels präskriptiver Datenanalyseverfahren

Product Portfolio Design Using Prescriptive Analytics

Von der Fakultät für Maschinenwesen
der Rheinisch-Westfälischen Technischen Hochschule Aachen
zur Erlangung des akademischen Grades einer
Doktorin der Ingenieurwissenschaften
genehmigte Dissertation

vorgelegt von

Merle-Hendrikje Jank

D1726850

Berichter:

Univ.-Prof. Dr.-Ing. Dipl. Wirt.-Ing. Günther Schuh
Außerplanmäßiger Professor Dr.-Ing. Wolfgang Boos

Tag der mündlichen Prüfung: 17. Februar 2021

ERGEBNISSE AUS DER PRODUKTIONSTECHNIK

Merle-Hendrikje Jank

Produktportfoliosteuerung mittels präskriptiver Datenanalyseverfahren

Herausgeber:
Prof. Dr.-Ing. T. Bergs
Prof. Dr.-Ing. Dipl.-Wirt. Ing. G. Schuh
Prof. Dr.-Ing. C. Brecher
Prof. Dr.-Ing. R. H. Schmitt

Band 11/2021

Bibliografische Information der Deutschen Nationalbibliothek
Die Deutsche Nationalbibliothek verzeichnet diese Publikation in der Deutschen
Nationalbibliografie; detaillierte bibliografische Daten sind im Internet
über https://portal.dnb.de abrufbar.

Merle-Hendrikje Jank:

Produktportfoliosteuerung mittels präskriptiver Datenanalyseverfahren

1. Auflage, 2021

Gedruckt auf holz- und säurefreiem Papier, 100% chlorfrei gebleicht.

Apprimus Verlag, Aachen, 2021
Wissenschaftsverlag des Instituts für Industriekommunikation und Fachmedien
an der RWTH Aachen
Steinbachstr. 25, 52074 Aachen
Internet: www.apprimus-verlag.de, E-Mail: info@apprimus-verlag.de

Druck: KN Digital Printforce GmbH, Stuttgart

ISBN 978-3-86359-957-7

D 82 (Diss. RWTH Aachen University, 2021)

Vorwort

Die vorliegende Dissertationsschrift entstand während meiner Tätigkeit als wissenschaftliche Mitarbeiterin am Lehrstuhl für Produktionssystematik des Werkzeugmaschinenlabors WZL der Rheinisch-Westfälischen Technischen Hochschule (RWTH) Aachen. An dieser Stelle möchte ich den Personen danken, ohne welche die Erstellung dieser Arbeit nicht möglich gewesen wäre.

Mein Dank gilt insbesondere Herrn Professor Günther Schuh für die Möglichkeit zur Promotion. An seinem Lehrstuhl für Produktionssystematik habe ich ein inspirierendes Umfeld gefunden, welches mich fachlich und persönlich gleichermaßen gefördert und gefordert hat. Sein Vertrauen in meine Person sowie die mir übertragene Verantwortung im Rahmen von verschiedenen Projekten haben wesentlich zu meiner Promotion und zu meiner persönlichen Entwicklung beigetragen. Für meine Arbeit war sein visionäres Denken und seine analytische Brillanz stets Inspiration und Motivation.

Für die Übernahme des Koreferats danke ich Herrn Professor Wolfgang Boos. Frau Professorin Anna Katharina Mechler danke ich für die Übernahme des Prüfungsvorsitzes.

Auch möchte ich mich bei den Oberingenieuren bedanken, die meine Zeit am Werkzeugmaschinenlabor WZL der RWTH Aachen begleitet und geprägt haben. Insbesondere danke ich Dr. Michael Riesener, der mich als wissenschaftliche Mitarbeiterin eingestellt hat. In den ersten Monaten der Themenfindung hat er meinen Blick immer wieder geschärft und neue Impulse gesetzt. Zudem bedanke ich mich bei meinen Gruppenleitern, die meinen Promotionsprozess ebenfalls kontinuierlich begleitet haben. Stellvertretend möchte ich hier Dr. Christian Mattern nennen. Sein analytischer Scharfsinn und seine zielorientierte Denkweise waren für mich in den Diskussionen sehr bereichernd.

Für die vielen gemeinsamen Stunden der kollegialen Zusammenarbeit und Freude möchte ich mich ganz herzlich bei meinen Kollegen bedanken. In den ersten Monaten in der Abteilung Innovationsmanagement standen mir meine Bürokollegen Dr. Elisabeth Schrey und Dr. Sebastian Schloesser immer mit gutem Rat zur Seite. Bedanken möchte ich mich auch bei Johanna Ays, für das gegenseitige „Tempo-Machen" und viele schöne berufliche und private Augenblicke, bei Manuel Ebi, für die lehrreiche Zusammenarbeit sowie bei Alexander Menges, für die lustigen Stunden im gemeinsamen Büro. Mit Michael Mendl-Heinisch und Hendrik Lauf habe ich unzählige Dienstreisen verbracht, die fachlich und menschlich eine wahre Bereicherung waren. Auch danke ich Julian Kreß und Jonas Tittel, für viele positive Impulse und das angenehme Miteinander. Und schlussendlich gilt mein Dank Annika Becker, die zu jeder Zeit Probleme und Erfolge zu teilen bereit war.

Mein großer Dank gilt auch meinen studentischen Mitarbeitern und Abschlussarbeitern. Ihre unermüdliche Wissbegierde, die kritischen Rückfragen und ihr „frischer Blick" auf mein Promotionsthema waren eine große Bereicherung und Motivation zugleich, weiterzumachen und Antworten auf ihre Fragen zu finden. Insbesondere gilt mein großer Dank Christopher Hettlage, Alexander James Wimmers und Jan Hendrik Blümel.

What I don't want to miss at this point is to say Thank You to my (inter)national team of friends, supporters and sparring partners – from school days to the present date. Elodie, Anne-Marie, Justine, Pernille, Julia and Jack thanks for sharing moments of happiness with me and for being there even in challenging situations.

Mein größter Dank gebührt meiner Familie, allen voran meinen Großeltern, meiner Mama und meiner Tante. Eure bedingungslose Liebe, Unterstützung und Förderung zu jeder Zeit hat mich zu der Person gemacht, die ich heute bin. Ihr habt mich gelehrt, neugierig und mutig zu sein, für meine Ziele zu kämpfen und meinen Weg zu gehen. Ihr habt mit mir gelacht, gefeiert und geweint. Mein ebenso großer Dank gilt meinem Freund, bei dem ich in konstruktiven Anmerkungen fachliche Unterstützung fand und der mir mit großem Einfühlungsvermögen ein sehr starker Partner an meiner Seite in meiner Promotion war und noch immer ist. Auch gilt dir, lieber Sebastian, mein Dank. Mit einem großen Lachen denke ich an viele gemeinsame Abenteuer zurück. Für die vielfältige Unterstützung in der heißen Phase meiner Promotion möchte ich auch euch danken, liebe Magdalene und lieber Achim.

Euch allen widme ich diese Arbeit.

Stuttgart, im März 2021

Merle-Hendrikje Jank

Inhaltsverzeichnis

Verzeichnis der Abbildungen

Verzeichnis der Tabellen

Verzeichnis der Abkürzungen

ADAM	Adaptive Moment Estimation
aRMSE	average Route Mean Squared Error
BSC	Balanced Scorecard
bspw.	beispielsweise
bzgl.	bezüglich
bzw.	beziehungsweise
ca.	circa
CNN	Convolutional Neural Network
CRISP-DM	Cross Industry Standard Process for Data Mining
CV	Cross Validation
d. h.	das heißt
DP	Dynamische Programmierung
DSR	Design Science Research
engl.	englisch
ERC	Ensemble of Regressor Chains
evtl.	eventuell
F&E	Forschung- und Entwicklung
FIRE	Fitted Rule Ensemble
GA	Genetic Algorithmus
ggf.	gegebenenfalls

ggü.	gegenüber
GPI	Generalized Policy Iteration
i. S.	im Sinne
i. S. v.	im Sinne von
KDD	Knowledge Discovery in Databases
KL	Kennzahl
LOO	Leave-One-Out
LOO-CV	Leave-One-Out-Cross-Validation
MLP	Multi-Layer-Perceptron
MEP	Markov-Entscheidungsproblem
o. g.	oben genannten
ReLu	Rectified Linear Activation Function
RMSE	Route Mean Squared Error
RNN	Recurrent Neural Network
SST	Stacked Single-Target
sog.	sogenannte
SVR	Support Vector Regression
u. a.	unter anderem
vgl.	vergleiche
z. B.	zum Beispiel

Verzeichnis der Formelzeichen

a_f: Spaltensumme der Bewertung von Ziel f

$a_{f,g}$:   Bewertungskoeffizient

b: unternehmensinterner Kalkulationszinsfuß

b_k: Kennzahlengüte im Bewertungskriterium k

D: Anzahl an Zielgrößen

E_π: Erwartungswert der Strategie π

I_m: Ressourcenbeanspruchungsindex der Handlungsoption $a_{e,m}$

I_{max}:   maximaler Wert des Ressourcenbeanspruchungsindexes $I_{e,m}$

$J(\theta)$:   Optimierungsfunktion

$K_z(s_z)$:   Konformitätsmaß K_z im aktuellen Produktportfoliozustand s_z

$K_z(s_z')$:   Konformitätsmaß K_z im zukünftigen Produktportfoliozustand s_z'

$\overline{KL}$:   Mittelwert der Zeitreihe

KL_B: Kennzahlenwert auf Produktportfolioebene B

KL_{max}:   maximaler Wert der Kennzahl in der betrachteten Zeitspanne T_H

KL_{min}:   minimaler Wert der Kennzahl in der betrachteten Zeitspanne T_H

KL_n: nicht-skalierter Wert der Kennzahl zum Zeitpunkt t_n

KL_n':   skalierter Wert der Kennzahl zum Zeitpunkt t_n

KL_{n+1}:   Wert des Datenpunkts zum Zeitpunkt t_{n+1}

KL_{n-1}:   Wert des Datenpunkts zum Zeitpunkt t_{n-1}

$KL_{p,Maß}$:   als Maß dienender Kennzahlenwert bei Produkt p

$KL_{p,Mes}$:   messender Kennzahlenwert bei Produkt p

KL_{T_l}:   Kennzahlenwert auf Produktlinienebene T in der Produktlinie l

$KL_{T_l,Maß}$:   als Maß dienender Kennzahlenwert auf Produktlinienebene T

$KL_{T_l,Mes}$:   messender Kennzahlenwert auf Produktlinienebene T

$KL_{Typ,n}$:   Wert des Datenpunkts der Kennzahl KL vom Typ ‚fehlender Wert‘ bzw. ‚Ausreißer‘ zum Zeitpunkt t_n

$L_{j,n}(r_{j,n})$:   Kostenfunktion des Datenpunkts n der Ausgangsvariable j

N: Anzahl an Datenpunkten im Trainingsdatensatz

net_c: Nettoeingabewert von Neuron c

$Q^\pi(s_z, a_m)$:   Wert im Umweltzustand s_z bei Durchführung der Aktion a_m

$R(a_{e,m}, s_z)$:   Belohnung für Durchführung der Handlungsoption $a_{e,m}$ im Produktportfoliozustand s_z

$r_{j,n}$:   Netzfehler des Datenpunkts n der Ausgangsvariable j

r_t: sofortige Belohnung zum Zeitpunkt t

s: Standardabweichung in einer Zeitreihe

s_t: Umweltzustand zum Zeitpunkt t

$T(s_z, a_m, s'_z)$:   Übergang von Zustand s_z mit Aktion a_m zu Zustand s'_z

$T_{e,m}$:   Umsetzungsdauer einer Handlungsoption $a_{e,m}$

T_H: Zeitraum der Datenaufnahme

$\triangle t$:   Abtastfrequenz

t_0:   Zeitpunkt der retrospektiven Datenaufnahme

t_v: Zeitpunkt der frühesten Datenverfügbarkeit der Variablen

$U(K_z(s_z))$:   Nutzen des Unternehmens im Produktportfoliozustand s_z durch Erreichen des Konformitätsmaßes K_z

$V^*(s_z)$:   Zustand-Wertfunktion im Produktportfoliozustand s_z

$V^*(s'_z)$:   Zustand-Wertfunktion im Produktportfoliozustand s'_z

v_{ic}:	Gewicht zwischen Neuron i und Neuron c
$V_t(s_z')$:	Zustand-Wertfunktion im Produktportfoliozustand s_z'
$V_{t+1}(s_z)$:	Zustand-Wertfunktion im Produktportfoliozustand s_z
$V^\pi(s_z)$	Wert des Umweltzustands s_z unter der Strategie π
w_f:	Zielgewichtung von Ziel f
w_j:	Gewichtung von Zielgröße j
$\Delta X_{e,i}^m$:	Steuergrößenbeeinflussung
$\hat{Y}_{j,max}$:	maximaler Wert $\hat{Y}_{j,z}$ in allen Produktportfoliozuständen im Steuerungsraum S
$\hat{Y}_{j,min}$:	minimaler Wert $\hat{Y}_{j,z}$ in allen Produktportfoliozuständen im Steuerungsraum S
$Y_{j,n}$:	wahrer Wert für den Datenpunkt n der Ausgangsvariablen j gemäß des Trainingsdatensatzes
$\hat{Y}_{j,n}$:	Vorhersagewert des Neuronalen Netzes für den Datenpunkt n der Ausgangsvariablen j
$\hat{Y}_{j,z}$:	Vorhersagen für Zielgröße j in Produktportfoliozustand s_z
$\hat{Y}_{j,z}'$:	skalierte Vorhersagen für Zielgröße j in Produktportfoliozustand s_z
γ:	Diskontierungsfaktor
θ:	Menge aller Parameter des Neuronalen Netzes
σ_i:	Eingangssignal von Neuron c
$\pi^*(s_z)$:	optimale Strategie im Produktportfoliozustand s_z

Zusammenfassung

Hohe Marktdynamiken und kurze Produktlebenszyklen machen es für Unternehmen unverzichtbar, ihr Produktportfolio kontinuierlich zu überprüfen und derart zu steuern, dass die Wettbewerbsfähigkeit langfristig gesichert wird. Zur Identifikation von Steuerungsmaßnahmen eignet sich die Verwendung von Datenanalyseverfahren in der Produktportfoliosteuerung. Obgleich die Verfügbarkeit der dafür notwendigen Daten in Unternehmen durch Digitalisierung in den letzten Jahren kontinuierlich steigt, werden Produktportfolioentscheidungen oftmals allein auf Basis subjektiven Expertenwissens getroffen. Ein derartiges Vorgehen führt zu hohen Latenzzeiten bis zum Erkennen des Steuerungsbedarfs, der Identifikation falscher Maßnahmen aufgrund einer hohen Entscheidungskomplexität sowie mangelnder Transparenz im Entscheidungsprozess.

Die vorliegende Arbeit soll variantenreiche Serienfertiger bei der Gestaltung der Produktportfoliosteuerung methodisch unterstützen. Die Zielsetzung dieser Arbeit besteht demnach in der Entwicklung einer Methodik für eine datenbasierte und unternehmenszielkonforme Produktportfoliosteuerung mittels präskriptiver Datenanalyseverfahren.

Die entwickelte Methodik setzt sich aus vier Methodikschritten zusammen. Im ersten Methodikschritt wird eine holistische Produktportfoliobeschreibung anhand von Perspektiven aufgebaut und der Produktportfoliozustand in den einzelnen Perspektiven durch Kennzahlen quantifiziert. Ausgehend vom übergeordneten Ziel der Steigerung des Unternehmenswertes werden im zweiten Methodikschritt produktportfoliorelevante Unternehmensziele identifiziert und analog anhand von Kennzahlen quantifiziert. Der dritte Methodikschritt beschreibt das Vorgehen bei der Ermittlung von Wirkzusammenhängen zwischen einem Produktportfoliozustand und den Zielgrößen durch den Einsatz Neuronaler Netze. Ziel des dritten Schritts ist die Identifikation von Optimierungspotenzialen auf Basis der Quantifizierung der Konformität möglicher Produktportfoliozustände hinsichtlich des Unternehmenszielsystems. Die Ableitung der Optimierungsstrategie findet im vierten Methodikschritt unter Berücksichtigung des Aufwand-Nutzen-Verhältnisses möglicher Steuerungsmaßnahmen statt.

Summary

Faced with dynamic market requirements and diminishing product lifecycles companies across all industries need to continuously analyse and re-design their product portfolio to sustain long-term company success. To identify appropriate recommendations for actions, data-based analytical methods can be used. Although necessary data are becoming increasingly available in companies due to raising efforts in digitalization, nowadays product portfolio decisions are often based on subjective experience of portfolio managers. This procedure leads to three issues: high latency times before the need for a portfolio re-design is recognized, the identification of insufficient recommendations for action due to complex decision situations as well as the lack of transparency in the decision-making process.

This work aims at providing a methodological support to companies that suffer from complex product portfolios. Thus, the goal of this work is the development of a methodology that allows a data-based and corporate goal-conform product portfolio design using prescriptive analytics.

The methodology at hand is composed of four steps. First, a holistic product portfolio description from heterogeneous perspectives is derived. How well the product portfolio performs in each perspective is measured using key performance indicators. Based on the overarching corporate goal of increasing long-term company success, the second step aims at identifying corporate goals that are relevant for product portfolio design and describes them using key performance indicators. In the third step, the procedure to identify interrelations between a state of a product portfolio and the goal system is explained using artificial neural networks. Measuring the conformity of a set of possible product portfolio states along with the corporate goal system, allows the determination of potential for optimization of the portfolio. The fourth step focuses on the identification of an optimization strategy considering the cost-benefit ratio of possible recommendations for action.

1 Exposition

1.1 Einleitung und Motivation des Themas

Im Kontext hoher Markt- und Unternehmensumweltdynamiken ist es die Aufgabe des strategischen Managements, den langfristigen Unternehmenserfolg sowie eine nachhaltige Weiterentwicklung der Unternehmung sicherzustellen.[1] Zur Aufgabenerfüllung stehen dem strategischen Management Portfoliomanagementkonzepte als Entscheidungshilfen zur Maßnahmenableitung zur Verfügung.[2] Das Konzept des Portfolioansatzes als die gesamtwirtschaftliche Betrachtung aller von einem Unternehmen angebotenen Produkte wurde in den 1960er Jahren Bestandteil der Aufgaben des strategischen Managements von Industrieunternehmen.[3] Der Ursprung des Portfoliomanagements liegt in der Finanzierungslehre.[4] Erstmals entwickelte MARKOWITZ unter dem Begriff ,Portfolio Selection'[5] einen Ansatz zur optimalen Zusammensetzung eines Wertpapierportfolios gegeben den Präferenzen des Anlegers hinsichtlich Risiko und Ertrag.[6] Basierend auf der Weiterentwicklung der damaligen Grundannahmen zeichnet sich das Wertpapierportfoliomanagement heutzutage durch systematische Prozesse und die Verwendung datenbasierter Analyseverfahren zur Portfoliozusammenstellung aus.[7]

Mit Fokus auf die produzierende Industrie umfasst das Management des Produktportfolios alle Entscheidungen in Bezug auf die Produkte im Portfolio und zielt auf die Maximierung des Portfoliowertes, die Wahrung der Balance im Portfolio und die Ausrichtung

---

[1] Vgl. Schuh und Riesener (2017), Produktkomplexität managen, S. 3; Schuh et al. (2017), Agile Produktentwicklung; Wendt (2013), Strategisches Portfoliomanagement in dynamischen Technologiemärkten, S. 74; Gälweiler (2005), Strategische Unternehmensführung, S. 28.

[2] Vgl. Wendt (2013), Strategisches Portfoliomanagement in dynamischen Technologiemärkten, S. 74.

[3] Vgl. Bea und Haas (2019), Strategisches Management, S. 157ff.; Müller-Stewens und Lechner (2016), Strategisches Management, S. 281.

[4] Vgl. Brealey et al. (2017), Principles of corporate finance, S. 192.

[5] Vgl. Markowitz (1952), Portfolio Selection.

[6] Vgl. Perridon et al. (2017), Finanzwirtschaft der Unternehmung, S. 278; Fabozzi et al. (2011), Portfolio Selection, S. 47.

[7] Vgl. Batra et al. (2016), Using the power of advanced analytics, S. 68; Necchi (2016), Reinforcement Learning For Automated Trading; Liu et al. (2013), A One-Layer Recurrent Neural Network; Dichtl (2001), Ganzheitliche Gestaltung von Investmentprozessen, S. 16.

des Produktportfolios an der Unternehmenszielsetzung ab.[8] Zur Zielerreichung müssen beim Management des Produktportfolios die Marktbedürfnisse mit unternehmensinternen Restriktionen zur Leistungserstellung balanciert werden.[9] Damit ist eine systematische Steuerung des Produktportfolios maßgeblich für den Aufbau sowie den Erhalt von strategischen Erfolgspotenzialen[10] und damit für den langfristigen Unternehmenserfolg mit verantwortlich.[11] Im Gegensatz zum Portfoliomanagement in der Finanzierungslehre fehlt es beim Management des Produktportfolios an Prozessen zur Wahrung von Kontinuität und Flexibilität bei der Entscheidungsfindung.[12] Entscheidungen werden opportunistisch, intuitiv und oft losgelöst von den übergeordneten Unternehmenszielen getätigt.[13] Obgleich die Materialität von physischen Produkten gänzlich verschiedene Rahmenbedingungen im Vergleich zu Kapitalanlagen schafft, ist die Übertragung des systematischen und zielgerichteten Vorgehens aus dem Wertpapier-Portfoliomanagement vielversprechend. In diesem Zusammenhang und unter Berücksichtigung der steigenden Verfügbarkeit an Unternehmensdaten[14] und sich ändernder externer und interner Unternehmensbedingungen[15] wird eine methodische Neugestaltung der Produktportfoliosteuerung zunehmend relevant.

1.1.1   Relevanz des Themas

Das Umfeld produzierender Unternehmen lässt sich durch eine hohe Marktdynamik sowie kürzer werdende Produkt- und Technologiezyklen charakterisieren.[16] Durch den Wandel von Verkäufer- hin zu Käufermärkten sehen sich viele Unternehmen mit volatilen und heterogenen Kundenanforderungen und einem zunehmenden Preisdruck

---

[8]   Vgl. Brasil und Eggers (2019), Product and Innovation Portfolio Management, S. 9; Landauer (2013), Produktportfoliomanagement, S. 69; Cooper et al. (2001), Portfolio management for new products, S. 26ff.

[9]   Vgl. Meffert et al. (2019), Marketing, S. 398; Brasil und Eggers (2019), Product and Innovation Portfolio Management, S. 17.

[10] Unter einem Erfolgspotenzial wird die Gesamtheit aller produkt- und marktspezifischer erfolgsrelevanter Voraussetzungen verstanden, die spätestens bei der Erfolgsrealisierung vorhanden sein müssen (vgl. Gälweiler (2005), Strategische Unternehmensführung, S. 26).

[11] Vgl. Neu und Günter (2015), Die optimale Gestaltung der Kundenbeziehung, S. 5ff.; Grimm et al. (2014), Portfoliomanagement in Unternehmen, S. 1; Landauer (2013), Produktportfoliomanagement, S. 4; Gälweiler (2005), Strategische Unternehmensführung, S. 26.

[12] Vgl. Homburg (2017), Marketingmanagement, S. 610.

[13] Vgl. Tolonen et al. (2014), Product Portfolio Management, S. 77ff.

[14] Vgl. Reinsel et al. (2018), The Digitization of the World, S. 3.

[15] Vgl. Schuh et al. (2017), Agile Produktentwicklung, S. 49.

[16] Vgl. Krause und Gebhardt (2018), Methodische Entwicklung Modularer Produktfamilien, S. 22.

durch globalen Wettbewerb konfrontiert.[17] Unternehmen reagieren auf diese Entwicklungen mit der Differenzierung des Produktportfolios durch Einführung neuer Produkte.[18] Mittels dieser Erweiterung der extern angebotenen Vielfalt sollen Marktanteile durch Bedienung individueller Kundenwünsche sowie die Erschließung von Marktnischen ausgebaut und der Gesamtumsatz gesteigert werden.[19] Wegen dieses Vorgehens und des unzureichenden Managements der existierenden Produkte steigt die Vielfalt im Produktportfolio kontinuierlich an.[20] Eine Studie belegt, dass Unternehmen für jede aus dem Produktportfolio entfernte Produktvariante 1,8 neue Varianten hinzufügen.[21] Diese Steigerung wird sich auch zukünftig fortsetzen.[22] Durch die Ausweitung der externen Vielfalt nimmt auch die unternehmensinterne Vielfalt und Komplexität in der Leistungsrealisierung durch eine hohe Anzahl an Komponenten und Prozessen zu.[23] Dies führt zu negativen Auswirkungen in den Dimension ‚Zeit', ‚Kosten' und ‚Qualität' entlang verschiedener Unternehmensbereiche und muss daher im Produktportfoliomanagement betrachtet werden.[24] Wird der Nutzen einer hohen externen Vielfalt durch vielfaltsinduzierte Kosten kompensiert oder sogar übertroffen, führt dies zum Verlust der Wettbewerbsfähigkeit.[25]

Im Spannungsfeld zwischen der Maximierung der externen Vielfalt und den unternehmensinternen Anforderungen nach Standardisierung und Kostensenkung obliegt es dem strategischen Management, das optimale Komplexitätsniveau im Produktportfolio zu finden.[26] Dabei ist das Ziel, die optimale Vielfalt zu erkennen, abzubilden und eine unkontrollierte und unprofitable Produktportfolioerweiterung zu verhindern. Durch diese

[17] Vgl. Schuh et al. (2017), Structuring Information of Modular Product, S. 1; Schuh et al. (2017), Change Request im Produktionsbetrieb, S. 111; Schuh und Riesener (2017), Produktkomplexität managen, S. 3.
[18] Vgl. Rudolf et al. (2015), Discovering Product Innovation Potential, S. 540.
[19] Vgl. ElMaraghy et al. (2013), Product variety management, S. 629; Wan et al. (2012), Too much of a good thing, S. 323; Meeker et al. (2009), The complexity conundrum, S. 58.
[20] Vgl. Schuh et al. (2015), Methodik zur Optimierung der Produktdifferenzierung, S. 28; Gunasekaran et al. (2009), Product variety, S. 387.
[21] Vgl. Droge et al. (2012), Does supply chain integration mediate, S. 250.
[22] Vgl. Krause und Gebhardt (2018), Methodische Entwicklung Modularer Produktfamilien, S. 1.
[23] Vgl. Krause und Gebhardt (2018), Methodische Entwicklung Modularer Produktfamilien, S. 20.
[24] Vgl. ElMaraghy et al. (2013), Product variety management, S. 629; Schleich et al. (2007), Managing Complexity in Automotive Production, S. 1; Kohlhase und VDI, Gesellschaft Entwicklung Konstruktion Vertrieb (1998), Variantenreduzierung in der Praxis, S. 56.
[25] Vgl. Schuh und Riesener (2017), Produktkomplexität managen, S. 81; Ramdas und Sawhney (2001), A Cross-Functional Approach, S. 35.
[26] Vgl. Meffert et al. (2019), Marketing, S. 398; Thiebes und Plankert (2014), Umgang mit Komplexität in der Produktentwicklung, S. 165f.

direkten Auswirkungen auf die Wettbewerbsfähigkeit ist das Management des Produktportfolios essenziell für den Unternehmenserfolg.[27] Dabei ist im Speziellen die Ausrichtung aller Produktportfolioentscheidungen an der übergeordneten Unternehmenszielsetzung ein zentraler Erfolgsfaktor zur Sicherstellung der langfristigen Unternehmenswertsteigerung.[28]

Aufgrund des dynamischen Wettbewerbsumfeldes sind Unsicherheit und Intuition die
Entscheidungsdeterminanten beim Produktportfoliomanagement. Durch Unsicherheiten in Bezug auf entscheidungsrelevante Einflussgrößen und deren Zusammenhänge
sind Produktportfolioentscheidungen von komplexer Natur.[29] Wegen der steigenden
Anzahl und Komplexität von Entscheidungen in Steuerungsprozessen ist die Entscheidungsfindung auf Basis subjektiven Wissens zukünftig nicht mehr ausreichend[30] und es
bedarf einer faktenbasierten Unterstützung durch Datenanalyseverfahren im Produktportfoliomanagement.[31] Bestätigt wird diese Aussage durch eine von der Wirtschafts-
prüfungsgesellschaft KPMG durchgeführten Studie, die eine Unterstützung subjektiver
Entscheidungen durch objektive datenbasierte Erkenntnisse proklamiert.[32] Ermöglicht
wird dies durch die steigende Datenverfügbarkeit in allen Unternehmensbereichen.[33]
Aufgrund dieser Tatsachen ist die Befähigung zur datenbasierten Echtzeitunterstützung
in Entscheidungsprozessen eine wesentliche Anforderung an zukunftsweisende Engine-
ering-Methoden.[34]

1.1.2 Problemidentifikation

Das Informationstechnologie-Forschungsunternehmen Nucleus Research stellte bereits
im Jahr 2014 das Potenzial von Datenanalyseverfahren heraus und erkannte, dass für
jeden in die Analyse von Unternehmensdaten investierten US-Dollar 13,01 USD gespart
werden konnten.[35] In der industriellen Praxis hingegen werden Entscheidungsprozesse

---

[27] Vgl. Barlow et al. (2017), Driving business performance, S. 11; Jugend et al. (2016), Product portfolio management, S. 5095; Grimm et al. (2014), Portfoliomanagement in Unternehmen, S. 3; Amelingmeyer (2009), Gestaltungsfelder eines integrierten Produktportfoliomanagements, S. 3; Chao und Kavadias (2008), A Theoretical Framework for Managing the New Product, S. 907.

[28] Vgl. Freeman et al. (2018), Stakeholder theory, S. 10; Seidenschwarz (2016), Portfoliomanagement, S. 38; Tolonen et al. (2015), Product portfolio management, S. 469.

[29] Vgl. Posselt (2018), Renditeorientierte Führungsstrategien, S. 7.

[30] Vgl. Facciano und Holmes (2016), Data-driven: Big decisions in the intelligence age, S. 1.

[31] Vgl. Riesener et al. (2019), Implementing Neural Networks within Portfolio Management, XXX.

[32] Vgl. KPMG (2017), Mit Daten Werte Schaffen, S. 11.

[33] Vgl. Spath und Dangelmaier (2016), Produktentwicklung Quo Vadis, S. 6.

[34] Vgl. Abramovici et al. (2016), Engineering im Umfeld von Industrie 4.0, S. 25; Evans und Lindner (2012),
Business Analytics: The Next Frontier, S. 4.

[35] Vgl. Nucleus Research (2014), Analytics pays back.

„zum Teil mehr mit Bauchgefühl denn auf Grundlage einer fundierten Datenbasis getroffen"[36] und die Entscheidungsfindung dauert viele Monate. Eine Studie des Werkzeugmaschinenlabor WZL der RWTH Aachen belegt, dass die Entscheidungsfindung maßgeblich durch die Vielfalt und die Interdependenzen des Produktportfolios sowie die verunsichernden Marktdynamiken erschwert wird. Weiterhin geben 73 % der Unternehmen an, dass die richtige Interpretation und Wahrnehmung von Entwicklungen immer schwieriger wird.[37] Die unzureichende Effektivität und Effizienz derzeit verfügbarer Methoden und Praktiken im Produktportfoliomanagement lässt sich auf drei Ursachen zurückführen.

Zielkonformität der Steuerungsmaßnahmen

Aufgrund der Komplexität im Produktportfolio und in der Unternehmensumwelt fällt es schwer, die richtigen Produktportfolioentscheidungen in Bezug auf die übergeordnete Unternehmenszielsetzung zu treffen.[38] Über die Festlegung der Unternehmensstrategie definiert das strategische Management auch die Zielsetzung für das Produktportfolio.[39] Nach FRIEDRICH bleiben dabei aber oftmals die Erfolgspotenziale des Produktportfolios unberücksichtigt.[40] Dies hat eine regelmäßige Überprüfung und Neuausrichtung des Produktportfolios zur Folge,[41] wobei jedoch bei der Festlegung und Planung von Maßnahmen zur Zielerreichung Defizite erkennbar sind.[42] Vermehrt werden „low hanging fruit"[43]-Projekte gegenüber strategisch relevanten Projekten bevorzugt. Dabei wird zugunsten der Realisierung kurzfristiger monetärer Gewinne der Aufbau strategischer Erfolgspotenziale vernachlässigt.[44] Ursächlich für diese Entwicklung ist die Dominanz von Methoden der Finanztheorie im Kontext der Bewertung von Produkten und Projekten innerhalb der produzierenden Industrie.[45] Neben finanziellen Zielen werden deshalb weitere Ziele bei der Portfoliobewertung nur unzureichend berücksichtigt. Eine Kon-

---

[36] Schuh et al. (2017), Industrie 4.0 Maturity Index, S. 10.

[37] Vgl. Schuh et al. (2013), Komplexitätsmanagement 3.0, S. 8ff.

[38] Vgl. Brasil und Eggers (2019), Product and Innovation Portfolio Management, S. 2.

[39] Vgl. Seidenschwarz (2016), Portfoliomanagement, S. 38.

[40] Vgl. Friedrich (2004), Strategische Produktprogrammplanung bei variantenreichen Produkten, S. 2.

[41] Vgl. Jugend et al. (2016), Product portfolio management, S. 5095; Herrmann und Huber (2013), Produktmanagement, S. 343f.

[42] Vgl. Barlow et al. (2017), Driving business performance, S. 11; Amelingmeyer (2009), Gestaltungsfelder eines integrierten Produktportfoliomanagements, S. 3.

[43] Cooper et al. (1997), Portfolio Management in New Product, S. 19.

[44] Vgl. Cooper et al. (2001), Portfolio management for new products, S. 363.

[45] Vgl. Jugend und da Silva (2013), Product-portfolio management, S. 21.

formität der Steuerungsmaßnahmen in Bezug auf die strategische Unternehmenszielsetzung kann jedoch so nicht sichergestellt werden.[46] Die Theorie erkennt hier den Bedarf,
für das Produktportfolio langfristig wichtige Produkte einzuführen und dabei die Balance zwischen neuen und alten Produkten zu wahren.[47] In der industriellen Praxis hingegen fehlt es an Maßnahmen zur Quantifizierung von Erfolgspotenzialen, sodass der
Konformitätsgrad einzelner Produktportfolioentscheidungen messbar wird.[48]

Schnelligkeit in der Entscheidungsfindung

Neben der Identifikation der richtigen Entscheidungen zur Steuerung des Produktportfolios müssen die Entscheidungen auch aufgrund unvorhersehbarer Änderungen im
Markt schnell getroffen werden. In der Praxis lassen sich heutzutage jedoch hohe Latenzzeiten zwischen dem Eintreten eines Ereignisses und dem Erkennen eines Steuerungsbedarfs beobachten, was zu einer Verringerung des Nutzens der Produktportfolio-
anpassung führt.[49] Eine Studie bestätigt, dass ein Mensch nur bis zu vier Entscheidungs-
parameter gleichzeitig erfassen und handhaben kann, was zur Entstehung von Analyse-
und Entscheidungslatenzzeiten führt und eine schnelle Entscheidungsfindung erschwert.[50] Wenngleich das Vorhandensein von Daten hilft, Entscheidungsprozesse zu
unterstützen, ist die reine Datenverfügbarkeit nicht ausreichend.[51] Die entscheidungsrelevanten Daten müssen zur richtigen Zeit bei den entsprechenden Entscheidungsträ-
gern in adäquater Qualität vorliegen, um die Schnelligkeit und Güte von Entscheidungen zu maximieren.[52] Heutzutage liegen Daten jedoch oft auf unpassenden Aggregati-
onsleveln vor.[53]

Transparenz und Nachvollziehbarkeit der Entscheidungen

Um mögliche Latenzzeiten zu minimieren, treffen Produktportfoliomanager Entscheidungen oft auf Basis ihres Expertenwissens. In der Folge fehlt es jedoch an Transparenz
und Nachvollziehbarkeit im Entscheidungsprozess und damit auch hinsichtlich des Entscheidungsergebnisses. Da sich die Unternehmensumwelt dynamisch verhält, bedarf es

---

[46] Vgl. Tolonen et al. (2014), Product Portfolio Management, S. 81; Jugend und da Silva (2013), Product-portfolio management, S. 21.

[47] Vgl. Kang und Montoya (2014), The Impact of Product Portfolio, S. 531; Cooper (2013), Where Are All the
Breakthrough New Products, S. 25.

[48] Vgl. Posselt (2018), Renditeorientierte Führungsstrategien, S. 7.

[49] Vgl. Jank et al. (2019), Portfolio Design Using Prescriptive Analytics, S. 585.

[50] Vgl. Facciano und Holmes (2016), Data-driven: Big decisions in the intelligence age, S. 1.

[51] Vgl. Dölle (2018), Projektsteuerung in der Produktentwicklung, S. 3; Spath und Dangelmaier (2016), Produktentwicklung Quo Vadis, S. 7.

[52] Vgl. Lee et al. (2013), Recent advances and trends in, S. 38; Ardagna et al. (2018), Context-aware data quality
assessment, S. 548f.

[53] Vgl. Cooper und Edgett (2006), Ten Ways to Make Better Decisions, S. 11.

einer kontinuierlichen Neubewertung des Produktportfolios und damit einer Revision der getroffenen Entscheidungen.[54] Fand die Entscheidungsfindung aber unsystematisch statt, können getroffene Entscheidungen nicht nachvollzogen werden.[55] Zur Steigerung der Transparenz in der Entscheidungsfindung wird die Nutzung von Daten und die Ausarbeitung einer Datenstrategie vorgeschlagen.[56] In der Praxis jedoch bestätigen diverse Studien, dass Daten nicht verbindlich zur Entscheidungsfindung eingesetzt werden.[57]

Im Hinblick auf die beschriebenen Probleme visualisiert Abbildung 1-1 die derzeitige Situation bei der Steuerung von Produktportfolios, indem der Nutzenabfall von Steuerungsmaßnahmen durch das Auftreten von Latenzzeiten dargestellt wird (vgl. Abbildung 1-1, links). Durch Anwendung von Datenanalyseverfahren können Zielkonformität, Schnelligkeit und Transparenz in den Produktportfolioentscheidungen erreicht und somit der Anpassungsnutzen maximiert werden (vgl. Abbildung 1-1, rechts).

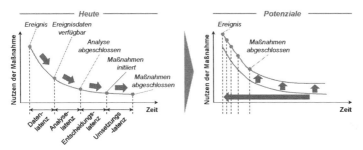

Abbildung 1-1:   **Potenziale datenbasierter Entscheidungsunterstützungen nach JANK[58]**

Zusammenfassend ergibt sich der Bedarf nach einer datenbasierten Entscheidungsunterstützung, die eine unternehmenszielkonforme und effiziente Steuerung des Produktportfolios befähigt. Durch ein frühzeitiges Erkennen von Optimierungspotenzialen und die Formulierung von Handlungsempfehlungen zur Produktportfoliosteuerung kann die

---

[54] Vgl. Seidenschwarz (2016), Portfoliomanagement, S. 37; Schuh2012Innovationsmanagement, S. 3.
[55] Schuh2012Innovationsmanagement, S. 60.
[56] Vgl. DalleMule und Davenport (2017), What's Your Data Strategy, S. 4; Bauernhansel et al. (2016), WGP-Standpunkt Industrie 4.0, S. 7.
[57] Vgl. DalleMule und Davenport (2017), What's Your Data Strategy, S. 4; Schuh et al. (2017), Globales Komplexitätsmanagement, S. 22; Batra et al. (2016), Using the power of advanced analytics, S. 68; Erevelles et al. (2016), Big Data consumer analytics, S. 897.
[58] In Anlehnung an Jank et al. (2019), Portfolio Design Using Prescriptive Analytics, S. 585; Schuh et al. (2017), Industrie 4.0 Maturity Index, S. 11f.

Dauer und das Risiko in der Entscheidungsfindung auch in dynamischen Märkten signifikant reduziert werden.[59]

Die in Abbildung 1-1 visualisierten Potenziale können mithilfe präskriptiver Datenanalysen realisiert werden. Anders als in der produzierenden Industrie werden zur Steuerung von Wertpapierportfolios bereits präskriptive Datenanalyseverfahren eingesetzt (vgl. Unterkapitel 1.1). Präskriptive Datenanalyseverfahren erkennen durch Methoden des maschinellen Lernens Wirkzusammenhänge in großen Datenmengen und leiten basierend darauf Handlungsempfehlungen ab.[60] Methoden des maschinellen Lernens sind dabei in der Lage, weitaus komplexere und größere Datenmengen zu analysieren als ein Mensch.[61] In Praxis und Theorie existiert bereits eine Vielzahl an Methoden des maschinellen Lernens, die jedoch noch nicht oder nur unzureichend auf den Anwendungsbereich der Produktportfoliosteuerung übertragen wurden.

1.2 Zielsetzung der Arbeit

Vor dem Hintergrund der beschriebenen Herausforderungen besteht das übergeordnete Ziel der vorliegenden Arbeit darin, das strategische Management produzierender Unternehmen bei der Steuerung des Produktportfolios methodisch zu unterstützen. Das Produktportfolio, welches an der Schnittstelle zwischen unternehmensinterner Leistungsrealisierung und der Befriedigung von Kundenbedürfnissen steht, hat eine besonders hohe Relevanz für den langfristigen Unternehmenserfolg. Um den hohen Dynamiken und Unsicherheiten seitens des Marktes sowie den Effizienzbestrebungen in der Leistungsrealisierung gerecht zu werden, bedarf es einer datenbasierten Steuerung des Produktportfolios. Obwohl das methodische Vorgehen der Arbeit unabhängig von der Auftragsabwicklungsart eines Unternehmens anwendbar ist, ist die Arbeit an variantenreiche Serienfertiger als Vertreter von Maschinenbauunternehmen adressiert, da sich die beschriebenen Probleme (vgl. Abschnitt 1.1.2) insbesondere bei den vielfältigen und komplexen Produktportfolios von Serienfertigern finden.

Hier soll ein Ansatz entwickelt werden, der den Anwender bei einer datenbasierten und unternehmenszielkonformen Steuerung des Produktportfolios unterstützt. Dazu bedarf

---

[59] Vgl. Hertweck und Kinitzki (2015), Datenorientierung statt Bauchentscheidung: Führungs- und Organisationskultur, S. 15.

[60] Vgl. Schuh et al. (2018), Managing Profitable Product Portfolios, S. 206.

[61] Vgl. Shalev-Shwartz und Ben-David (2014), Understanding machine learning, S. 22.

es in einem ersten Schritt der Beschreibung des Produktportfolios anhand von Steuer-größen[62] und unter Berücksichtigung von relevanten externen Einflussgrößen[63]. Um die Konformität des aktuellen Produktportfolios mit der übergeordneten Unternehmens-zielsetzung zu messen, muss das produktportfoliorelevante Unternehmenszielsystem be-schrieben werden. Neben der Berücksichtigung unternehmensspezifischer Ziele muss der Fokus auf der langfristigen Sicherung der Wettbewerbsfähigkeit liegen. Mittels prä-skriptiver Datenanalysen sollen Wirkzusammenhänge zwischen den Steuergrößen des Produktportfolios und produktportfoliorelevanten Unternehmenszielen identifiziert werden. Unter Berücksichtigung von verfügbaren Ressourcen und unternehmensinter-nen Restriktionen werden auf Basis der ermittelten Zusammenhänge datenbasiert Hand-lungsempfehlungen zur Steuerung des Produktportfolios abgeleitet. Durch dieses Vor-gehen sollen die Effektivität- und Effizienz in der Produktportfoliosteuerung verbessert werden.

Die Zielsetzung der Arbeit lässt sich somit wie folgt formulieren:

> Zielsetzung dieser Arbeit ist die Entwicklung einer Methodik für eine datenbasierte und unternehmenszielkonforme Produktportfoliosteuerung mittels präskriptiver Datenanalyseverfahren.

Aus der übergeordneten Zielsetzung lassen sich folgende Teilziele ableiten:

- Beschreibung des **Produktportfolios** in der Art, dass eine Anwendung prä-skriptiver Datenanalyseverfahren ermöglicht wird
- Beschreibung des **produktportfoliorelevanten Unternehmenszielsystems** in der Art, dass eine Anwendung präskriptiver Datenanalyseverfahren ermöglicht wird
- **Ermittlung** der **Wirkzusammenhänge** zwischen den Steuergrößen des **Pro-duktportfolios** und produktportfoliorelevanten **Unternehmenszielen** zur Iden-tifikation von Optimierungspotenzialen am Produktportfolio
- **Ableitung** datenbasierter **Handlungsempfehlungen**, um das Produktportfolio unternehmenszielkonform zu steuern

---

[62] In Rahmen dieser Arbeit dienen Steuergrößen der Beschreibung des Produktportfolios und können direkt durch das strategische Management beeinflusst werden.

[63] Unter externen Einflussgrößen werden sämtliche für das Produktportfolio relevante Determinanten aus der Unternehmensumwelt verstanden, auf die Handlungen des strategischen Managements keinen unmittelba-ren Einfluss haben.

Zur Absicherung des Forschungsprozesses und zur Lösung komplexer Probleme empfiehlt KUBICEK die Formulierung von Forschungsfragen.[64] Anhand der Forschungsfragen
kann das Problem präzise definiert und der Erkenntnisgewinn des Forschenden gesteuert werden.[65] Auf Basis der dargestellten Zielsetzung der vorliegenden Arbeit lässt sich
die handlungsweisende Forschungsfrage wie folgt formulieren:

*Wie kann mithilfe von präskriptiven Datenanalyseverfahren eine datenbasierte und
zielkonforme Steuerung des Produktportfolios erfolgen?*

Nachdem die Zielsetzung und die Forschungsfrage der Arbeit beschrieben wurden, befasst sich das nachfolgende Unterkapitel mit dem forschungsmethodischen Vorgehen.

1.3   Forschungskonzeption der Arbeit

Nach BINDER UND KANTOWSKY lässt sich der Prozess wissenschaftlicher Forschung mit
dem Bild einer Reise beschreiben.[66] Der Forschende bricht von einem bestimmten Ort
auf, um im Verlauf der Forschungsreise „unbekannte Ortschaften und Länder oder [...]
unentdeckte Kontinente"[67] für sich und die wissenschaftliche Gemeinschaft zu entdecken. Zu Beginn ist dem Forschenden nur ein grobes Ziel der Reise bekannt, sodass er
auf dem Weg immer wieder Richtungskorrekturen vornehmen muss, um das ange-
strebte Ergebnis zu erreichen. Folgt man dieser Analogie, ist die Abhandlung einer Dissertation mit einem Reisebericht zu vergleichen, in welchem der Reiseverlauf samt Besonderheiten entlang der Wegstrecke dargelegt wird.[68] Da wissenschaftliche Forschung
nie ohne Wertungen des Forschenden möglich ist, muss für die „Nachvollziehbarkeit
der Reise und Überprüfbarkeit der Ergebnisse"[69] das Forschungsparadigma, bestehend
aus Erkenntnisperspektive und dem methodologischen Vorgehen des Erkenntnisprozesses, erklärt werden.[70]

---

[64] Vgl. Kubicek (1977), Heuristische Bezugsrahmen, S. 14f.
[65] Vgl. Tönnes (2021), Datenbasierte Informationsmodelle zur explorativen Analyse, S. 10.
[66] Vgl. Binder und Kantowsky (1996), Technologiepotentiale, S. 3.
[67] Binder und Kantowsky (1996), Technologiepotentiale, S. 3.
[68] Vgl. Dölle (2018), Projektsteuerung in der Produktentwicklung, S. 7.
[69] Tönnes (2021), Datenbasierte Informationsmodelle zur explorativen Analyse, S. 11.
[70] Vgl. Binder und Kantowsky (1996), Technologiepotentiale, S. 3f.

1.3.1 Einordnung des Forschungsobjektes in die Wissenschaftssystematik

Zur Bestimmung der Erkenntnisperspektive der vorliegenden Arbeit wird das Forschungsobjekt in die Wissenschaftssystematik nach ULRICH UND HILL eingeordnet.[71] Der Systematik entsprechend lässt sich der Bereich der Wissenschaft in die Formal- und Realwissenschaften einteilen (vgl. Abbildung 1-2). Ziel der Formalwissenschaften, zu denen die Philosophie, Logik und Mathematik zählen, ist die Konstruktion von Zeichensystemen und die Definition von Regeln zur Zeichenverwendung. Im Rahmen der Realwissenschaften, welche sich weiter in Grundlagen- und Handlungswissenschaften unterteilen lassen, werden wahrnehmbare Ausschnitte der Wirklichkeit betrachtet. Während das Ziel der Grundlagenwissenschaften die modellhafte Erklärung empirischer Wirklichkeitsausschnitte ist, fokussieren die Handlungswissenschaften „die Analyse menschlicher Handlungsalternativen zwecks Gestaltung sozialer und technischer Systeme"[72]. Die Gestaltung erfolgt dabei mittels Entscheidungsmodellen und -prozessen. Zu den Grundlagenwissenschaften zählen die Naturwissenschaften, wie die Physik, die Chemie oder die Biologie. Zu den Handlungswissenschaften werden im gesellschaftlichen Bereich die angewandten Sozialwissenschaften gezählt.[73]

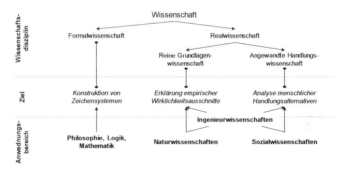

Abbildung 1-2:   Wissenschaftssystematik nach ULRICH UND HILL[74] sowie SCHUH UND WARSCHAT[75]

Über die Zuordnung der Forschungsdisziplin der Ingenieurwissenschaften besteht Uneinigkeit in der Fachliteratur (vgl. Abbildung 1-2). ULRICH UND HILL charakterisieren die

71 Vgl. Ulrich und Hill (1976), Wissenschaftstheoretische Grundlagen der Betriebswirtschaftslehre, S. 304ff.
72 Ulrich und Hill (1976), Wissenschaftstheoretische Grundlagen der Betriebswirtschaftslehre, S. 305.
73 Vgl. Ulrich und Hill (1976), Wissenschaftstheoretische Grundlagen der Betriebswirtschaftslehre, S. 305ff.
74 In Anlehnung an Ulrich und Hill (1976), Wissenschaftstheoretische Grundlagen der Betriebswirtschaftslehre, S. 305.
75 In Anlehnung an Schuh und Warschat (2013), Potenziale einer Forschungsdisziplin, S. 36.

Ingenieurwissenschaften „als angewandte, den realen Problemstellungen nachge-
hende"[76] Wissenschaft und ordnen sie in den technischen Bereich der Handlungswissenschaften ein.[77] SCHUH UND WARSCHAT hingegen zählen die Ingenieurwissenschaften
zu den Naturwissenschaften.[78] Die Autoren definieren Ingenieure als „Gestalter, die Prozesse und Vorgehen festlegen und anschließend die Umsetzung daran ausrichten"[79]. In
diesem Kontext wird Interaktion mit der Industrie zur Überprüfung der Realisierbarkeit
wissenschaftlicher Innovationen positiv angesehen.[80]

Die Idee für die vorliegende Arbeit basiert auf Beratungstätigkeiten bei produzierenden
Unternehmen und weist daher einen direkten Anwendungsbezug zu Problemstellungen
der industriellen Praxis auf. Wie in Unterkapitel 1.2 erläutert, ist das Ziel der Arbeit die
Entwicklung einer Methodik und damit eines Vorgehens zur Steuerung des Produktportfolios. Mittels der Anwendung präskriptiver Datenanalyseverfahren werden Wirkzusammenhänge zwischen dem Unternehmenszielsystem und dem Produktportfolio ermittelt. Basierend auf dem Erklärungsmodell werden dem strategischen Management
Handlungsempfehlungen zur unternehmenszielkonformen Steuerung des Produktportfolios vorgeschlagen. Auf Basis des Problemursprungs dieser Arbeit und dem dargestellten Ansatz zur Problemlösung ist die vorliegende Arbeit eindeutig den Ingenieurwissenschaften zuzuordnen.

1.3.2   Design Science Research als forschungsmethodisches Vorgehen

Nachdem die Erkenntnisperspektive der Arbeit dargestellt worden ist, gilt es nachfolgend zu klären, welches methodologische Vorgehen im Erkenntnisprozess angewandt
wird. Zur Herleitung des Typs des Erkenntnisprozesses wird die Klassifikation von Theorietypen nach GREGOR herangezogen. Demnach unterscheidet GREGOR fünf verschiedene Theorietypen: Analysierende (I), erklärende (II), vorhersagende (III), erklärende
und vorhersagend (IV) sowie präskriptive (V) Theorien.[81] Die ersten vier Theorietypen
folgen dem traditionellen Verständnis vieler Natur- und Sozialwissenschaften und versuchen, die reale Wert zu analysieren und zu verstehen. Ingenieurwissenschaften hingegen, zu denen die vorliegende Arbeit in Abschnitt 1.3.1 zugeordnet worden ist, versuchen nicht die Welt zu beschreiben, sondern „rather [aim, MHJ] to change it into a

---

[76] Ulrich und Hill (1976), Wissenschaftstheoretische Grundlagen der Betriebswirtschaftslehre, S. 308.
[77] Vgl. Ulrich und Hill (1976), Wissenschaftstheoretische Grundlagen der Betriebswirtschaftslehre, S. 305.
[78] Vgl. Schuh und Warschat (2013), Potenziale einer Forschungsdisziplin, S. 36.
[79] Schuh und Warschat (2013), Potenziale einer Forschungsdisziplin, S. 29.
[80] Vgl. Schuh und Warschat (2013), Potenziale einer Forschungsdisziplin, S. 29.
[81] Vgl. Gregor (2006), The Nature of Theory, S. 620.

better or preferred one"[82]. Mit diesem Verständnis sind die Ingenieurwissenschaften nach GREGOR der fünften Theorie „design and action"[83] zuzuordnen und verstehen sich als Designkonzept und damit als Lösungsansatz für ein Problem in Bezug auf einen Anwendungsbereich.[84] Auch VAN AKEN ordnet die Ingenieurwissenschaften den „design sciences"[85] zu und beschreibt die Zielsetzung dieser Wissenschaftsdisziplin wie folgt: „the ultimate objective [...] is to develop valid and reliable knowledge to be used in designing solutions to problems"[86]. Das forschungsmethodische Vorgehen zur Erarbeitung von Designkonzepten wird als Design Science Research (DSR) bezeichnet und dient in der vorliegenden Arbeit als methodisches Rahmenwerk.

Nach HEVNER ET AL. werden in der DSR die Ziele der Behavioral Science und der Design Science miteinander kombiniert.[87] Die *Behavioral Science* hat das Ziel, einen Wissenszugewinn in Form von Wahrheitsfindung durch die Entwicklung und Überprüfung von Theorien zu erlangen, welche ein identifiziertes Problem beschreiben oder vorhersagen. Darauf aufbauend trägt die *Design Science* durch die Entwicklung und Evaluierung von Artefakten zur Lösung des beschriebenen Problems bei.[88] Mittels der Verknüpfung beider Wissenschaftsdisziplinen vereint die DSR zwei elementare Eigenschaften von Forschungsvorgehen: Zum einen ist Forschung „fundiert in der Sache, belegbar und gut recherchiert (Rigor)"[89]. Zum anderen muss Forschung immer ein verwendbares Ergebnis erzeugen (Relevance).[90] Während die Eigenschaft *Rigor* maßgeblich durch die Zielsetzung der Behavioral Science ermöglicht wird, trägt die Design Science zur *Relevance* der Forschung bei. Durch die Entwicklung von Artefakten ist die DSR in der Lage, Probleme aus dem unternehmerischen Kontext zu lösen. Dabei dient die DSR „gleichermaßen der konkreten Lösungsfindung als auch dem Zuwachs an wissenschaftlichen"[91] Ergebnissen. Um dies abzubilden, besteht der Ordnungsrahmen der DSR aus dem Relevance Cycle, dem Rigor Cycle und dem Design Cycle (Abbildung 1-3). Während der *Relevance Cycle* die Verbindung des Forschungsvorhabens mit der unternehmerischen Umwelt darstellt,

---

[82] Winter und Aier (2016), Design Science Research in Business, S. 476.
[83] Gregor (2006), The Nature of Theory, S. 620.
[84] Vgl. Winter und Aier (2016), Design Science Research in Business, S. 476; Peffers et al. (2014), A Design Science Research Methodology, S. 47.
[85] van Aken (2004), Management Research, S. 224.
[86] van Aken (2004), Management Research, S. 225.
[87] Vgl. Hevner et al. (2004), Design science in information systems, S. 79f.
[88] Vgl. Hevner et al. (2004), Design science in information systems, S. 79f.
[89] Schuh und Warschat (2013), Potenziale einer Forschungsdisziplin, S. 35.
[90] Vgl. Winter und Aier (2016), Design Science Research in Business, S. 478.
[91] Tönnes (2021), Datenbasierte Informationsmodelle zur explorativen Analyse, S. 13.

werden im *Rigor Cycle* die relevanten wissenschaftlichen Grundlagen zur Problembe-
schreibung und -lösung betrachtet. Innerhalb des *Design Cycle* findet der iterative Prozess der Artefaktentwicklung und -evaluierung statt.[92] Als zentrales Element der DSR
vereint ein *Artefakt* Rigor und Relevance, indem es sowohl zur Erweiterung der Wis-
senschaftserkerkenntnis beiträgt, als auch verwendbar für die Problemlösung im Anwendungsbezug ist.[93] Dem iterativen Charakter des Design Cycles folgend, haben Artefakte das Ziel, eine erste Problemlösung oder aber eine signifikante Weiterentwicklung
einer bestehenden Lösung abzubilden.[94]

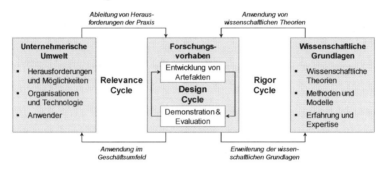

Abbildung 1-3:   Ordnungsrahmen der Design Science Research[95]

Der Einordnung nach GREGOR folgend, strebt die DSR die Entwicklung präskriptiver
Theorien an. Diese beschreiben, wie reale Probleme gelöst werden können, indem sie
Vorschriften zur Gestaltung und Nutzung von Artefakten beinhalten.[96]

Für die Umsetzung der DSR gibt es verschiedene Methoden.[97] PEFFERS ET AL. definieren
ein Prozessmodell, welches aus sechs aufeinanderfolgenden Aktivitäten besteht: Identifizierung des Problems (I), Definition von Lösungsobjekten (II), Entwicklung eines Artefakts (III), Anwendung des Artefakts (IV), Bewertung gegenüber der Problembeschrei-
bung (V) und Kommunikation der Ergebnisse (VI) (vgl. Abbildung 1-4).[98] Ein sequen-

---

[92] Vgl. Hevner (2007), A Three Cycle View of Design Science Research, S. 88.
[93] Vgl. Hevner et al. (2004), Design science in information systems, S. 81f.
[94] Vgl. Hevner und Chatterjee (2010), Design Research in Information Systems, S. 6.
[95] In Anlehnung an Hevner et al. (2004), Design science in information systems, S. 80; Hevner (2007), A Three Cycle View of Design Science Research, S. 88.
[96] Vgl. Gregor (2006), The Nature of Theory, S. 620.
[97] Vgl. Vaishnavi und Kuechler (2015), Design science research methods; Hevner und Chatterjee (2010), Design Research in Information Systems.
[98] Vgl. Peffers et al. (2014), A Design Science Research Methodology, S. 52ff.

zieller Prozessablauf ist nicht notwendig. Je nach Motivation des Forschungsvorhabens kann mit jeder Aktivität begonnen werden.[99]

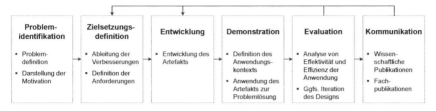

Abbildung 1-4:   Prozessmodell der Design Science Research nach PEFFERS ET AL.[100]

Die Anwendung des methodischen Vorgehens der DSR auf die vorliegende Arbeit wird in Abbildung 1-5 visualisiert und lässt sich wie folgt beschreiben: Bei der Problemidentifikation wird das zugrundeliegende Problem beschrieben und dekomponiert. So wird der Aufwand des Forschungsvorhabens gerechtfertigt und das konzeptionelle Verständnis des Forschenden präzisiert.[101]

Abbildung 1-5:   Anwendung des Prozessmodells nach PEFFERS ET AL.[102]

Dem Problem der vorliegenden Arbeit liegen Erfahrungen der Autorin aus Forschungs- und Beratungsprojekten zugrunde, die während der Zeit als wissenschaftliche Mitarbei-

---

[99] Vgl. Peffers et al. (2014), A Design Science Research Methodology, S. 56.

[100] In Anlehnung an Peffers et al. (2014), A Design Science Research Methodology, S. 54.

[101] Vgl. Winter und Aier (2016), Design Science Research in Business, S. 484.

[102] In Anlehnung an Peffers et al. (2014), A Design Science Research Methodology, S. 54.

terin am Werkzeugmaschinenlabor WZL der RWTH Aachen gemacht wurden. Aufgrund der Komplexität und Mehrdimensionalität praxisrelevanter Probleme ist demnach die erste Aktivität, die Problemidentifikation, besonders anspruchsvoll. Ausgehend von dem identifizierten Problem müssen die Anforderungen an eine Lösung, d. h. an ein Artefakt, abgeleitet werden. Auf Basis eines detaillierten Grundlagenwissens über den Stand der Wissenschaft werden Meta-Anforderungen an die Artefaktgestaltung definiert.[103] Zusätzlich zur Untersuchung des Grundlagenwissens werden Lösungen aus Wissenschaft und Praxis untersucht und auf deren Erfüllungsgrad in Bezug auf die definierten Meta-Anforderungen überprüft.[104] Die dritte Aktivität des Prozessmodells nach PEFFERS ET AL. sieht die Artefaktentwicklung vor. Dabei basieren die „Vorschläge, Hypothesen und Anregungen zur möglichen Lösung"[105] auf dem erarbeiteten Grundlagenverständnis und den analysierten wissenschaftlichen und praxisnahen Ansätzen. Die sich anschließende Anwendung des Artefakts stellt dessen Eignung zur Problemlösung dar. Durch die Evaluation des Artefakts in der sechsten Aktivität wird Relevance nachgewiesen und gezeigt, dass das Artefakt das initial motivierte komplexe Problem dieser Arbeit löst. VAN AKEN nennt die Evaluation „reflective cycle"[106] und beschreibt den Inhalt als die fallbasierte Implementierung der entwickelten Artefakte. Die Kommunikation der Ergebnisse findet in Form der vorliegenden Dissertationsschrift statt. Komplementiert wird die Dissertationsschrift durch weitere wissenschaftliche Arbeiten,[107] die bereits veröffentlicht wurden. Diese Veröffentlichungen beinhalten die Darstellung des Problems, verschiedene Iterationen der Artefaktentwicklung sowie die Evaluierung der Artefakte.

1.4 Aufbau der Arbeit

Basierend auf der Zuordnung der vorliegenden Arbeit zu den Ingenieurwissenschaften und der Darstellung der DSR als Rahmenwerk für das forschungsmethodologische Vorgehen zur Problemlösung wird im folgenden Kapitel der Aufbau der Arbeit abgeleitet.

---

[103] Vgl. Tönnes (2021), Datenbasierte Informationsmodelle zur explorativen Analyse, S. 15; Winter und Aier (2016), Design Science Research in Business, S. 486; Peffers et al. (2014), A Design Science Research Methodology, S. 55.

[104] Vgl. Tönnes (2021), Datenbasierte Informationsmodelle zur explorativen Analyse, S. 15.

[105] Tönnes (2021), Datenbasierte Informationsmodelle zur explorativen Analyse, S. 16.

[106] van Aken (2004), Management Research, S. 229.

[107] Riesener et al. (2020), Applying Supervised and Reinforcement Learning; Jank et al. (2019), Portfolio Design Using Prescriptive Analytics; Riesener et al. (2019), Performance-driven design; Riesener et al. (2019), Implementing Neural Networks within Portfolio Management; Schuh et al. (2018), Managing Profitable Product Portfolios; Riesener et al. (2018), Methodology to Design Product Portfolios.

Der Aufbau orientiert sich an dem Prozessmodell nach PEFFERS ET AL. (vgl. Abbildung 1-6). Um die Übersichtlichkeit in der Dissertationsschrift zu wahren, wird auf die explizite Darstellung der einzelnen Iterationen innerhalb des Forschungsprozesses verzichtet und stattdessen auf die bereits veröffentlichten wissenschaftlichen Vorarbeiten verwiesen. Diese Vorarbeiten wurden entsprechend ihres inhaltlichen Fokus in den Aufbau der Arbeit eingeordnet (vgl. Abbildung 1-6).

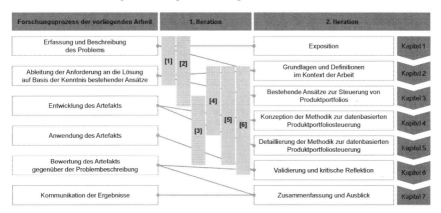

[1] Schuh et al. (2018), Managing Profitable Product Portfolios; [2] Jank et al. (2019), Portfolio Design Using Prescriptive Analytics; [3] Riesener et al. (2018), Methodology to Design Product Portfolios; [4] Riesener et al. (2019), Performance-driven design; [5] Riesener et al. (2019), Implementing Neural Networks within Portfolio Management; [6] Riesener et al. (2020), Applying Supervised and Reinforcement Learning

Abbildung 1-6:   Aufbau der Arbeit

Die Exposition der Arbeit begann mit der Themenmotivation, indem die Relevanz des Themas dargelegt und das Problem anhand der aktuellen Herausforderungen in der Praxis konkretisiert wurde. Basierend auf der Problemstellung wurde die Zielsetzung der Arbeit beschrieben. Zur Erarbeitung der Problemlösung wurde die Forschungskonzeption der Arbeit durch Identifizierung der Erkenntnisperspektive und Darlegung des forschungsmethodologischen Vorgehens erörtert. Aus dem forschungsmethodologischen Vorgehen wurde anschließend der Aufbau der Arbeit abgeleitet.

Im zweiten Kapitel finden sich die relevanten Grundlagen der Arbeit. Zur Sicherstellung der detaillierten Problemerfassung beginnt das Kapitel mit der Beschreibung des Grundlagenwissens im Bereich des Produktportfolios. Anschließend werden Grundlagen zu

Managementinstrumenten dargelegt, um notwendiges Wissen hinsichtlich der Lösungsanwendung zu beschreiben. Es schließen sich die Grundlagen zu datenbasierten Analyseverfahren und maschinellen Lernmethoden an. So wird ein Verständnis des angedach-
ten Lösungselements erarbeitet. Das Kapitel schließt mit der Zusammenfassung der
Grundlagen in Form von Meta-Anforderungen an die Problemlösung.

Das dritte Kapitel dient der Sicherstellung der Rigorosität der Arbeit. Durch die Bewertung bestehender wissenschaftliche Ansätze in Bezug auf die definierten Meta-Anforderungen wird der durch diese Arbeit erzeugte Zugewinn für die Wissenschaft dargelegt.
Die Bewertung erfolgt in drei Kategorien: die Adressierung des Produktportfolios als
Anwendungskontext (I), die Erfüllung der Zielsetzung der vorliegenden Arbeit (II) und
die Verwendung der Hypothese zur Problemlösung (III). Durch dieses Vorgehen erfolgt
einerseits eine Abgrenzung der Arbeit zu existierendem Wissen und andererseits der
Zugewinn an Hypothesen und Input zur Erarbeitung der Problemlösung.

Die Konzeption der Methodik zur zielkonformen Steuerung des Produktportfolios erfolgt im vierten Kapitel. Mithilfe des Zielbildes der Arbeit werden auf Basis der Bewertung bestehender Ansätze aus Kapitel drei, die formalen und inhaltlichen Anforderungen an die Methode abgeleitet. Es erfolgt die Darstellung des Konzepts der Methodik
und die Ableitung von Artefakten zur Problemlösung.

Im Kapitel fünf erfolgt die Detaillierung der Methodik und damit die konkrete Entwicklung der Artefakte unter Berücksichtigung der definierten Anforderungen. Die Artefakte dieser Arbeit werden als Modelle und Methoden realisiert. Während Modelle mit
Semantik versehene Abbildungen der Realität sind, beinhalten Methoden Instruktionen
zur Durchführung zielgerichteter Aktivitäten.[108] Zusammen mit Kapitel vier stellt das
fünfte Kapitel den Design Cycle dar (vgl. Abbildung 1-3).

Die Überprüfung der Anwendbarkeit der entwickelten Methode erfolgt in Kapitel sechs
anhand von zwei Fallbeispielen. In diesem Kapitel werden die erarbeiteten Ergebnisse
ebenfalls kritisch reflektiert.

Die Dissertationsschrift schließt mit der Zusammenfassung der erzielten Ergebnisse in
Kapitel sieben. Es erfolgt eine Bewertung hinsichtlich der Rigorosität der Arbeit und
deren Relevanz für die Problemlösung. Im Sinne des iterativen Charakters der Design
Science Research wird durch die Beschreibung des zukünftigen Forschungsbedarfs die
Weiterentwicklung der vorliegenden Arbeit vorgedacht.

---

[108] Vgl. Gregor und Hevner (2013), Positioning and Presenting Design Science, S. 342ff.

2 Grundlagen und Definitionen im Kontext der Arbeit

Im ersten Kapitel wurde der Bedarf nach einer Methodik zur datenbasierten und ziel-konformen Steuerung des Produktportfolios erläutert, die Forschungskonzeption der Arbeit dargestellt und der Aufbau der Arbeit beschrieben. Zur präzisen Erfassung des mit der Methodik zu lösenden Problems samt Anwendungskontext sowie des möglichen Lösungselements werden im zweiten Kapitel relevante Grundlagen und Definitionen vorgestellt. Das erarbeitete Wissen wird zum Abschluss des Kapitels in Form von Meta-Anforderungen an die Artefakterstellung (vgl. Abschnitt 1.3.2) zusammengefasst.

2.1 Produktportfolios variantenreicher Serienfertiger

Ziel des Unterkapitels 2.1 ist die Darstellung der relevanten Grundlagen zum Produkt-portfolio als das zentrale Objekt dieser Arbeit. Dazu werden zunächst die relevanten Begrifflichkeiten definiert, bevor die Struktur des Produktportfolios und Abhängigkei-ten innerhalb desselben betrachtet werden. Die Erläuterung von Ursachen und Auswir-kungen komplexer Produktportfolios entlang der Wertschöpfungskette im Unterneh-men leitet inhaltlich zur Produktportfoliosteuerung als Anwendungskontext und damit zum Unterkapitel 2.2 über.

2.1.1 Definition relevanter Begrifflichkeiten

Wie in Abschnitt 1.1.1 beschrieben, steigt die Vielfalt in Produktportfolios produzieren-der Unternehmen kontinuierlich an. Diese Entwicklung ist insbesondere beim Unter-nehmenstyp des variantenreichen Serienfertigers zu beobachten, weshalb dieser nach-folgend charakterisiert wird.[109] Anschließend wird das Produkt als das zentrale Element innerhalb eines Produktportfolios definiert und dessen Produktlebenszyklus erläutert. Gegeben den Phasen des Produktlebenszyklus können verschiedene Produktportfolios

---

[109] Ortlieb (2017), Produktportfoliogerechte Baukastenstrukturierung, S. 14.

unterschieden werden. Auf Basis dieser Unterscheidung wird letztlich das Produktportfolio definiert.

Variantenreiche Serienfertiger

Die in dieser Arbeit zu entwickelnde Methodik hat das Ziel, Unternehmen zu unterstützen, die mit einer hohen Vielfalt und Komplexität im Produktportfolio konfrontiert sind. Zur Charakterisierung und Abgrenzung dieses Unternehmenstyps kann die Morphologie nach BÜDENBENDER herangezogen werden.[110] Basierend auf den Vorarbeiten von SCHOMBURG[111] besteht die Morphologie aus zwölf Auftragsabwicklungsmerkmalen mit entsprechenden Ausprägungen.[112] Anhand dieser Morphologie unterscheiden HEIDERICH UND SCHOTTEN vier verschiedene Unternehmenstypen: den Auftragsfertiger (I), den Rahmenauftragsfertiger (II), den Variantenfertiger (III) und den Lagerfertiger (IV).[113] Im Fokus dieser Arbeit steht dabei eine Mischform aus der idealtypischen Charakterisierung des Variantenfertigers[114] und des Lagerfertigers[115], welche in Anlehnung an ORTLIEB als *variantenreicher Serienfertiger* bezeichnet wird.[116] Abbildung 2-1 charakterisiert den variantenreichen Serienfertiger anhand der Auftragsabwicklungsmerkmale, welche für den Kontext der Arbeit relevant sind. Der Serienfertiger teilt den Auftragsabwicklungsprozess in einen kundenneutralen und einen kundenspezifischen Prozessabschnitt. So lassen sich individuelle Kundenbedürfnisse befriedigen und Nischenmärkte bedienen (vgl. Abschnitt 1.1.1). Als Folge steigt die Vielfalt im Produktportfolio.[117] Das Produktportfolio des variantenreichen Serienfertigers reicht dabei von Standardprodukten bis zu kundenspezifischen Produktvarianten. Die Produkte selber weisen eine hohe Teilevielfalt mit komplexer oder einfacher Struktur auf, was zu einer hohen unternehmensinternen Komponenten- und Teilevielfalt und damit letztlich zu einer hohen internen Komplexität in der Leistungsrealisierung führt.

---

[110] Vgl. Büdenbender (1991), Ganzheitliche Produktionsplanung und -steuerung, S. 31ff.
[111] Vgl. Schomburg (1980), Entwicklung eines betriebstypologischen Instrumentariums, S. 32ff.
[112] Vgl. Büdenbender (1991), Ganzheitliche Produktionsplanung und -steuerung, S. 51.
[113] Vgl. Heiderich und Schotten (1999), Prozesse, S. 75.
[114] Vgl. Schuh et al. (2012), Grundlagen der Produktionsplanung und -steuerung, S. 169.
[115] Vgl. Schuh et al. (2012), Grundlagen der Produktionsplanung und -steuerung, S. 182.
[116] Vgl. Ortlieb (2017), Produktportfoliogerechte Baukastenstrukturierung, S. 14ff.
[117] Vgl. Krause und Gebhardt (2018), Methodische Entwicklung Modularer Produktfamilien, S. 20.

Abbildung 2-1: Charakterisierung des variantenreichen Serienfertigers[118]

Die Bedarfsermittlung auf Produkt- und Komponentenebene erfolgt erwartungsorientiert, sodass eine längerfristige Planung der Ausgestaltung des Produktportfolios notwendig ist. Entsprechend der kundenseitig angefragten Stückzahlen findet sich bei variantenreichen Serienfertigern Einzelserien- und Kleinserien-, Serien- oder sogar Massenfertigung. Basierend auf den Quellen der Beschreibungsmorphologie lässt sich der variantenreiche Serienfertiger im Kontext der Arbeit wie folgt definieren:

> Variantenreiche Serienfertiger sind gekennzeichnet durch eine hohe Vielfalt und Stückzahl mehrteiliger Produkte und Produktvarianten, wobei das Produktportfolio längerfristig geplant werden muss.

Anhand der Definition und Charakteristika des variantenreichen Serienfertigers lässt sich erkennen, dass die durch den Kunden induzierte Nachfrage nach Vielfalt im Produktportfolio Auswirkungen auf die Prozesse zur Leistungsrealisierung und damit der Wettbewerbsfähigkeit hat. Um diese Implikationen zu beherrschen, bedarf es der Definition dessen, was unter einem Produktportfolio und dessen Elementen zu verstehen ist.

Produkt als Kernelement des Produktportfolios

Das kleinste für die vorliegende Arbeit relevante Elemente eines Produktportfolios ist das Produkt, welches im Folgenden definiert werden soll. Nach LENNERTZ ist ein Produkt

---

[118] In Anlehnung an Ortlieb (2017), Produktportfoliogerechte Baukastenstrukturierung, S. 15.

ein „Wirtschaftsgut, das der Bedarfsdeckung seitens der Nachfrager und der Existenzsicherung seitens der Anbieter dient"[119]. HOMBURG fokussiert die Kundenperspektive und beschreibt ein Produkt als „Bündel von Eigenschaften, das auf die Schaffung von Kundennutzen (jedweder Art) abzielt"[120]. Im Kontext dieser Perspektive wird ein Produkt durch den Kunden auf Basis der erhaltenen Leistung, als „die Gesamtheit aller positiven Facetten des Angebots"[121], und der anfallenden Kosten bewertet.[122] Nach HOMBURG resultiert die Kundenzufriedenheit aus der Erwartung einer Leistung seitens des Kunden und der Erfüllung oder sogar Übererfüllung der erwarteten Leistung durch den Anbieter.[123] Daran anschließend grenzt die DIN EN ISO 90000 den Produktbegriff ein und stellt fest, dass „das vorherrschende Element eines Produkts ist, dass es üblicherweise materiell ist"[124]. In diesem Zusammenhang wird das Produkt häufig als Ergebnisse von Produktionsprozessen definiert.[125]

LENNERTZ schlägt ferner vor, Produkte anhand von drei Kriterien zu unterscheiden: Art des Nachfragers (I), Verwendungshäufigkeit (II) und Produktsubstanz (III). Während Konsumprodukte von privaten Nachfragern konsumiert werden, nutzen gewerbliche Nachfrager Investitionsprodukte. In Bezug auf die Verwendungshäufigkeit wird zwischen Verbrauchsprodukten und Gebrauchsprodukten unterscheiden. Bei dem Kriterium der Produktsubstanz lässt sich zwischen materiellen Produkten mit physischer Substanz und immateriellen Produkten (z. B. Dienstleistungen) differenzieren.[126] Auf Basis der Produktsubstanz und der Art der Nutzengewinnung unterscheidet HOMBURG den substanziellen, erweiterten und generischen Produktbegriff.[127] Nach dem *substanziellen Produktbegriff* befriedigen Produkte funktionale Kundenanforderungen durch physische Produktmerkmale. Demnach ist dieser Produktbegriff nur auf materielle Produkte anwendbar. Unter dem *erweiterten Produktbegriff* werden auch immaterielle Produkte gefasst und ein Produkt wird als ein Leistungspaket verstanden, „das aus physischen und/oder immateriellen Leistungen (Dienstleistungen) besteht"[128]. GAUBINGER ET AL. stimmen mit dieser Definition überein.[129] Der *generische Produktbegriff* stellt eine

---

[119] Lennertz (2010), Produktmanagement, S. 14.
[120] Homburg (2017), Marketingmanagement, S. 557.
[121] Herrmann und Huber (2013), Produktmanagement, S. 9.
[122] Vgl. Herrmann und Huber (2013), Produktmanagement, S. 9.
[123] Vgl. Homburg (2017), Marketingmanagement, S. 25.
[124] DIN EN ISO 9000 (2015), S. 44.
[125] Vgl. Bohl (2015), Kennlinien der Produkt- und Produktionskomplexität, S. 18; DIN EN ISO 10209 (2012), S. 20; Zelewski (2008), Grundlagen, S. 58; DIN 199-1 (2002), S. 11.
[126] Vgl. Lennertz (2010), Produktmanagement, S. 14f.
[127] Vgl. Homburg (2017), Marketingmanagement, S. 557.
[128] Homburg (2017), Marketingmanagement, S. 557.
[129] Vgl. Gaubinger et al. (2009), Praxisorientiertes Innovations- und Produktmanagement, S. 196.

nochmalige Erweiterung dar und beinhaltet neben dem funktionalen Kundennutzen auch andere Nutzenarten, z. B. einen emotionalen Nutzen.[130]

Bevor der Begriff ‚Produkt' definiert werden kann, soll der Produktlebenszyklus als die zeitlich begrenzte Lebensdauer von Produkten beschrieben werden.[131] Es werden drei Arten von Produktlebenszyklen unterschieden: der intrinsische (I), der technologische (II) und der betriebswirtschaftliche (III) Lebenszyklus.[132] Der *intrinsische Produktlebenszyklus* stellt die allgemeinste Anwendung des Begriffs dar. Er beginnt mit der zugrundeliegenden Produktidee, beinhaltet die Produktentwicklung und -nutzung und endet bei der Entsorgung bzw. Verwertung des Produktes.[133] Nach FELDHUSEN ET AL. beschreibt der *technologische Produktlebenszyklus* den zeitlichen Verlauf der Realisierung einer technologischen Weiterentwicklung in einem Produkt.[134] Der Lebenszyklus von Technologien ist im Allgemeinen durch einen S-förmigen Verlauf charakterisiert, der sich aufgrund der physikalischen Grenze der Leistungsfähigkeit einem Grenzwert nähert. Da jede Einführung oder Veränderung am Produkt den jeweils aktuellen Stand der Technik zur Weiterentwicklung nutzt, folgt der technologische Produktlebenszyklus dem Technologielebenszyklus zeitversetzt (vgl. Abbildung 2-2).

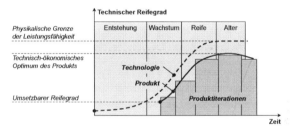

Abbildung 2-2:   Technologischer Produktlebenszyklus nach FELDHUSEN ET AL.[135]

Beim *betriebswirtschaftlichen Produktlebenszyklus* wird anstelle der technologischen Reife der „Verlauf von Absatz bzw. Umsatz im Zeitablauf zwischen Markteinführung

[130] Vgl. Homburg (2017), Marketingmanagement, S. 557.
[131] Vgl. Rennhak und Opresnik (2016), Marketing, S. 69.
[132] Vgl. Feldhusen et al. (2013), Schritte des Produktentstehungsprozesses, S. 296.
[133] Vgl. Grote et al. (2014), Das Ingenieurwissen, S. 1; Feldhusen et al. (2013), Schritte des Produktentstehungsprozesses, S. 297.
[134] Vgl. Feldhusen et al. (2013), Schritte des Produktentstehungsprozesses, S. 297.
[135] In Anlehnung an Feldhusen et al. (2013), Schritte des Produktentstehungsprozesses, S. 294.

eines Produktes und dem Zeitpunkt an dem es vom Markt genommen [...] wird"[136], anhand von fünf Phasen dargestellt (vgl. Abbildung 2-3). Am Beginn steht die Produktentstehung, welche lediglich Kosten beim Unternehmen verursacht.[137] Im Anschluss wird das Produkt am Markt eingeführt, wobei Umsatz und Gewinn bis zum Ende der Reifephase anwachsen.[138] In der Sättigungsphase ist der Gewinn rückläufig und es bedarf „Maßnahmen zur Wiederbelebung oder zur Schaffung neuer, ablösender Produkte"[139]. Gelingt dies nicht, schließt sich die Verfallsphase an und das Produkt muss vom Markt genommen werden. Die Länge und der Verlauf des Produktlebenszyklus sowie der einzelnen Phasen hängen stark vom Produkt und dessen Markt ab,[140] wobei in den letzten Jahren insgesamt der sich fortsetzende Trend der Verkürzung des Lebenszyklus zu beobachten ist.[141]

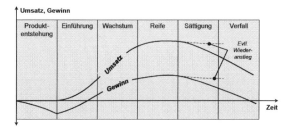

Abbildung 2-3:   **Betriebswirtschaftlicher Produktlebenszyklus nach FELD-HUSEN ET AL.[142]**

In Anlehnung an den erweiterten Produktbegriff nach HOMBURG und mit Fokus auf die betriebswirtschaftliche Perspektive des Produktlebenszyklus gilt für die vorliegende Arbeit die folgende Definition:

> Ein Produkt ist ein durch Produktionsprozesse entstandenes, verkaufsfähiges Ergebnis, welches physische und immaterielle Leistungskomponenten zur Schaffung von Kundennutzen beinhaltet und einem Lebenszyklus unterliegt.

---

[136] Rennhak und Opresnik (2016), Marketing, S. 70.

[137] Die Produktentstehung umfasst die Phasen der Produktplanung, -entwicklung, -erprobung und -herstellung (vgl. Schuh2012Innovationsmanagement, S. 59).

[138] Vgl. Wöhe et al. (2016), Einführung in die allgemeine Betriebswirtschaftslehre, S. 401.

[139] Feldhusen et al. (2013), Schritte des Produktentstehungsprozesses, S. 297.

[140] Vgl. Aumayr (2016), Erfolgreiches Produktmanagement, S. 262; Rennhak und Opresnik (2016), Marketing, S. 71.

[141] Vgl. Feldhusen et al. (2013), Schritte des Produktentstehungsprozesses, S. 296.

[142] In Anlehnung an Feldhusen et al. (2013), Schritte des Produktentstehungsprozesses, S. 296.

● Produktportfolio

Nachdem der Produktbegriff definiert worden ist, soll nun der Begriff ‚Produktportfolio' selbst eingeführt werden. Im Allgemeinen lässt sich unter einem *Portfolio* die „Zusammenstellung verschiedener, vergleichbarer Objekte, die im Zusammenhang betrachtet und zueinander in Beziehung gesetzt werden"[143], verstehen. Mit Fokus auf die produzierende Industrie werden in der Fachliteratur die Begriffe *Produktprogramm*[144], *Produktmix*[145] oder *Produktsortiment*[146] synonym verwendet. MEFFERT ET AL. definieren das Produktportfolio als „Gesamtheit aller Leistungen, die ein Anbieter den Nachfragern zum Kauf anbietet"[147]. LENNERTZ, KRAUSE UND GEBHARDT, LANDAUER sowie JACOBS UND SWINK gehen mit dieser Definition einher und beschreiben das Produktportfolio als „Gesamtheit der von einem Unternehmen angebotenen Produkte"[148].[149] HOMBURG ergänzt, dass das Produktportfolio jeweils „zu einem bestimmten Zeitpunkt"[150] zu betrachten ist, was die zeitliche Veränderlichkeit des Produktportfolios aufgrund des beschriebenen Produktlebenszyklus unterstreicht. SCHUH fügt weiter hinzu, dass das Produktportfolio alle „zu einem bestimmten Zeitpunkt aktiv angebotenen"[151] Produkte beinhalte. Basierend auf den Phasen des Produktlebenszyklus unterteilen TOLONEN ET AL. das Produktportfolio in vier Sub-Produktportfolios: das Entwicklungsportfolio (I), das Aktivportfolio (II), das Garantieportfolio (III) und das Archivportfolio (IV). Das *Entwicklungsportfolio* beinhaltet Produkte, die sich zum Zeitpunkt der Betrachtung in der Produktplanung und -entwicklung befinden. Analog zu der Definition nach SCHUH werden im *Aktivportfolio* alle Produkte zusammengefasst, die durch das Unternehmen aktiv am Markt angeboten werden. Im *Garantieportfolio* befinden sich eliminierte Produkts, für die weiterhin Ersatzteile angeboten werden. Das *Archivportfolio* dient der Archivierung von Produktdaten vollständig vom Markt entfernter Produkte.[152] Um die Zielsetzung der Ar-

---

[143] Wendt (2013), Strategisches Portfoliomanagement in dynamischen Technologiemärkten, S. 99.

[144] Vgl. Gerlach (2016), Leistungsstaffelung in Produktprogrammen, S. 16; Renner (2007), Methodische Unterstützung funktionsorientierter Baukastenentwicklung, S. 12.

[145] Vgl. Kotler et al. (2018), Principles of Marketing, S. 256.

[146] Vgl. Homburg (2017), Marketingmanagement, S. 610; Wöhe et al. (2016), Einführung in die allgemeine Betriebswirtschaftslehre, S. 401.

[147] Meffert et al. (2019), Marketing, S. 398.

[148] Krause und Gebhardt (2018), Methodische Entwicklung Modularer Produktfamilien, S. 46; Lennertz (2010), Produktmanagement, S. 21.

[149] Vgl. Landauer (2013), Produktportfoliomanagement, S. 69; Jacobs und Swink (2011), Product portfolio architectural complexity, S. 679.

[150] Homburg (2017), Marketingmanagement, S. 610.

[151] Schuh2012Innovationsmanagement, S. 59.

[152] Vgl. Tolonen et al. (2015), Product portfolio management, S. 472.

beit (vgl. Unterkapitel 1.2) zu erreichen, wird das steuerbare Aktivproduktportfolio fokussiert. Demnach kann das Produktportfolio variantenreicher Serienhersteller für den Kontext der vorliegenden Arbeit abschließend wie folgt definiert werden:

> Das Produktportfolio eines variantenreichen Serienherstellers ist die Gesamtheit aller von einem Unternehmen zu einem bestimmten Zeitpunkt am Absatzmarkt aktiv angebotenen Produkte.

2.1.2 Struktur und Abhängigkeiten innerhalb des Produktportfolios

Nachdem die begrifflichen Grundlagen zum Produktportfolio eines variantenreichen Serienfertigers geschaffen wurden, wird nachfolgend die Struktur eines Produktportfolios erläutert. Da Produkte eines Unternehmens fast nie völlig unabhängig voneinander existieren, soll zusätzlich der Fokus auf Abhängigkeiten zwischen Produkten innerhalb des Produktportfolios gelegt werden.[153]

Struktur des Produktportfolios

Nach GERLACH besteht ein Produktportfolio aus Produktlinien und Produktfamilien.[154] *Produktlinien* setzen sich aus mehreren Produkten zusammen, „die zueinander eine bestimmte Ähnlichkeit ausweisen"[155].[156] In diesem Zusammenhang wird in der Literatur vereinzelt auch davon gesprochen, dass Produktlinien „aus Produktvarianten, die ähnliche Sachansprüche adressieren"[157], bestehen. Nach RATHNOW sind Produktvarianten Variationen von Produkten, die durch die Veränderung von verwendeten Technologien und Prozessen entstehen.[158] Gemäß dieses Verständnisses definiert SCHUH eine *Produktvariante* als „geringfügige Abweichung von einem Stand bei Produkten oder Baugruppen"[159]. Dementsprechend weisen Produktvarianten einen hohen Wiederverwendungsgrad gleicher Bauteile und Baugruppen[160] auf.[161] Dem stimmt auch die DIN 199-1 zu und beschreibt Varianten als „Gegenstände ähnlicher Form und/oder Funktion mit einem in

---

[153] Vgl. Grimm et al. (2014), Portfoliomanagement in Unternehmen, S. 32ff.
[154] Vgl. Gerlach (2016), Leistungsstaffelung in Produktprogrammen, S. 17.
[155] Homburg (2017), Marketingmanagement, S. 610.
[156] Vgl. Krause und Gebhardt (2018), Methodische Entwicklung Modularer Produktfamilien, S. 68.
[157] Gerlach (2016), Leistungsstaffelung in Produktprogrammen, S. 17.
[158] Vgl. Rathnow (1993), Integriertes Variantenmanagement, S. 8.
[159] Schuh (1989), Gestaltung und Bewertung von Produktvarianten, S. 42.
[160] Eine Baugruppe fungiert als eigenständige Produkteinheit und setzt sich aus mehreren physischen Bauteilen zusammen. Dabei stellt ein Bauteil ein nicht weiter zerlegbares Element eines Produktes dar (vgl. Rudolf (2013), Produktionsgerechte Baukastengestaltung, S. 31; Schuh et al. (2011), Lean Innovation mit Ähnlichkeitsmodellen, S. 276).
[161] Vgl. Lingnau (1994), Variantenmanagement, S. 24.

der Regel hohen Anteil identischer Gruppen oder Teile"[162]. Für die vorliegende Arbeit wird die folgende Produktvariantendefinition verwendet:[163]

> Produktvarianten ähneln einander in Form und Funktion stark und adressieren ähnliche Kundenanforderungen.

Das Verständnis der Ähnlichkeit innerhalb von Produkten bzw. Produktvarianten einer Produktlinie kann sich auf unternehmensinterne und -externe Aspekte beziehen.[164] Aus externer Perspektive können Produkte mit gleichem Funktions- oder Bedarfszusammenhang zusammengefasst werden, während aus unternehmensinterner Perspektive insbesondere produktionstechnische Zusammenhänge der Gruppierung dienen.[165] Für die vorliegende Arbeit wird eine Produktlinie wie folgt definiert:[166]

> Eine Produktlinie besteht aus einer Gruppe von Produkten, die zueinander eine Ähnlichkeit in Bezug auf Form und/oder Funktion aufweisen.

Eine *Produktfamilie* umfasst mehrere Produktlinien, „deren Produkte für ein ähnliches Anwendungsgebiet vorgesehen sind"[167]. Anders als bei Produktlinien beschränkt sich das Verständnis der Ähnlichkeit damit nur auf die unternehmensexterne Perspektive. Dieses Verständnis der Produktfamilie nach GERLACH soll auch hier gelten:[168]

> Eine Produktfamilie umfasst mehrere Produktlinien, deren Produkte für ein ähnliches Anwendungsgebiet vorgesehen sind.

Strukturgebend für das Produktportfolio ist die Unterscheidung der *Produktportfoliobreite* und der *Produktportfoliotiefe*.[169] Die Produktportfoliobreite wird durch die Anzahl an Produktfamilien bzw. Produktlinien bestimmt. Die Produktportfoliotiefe setzt sich aus der Anzahl der in den Produktlinien enthaltenen Produkten zusammen, welche die Auswahlmöglichkeiten für den Kunden darstellen.[170] Nach GREWAL ET AL. kann die Produktportfoliobreite damit mit der Anzahl an verschiedenen Absatzmärkten

---

[162] DIN 199-1 (2002), S. 15.
[163] Vgl. Krause und Gebhardt (2018), Methodische Entwicklung Modularer Produktfamilien, S. 69.
[164] Vgl. Homburg (2017), Marketingmanagement, S. 610f.; Kotler und Keller (2016), Marketing management, S. 402.
[165] Vgl. Meffert et al. (2019), Marketing, S. 398; Bruhn und Hadwich (2006), Produkt- und Servicemanagement, S. 23.
[166] Vgl. Gerlach (2016), Leistungsstaffelung in Produktprogrammen, S. 17.
[167] Gerlach (2016), Leistungsstaffelung in Produktprogrammen, S. 17.
[168] Vgl. Gerlach (2016), Leistungsstaffelung in Produktprogrammen, S. 17.
[169] Vgl. Meffert et al. (2019), Marketing, S. 400; Schuh2012Innovationsmanagement, S. 59.
[170] Vgl. Lennertz (2010), Produktmanagement, S. 21; Bruhn und Hadwich (2006), Produkt- und Servicemanagement, S. 23.

gleichgesetzt werden, wohingegen die Produktportfoliotiefe ein Indiz für die Ressourcenallokation innerhalb der einzelnen Absatzmärkte ist.[171] Für den Kontext der Arbeit wird die Produktportfoliostruktur wie folgt definiert:

> Die Struktur eines Produktportfolios wird durch dessen Breite und Tiefe definiert, wobei die Produktportfoliobreite durch die Anzahl an Produktlinien und die Produktportfoliotiefe durch die Anzahl der Produkte innerhalb der einzelnen Produktlinien bestimmt wird.

Abbildung 2-4 fasst die Ausführungen zusammen und zeigt beispielhaft die Struktur eines Produktportfolios.

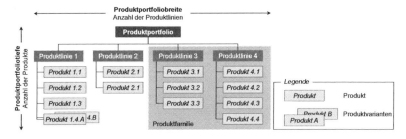

Abbildung 2-4:   Struktur des Produktportfolios[172]

Anhand der Struktur sollen für den weiteren Verlauf der Arbeit drei Ebenen eingeführt werden: die Produktebene (I), die Produktlinienebene (II) und die Produktportfolioebene (III). Die *Produktebene* umfasst alle Produktvarianten eines Produktes, während die *Produktlinienebene* mehrere Produkte einer Produktlinie zusammenfasst. Die höchste Aggregationsebene ist die *Produktportfolioebene*, die alle Produkte des Produktportfolios und damit des Unternehmens beinhaltet.

Abhängigkeiten innerhalb des Produktportfolios

Die Begründung für die Sinnhaftigkeit der Einführung der drei eben beschriebenen Ebenen eines Produktportfolios lässt sich in den Abhängigkeiten innerhalb desselben finden. Analog der Platzierung des Produktportfolios zur Realisierung von externer und interner Vielfalt (vgl. Abschnitt 1.1.1) können die Abhängigkeiten anhand von zwei Dimensionen unterschieden werden: unternehmensextern (I) und unternehmensintern

---

[171] Vgl. Grewal et al. (2008), Counting chickens before the eggs, S. 263.

[172] In Anlehnung an Gerlach (2016), Leistungsstaffelung in Produktprogrammen, S. 17; Lennertz (2010), Produktmanagement, S. 22.

(II). In der *externen Dimension* lassen sich bedarfs-, nachfrage- oder kauforientierte Abhängigkeiten zwischen den Produkten unterscheiden.[173] *Bedarfsorientierte Abhängigkeiten* bestehen bei Produkten, die in einem funktional-komplementären Zusammenhang stehen und einen komplementären Nutzen für den Kunden haben (bspw. Reifen und Felgen). Die *nachfrageorientierte Abhängigkeit* beschreibt die gebündelte kundenseitige „Nachfrage [nach Produkten] in einem Geschäft"[174]. Unter *kauforientierten Abhängigkeiten* wird das gleichzeitige Kaufen mehrerer Produkte verstanden. Diese externen Abhängigkeiten, sog. Verbundeffekte, entstehen durch ein differenziertes Produktportfolio. Durch deren Berücksichtigung lassen sich nach MEFFERT ET AL. „erhebliche Wettbewerbsvorteile erzielen"[175].

Wird im Produktportfolio, als Darstellung des Leistungsangebots eines Unternehmens, eine große externe Vielfalt abgebildet, so hat dies auch einen Einfluss auf die Leistungsrealisierung und damit die interne Vielfalt. Die interne Vielfalt eines Produktportfolios wird durch die Anzahl an Bauteilen und Baugruppen bestimmt, die zur Leistungsrealisierung notwendig sind.[176] Aufgrund von *unternehmensinternen Abhängigkeiten* zwischen Produkten, den *Kommunalitäten*, lässt sich die externe Vielfalt nicht direkt auf die interne Vielfalt projizieren. Vielmehr kann durch Betrachtung von Kommunalitäten die interne Vielfalt gesteuert werden.[177] Die Bezeichnung Kommunalität entstammt dem lateinischen Ausdruck „communis" und wird nach SCHUH ET AL. mit „‚Gemeinsamkeit' bzw. ‚das Teilen gemeinsamer Eigenschaften'"[178] gleichgesetzt. Laut STEGEMANN können Kommunalitäten bei „Produkten, Prozessen und anderen Objekten" vorliegen.[179] Für den Kontext der Arbeit sollen jedoch nur Kommunalitäten mit Fokus auf das Produkt betrachtet werden, die nach DELLANOI anhand von vier Kategorien unterschieden werden können.[180] Die *Strukturkommunalität* beschreibt im Wesentlichen die Ähnlichkeit von Produktarchitekturen. Die Architektur eines Produktes setzt sich aus Funktions- und Produktstruktur sowie deren Transformationsbeziehungen zusammen.[181] Während die Funktionsstruktur die Gesamtfunktion des Produkts in Teilfunktionen dekomponiert, beschreibt die Produktstruktur die physische Dekomposition des Produktes in

[173] Vgl. Meffert et al. (2019), Marketing, S. 403ff.
[174] Meffert et al. (2019), Marketing, S. 404.
[175] Meffert et al. (2019), Marketing, S. 404.
[176] Vgl. Schuh und Riesener (2017), Produktkomplexität managen, S. 16.
[177] Vgl. Schuh et al. (2011), Lean Innovation mit Ähnlichkeitsmodellen, S. 275f.
[178] Schuh2012Innovationsmanagement, S. 155.
[179] Stegemann (2010), Integrierte Komplexitätsbeherrschung, S. 21.
[180] Vgl. Dellanoi (2006), Kommunalitäten, S. 85ff.
[181] Vgl. Barg (2018), Kontextbezogene Auslegung von Produktbaukästen, S. 14.

Baugruppen und Bauteilen.[182] Die *Komponentenkommunalität* beschreibt den produkt-übergreifenden Einsatz von Baugruppen und Bauteilen und kann durch Verwendung von Gleichteilen und Realisierung von Produktplattformen oder -baukästen umgesetzt werden.[183] Neben diesen physischen Kommunalitäten lassen sich auch Kommunalitäten zwischen Produkten auf Basis ähnlicher Lösungs- und Wirkprinzipien sowie Technologien realisieren. Man spricht in diesem Fall von *Lösungskommunalität*.[184] Die vierte Kommunalitätskategorie ist die *Prozesskommunalität*, deren Ziel die Erhöhung von Ähnlichkeiten zwischen Produktionsprozessen unterschiedlicher Produkte ist.[185] Neben DELLANOI befassen sich auch SCHUH ET AL. mit der Typisierung von Kommunalitäten und bauen hierzu ein Kommunalitätsmodell auf, in welches sich die Kategorien nach DELLA-NOI einordnen lassen.[186] In dem Modell werden Kommunalitäten auf unterschiedlichen Abstraktionsebenen und entlang der Dimensionen *Kommunalitätshöhe*, *Kommunalitätsbreite* und *Kommunalitätstiefe* erschlossen (vgl. Abbildung 2-5). Während sich die Kategorien nach DELLANOI in den Dimensionen Objektbereich und Dediziertheitsgrad einordnen lassen, schlagen SCHUH ET AL. vor, zusätzlich die Reichweite der Kommunalität innerhalb des Produktportfolios zu berücksichtigen. In Anlehnung an die eingeführten Strukturebenen von Produktportfolios können Kommunalitäten auf Produkt-, Produktlinien- und Produktportfolioebene realisiert werden.

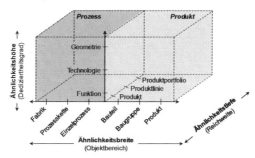

Abbildung 2-5:   Kommunalitätsmodell nach SCHUH ET AL.[187]

[182] Vgl. Riesener (2015), Ähnlichkeitsbasierte Produktkonfiguration im Maschinenbau, S. 128; Schiffer (2013), Szenariorobuste Produktarchitekturgestaltung, S. 18f.

[183] Vgl. Jiao et al. (2007), Product family design and platform-based product development, S. 7f.; Dellanoi (2006), Kommunalitäten, S. 137ff.

[184] Vgl. Dellanoi (2006), Kommunalitäten, S. 118ff.

[185] Vgl. Dellanoi (2006), Kommunalitäten, S. 150ff.

[186] Vgl. Schuh et al. (2011), Lean Innovation mit Ähnlichkeitsmodellen, S. 274ff.

[187] In Anlehnung an Schuh et al. (2011), Lean Innovation mit Ähnlichkeitsmodellen, S. 275.

Um im weiteren Verlauf der Arbeit die richtigen Handlungsoptionen für eine effektive und effiziente Produktportfoliosteuerung identifizieren zu können, sollen nachfolgend Ursachen und Auswirkungen komplexer Produktportfolios näher betrachtet werden.

2.1.3 Ursachen und Auswirkungen komplexer Produktportfolios

Die Ausführungen in Abschnitt 1.1.1 bzgl. der Veränderlichkeit und Dynamik des Umfeldes eines Produktportfolios sowie die in Abschnitt 2.1.2 dargestellte Produktportfoliostruktur und die beschriebenen Abhängigkeiten innerhalb des Produktportfolios sind Indiz dafür, dass sich das Produktportfolio als komplexes System charakterisieren lässt. Nach SCHUH UND RIESENER wird *Komplexität* als die Kombination einer hohen Vielzahl und Vielfalt von Elementen sowie einer hohen Veränderlichkeit und Dynamik dieser Elemente definiert.[188] In Bezug auf das Produktportfolio bezeichnet *Vielzahl* die Produktanzahl und *Vielfalt* die Unterschiedlichkeit der Produkte. Nach JACOBS UND SWINK wird die Produktportfoliokomplexität zusätzlich durch die in Abschnitt 2.1.2 beschriebenen Kommunalitäten zwischen den Produkten bestimmt.[189] In diesem Zusammenhang ist auch die Vieldeutigkeit und zeitliche Veränderlichkeit dieser Relationen komplexitätstreibend.[190] Um diese Komplexität durch eine gezielte Steuerung des Produktportfolios zu beherrschen, ist die Kenntnis über die Ursachen und Auswirkungen derselben notwendig.

Ursachen der Komplexität in Produktportfolios

Ursachen komplexer Produktportfolios lassen sich anhand exogener (unternehmensexterne) und endogener (unternehmensinterne) Komplexitätstreiber erfassen.[191] In Bezug auf *exogene Komplexitätstreiber* lässt sich festhalten, dass durch den Wandel von Verkäufer- hin zu Käufermärkten marktseitiges Wachstum nur über Varianten anstatt über Mengen möglich ist.[192] Hierbei wirken insbesondere die steigende Individualisierung der Nachfrage und die Globalisierung vielfalttreibend.[193] Um spezifische Kundenanforderungen zu befriedigen und den Umsatz bei teilweise stagnierender Nachfrage nach Standardprodukten halten oder steigern zu können, führen Unternehmen neue Produkte ein

---

[188] Vgl. Schuh und Riesener (2017), Produktkomplexität managen, S. 10f.

[189] Vgl. Jacobs und Swink (2011), Product portfolio architectural complexity, S. 679.

[190] Vgl. Krause und Gebhardt (2018), Methodische Entwicklung Modularer Produktfamilien, S. 37; Reiß (1993), Komplexitätsmanagement (I), S. 59.

[191] Vgl. Renner (2007), Methodische Unterstützung funktionsorientierter Baukastenentwicklung, S. 22.

[192] Vgl. Schuh und Riesener (2017), Produktkomplexität managen, S. 22; Bliss (2000), Management von Komplexität, S. 5.

[193] Vgl. Riesener et al. (2018), Methodology to Design Product Portfolios, S. 1466; Rudolf et al. (2015), Discovering Product Innovation Potential, S. 540; Simpson et al. (2014), Advances in Product Family and Platform Design, S. 245f.

und erweitern so die externe Vielfalt und Komplexität des Produktportfolios.[194] Zudem steigt durch die Globalisierung der Wettbewerbsdruck an, sodass Unternehmen vermehrt versuchen, Marktnischen zu besetzen.[195] Eine weitere exogene Ursache für die Komplexität in Produktportfolios sind kürzer werdenden Produktlebenszyklen auf Basis des technologischen Fortschritts (vgl. Abschnitt 2.1.2).[196] Darüber hinaus kann Produktportfoliokomplexität durch Unternehmensfusionen und -übernahmen entstehen, indem Portfoliostrukturen zusammengelegt werden, die keinem systematischen Konzept entstammen.[197] In Anlehnung an KRAUSE UND GEBHARDT, THIEBES UND PLANKERT sowie BLISS gibt Abbildung 2-6 eine Übersicht über die wesentlichen exogenen und endogenen Komplexitätstreiber.[198]

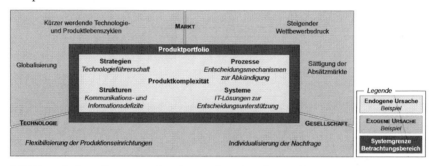

Abbildung 2-6:   Exogene und endogene Ursachen der Produktportfoliokomplexität

Endogene Ursachen für die Komplexität in Produktportfolios finden sich vor allem in der Unternehmens- und Wettbewerbsstrategie und den Informationsdefiziten innerhalb des Unternehmens.[199] Auch THIEBES UND PLANKERT erkennen diese Ursachen, schlagen jedoch eine spezifischere Unterteilung in vier Kategorien vor: Strukturen (I), Strategien (II), Prozesse (III) und Systeme (IV).[200] Den aufbauorganisatorischen Rahmenbedingun-

---

[194] Vgl. Riesener et al. (2019), Performance-driven design, S. 725; Ehrlenspiel et al. (2014), Kostengünstig Entwickeln und Konstruieren, S. 303; Orfi et al. (2011), Harnessing Product Complexity, S. 59.

[195] Vgl. Ehrlenspiel et al. (2014), Kostengünstig Entwickeln und Konstruieren, S. 294.

[196] Vgl. Krause und Gebhardt (2018), Methodische Entwicklung Modularer Produktfamilien, S. 20.

[197] Vgl. Ortlieb (2017), Produktportfoliogerechte Baukastenstrukturierung, S. 140ff.; Gerwin und Ferris (2004), Organizing New Product Development Projects, S. 23f.

[198] Vgl. Krause und Gebhardt (2018), Methodische Entwicklung Modularer Produktfamilien, S. 20ff.; Thiebes und Plankert (2014), Umgang mit Komplexität in der Produktentwicklung, S. 172; Bliss (2000), Management von Komplexität, S. 5ff.

[199] Vgl. Buchholz (2012), Theorie der Variantenvielfalt, S. 205.

[200] Vgl. Thiebes und Plankert (2014), Umgang mit Komplexität in der Produktentwicklung, S. 171.

gen vieler Unternehmen ist es geschuldet, dass Kommunikations- und Informationsdefizite in den einzelnen Unternehmensbereichen hinsichtlich Kundenanforderungen, Kostenstrukturen und dem Produktportfolio selber herrschen. Sind die Kundenanforderungen nicht bekannt, werden kontinuierlich neue Produktvarianten eingeführt, die keinen Kundennutzen erzeugen aber dennoch die Komplexität im Produktportfolio erhöhen.[201] Einhergehend mit der Intransparenz über den Produktstrukturaufbau steigt die Komplexität umso mehr.[202] Zudem können verschiedene Zielsysteme einzelner Unternehmensbereiche als Ursache der Produktportfoliokomplexität genannt werden. Ist die Unternehmensstrategie auf Wachstum durch Technologieführerschaft oder Differenzierung ausgelegt, so werden strategiekonform immer neue Produkte in das Produktportfolio aufgenommen.[203] Während das Produktportfolio somit immer komplexer wird, fehlt es prozessual an kontinuierlichen und konsequenten Abkündigungen alter Produkte.[204] In diesem Zusammenhang können aus Prozesssicht im Allgemeinen unzureichende Entscheidungsmechanismen genannt werden. Eine fehlende oder falsche Aufnahme und Bereitstellung relevanter Informationen, z. B. bzgl. einzelner Kostenstrukturen, trägt zu intransparenten und falschen Entscheidungen bei. Oftmals werden Entscheidungen auf Basis von Intuition und nicht objektiv getroffen.[205] Ebenfalls sind aus Systemsicht fehlende IT-Lösungen zur Entscheidungsunterstützung eine endogene Komplexitätsursache (vgl. Abbildung 2-6).[206]

Auswirkungen komplexer Produktportfolios

Produktportfoliokomplexität hat sowohl positive als auch negative Auswirkungen für Unternehmen.[207] *Positive Auswirkungen* basieren vor allem auf der Differenzierung des Produktportfolios und der damit einhergehenden Möglichkeit, mit einer Vielzahl an Produkten und Produktvarianten heterogene Kundenanforderungen besser befriedigen und so den Umsatz steigern zu können. Ebenso erlaubt ein umfangreiches Produktportfolio die Differenzierung vom Wettbewerb und die Bedienung wenig besetzter Marktnischen.[208] Mithilfe des der Finanztheorie entstammenden Portfoliomanagementansatzes kann ein weiterer Nutzen eines umfangreichen Produktportfolios erklärt werden.

[201] Vgl. Thiebes und Plankert (2014), Umgang mit Komplexität in der Produktentwicklung, S. 170.

[202] Vgl. Heina (1999), Variantenmanagement, S. 113ff.

[203] Vgl. Zhou und Wan (2017), Product variety, sourcing complexity, and the bottleneck of coordination, S. 1570.

[204] Vgl. Ehrlenspiel et al. (2014), Kostengünstig Entwickeln und Konstruieren, S. 300.

[205] Vgl. Tolonen et al. (2015), Product portfolio management process, S. 193.

[206] Vgl. Thiebes und Plankert (2014), Umgang mit Komplexität in der Produktentwicklung, S. 171.

[207] Vgl. Schuh und Riesener (2017), Produktkomplexität managen, S. 29ff.

[208] Vgl. Krause und Gebhardt (2018), Methodische Entwicklung Modularer Produktfamilien, S. 34; Ehrlenspiel und Meerkamm (2017), Integrierte Produktentwicklung, S. 863.

Durch die Integration nicht oder negativ korrelierter Elemente im Anlageportfolio können das Anlagerisiko und die aggregierte Volatilität im Gesamtportfolio gesenkt werden.[209] Nach JACOBS UND SWINK ist diese Theorie auf Produktportfolios übertragbar. Die aggregierte Nachfrage kann in einem diversifizierten Produktportfolio geglättet und die Planbarkeit der Umsätze somit erhöht werden.[210] Ebenso zählen die in Abschnitt 2.1.2 beschriebenen Verbundeffekte zu den positiven Auswirkungen differenzierter Produktportfolios.

Negative Auswirkungen lassen sich in den Dimensionen ‚Kosten' und ‚Performance' subsummieren. Eine hohe Produktportfoliokomplexität erzeugt eine hohe unternehmensinterne Komplexität, die sich wiederum im Vorhandensein von Komplexitätskosten[211] zeigt. Die Kosten fallen in unterschiedlichem Umfang in verschiedenen Unternehmensbereichen und über alle Phasen des Produktlebenszyklus an.[212] Zur Wahrung der Übersichtlichkeit sei hier auf eine dedizierte Kostenauflistung verzichtet und stattdessen auf die Literatur verwiesen.[213] Werden die Kosten nicht verursachungsgerecht zugeordnet, kommt es häufig zur Quersubventionierung von Exotenvarianten durch Basisvarianten eines Produkts.[214] Neben den kostenseitigen Auswirkungen existieren auch negative Auswirkungen in der operativen Unternehmensperformance und insbesondere in den Dimensionen ‚Zeit' und ‚Qualität'. Aufgrund der hohen Produktportfoliokomplexität steigt auch die Komplexität in den unternehmensinternen Prozessen. Beispielhaft genannt seien hier die längeren Durchlaufzeiten in der Produktion.[215] Zudem können eine Qualitätsverschlechterung und fehlende Skaleneffekte beobachtet werden.[216] Gelingt es dem Unternehmen nicht, die durch die Komplexität des Produktportfolios induzierte unternehmensinterne Komplexität und die dadurch entstandenen negativen Auswirkungen zu beherrschen, so besteht die Gefahr des „Tod[es] auf Raten"[217] und es droht der Verlust der Wettbewerbsfähigkeit.[218]

---

[209] Vgl. Markowitz (1952), Portfolio Selection, S. 89.

[210] Vgl. Jacobs und Swink (2011), Product portfolio architectural complexity, S. 681f.

[211] „Komplexitätskosen sind einmalige und laufende indirekte Kosten, die durch die Neueinführung einer Produktvariante bei einer verursachungsgerechten Betrachtung zusätzlich anfallen." (Riesener (2015), Ähnlichkeitsbasierte Produktkonfiguration im Maschinenbau, S. 38).

[212] Vgl. Rathnow (1993), Integriertes Variantenmanagement, S. 23.

[213] Vgl. Krause und Gebhardt (2018), Methodische Entwicklung Modularer Produktfamilien, S. 44; Ortlieb (2017), Produktportfoliogerechte Baukastenstrukturierung, S. 25; Rathnow (1993), Integriertes Variantenmanagement, S. 24.

[214] Vgl. Schuh und Riesener (2017), Produktkomplexität managen, S. 27f.

[215] Vgl. Thonemann und Bradley (2002), The effect of product variety, S. 563.

[216] Vgl. Vietor und Stechert (2013), Produktarten zur Rationalisierung, S. 858.

[217] Rommel et al. (1993), Einfach überlegen, S. 36.

[218] Vgl. Müller und Kaiser Andreas (1995), Was kostet eine Produktvariante?, S. 44.

Unter Berücksichtigung der immanent gegebenen Eigenschaften des Produktportfolios als komplexes System und der dargestellten unternehmensweiten Auswirkungen der Produktportfoliokomplexität bedarf es einer systematischen Steuerung des Produktportfolios, um die Balance zwischen einer kundennutzenseitig sinnvollen Komplexität und den limitierten Ressourcen des Unternehmens zu ermöglichen.[219]

2.2 Produktportfoliosteuerung als Aufgabe des strategischen Managements

Im Hinblick auf die Zielsetzung der vorliegenden Arbeit (vgl. Unterkapitel 1.2) stellt Unterkapitel 2.2 die Grundlagen der Lösungsanwendung, i. S. der Verbesserung der Steuerung des Produktportfolios, dar. Dazu werden zu Beginn das strategische Management als Anwender der Methodik und der Vorgang der Produktportfoliosteuerung selbst definiert. Danach werden Aufbau und Gestaltung der Steuerungsinstrumente des strategischen Managements erläutert, bevor die Darstellung wesentlicher Handlungsoptionen[220] als Maßnahmen zur Umsetzung des Steuerungsbedarfs innerhalb von Produktportfolios erfolgt. Um den Anwendungsbereich der Arbeit eindeutig zu beschreiben, werden abschließend das Produktportfolio und die beschriebenen Handlungsoptionen vom Forschungs- und Entwicklungs-(F&E-) Portfolio abgegrenzt.

2.2.1 Definition relevanter Begrifflichkeiten

Im Folgenden wird das strategische Management als Anwender der Methodik und der Vorgang der Produktportfoliosteuerung selbst als eine wesentliche Aufgabe des strategischen Managements definiert.

Strategisches Management

Der Begriff ‚strategisches Management' setzt sich aus den Wörtern ‚strategisch' und ‚Management' zusammen. Etymologisch stammt der Begriff ‚Strategie' aus dem Griechischen und bedeutet ‚Heeresführung'.[221] Im Unternehmenskontext wird nach SCHUH UND KAMPKER eine Strategie verstanden als „eine grundsätzliche und langfristig ausgerichtete Verhaltensweise eines Unternehmens und relevanter Teilbereiche [...] mit der Absicht,

---

[219] Vgl. Brasil und Eggers (2019), Product and Innovation Portfolio Management, S. 17; Schuh und Riesener (2017), Produktkomplexität managen, S. 16.

[220] Im Folgenden werden die Begriffe ‚Steuerungsmaßnahme' und ‚Handlungsoption' synonym verwendet.

[221] Vgl. Wendt (2013), Strategisches Portfoliomanagement in dynamischen Technologiemärkten, S. 74.

die angestrebten Ziele[222] zu realisieren"[223]. Der Begriff ‚Management' stammt aus dem Lateinischen und bedeutet ‚an der Hand führen'.[224] Diese Wortbedeutung impliziert, dass Management sich mit dem Thema der Führung befasst.[225] Während in der deutschsprachigen Literatur vereinzelt eine Unterscheidung zwischen den Begriffen ‚Management' und ‚Unternehmensführung' gemacht wird, sollen diese im Weiteren synonym verstanden werden.[226] Zudem soll im Hinblick auf die Zielsetzung der Arbeit (vgl. Abschnitt 1.2) die funktionale Managementkonzeption Anwendung finden. Bei dieser werden unter *Management* „alle Handlungen, die der Steuerung des Leistungsprozesses dienen"[227], definiert. Diese Sicht ist abzugrenzen von der institutionellen Sicht, welche alle Positionen im Unternehmen, die mit der Anweisungsbefugnis betraut sind, meint.[228] Ziel des strategischen Managements ist, das Unternehmen systematisch weiterzuentwickeln und damit dessen Existenz langfristig zu gewährleisten.[229] Gälweiler präzisiert den Aspekt der Langfristigkeit und definiert die Aufgabe des strategischen Managements als „die Suche, de[n] Aufbau und die Erhaltung hinreichend hoher und sicherer Erfolgspotenziale unter Berücksichtigung der damit verbundenen langfristigen Liquiditätswirkungen"[230]. Neben der Aufgabenbeschreibung nutzt Gälweiler verschiedene Aspekte, u. a. *Zielsetzung, Steuerungsgröße* sowie die *Komplexität* der jeweiligen Entscheidung, um das strategische Management vom operativen Management abzugrenzen. Das strategische Management befasst sich mit der Erhaltung existierender und dem Aufbau neuer Erfolgspotenziale[231] und übernimmt damit eine Vorsteuerung für das operative Management. Letzteres hat die Aufgabe, sich in der jeweiligen Nahperiode um die bestmögliche Realisierung bestehender Erfolgspotenziale und die Sicherung der laufenden

---

[222] Vgl. Abschnitt 2.2.2 für die Definition des Begriffs ‚Ziel'.

[223] Schuh und Kampker (2011), Strategie und Management produzierender Unternehmen, S. 66.

[224] Vgl. Wendt (2013), Strategisches Portfoliomanagement in dynamischen Technologiemärkten, S. 76.

[225] Vgl. Goos und Hagenhoff (2003), Strategisches Innovationsmanagement: Eine Bestandsaufnahme, S. 5.

[226] Im Gegensatz zur ‚Unternehmensführung' kann sich ‚Management' auch auf andere Organisationstypen, z. B. Verwaltungen, beziehen (vgl. Becker und Fallgatter (2002), Unternehmungsführung, S. 13). Da diese Arbeit aber im Unternehmenskontext gilt, ist eine synonyme Verwendung der Begriffe angemessen (vgl. Becker (2004), Strategisches Management, S. 13).

[227] Goos und Hagenhoff (2003), Strategisches Innovationsmanagement: Eine Bestandsaufnahme, S. 5.

[228] Vgl. Steinmann und Schreyögg (2002), Management, S. 5f.

[229] Vgl. Wendt (2013), Strategisches Portfoliomanagement in dynamischen Technologiemärkten, S. 77; Reichmann et al. (2011), Controlling mit Kennzahlen, S. 515.

[230] Gälweiler (2005), Strategische Unternehmensführung, S. 28.

[231] Neue Erfolgspotenziale beziehen sich auf neue Produkte und/oder Märkte (vgl. Gälweiler (2005), Strategische Unternehmensführung, S. 27).

Liquidität zu kümmern.[232] In diesem Zusammenhang präzisiert GÄLWEILER die Wechselbeziehung zwischen dem operativen und strategischen Management anhand der Wechselwirkungen zwischen deren Steuergrößen[233] (vgl. Abbildung 2-7). Dabei stellt er fest, dass das strategische Management in Form von Erfolgspotenzialen nur die Voraussetzungen aber keine Sicherheiten für spätere Erfolge schaffen kann. Analog eröffnen positive Erfolge Liquiditätspotenziale aber keine absoluten Sicherheiten.[234]

Management		
Operative finanzielle Planung und Kontrolle	Operative erfolgswirksame Planung und Kontrolle	Strategische Planung und Kontrolle

	Operative finanzielle Planung und Kontrolle	Operative erfolgswirksame Planung und Kontrolle	Strategische Planung und Kontrolle
Zielsetzung	Sicherung und Erhaltung der Liquidität	Unmittelbare Erfolgsbeziehung und Gewinnsteuerung	Nachhaltige Existenzsicherung
Steuerungsgröße	Liquidität	Erfolg	Erfolgspotenzial
Hauptinformation	Einnahmen/Ausgaben, Vermögen/Kapitel	Aufwand/Ertrag, Vermögen/Kapitel, Kosten/Leistungen	Umweltinformationen, Unternehmensinterne Informationen
Informations- instrumente	Buchhaltung, Kurzfristige Erfolgsrechnung	Bilanz/Gewinn- und Verlustrechnung	Portfolio-Analyse, Umwelt- und Unternehmensanalyse
Zeithorizont	kurzfristig	kurz- und mittelfristig	langfristig
Entscheidungs- komplexität	gering		hoch

Abbildung 2-7:　　Aufgabenbereiche und Steuerungsgrößen des Managements nach GÄLWEILER[235]

Um die Existenz des Unternehmens langfristig zu sichern, hat das strategische Management die Aufgabe, die Strategie auf der Ebene des Gesamtunternehmens und der einzelnen Geschäftsfelder zu gestalten.[236] Dabei steht nach MACHARZINA auf Unternehmensebene die Entwicklung von Produkt-Markt-Strategien im Mittelpunkt, da mit diesen festgelegt wird, welche Unternehmensziele mithilfe welcher Handlungsprogramme und

---

[232] Vgl. Reichmann et al. (2011), Controlling mit Kennzahlen, S. 516; Gälweiler (2005), Strategische Unternehmensführung, S. 28.

[233] GÄLWEILER versteht unter einer Steuerungsgröße die anzusteuernde Größe und nicht die Größe, mit der gesteuert wird.

[234] Vgl. Gälweiler (2005), Strategische Unternehmensführung, S. 28ff.

[235] In Anlehnung an Reichmann et al. (2011), Controlling mit Kennzahlen, S. 516; Gälweiler (2005), Strategische Unternehmensführung, S. 34.

[236] Vgl. Hungenberg und Wulf (2015), Grundlagen der Unternehmensführung, S. 97.

Ressourcen verfolgt und realisiert werden sollen.[237] Die Entscheidungen werden dabei stets im Hinblick auf den Beitrag zum Erhalt und Aufbau der Erfolgspotenziale getroffen, wobei Portfoliomanagementkonzepte Entscheidungshilfen darstellen.[238] Im Kontext der Arbeit wird das strategische Management wie folgt definiert:

> Mit der übergeordneten Zielsetzung die Unternehmensexistenz langfristig zu sichern, befasst sich das strategische Management auf Gesamtunternehmensebene mit der Ziel- und Strategieentwicklung und damit insbesondere mit der Produkt-Markt-Strategie und legt Handlungsportfolios zur Zielerreichung fest.

● **Steuerung des Produktportfolios**

Im Hinblick auf die Festlegung der Produkt-Markt-Strategie als eine wesentliche Aufgabe des strategischen Managements wird in der Literatur vermehrt vom Begriff ‚Produktportfoliomanagement' gesprochen.[239] Eine der ersten Begriffsdefinitionen nahmen COOPER ET AL. im Jahre 1999 vor und beschreiben das *Produktportfoliomanagement* als einen dynamischen Prozess, der Entscheidungen über die Einführung neuer und den Verbleib bestehender Produkte im Produktportfolio trifft.[240] Daran anknüpfend definiert WENDT das Produktportfoliomanagement als die „langfristige Gestaltung und Steuerung bestehender und zukünftiger Produkt-Markt-Aktivitäten eines Unternehmens"[241]. GERLACH spezifiziert die Definition im Hinblick auf die Struktur des Produktportfolios und definiert den Begriff *Produktportfolioplanung* als „die Steuerung und Veränderung der Elemente eines Produkt[portfolios, MHJ] – i.S.v. [sic!] Produkten und Produktvarianten – in den Dimensionen der [Produktportfolio, MHJ]breite und [Produktportfolio, MHJ]tiefe"[242].[243] Um die Definitionen vergleichbar zu machen, bedarf es der Erläuterung der Begriffe ‚Planung' und ‚Steuerung'. Nach GÄLWEILER sind beide Begriffe untrennbar miteinander verknüpft, denn der Zweck jeder Planung besteht darin, „alle Ausführungsabläufe so steuern zu können, das heißt permanent unter Kontrolle halten zu können, daß möglichst keine Abweichungen entstehen und daß am Ende weitgehend das herauskommt, was man am Anfang gewollt hat"[244]. AMELINGMEYER konkretisiert die

---

[237] Vgl. Macharzina (1995), Unternehmensführung, S. 227.

[238] Vgl. Wendt (2013), Strategisches Portfoliomanagement in dynamischen Technologiemärkten, S. 74; Macharzina (1995), Unternehmensführung, S. 227.

[239] Vgl. Brasil und Eggers (2019), Product and Innovation Portfolio Management, S. 2.

[240] Vgl. Cooper et al. (1999), New Product Portfolio Management:, S. 335.

[241] Wendt (2013), Strategisches Portfoliomanagement in dynamischen Technologiemärkten, S. 103.

[242] Gerlach (2016), Leistungsstaffelung in Produktprogrammen, S. 24.

[243] Die Zitatmodifikation ist in der synonymen Verwendung der Begriffe ‚Produktportfolio' und ‚Produktprogramm' motiviert (vgl. Fußnote 144).

[244] Gälweiler (2005), Strategische Unternehmensführung, S. 205.

von Gerlach angesprochene Veränderung der Elemente und subsumiert diese im Wesentlichen in drei Punkten: die Aufnahme neuer Produkte (I), die Optimierung der Produktportfoliostruktur (II) und die Eliminierung alter Produkte (III).[245] Im Hinblick auf die zu steuernden Elemente beziehen einige Autoren auch Produktentwicklungsprojekte mit ein und tragen damit der Relevanz neuer Produkte für die Erhaltung der Wettbewerbsfähigkeit Rechnung.[246] Die Notwendigkeit der Steuerung des Produktportfolios resultiert aus dem Lebenszyklus von Produkten (vgl. Abschnitt 2.1.1), welcher die kontinuierliche Veränderung des Produktportfoliozustandes und damit einen kontinuierlichen Steuerungsbedarf desselben impliziert.[247]

Unter Berücksichtigung der übergeordneten Zielsetzung des strategischen Managements, der Sicherung der Unternehmensexistenz, können drei *Ziele des Produktportfoliomanagements* definiert werden:[248]

- Maximierung des **Produktportfoliowertes** zur Sicherung des langfristigen Unternehmenserfolgs
- Herstellung der **Balance** zwischen einzelnen Produkt-Markt-Aktivitäten
- Ausrichtung des Produktportfolios und aller Aktivitäten innerhalb des Produktportfoliomanagements an den **Unternehmenszielen**

Zum Zweck der Zielerreichung müssen bei der Steuerung Abhängigkeiten im Produktportfolio berücksichtigt werden.[249] Zudem müssen im Rahmen des Produktportfoliomanagements die Elemente bzgl. ihrer Konformität mit der Unternehmenszielsetzung relativ zueinander bewertet und priorisiert werden. Entsprechend der Priorisierung müssen dann die verfügbaren limitierten Ressourcen[250] verteilt werden.[251] Auf Basis der Ausführungen lässt sich die Steuerung des Produktportfolios für den Kontext der Arbeit wie folgt definieren:

---

[245] Vgl. Amelingmeyer (2009), Gestaltungsfelder eines integrierten Produktportfoliomanagements, S. 10.

[246] Vgl. Seidenschwarz (2016), Portfoliomanagement, S. 37; Kavadias und Chao (2007), Resource allocation and new product, S. 135.

[247] Vgl. Seifert et al. (2016), Dynamic product portfolio management, S. 81; Schuh2012Innovationsmanagement, S. 65.

[248] Vgl. Brasil und Eggers (2019), Product and Innovation Portfolio Management, S. 9; Wendt (2013), Strategisches Portfoliomanagement in dynamischen Technologiemärkten, S. 103; Cooper et al. (2001), Portfolio management for new products, S. 26ff.; MacMillan et al. (1982), The Product Portfolio and Profitability, S. 752.

[249] Vgl. Brasil und Eggers (2019), Product and Innovation Portfolio Management, S. 10.

[250] Hierzu zählen alle finanziellen, physischen, legalen, humanen, organisationalen, informationellen und relationalen Ressourcen (vgl. Hunt und Morgan (1995), The Comparative Advantage Theory, S. 3).

[251] Vgl. Jugend et al. (2016), Product portfolio management, S. 5096.

Die Steuerung des Produktportfolios ist die kontinuierliche Kontrolle aller Elemente
des Produktportfolios und die Ableitung von Handlungsoptionen zur Erhaltung und
Optimierung des Produktportfolios hinsichtlich der übergeordneten
Unternehmensziele.

Dabei erfolgt die Anpassung des Produktportfolios, im Sinne der Ableitung von Handlungsoptionen, in den Dimensionen der Produktportfoliobreite und -tiefe. Das Treffen
der Entscheidung innerhalb des Steuerungsprozesses ist die Kernaktivität.[252] Bis vor einigen Jahren waren zweidimensionale Portfolio-Matrizen[253], wie die Marktportfolio-
Matrix der Boston Consulting Group (BCG-Matrix) oder das Technologieportfolio nach
PFEIFFER (vgl. Abbildung 2-8), als Entscheidungshilfen für die Produktportfoliosteuerung ausreichend.[254]

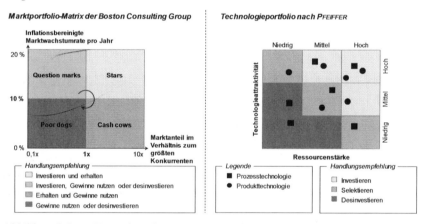

Abbildung 2-8:   Exemplarische Vertreter zweidimensionaler Portfolio-Matrizen[255]

Bei der BCG-Matrix werden die Unternehmensobjekte (Produkte, Technologien oder
Projekte) auf der Abszisse anhand des relativen Marktanteils und auf der Ordinate anhand des Marktwachstums bewertet und in der Matrix positioniert. Bei der Technolo-

---

[252] Vgl. Geiger (2000), Kennzahlenorientiertes Entwicklungscontrolling, S. 83.

[253] Eine Portfolio-Matrix ist eine grafische Gegenüberstellung von unternehmensspezifischen und -externen Daten wobei das Ziel in der Ableitung der aktuellen Unternehmenssituation liegt (vgl. Feldhusen et al. (2013),
Schritte des Produktentstehungsprozesses, S. 305).

[254] Vgl. Gälweiler (2005), Strategische Unternehmensführung, S. 77f.

[255] In Anlehnung an Pfeiffer et al. (1991), Technologie-Portfolio zum Management strategischer Zukunftsgeschäftsfelder, S. 93; Eversheim (2003), Innovationsmanagement für technische Produkte, S. 197,203.

gieportfolio-Matrix verhält es sich analog bzgl. der Dimensionen *Technologieattraktivität* und *Ressourcenstärke*. Aufgrund der wachsenden Komplexität im Produktportfolio
(vgl. Abschnitt 2.1.3) ist diese zweidimensionale Einordnung nicht mehr ausreichend
und es bedarf multidimensionaler Steuerungsinstrumente für eine kontinuierliche Steuerung.[256] Für das Treffen optimaler Entscheidungen ist die Antizipation zukünftiger Zustände des Produktportfolios und der Unternehmensumwelt notwendig.[257] In diesem
Zusammenhang fungieren Kennzahlensysteme als multidimensionale Steuerungsinstrumente und unterstützen den Entscheidungsträger.[258]

2.2.2 Ziel- und Kennzahlensysteme für das strategische Management

Kennzahlensysteme fungieren als Steuerungsinstrumente für Entscheidungsträger. Da
jedes Kennzahlensystem nicht zum Selbstzweck existiert, sondern Zielerreichungswerte
eines komplexen Zielsystems abbildet und damit auf einem Zielsystem beruht, werden
im Folgenden zuerst die Begriffe ‚Ziel' und ‚Zielsystem' erläutert, bevor die Begriffe
‚Kennzahlen' und ‚Kennzahlensysteme' erklärt werden.[259] Anschließend erfolgt eine
Exemplifizierung von Steuerungs-Kennzahlensystemen als die für diese Arbeit besonders relevante Art von Kennzahlensystemen. Der Abschnitt 2.2.2 schließt mit der Vorstellung der Balanced Scorecard als beispielhaftes Steuerungs-Kennzahlensystem.

Ziele und Zielsysteme

Im Allgemeinen wird unter dem Begriff *Ziel* „ein angestrebter, zukünftiger Zustand definiert"[260]. Im Rahmen dieser Arbeit soll der Begriff insbesondere im Unternehmenskontext betrachtet werden. Nach HUNGENBERG UND WULF lassen sich Unternehmen als wirtschaftliche Einheiten interpretieren, deren Erstellungs- und Vermarktungsprozess von
Leistungen darauf ausgerichtet ist, bestimmte Ziele zu erreichen.[261] Der Zielbegriff spielt
demnach eine zentrale Rolle bei Unternehmen. STAEHLE versteht unter dem Begriff ‚Unternehmensziel' „selbst formulierte[n] Vorstellungen über erwünschte organisatorische
Zustände oder Verhaltensweisen"[262]. GRÜNING fügt hinzu, dass die gewünschten Zustände als Ergebnis von Entscheidungen eintreten sollen.[263] Die Klassifikation von Zielen

---

[256] Vgl. Barlow et al. (2017), Driving business performance, S. 11; Landauer (2013), Produktportfoliomanagement, S. 4f.; Cooper (2013), Where Are All the Breakthrough New Products, S. 25.
[257] Vgl. Landauer (2013), Produktportfoliomanagement, S. 72f.
[258] Vgl. Küpper et al. (2013), Controlling, S. 475; Geiger (2000), Kennzahlenorientiertes Entwicklungscontrolling, S. 84.
[259] Vgl. Geiger (2000), Kennzahlenorientiertes Entwicklungscontrolling, S. 58.
[260] Hungenberg und Wulf (2015), Grundlagen der Unternehmensführung, S. 43.
[261] Vgl. Hungenberg und Wulf (2015), Grundlagen der Unternehmensführung, S. 12.
[262] Staehle (1999), Management, S. 438.
[263] Vgl. Grüning (2002), Performance-Measurement-Systeme, S. 5.

erfolgt anhand von sechs Merkmalen: Zielinhalt (I), Zielausmaß (II), Zeitbezug (III), Zielbeziehungen (IV), Rangordnung (V) und Zielsetzungsinstanz (VI) (vgl. Tabelle 2-1).

Tabelle 2-1:   Morphologie zur Klassifikation von Zielen nach WÖHE ET AL.[264]

Zielmerkmal	Zielausprägungen
Zielinhalt	Formal-, Sachziel
Zielausmaß	Extremierungs-, Meliorisierungs-, Satisfizierungsziele
Zeitbezug	kurz-, mittel-, langfristige Ziele
Zielbeziehung	konkurrierende, indifferente, komplementäre Ziele
Rangordnung	Ober-, Zwischen-, Unterziele
Zielsetzungsinstanz	individuelle, kollektive Ziele

Anhand des **Zielinhalts** soll die Ausrichtung des Handelns eines Unternehmens klassifiziert werden[265], wobei sich Formal- und Sachziele unterscheiden lassen Nach THOMMEN ET AL. stellen *Formalziele* übergeordnete Ziele des Unternehmens dar, an denen der güter- und finanzwirtschaftliche Erfolg des Unternehmens gemessen wird und die übergeordnet zur Ausrichtung der Sachziele dienen.[266] Dementsprechend beschreiben Formalziele lediglich eine „bestimmte formale Eigenschaft des Endzustandes, ohne diesen inhaltlich zu beschreiben"[267]. *Sachziele* hingegen spezifizieren den angestrebten Zustand, indem sie das „konkrete Handeln bei der Ausübung der verschiedenen betrieblichen Funktionen"[268] fokussieren und somit als Maß zur Steuerung der güter- und finanzwirtschaftlichen Unternehmensprozesse dienen.[269] Ausgehend davon, werden Sachziele in Leistungsziele, Finanzziele, Führungs- und Organisationsziele sowie soziale und ökologische Ziele unterteilt.[270]

Das **Zielausmaß** als zweites Merkmal dient der Festlegung des angestrebten Ausmaßes der Zielerreichung, sodass entsprechend Extremierungs-, Meliorisierungs- und Satisfizierungsziele unterschieden werden.[271] Während *Extremierungsziele* unbegrenzt nach der maximalen Zielerfüllung streben,[272] geben *Meliorisierungsziele* auf Basis eines Refe-

---

[264] In Anlehnung an Wöhe et al. (2016), Einführung in die allgemeine Betriebswirtschaftslehre, S. 68.
[265] Vgl. Thommen et al. (2017), Allgemeine Betriebswirtschaftslehre, S. 44.
[266] Vgl. Thommen et al. (2017), Allgemeine Betriebswirtschaftslehre, S. 44.
[267] Laux et al. (2018), Entscheidungstheorie, S. 46.
[268] Thommen et al. (2017), Allgemeine Betriebswirtschaftslehre, S. 44.
[269] Auch ZELEWSKI unterscheidet Formal- und Sachziele, definiert diese jedoch konträr zu THOMMEN ET AL. und anderen Autoren, sodass im Weiteren Grundlagen nach ZELEWSKI nur entsprechend adaptiert verwendet werden (vgl. Zelewski (2008), Grundlagen, S. 53).
[270] Vgl. Thommen et al. (2017), Allgemeine Betriebswirtschaftslehre, S. 44.
[271] Vgl. Zelewski (2008), Grundlagen, S. 13f.
[272] Vgl. Thommen et al. (2017), Allgemeine Betriebswirtschaftslehre, S. 48.

renzpunktes die Richtung an, „in welcher die Zielerfüllung einer Entscheidungsalternative erhöht oder gesenkt werden muss"[273], sodass diese zu einer Verbesserung beiträgt (z. B. Erhöhung der Produktqualität). *Satisfizierungsziele* geben mit einer Ober- oder Untergrenze (z. B. mindestens 30 % Marktanteil) ein Anspruchsniveau für die Zielinhaltserfüllung vor. Fallen die Grenzen zusammen, liegt ein Fixpunktziel vor.[274]

Das Merkmal des **Zeitbezugs** definiert den Zeitraum zur Zielerfüllung, wobei zwischen *kurzfristigen* (1 Jahr), *mittelfristigen* (2-3 Jahre) und *langfristigen* (über 5 Jahre) Zielen unterschieden wird.[275] Zudem wird eine Unterscheidung in statische Ziele, die andere Perioden nicht berücksichtigen, und dynamische Ziele, die einen Bezug zu anderen Perioden herstellen (z. B. 10 % Gewinnsteigerung im Vergleich zum Vorjahr), vorgenommen.[276]

Während sich die ersten drei Merkmale auf singuläre Ziele beziehen, wird für die Ausführungen zu den Merkmalen **Zielbeziehungen, Rangordnung** und **Zielsetzungsinstanz** der Begriff des *Unternehmenszielsystems* eingeführt. Nach SCHMIDT-SUDHOFF stellt ein Unternehmenszielsystem eine „strukturierte Menge vom Unternehmer [...] simultan verfolgter Ziele"[277] dar und zeichnet sich damit durch Mehrdimensionalität aus.[278] HEINEN und GEIGER stellen die systemtheoretische Perspektive von Zielsystemen heraus. Demnach kann ein Zielsystem als die Gesamtheit der Zielsetzungen definiert werden, die durch Relationen zueinander zu einem System mit hierarchischer Struktur zusammengefasst werden.[279] In Bezug auf die **Zielbeziehung** lassen sich konkurrierende, indifferente und komplementäre Zielrelationen differenzieren.[280] *Zielkonkurrenz* liegt vor, wenn die Erreichung eines Ziels ein anderes Ziel negativ beeinflusst.[281] Liegt solch ein Konflikt im Zielsystem vor, empfiehlt sich die Priorisierung von Zielen, um das Erreichen vorrangiger Ziele sicherzustellen.[282] Ziele verhalten sich zueinander *indifferent*, wenn die Erfüllung eines Ziels ohne Auswirkung auf ein anderes Ziel bleibt.[283] Ziele

---

[273] Zelewski (2008), Grundlagen, S. 13.
[274] Vgl. Zelewski (2008), Grundlagen, S. 13f.
[275] Vgl. Hungenberg und Wulf (2015), Grundlagen der Unternehmensführung, S. 44.
[276] Vgl. Thommen et al. (2017), Allgemeine Betriebswirtschaftslehre, S. 48.
[277] Schmidt-Sudhoff (1967), Unternehmerziele und unternehmerisches Zielsystem, S. 22.
[278] Vgl. Grüning (2002), Performance-Measurement-Systeme, S. 6.
[279] Vgl. Heinen (1966), Das Zielsystem der Unternehmung, S. 89f.; Geiger (2000), Kennzahlenorientiertes Entwicklungscontrolling, S. 61.
[280] Vgl. Zelewski (2008), Grundlagen, S. 55f.; Grüning (2002), Performance-Measurement-Systeme, S. 7.
[281] Vgl. Laux et al. (2018), Entscheidungstheorie, S. 47.
[282] Vgl. Herrmann und Huber (2013), Produktmanagement, S. 88.
[283] Vgl. Heinen (1976), Grundlagen betriebswirtschaftlicher Entscheidungen, S. 95.

stehen zueinander in *komplementärer* Relation, „wenn die Erfüllung eines Ziels eine positive Wirkung auf die Erreichung eines anderen Ziels hat"[284].

Ist die positive Beeinflussung nur einseitig, so liegt eine Mittel/Zweck-Beziehung vor.[285] Liegt diese Art der Beziehung zwischen allen Zielen vor, „die in einem unmittelbaren Unter-/Überordnungszusammenhang stehen"[286], entsteht ein hierarchisches Zielsystem mit einer **Rangordnung**, die Ober-, Zwischen- und Unterziele unterscheidet. Dabei sind *Unterziele* Mittel zur Erfüllung des *Oberziels*.[287] Durch diese Charakteristika dienen Zielsysteme der Strukturierung, Relativierung, Koordination und Steuerung von Entscheidungen zur Unternehmensplanung und -führung.[288]

Zur Beschreibung des Merkmals der **Zielsetzungsinstanz** wird die organisatorische Perspektive von Zielsystemen fokussiert. „Ein Unternehmen hat nicht per se Ziele"[289], sondern wird vielmehr als eine Koalition von Individuen mit *individuellen* Zielsystemen verstanden. Nach HEINEN stellt ein Unternehmenszielsystem damit ein *kollektives* Zielsystem von Individuen dar.[290]

Die Beziehungen zwischen den individuellen Zielsystemen hängen dabei u. a. von der Machtstruktur, dem wirtschaftlichen Unternehmensumfeld und rechtlichen Rahmenbedingungen ab.[291] In diesem Zusammenhang wird bzgl. der Machtstruktur zwischen Stakeholder- und Shareholder-zentrierten Zielsystemen unterschieden.[292] Angelehnt an diese organisatorische Perspektive definiert ULRICH den Begriff des ‚Zielsystems' als „eine hierarchische Struktur, in der von oben nach unten allgemeine Wertvorstellungen sukzessive in konkretere, schließlich operationale Ziele und Teilziele aufgegliedert werden"[293]. Nach diesem Verständnis werden die allgemeinen Wertvorstellungen in der *Unternehmensvision* zusammengefasst. Diese bildet die Leitidee der unternehmerischen Tätigkeit in Form einer langfristigen und richtungsweisenden Zukunftsvorstellung ab.[294]

---

[284] Herrmann und Huber (2013), Produktmanagement, S. 88.

[285] Vgl. Zelewski (2008), Grundlagen, S. 55.

[286] Zelewski (2008), Grundlagen, S. 55.

[287] Vgl. Thommen et al. (2017), Allgemeine Betriebswirtschaftslehre, S. 49.

[288] Vgl. Poeschl (2013), Strategische Unternehmensführung zwischen Shareholder-Value und, S. 38.

[289] Hungenberg (2014), Strategisches Management in Unternehmen, S. 27.

[290] Vgl. Heinen (1976), Grundlagen betriebswirtschaftlicher Entscheidungen, S. 26.

[291] Vgl. Laux et al. (2018), Entscheidungstheorie, S. 48f.

[292] Zur Wahrung der Übersichtlichkeit der Arbeit wird auf eine detaillierte Beschreibung der Ansätze verzichtet und stattdessen auf die entsprechende Fachliteratur verwiesen (vgl. Wicharz (2018), Strategie: Ausrichtung von Unternehmen, S. 26ff.).

[293] Ulrich (1970), Die Unternehmung als produktives soziales System, S. 194.

[294] Vgl. Müller (2017), Unternehmensführung, S. 83f.; Hungenberg (2014), Strategisches Management in Unternehmen, S. 26.

Die Vision wird anschließend in ein *Leitbild* bzw. eine Mission übersetzt.[295] Durch das Leitbild werden Handlungsweisen zur Zielerreichung definiert.[296] Die *Bereichs- und Individualziele* bzw. Unternehmensziele werden aus dem Leitbild abgeleitet und mit den Steuergrößen des strategischen Managements angesteuert.[297] *Strategien* determinieren den Weg zur Zielerreichung.[298] Abbildung 2-9 zeigt eine detaillierte Darstellung der Hierarchieebenen von Unternehmenszielen.

Abbildung 2-9:   **Zielhierarchien in Unternehmen nach GRIMM ET AL.**[299]

In Anlehnung an die systemtheoretische und organisatorische Betrachtung findet folgende Zielsystemdefinition für diese Arbeit Gültigkeit:

> Das Unternehmenszielsystem stellt die Gesamtheit organisatorisch-hierarchisch strukturierter Ziele des Unternehmens dar, welche zueinander in komplementärer, konkurrierender oder indifferenter Relation stehen können.

Bei der Erstellung von Zielsystemen gibt es verschiedene Anforderungen. Insbesondere gilt es, Maßgrößen der Zielerreichung auf der untersten Ebene des Zielsystems so zu wählen, dass keine Korrelation zwischen ihnen auftritt.[300] Eine derartige Quantifizierung und Konkretisierung von Zielen gelingt durch Kennzahlen und Kennzahlensysteme.

Kennzahlen und Kennzahlensysteme

Unter Kennzahlen im weiteren Sinne sind quantitative Informationskonzentrate für die Unternehmensanalyse und -steuerung zu verstehen. Dazu gehören Indikatoren und Kennzahlen im engeren Sinne. Lässt sich ein Sachverhalt nur schwer abbilden, werden

---

[295] Vgl. Bea und Haas (2019), Strategisches Management, S. 78.

[296] Vgl. Grimm et al. (2014), Portfoliomanagement in Unternehmen, S. 129.

[297] Vgl. Schuh und Kampker (2011), Strategie und Management produzierender Unternehmen, S. 69f.; Kreikebaum et al. (2011), Strategisches Management, S. 65.

[298] Vgl. Hungenberg und Wulf (2015), Grundlagen der Unternehmensführung, S. 95ff.

[299] In Anlehnung an Grimm et al. (2014), Portfoliomanagement in Unternehmen, S. 130.

[300] Vgl. Geiger (2000), Kennzahlenorientiertes Entwicklungscontrolling, S. 61f.

Indikatoren als Ersatzgrößen herangezogen. Die Ausprägung und Veränderung des Indikators lässt Rückschlüsse auf die Ausprägung und Veränderung anderer Größen zu.[301] Im engeren Sinne verstehen sich unter *Kennzahlen* stark verdichtete Maßgrößen, mit denen in konzentrierter und vereinfachter Form über einen zahlenmäßig erfassbaren Sachverhalt berichtet werden soll.[302] Basierend auf dieser Definition werden in der Literatur unterschiedliche Kennzahlfunktionen beschrieben. Im Rahmen dieser Arbeit sind folgende Funktionen von Kennzahlen relevant:[303]

- **Operationalisierungsfunktion:** Bildung von Kennzahlen zur formalen, quantitativen und damit konkreten Beschreibung von Zielen und der Zielerreichung
- **Anregungs- und Kontrollfunktion:** Laufende Kennzahlenerfassung zur Erkennung von Auffälligkeiten bzw. Soll-Ist-Abweichungen
- **Vorgabefunktion:** Ermittlung von Kennzahlenwerten als Zielgrößen für Teilbereiche des Unternehmens
- **Steuerungsfunktion:** Verwendung von Kennzahlen zur Vereinfachung von Steuerungsprozessen

Für diese Arbeit sollen insbesondere Kennzahlen mit Steuerungsfunktion, sog. *Steuerungskennzahlen*, fokussiert werden, welche durch Operationalisierung aus Unternehmenszielen herzuleiten sind.[304] Dabei werden mittels Operationalisierung übergeordnete Unternehmensziele zum Zwecke der Durchsetzung durch Angabe der Ausprägungen in den Merkmalen *Zielinhalt*, *Zeitbezug* und *Zielausmaß* konkretisiert.[305] Auf diese Weise „dienen sie als Ziele zur Planung und Bewertung von Alternativen, zur Verhaltensbeeinflussung von Handlungsträgern"[306] und damit zur Durchsetzung des Willens des strategischen Managements.[307]

---

[301] Vgl. Gladen (2014), Performance Measurement, S. 9.

[302] Vgl. Hornung und Kusterer Frank (2018), Controlling und Steuerung mit Kennzahlen, S. 206; Küpper et al. (2013), Controlling, S. 471; Reichmann et al. (2011), Controlling mit Kennzahlen, S. 24; Geiger (2000), Kennzahlenorientiertes Entwicklungscontrolling, S. 85.

[303] Vgl. Gladen (2014), Performance Measurement, S. 33; Möller et al. (2011), Innovationscontrolling, S. 20; Horváth et al. (2015), Controlling, S. 286; Becker und Winkelmann (2019), Handelscontrolling, S. 68; Weber und Schäffer (2016), Einführung in das Controlling, S. 178f.; Pepels (2013), Produktmanagement, S. 980.

[304] Vgl. Gladen (2014), Performance Measurement, S. 43.

[305] Vgl. Gladen (2014), Performance Measurement, S. 183.

[306] Küpper et al. (2013), Controlling, S. 475f.

[307] Vgl. Gladen (2014), Performance Measurement, S. 31.

Unabhängig von der Funktion, werden aus statistischer Sicht vier Kennzahlenarten unterschieden. Auf übergeordneter Ebene lassen sich *absolute Zahlen* und *Verhältniszahlen* differenzieren (vgl. Abbildung 2-10). Zu den Verhältniszahlen zählen die *Gliederungszahlen*, welche Teilgrößen den entsprechenden Gesamtgrößen gegenüberstellen. Werden verschiedenartige Größen mit sachlogischem Zusammenhang in Relation gesetzt, spricht man von *Beziehungszahlen*. *Mess- oder Indexzahlen* verdichten absolute Zahlen im Interesse der Übersichtlichkeit und zur Gewinnung aggregierter Aussagen. Die zugrundeliegenden absoluten Zahlen bleiben demnach vertraulich.[308]

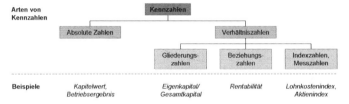

Abbildung 2-10: Arten von Kennzahlen nach HORVÁTH ET AL.[309]

Zur Beurteilung von Sachverhalten werden in der Regel mehrere Kennzahlen genutzt. Um widersprüchliche Aussagen von isolierten Kennzahlen zu vermeiden, müssen diese in eine Ordnung gebracht werden.[310] HORVÁTH ET AL. definieren ein *Kennzahlensystem* als „eine geordnete Gesamtheit von Kennzahlen, die in einer Beziehung zueinander stehen und so als Gesamtheit über einen Sachverhalt vollständig informieren"[311]. Basierend auf den Beziehungsarten zwischen den Kennzahlen findet eine Differenzierung von Kennzahlensystemen statt (vgl. Abbildung 2-11).

[308] Vgl. Gladen (2014), Performance Measurement, S. 17; Möller et al. (2011), Innovationscontrolling, S. 20.
[309] In Anlehnung an Küpper et al. (2013), Controlling, S. 472.
[310] Vgl. Küpper et al. (2013), Controlling, S. 472.
[311] Horváth et al. (2015), Controlling, S. 288.

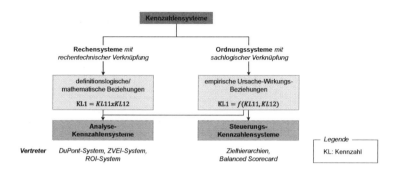

Abbildung 2-11:   Architektur und Verwendungsart von Kennzahlensystemen nach GLADEN[312]

In einer ersten Gliederungsebene werden Kennzahlensysteme mit rechentechnischer Verknüpfung (Rechensysteme) und solche mit sachlogischer Verknüpfung (Ordnungssysteme) unterschieden. *Rechensysteme* sind logische Systeme, welche definitionslogische Beziehungen und mathematische Umformungen nutzen, um eine Spitzenkennzahl in Unterkennzahlen zu dekomponieren.[313] Beispiele der Rechensysteme sind das Du-Pont-System, das ZVEI-System und das ROI-System.[314] In *Ordnungssystemen* sind empirische (sachlogische) Zweck-Mittel-Beziehungen dominant, sodass auch Kennzahlen in das System aufgenommen werden, die nicht mathematisch/definitionslogisch verknüpfbar sind. Während Ordnungssysteme so eine höhere Flexibilität bieten, werden aufgrund der empirisch-induktiven[315] Vorgehensweise bei der Kennzahlgewinnung quantitative Kennzahlenzusammenhänge oft nicht expliziert.[316]

Auf der Basis von Rechensystemen werden *Analyse-Kennzahlensysteme* erstellt. Für den Zweck der fallweisen Analysen enthalten diese oft monetäre formalzielbezogene Kennzahlen und haben den Anspruch, allgemeingültige generische Konzepte abzubilden. Im Gegensatz dazu werden die auf Ordnungssystemen basierenden *Steuerungs-Kennzahlensysteme* für laufende Steuerungsaufgaben in Bezug auf Formal- und Sachziele genutzt, sind unternehmensspezifisch und beinhalten sowohl bereichsspezifische

---

[312] In Anlehnung an Gladen (2014), Performance Measurement, S. 100.

[313] Vgl. Becker und Winkelmann (2019), Handelscontrolling, S. 74.

[314] Vgl. Ungermann et al. (2019), Die Zukunft der Kennzahlensysteme, S. 25; Gladen (2014), Performance Measurement, S. 98ff.

[315] Die Kennzahlengewinnung erfolgt auf Basis empirischen Wissens (z. B. durch Expertenbefragungen) oder durch die Auswertung empirischer Daten mit statistischen Methoden (vgl. Küpper et al. (2013), Controlling, S. 488).

[316] Vgl. Gladen (2014), Performance Measurement, S. 100f.

als auch nicht-monetäre Kennzahlen. Nach GLADEN lässt sich ein Steuerungs-Kennzahlensystem wie folgt definieren:[317]

> Ein Steuerungs-Kennzahlensystem hat die Aufgabe, aufgrund von Abweichungsimpulsen Handlungen zu initiieren und muss dabei in der Lage sein, Oberziele mittels Unterzielen zu spezifizieren.

Nach REICHMANN ET AL. können Kennzahlensysteme „nur vor dem Hintergrund des entsprechenden Erklärungsmodells interpretiert werden"[318]. Dies trifft insbesondere bei Steuerungs-Kennzahlensystemen zu, da deren Zweck-Mittel-Beziehungen auf empirischen Ursache-Wirkungs-Beziehungen beruhen.[319] Zielhierarchien und die Balanced Scorecard sind Vertreter dieser Art von Kennzahlensystemen. Ein vollständiger Vergleich von Analyse- und Steuerungs-Kennzahlensystemen ist in Tabelle A-1 im Anhang A.1 zu finden.

Im Hinblick auf die Zielsetzung der Arbeit (vgl. Unterkapitel 1.2) werden Steuerungs-Kennzahlensystemen als die relevante Art von Kennzahlensystemen für die Artefaktgestaltung identifiziert, weshalb im Folgenden deren Gestaltung am Beispiel der Balanced Scorecard expliziert wird. Dabei wird insbesondere auf den Übergang von Zielen zu Kennzahlen und auf das Ableiten von Handlungsoptionen eingegangen.

● Gestaltung von Steuerungs-Kennzahlensystemen am Beispiel der Balanced Scorecard

Die in den 1990er Jahren von KAPLAN UND NORTON entwickelte Balanced Scorecard (BSC) ist ein Steuerungsinstrument des strategischen Managements.[320] KAPLAN UND NORTON verstehen unter der BSC einen Ordnungsrahmen, der „company's strategic objectives into a coherent set of performance measures"[321] übersetzt und damit durch Konkretisierung der Strategie die Operationalisierung der strategischen Unternehmensziele ermöglicht (vgl. Abbildung 2-9).[322] Zur Strategiekonkretisierung werden strategischen Zielen Kennzahlen zugeordnet und so der Realisierungsgrad der Ziele quantifiziert. Für die Kennzahlen werden Vorgaben festgelegt, die eine Messung des Zielerreichungsgra-

---

[317] Vgl. Gladen (2014), Performance Measurement, S. 101ff.

[318] Reichmann et al. (2011), Controlling mit Kennzahlen, S. 64.

[319] Vgl. Gladen (2014), Performance Measurement, S. 102f.

[320] Vgl. Kaplan und Norton (1992), The Balanced Scorecard, S. 71ff.

[321] Kaplan und Norton (1993), Putting the Balanced Scorecard to Work, S. 134.

[322] Vgl. Landström et al. (2018), Business performance measurement systems, S. 127; Seidenschwarz (2016), Portfoliomanagement, S. 39.

des erlauben. Basierend auf einer Ist-Soll-Abweichung werden Maßnahmen zur Differenzminimierung abgeleitet (vgl. Abbildung 2-12).[323] Während dieses Vorgehen gleich bleibt, werden die Ziele von Unternehmens- bis auf Abteilungsebene heruntergebrochen (Top-Down). Bottom-Up wird die Vision des Unternehmens durch die Strategie umgesetzt.[324] Der Architektur von Steuerungs-Kennzahlensystemen folgend, müssen alle Kennzahlen der BSC über Ursache-Wirkungs-Beziehungen miteinander verbunden sein. Zudem müssen Ergebniskennzahlen[325] und Indikatoren vorhanden sein, sodass die BSC dem Anspruch eines vergangenheits- und zukunftsorientierten Kennzahlensystems gerecht wird.[326] Um diesen Anforderungen zu entsprechen, werden in der BSC Kennzahlen aus vier Perspektiven zusammengefasst. In der *Finanzperspektive* werden ausschließlich monetäre Kennzahlen erfasst, die eine Überprüfung des Unternehmenserfolgs ermöglichen und als Endziele für die anderen Perspektiven dienen.[327] Die *Kundenperspektive* fokussiert die strategischen Ziele in Bezug zu Kunden- und Marktsegmenten. In der *internen Prozessperspektive* werden die Prozesse abgebildet, die zur Zielerreichung in der Finanz- und Kundenperspektive essenziell sind.[328] Die *Lern- und Entwicklungsperspektive* fokussiert die Beschreibung einer geeigneten Unternehmensinfrastruktur zur Sicherung des langfristigen Unternehmenserfolgs und der Zielerreichung der ersten drei Perspektiven.[329]

Abbildung 2-12:   Operationalisierung der Unternehmenszielsetzung mittels Balanced Scorecard nach Barthélemy et al.[330]

---

[323] Vgl. Reichmann et al. (2011), Controlling mit Kennzahlen, S. 557; Barthélemy et al. (2011), Balanced Scorecard, S. 30.

[324] Vgl. Barthélemy et al. (2011), Balanced Scorecard, S. 28ff.

[325] Unter Ergebniskennzahlen sind meist Finanzkennzahlen als Messgröße des Unternehmenserfolgs zu verstehen (vgl. Weber und Schäffer (2016), Einführung in das Controlling, S. 201).

[326] Weber und Schäffer (2016), Einführung in das Controlling, S. 202f.; Barthélemy et al. (2011), Balanced Scorecard, S. 62.

[327] Barthélemy et al. (2011), Balanced Scorecard, S. 67.

[328] Weber und Schäffer (2016), Einführung in das Controlling, S. 201.

[329] Thommen et al. (2017), Allgemeine Betriebswirtschaftslehre, S. 548.

[330] In Anlehnung an Barthélemy et al. (2011), Balanced Scorecard, S. 30.

Neben der BSC existiert in der Literatur eine Vielzahl an Kennzahlensystemen. Um die Übersichtlichkeit der Arbeit zu wahren, wird auf eine detaillierte Beschreibung aller dieser Steuerungsinstrumente verzichtet und stattdessen auf den tabellarischen Vergleich der relevantesten Systeme in Tabelle A-2 im Anhang A.1 verwiesen.

2.2.3 Handlungsoptionen zur Steuerung des Produktportfolios

Anhand der BSC wurde beispielhaft aufgezeigt, wie Maßnahmen zur Strategieimplementierung und damit zur Umsetzung der Unternehmensziele abgeleitet werden. Mit Fokus auf die Festlegung der Produkt-Markt-Strategie und damit auf den Prozess des Produktportfoliomanagements (vgl. Abschnitt 2.1.1) sollen derartige Handlungsoptionen zur Steuerung des Produktportfolios im Folgenden beschrieben und von Handlungsoptionen anderer Portfolios abgegrenzt werden. Auf Basis der eingeführten Produktportfoliostruktur (vgl. Abschnitt 2.1.2) und der Differenzierung zwischen Produktportfolio-, Produktlinien- und Produktebene lassen sich drei Entscheidungsebenen zur Steuerung des Produktportfolios unterscheiden (vgl. Abbildung 2-13).

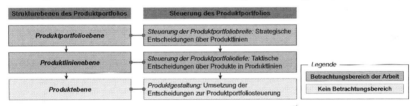

Abbildung 2-13:   Entscheidungsebenen der Produktportfoliosteuerung[331]

Unter der strategischen Entscheidungsebene werden alle Handlungsoptionen zur *Steuerung der Produktportfoliobreite* auf der Ebene des Produktportfolios zusammengefasst. Die taktische Entscheidungsebene ist der strategischen hierarchisch untergeordnet und umfasst alle Handlungsoptionen zur *Steuerung der Produktportfoliotiefe*. Die *Produktgestaltung* auf der Produktebene befasst sich mit der operativen Ausgestaltung aller zu implementierender Steuerungsmaßnahmen und liegt aufgrund des operativen Fokus demnach nicht im Betrachtungsbereich der Arbeit.[332]

---

[331] In Anlehnung an Meffert et al. (2019), Marketing, S. 399; Kieckhäfer (2013), Marktsimulation zur strategischen Planung, S. 39; Bruhn und Hadwich (2006), Produkt- und Servicemanagement, S. 24.
[332] Vgl. Meffert et al. (2019), Marketing, S. 399.

Steuerung der Produktportfoliobreite

Durch die Produktportfoliobreite wird festgelegt, in welchen Geschäftsfeldern das Unternehmen aktiv ist oder aktiv sein soll. Grundsätzlich hat ein Unternehmen die Optionen die Breite beizubehalten oder Änderungen vorzunehmen (vgl. Abbildung 2-14).

Abbildung 2-14:   Handlungsoptionen zur Steuerung der Produktportfoliobreite nach SCHUH[333]

Eine Änderung der Produktportfoliobreite kann durch Diversifikation, Elimination sowie Variation von Produktlinien vorgenommen werden. Im Rahmen der *Diversifikation* vergrößern Unternehmen die Breite des Produktportfolios durch das Hinzufügen neuer Produktlinien, welche in keinem direkten Zusammenhang mit dem bisherigen Produktportfolio stehen. Diversifikationen können entweder unternehmensintern durch eigenständige Entwicklungen oder unternehmensextern durch strategische Partnerschaften realisiert werden. Es wird zwischen horizontalen, vertikalen und lateralen Diversifikationen unterschieden.[334] Das Ziel der *horizontalen Diversifikation* ist es, bestehenden Kunden eines Marktes zusätzliche Produkte anzubieten oder neue Kunden zu akquirieren, um so die Wertschöpfungsbreite zu erhöhen. Der Vorteil dieser Diversifikationsart liegt in der Möglichkeit zur Ausnutzung bestehenden Wissens über Marktfunktionalitäten und Produkttechnologien.[335] Die *vertikale Diversifikation* führt zur Erhöhung der Wertschöpfungstiefe durch Aufnahme von Produkten aus vor- oder nachgelagerten Wertschöpfungsstufen.[336] Folglich können die Wertschöpfungskette optimiert, die Rohstoffversorgung gesichert und der Ertrag gesteigert werden.[337] Die *laterale Diversifikation* bezeichnet den „Vorstoß in völlig neue Produkt- und Marktbereiche"[338] und wird deshalb auch als riskanteste Form der Diversifikation wahrgenommen.[339] Anlass für

---

[333] In Anlehnung an Schuh2012Innovationsmanagement, S. 62.

[334] Vgl. Homburg (2017), Marketingmanagement, S. 616.

[335] Vgl. Herrmann und Huber (2013), Produktmanagement, S. 377; Ansoff (1957), Strategies for Diversification, S. 118.

[336] Vgl. Rennhak und Opresnik (2016), Marketing, S. 69.

[337] Vgl. Herrmann und Huber (2013), Produktmanagement, S. 377.

[338] Herrmann und Huber (2013), Produktmanagement, S. 377.

[339] Vgl. Rennhak und Opresnik (2016), Marketing, S. 69.

diese Art der Diversifikation ist es, Risiko im Produktportfolio zu streuen sowie Unabhängigkeit und Wachstum zu sichern.[340]

Gegensätzlich zur Diversifikation dient die *Elimination* einer Produktlinie der Fokussierung auf bestimmte Geschäftsfelder.[341] Werden alle Produkte innerhalb der Produktlinie variiert[342], spricht man von der *Produktlinienvariation*. Beispielhaft ist hier die Integration einer neuen Funktion in alle Produkte der Produktlinie zu nennen.

Steuerung der Produktportfoliotiefe

Auf übergeordneter Ebene haben Unternehmen zur Steuerung der Produktportfoliotiefe die Möglichkeiten, die Produktlinie beizubehalten oder zu ändern. In Bezug auf die Produktlinienänderung lassen sich die Produktdifferenzierung, Produktvariation und Produktelimination voneinander unterscheiden (vgl. Abbildung 2-15).

Abbildung 2-15: Handlungsoptionen zur Steuerung der Produktportfoliotiefe nach SCHUH[343]

Im Rahmen dieser Arbeit wird unter einer *Produktdifferenzierung* die „Ergänzung eines Produkts [...] innerhalb einer Produktlinie"[344] und die nachgelagerte Positionierung des Produktes innerhalb der Produktlinie verstanden. Je nach Produktpositionierung wird zwischen einer Produktlinienausweitung und einer Produktlinienauffüllung unterschieden.[345] Unter einer *Ausweitung der Produktlinie* wird das Hinzufügen von Produkten verstanden, welche Kundenbedürfnisse eines nicht erschlossenen Marktes abdecken. Dabei kann eine Produktlinie durch höherwertige Produkte oder Produkte aus einem niedrigeren Qualitätssegment ergänzt werden.[346] Im Gegensatz zur Ausweitung umfasst

[340] Vgl. Homburg (2017), Marketingmanagement, S. 616.
[341] Vgl. Schuh2012Innovationsmanagement, S. 62f.
[342] Die Produktvariation wird im nachfolgenden Abschnitt „Steuerung der Produktportfoliotiefe" beschrieben.
[343] In Anlehnung an Schuh2012Innovationsmanagement, S. 62.
[344] Gerlach (2016), Leistungsstaffelung in Produktprogrammen, S. 28.
[345] Vgl. Decker und Bornemeyer (2007), Produktliniengestaltung, S. 576; Bruhn und Hadwich (2006), Produkt- und Servicemanagement, S. 25.
[346] Vgl. Decker und Bornemeyer (2007), Produktliniengestaltung, S. 576.

die *Produktlinienauffüllung* das Hinzufügen eines Produkts mit dem Ziel, „bislang unbefriedigte Nachfragerwünsche"[347] in einem bereits bestehenden Markt abzudecken. Dabei sollte die Produktdifferenzierung auf Basis eines bestehenden Produkts und vor dessen Degeneration durchgeführt werden.[348] Risiken dieser Differenzierungsart sind die Kannibalisierung zwischen Produkten und die Kundenverwirrung durch unzureichende Differenzierung zwischen den Produkten.

Ohne die Länge der Produktlinie zu beeinflussen, umfasst die *Produktvariation* die Veränderung bereits eingeführter Produkte zur Anpassung an sich ändernde Kundenanforderungen und der Neudifferenzierung gegenüber Wettbewerbsprodukten.[349] Im Zuge der Variation bleibt die Kernfunktion des Produkts erhalten.[350] Die Produktvariation lässt sich in die Produktmodifikation und die Produktpflege unterteilen. Unter der *Produktmodifikation* wird die „Veränderung einzelner Eigenschaften von Produkten"[351] verstanden. Dabei können die Änderungen geringfügig bis umfassend sein, wobei letztere Ausprägung auch als ‚Produktrelaunch' betitelt wird und die „Wiederbelebung einer stagnierenden oder rückläufigen Umsatz- und Gewinnentwicklung"[352] meint.[353] Unter der *Produktpflege* wird die kontinuierliche Optimierung bestehender Produkte verstanden. Im Gegensatz zur Produktmodifikation liegt der Fokus jedoch auf der Mängelbeseitigung in frühen Phasen des Produktlebenszyklus, z. B. die Verbesserung des Herstellungsprozesses oder die Optimierung interner Geschäftsprozesse.[354] Während bei der Produktdifferenzierung das Produktportfolio komplementär erweitert wird, ist bei der Variation die Substitution des bestehenden Produkts und damit eine konstante Gesamtanzahl an Produkten im Produktportfolio charakterisierend.[355] Abzugrenzen ist die Variation ebenfalls von der Produktinnovation, die die Aufnahme eines für den Markt und/oder das Unternehmen völlig neuartigen Produkts meint.[356]

---

[347] Meffert et al. (2019), Marketing, S. 403.

[348] Vgl. Herrmann und Huber (2013), Produktmanagement, S. 372; Büschken und Thaden (2007), Produktvariation, -differenzierung und -diversifikation, S. 610.

[349] Vgl. Meffert et al. (2019), Marketing, S. 457.

[350] Vgl. Homburg (2017), Marketingmanagement, S. 612.

[351] Gerlach (2016), Leistungsstaffelung in Produktprogrammen, S. 23.

[352] Meffert et al. (2019), Marketing, S. 459.

[353] Vgl. Herrmann und Huber (2013), Produktmanagement, S. 371; Lennertz (2010), Produktmanagement, S. 23.

[354] Vgl. Herrmann und Huber (2013), Produktmanagement, S. 370f.

[355] Vgl. Meffert et al. (2019), Marketing, S. 458; Büschken und Thaden (2007), Produktvariation, -differenzierung und -diversifikation, S. 597.

[356] Vgl. Lennertz (2010), Produktmanagement, S. 23.

Analog zur Elimination ganzer Produktlinien können nach SCHUH zur „Vereinheitlichung von Leistungsvarianten"[357] auch einzelne Produkte eliminiert werden. Im Kontext der Konkurrenz zwischen Produkten um Unternehmensressourcen dient die *Elimination von Produkten* der Sicherung des Unternehmenserfolgs durch Fokussierung auf wirtschaftliche Produkte.[358] Die Elimination von Produkten muss demnach systematisch hinsichtlich des Marktpotenzials und -erfolgs sowie der Wirtschaftlichkeit überprüft werden.[359]

2.2.4 Zusammenspiel von Produktportfolio und F&E-Portfolio

Durch die im Kontext der Produktportfoliosteuerung getroffenen Entscheidungen hinsichtlich der Durchführung der beschriebenen Handlungsoptionen hat das Produktportfolio Einfluss auf andere Unternehmensbereiche.[360] Für die vorliegende Arbeit ist dabei insbesondere die Wechselwirkung mit dem Bereich der F&E von Relevanz, da die durch die Produktportfoliosteuerung angestoßenen Änderungen auf Produktlinien- und Produktebene maßgeblich für den Ressourcenverzehr dieses Bereichs verantwortlich sind.[361] Analog des Produktportfoliomanagements hat sich auch im F&E-Bereich der Portfolioansatz zur Analyse und Steuerung von Entwicklungsprojekten etabliert.[362] WENDT spricht in diesem Zusammenhang vom ‚Innovationsportfolio' und definiert dieses als die „Zusammenstellung aller aktiven Produktneuentwicklungsprojekte"[363]. Auch andere Autoren fassen unter dem Portfoliomanagement die Neuprojektbewertung (I), die Beschleunigung, Beendigung oder Umpriorisierung existierender F&E-Projekte (II) sowie die Ressourcen-(Neu)allokation zwischen aktiven Projekten.[364] Da es in der Literatur große Überschneidungen zwischen den Definitionen des Innovationsportfoliomanagements und des F&E-Portfoliomanagements gibt, werden die Begriffe *Innovationsportfolio* und *F&E-Portfolio* in dieser Arbeit synonym verwendet.[365] Vereinzelt wird in

---

[357] Schuh2012Innovationsmanagement, S. 63.
[358] Vgl. Decker und Bornemeyer (2007), Produktliniengestaltung, S. 577.
[359] Vgl. Homburg (2017), Marketingmanagement, S. 619.
[360] Vgl. Brasil und Eggers (2019), Product and Innovation Portfolio Management, S. 9.
[361] Vgl. Cooper (2013), Where Are All the Breakthrough New Products, S. 28.
[362] Vgl. Mikkola (2001), Portfolio management of R&D projects, S. 433.
[363] Wendt (2013), Strategisches Portfoliomanagement in dynamischen Technologiemärkten, S. 94.
[364] Vgl. Spiro (2018), From Bench to Boardroom, S. 56; Meifort (2016), Innovation portfolio management: A synthesis, S. 251; Kock und Gemünden (2016), Antecedents to Decision-Making Quality and Agility in Innovation Portfolio Management, S. 670; Cooper (2001), Winning at new products, S. 238f.
[365] Vgl. Brasil und Eggers (2019), Product and Innovation Portfolio Management, S. 7; Kavadias und Chao (2007), Resource allocation and new product, S. 141.

der Literatur auch der Begriff des *Projektportfolios* sowie bei inhaltlicher Äquivalenz der Ausführungen verwendet.[366]

Im Hinblick auf das Zusammenspiel zwischen Produktportfolio und F&E-Portfolio ist das Produktportfolio handlungsweisend. Auf Basis der Produktportfolio-Performancemessung und im Hinblick auf das Unternehmenszielsystem werden Erfolgspotenziale erkannt, innerhalb von Steuerungsmaßnahmen konkretisiert und an das F&E-Portfolio zur Realisierung innerhalb der Projekte weitergegeben.[367] Dabei können für die Realisierung einer Handlungsoption des Produktportfolios auch mehrere F&E-Projekte benötigt werden.[368] Die einzelnen F&E-Projekte werden dabei innerhalb der durch das Produktportfolio definierten Rahmenbedingungen relativ zueinander bewertet werden.[369] BRASIL UND EGGERS sowie COOPER ET AL. fassen diese Aussagen zusammen und definieren das F&E-Portfolio als die umsetzende Instanz der durch das Produktportfolio definierten Erfolgspotenziale (vgl. Abbildung 2-16).[370]

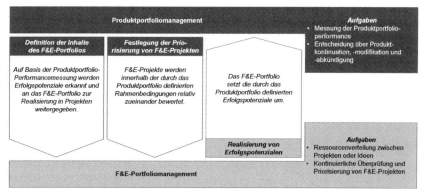

Abbildung 2-16:   Zusammenspiel von Produktportfolio und F&E-Portfolio

---

[366] Vgl. Mathews (2015), Innovation Portfolio Architecture, S. 31.

[367] Vgl. Brasil und Eggers (2019), Product and Innovation Portfolio Management, S. 10; Cooper et al. (2001), Portfolio management for new product development: results, S. 361ff.

[368] Vgl. Kavadias und Chao (2007), Resource allocation and new product, S. 141.

[369] Vgl. Brasil und Eggers (2019), Product and Innovation Portfolio Management, S. 11; Cooper et al. (2001), Portfolio management for new product development: results, S. 362.

[370] Vgl. Brasil und Eggers (2019), Product and Innovation Portfolio Management, S. 10f.; Cooper et al. (1999), New Product Portfolio Management:, S. 334.

Zur Bewertung von F&E-Projekten gibt es eine Vielzahl an Kriterien, die maßgeblich auf Basis der Informationen aus Zustandsbeschreibung des Produktportfolios und des Marktumfeldes gespeist werden.[371] Aus der Sichtweise des F&E-Portfolios kann dieses somit als Zusammenstellung zukünftiger Produkte und damit als „renewal stage for product portfolios"[372] verstanden werden.[373] CRISCUOLA ET AL. und KAVADIAS UND CHAO präzisieren diese Aussage und definieren das F&E-Portfolio wie folgt: „The [new product development, MHJ] portfolio determines the minor improvements, new products introductions, or radical breakthrough developments associated with the product mix of a company"[374].[375] Dabei verbleiben Projekte bis zur Markteinführung im F&E-Portfolio bevor das Ergebnis der F&E-Tätigkeit, d. h. das am Markt eingeführte Produkt, in das Produktportfolio aufgenommen wird.[376] Abgeleitet aus dem engen Zusammenspiel beider Portfolios sind die Ziele im F&E-Portfoliomanagement analog derer im Produktportfoliomanagement.[377]

2.3 Datenbasierte Analysen zur Entscheidungsunterstützung

Wie in Unterkapitel 2.2 erläutert, nutzen Unternehmen Kennzahlensysteme als Instrumente zur Steuerung des Produktportfolios. Zur Entscheidungsunterstützung innerhalb des Steuerungsprozesses werden datenbasierte Analysen empfohlen (vgl. Abschnitt 1.1.1). Diese bilden das Lösungselement der vorliegenden Arbeit und sollen im Unterkapitel 2.3 näher beschrieben werden. Aufbauend auf der Darstellung relevanter Begriffe, werden verschiedene Analysearten und ein prozessualer Ordnungsrahmen datenbasierter Analysen vorgestellt.

---

[371] Vgl. Trott (2017), Innovation management and new product, S. 366.
[372] Brasil und Eggers (2019), Product and Innovation Portfolio Management, S. 11.
[373] Vgl. Brasil und Eggers (2019), Product and Innovation Portfolio Management, S. 1; Kavadias und Chao (2007), Resource allocation and new product, S. 141.
[374] Kavadias und Chao (2007), Resource allocation and new product, S. 138.
[375] Vgl. Criscuolo et al. (2017), Evaluating Novelty, S. 442.
[376] Vgl. Amelingmeyer (2009), Gestaltungsfelder eines integrierten Produktportfoliomanagements, S. 18; Landauer (2013), Produktportfoliomanagement, S. 76; Ernst (2003), Success Factors of New Product, S. 34.
[377] Vgl. Schilling (2017), Strategic management of technological innovation, S. 144; Chao und Kavadias (2008), A Theoretical Framework for Managing the New Product, S. 907; Cooper (2001), Winning at new products, S. 238f.

2.3.1   Definition relevanter Begrifflichkeiten

Zur Definition des Begriffs ‚datenbasierte Analysen zur Entscheidungsunterstützung'
werden zuerst Daten und relevante Datentypen definiert. Im Anschluss erfolgt die Definition des Analyseprozesses zur Entscheidungsunterstützung.

Daten und Datentypen

Nach SHARDA ET AL. werden unter *Daten* eine bspw. durch Beobachtungen, Erfahrungen
oder statistische Erhebungen gewonnene Ansammlung von Fakten verstanden.[378] TÖN-
NES spezifiziert dieses Verständnis und definiert Daten als „diskrete Muster von Zeichen,
die nach syntaktischen Regeln strukturiert sind und Fakten darstellen, die sich auf externe Objekte, Zustände oder Prozesse beziehen"[379]. Beispiele für externe Objekte können Kunden, Regionen oder Produkte sein. Die zu einem Objekt gehörenden Daten werden durch *Datenobjekte* repräsentiert. Alternativ zu dem Begriff Datenobjekt werden
die Begriffe ‚Stichprobe', ‚Instanz' oder ‚Datenpunkt' verwendet. Datenobjekte werden
typischerweise durch Variablen beschrieben.[380] Unter einer *Variablen* werden Eigenschaften oder Merkmale eines Datenobjektes verstanden, die sich von Objekt zu Objekt
und/oder von Zeit zu Zeit verändern.[381] Synonym zum Terminus Variable werden die
Wörter ‚Dimension', ‚Merkmal' und ‚Attribut' verwendet. Die einem Datenobjekt zuge-
ordnete Menge an Variablen wird *Variablenvektor* genannt. Besteht der Variablenvektor lediglich aus einer Variablen, ist er univariat. Ein Vektor mit mehreren Variablen
wird bivariat genannt.[382] Im Kontext der vorliegenden Arbeit werden Daten wie folgt
definiert:

> Daten stellen Fakten in Bezug auf externe Objekte dar und werden durch
> Variablenwerte repräsentiert.

Eine Ansammlung von Datenobjekten wird durch einen Datensatz dargestellt.[383] Entsprechend der Verschiedenartigkeit von Datenobjekten können Datensätze in unterschiedlichen Ausprägungen auftreten, wobei der jeweilige Typ der zu analysierenden
Daten des Datensatzes die nutzbaren Analyseverfahren und -werkzeuge determiniert.[384]
Zur Systematisierung verschiedener Datentypen haben SHARDA ET AL. eine Taxonomie

---

[378] Vgl. Sharda et al. (2018), Business intelligence, analytics, and data science, S. 61.
[379] Tönnes (2021), Datenbasierte Informationsmodelle zur explorativen Analyse, S. 21.
[380] Vgl. Han und Kamber (2012), Data mining, S. 40.
[381] Vgl. Tan et al. (2014), Introduction to data mining, S. 23.
[382] Vgl. Han und Kamber (2012), Data mining, S. 40.
[383] Vgl. Tan et al. (2014), Introduction to data mining, S. 22.
[384] Vgl. Tan et al. (2014), Introduction to data mining, S. 19.

aufgebaut, in welcher Daten anhand deren Herkunft und anhand der Eigenschaften ihrer Variablen klassifiziert werden (vgl. Abbildung 2-17).[385]

Abbildung 2-17: Taxonomie von Daten nach SHARDA ET AL.[386]

Basierend auf der *Herkunft des Datensatzes* wird auf der höchsten Gliederungsebene zwischen strukturierten und semi- bzw. unstrukturierten Datensätzen unterschieden. *Strukturierte Datensätze* werden aus einer strukturierten Datenbasis (z. B. einer Datenbank), die zuvor Daten verschiedener Quellen importiert, bereinigt, transformiert und integriert hat, exportiert.[387] Im Gegensatz zu strukturierten Daten werden *semi- bzw. unstrukturierte* Daten nicht in einer zentralen Datenbank gepflegt. Sie basieren auf menschen- oder maschinengenerierten Text-, Multimedia- oder Webdaten.[388]

Der Taxonomie folgend, lassen sich strukturierte Daten in kategorische und numerische Daten unterteilt. Daten werden als *kategorisch* bezeichnet, wenn sich die Werte der Variablen in spezifische Gruppen (bspw. Geschlecht, Altersgruppe) unterteilen lassen. Sie werden häufig auch als ,diskrete' Daten beschrieben, da deren Variablen eine begrenzte Anzahl an Werten ohne ein Kontinuum an Zwischenwerten besitzen. Kategorische Variablen können entweder nominal- oder ordinalskaliert sein. *Nominale Variablen* ordnen einfache Kennzeichen den Datenobjekten zu (z. B. Zuordnung des Geschlechts zu einer Person). Besitzen kategorische Variablen zwei mögliche Werte, werden diese als binär bezeichnet. *Ordinalskalierte Variablen* unterscheiden sich von nominalskalierten dahingehend, dass die zugeordneten Kennzeichen in einer bestimmten Reihenfolge geordnet sind (bspw. Altersgruppen).[389] *Numerische Daten* werden durch numerische Variablenwerte repräsentiert. Da die Skalierung von numerischen Daten unendlich viele Werte annehmen kann und das Einfügen von Zwischenwerten möglich ist, wird der

---

[385] Vgl. Sharda et al. (2018), Business intelligence, analytics, and data science, S. 61.

[386] In Anlehnung an Sharda et al. (2018), Business intelligence, analytics, and data science, S. 61.

[387] Für weiterführende Erläuterungen bzgl. Datenhierarchien wird auf Tönnes (2021), Datenbasierte Informationsmodelle zur explorativen Analyse, S. 56ff. verwiesen.

[388] Vgl. Arora (2019), Big Data Analytics, S. 14ff.

[389] Vgl. Sharda et al. (2018), Business intelligence, analytics, and data science, S. 61f.

Begriff der ‚kontinuierlichen Daten' häufig synonym verwendet.[390] Numerische Daten werden weiterführend in intervall-, verhältnis- und absolutskalierte Daten unterteilt. Während *intervallskalierte Daten* auf einer Intervallskala gemessen werden und keinen absoluten Nullpunkt sowie keine natürliche Einheit besitzen, werden *verhältnisskalierte Daten* durch einen natürlichen Nullpunkt charakterisiert (z. B. Prozentangaben).[391] *Absolutskalierte Daten* besitzen hingegen sowohl einen natürlichen Nullpunkt als auch eine natürliche Einheit.[392] Gegeben der Zielsetzung der Arbeit, der datenbasierten Unterstützung der Produktportfoliosteuerung, liegt der Fokus der Betrachtung auf numerischen Daten inklusive aller zugehörigen Skalierungen (vgl. Abbildung 2-17).

Im Kontext der vorliegenden Arbeit werden Daten wie folgt definiert:

Daten werden durch Variablenwerte repräsentiert und stellen Fakten in Bezug auf externe Objekte dar.

Basierend auf diesem Verständnis von Daten wird nachfolgend der Begriff der ‚datenbasierten Analyse' zur Entscheidungsunterstützung erläutert.

Datenbasierte Analysen zur Entscheidungsunterstützung

Unter einer ‚Analyse' wird im Allgemeinen eine „systematische Untersuchung einer Sache"[393] verstanden. Für die Spezifikation der *datenbasierten Analyse* stellen Daten den Untersuchungsgegenstand dar. Ziel der Untersuchung ist die Identifizierung von Strukturen, Auffälligkeiten und Zusammenhängen in den Daten sowie, basierend darauf, die Gewinnung von Informationen und Erkenntnissen.[394] Für die vorliegende Arbeit sollen die gewonnenen Erkenntnisse der Unterstützung in Entscheidungssituationen dienen. Nach LAUX ET AL. beinhaltet eine *Entscheidung* die „Auswahl einer von mehreren möglichen Handlungsalternativen"[395]. Im englischen Sprachgebrauch wird für entscheidungsunterstützende Datenanalysen der Begriff ‚Business Analytics' verwendet und nach LIBERATORE UND LUO als „process of transforming data into actions through analysis and insights in the context of organizational decision making and problem solving"[396]

---

[390] Sharda et al. (2018), Business intelligence, analytics, and data science, S. 62.

[391] Vgl. Sharda et al. (2018), Business intelligence, analytics, and data science, S. 62.

[392] Vgl. Rudolf (2013), Produktionsgerechte Baukastengestaltung, S. 107.

[393] Lanquillon und Mallow (2015), Advanced Analytics mit Big Data, S. 55.

[394] Vgl. Lanquillon und Mallow (2015), Advanced Analytics mit Big Data, S. 55.

[395] Laux et al. (2018), Entscheidungstheorie, S. 3.

[396] Liberatore und Luo (2010), The Analytics Movement, S. 314.

definiert. Basierend auf historischen Daten, erlangen Unternehmen durch Business Analytics ein besseres Verständnis über die eigenen Geschäftsprozesse und können so optimale Entscheidungen treffen.[397]

Zu *Business Analytics* werden eine Vielzahl an Datenanalysemethoden gezählt[398], die sich nach CHEN ET AL. basierend auf dem Datentyp in fünf Typen unterteilen lassen: Data Analytics (I), Text Analytics (II), Web Analytics (III), Network Analytics (IV) und Mobile Analytics (V).[399] Ausgenommen Data Analytics, fokussieren alle Typen die Analyse unstrukturierter Daten und eignen sich damit nicht zur Zielerreichung der vorliegenden Arbeit, da für die Erkennung von Wirkzusammenhängen zwischen Produktportfolio und Unternehmenszielen strukturierte Daten notwendig sind. Unter *Data Analytics* werden Prozesse und Techniken zusammengefasst, die der Analyse (großer) Datenmengen zur Gewinnung von entscheidungsunterstützenden Erkenntnissen dienen.[400] Dazu zählen Methoden der statistischen Analyse und des maschinellen Lernens.[401] Inhaltlich äquivalent definieren FAYYAD ET AL. und ERTEL den Begriff des ‚Data Mining'[402] als „Prozess des Gewinnens von Wissen aus Daten"[403] und zählt wie CHEN ET AL. statistische Verfahren und das maschinelle Lernen als Methoden dazu. Unter Berücksichtigung der Ausführungen zu Data Analytics, sollen datenbasierte Analysen zur Entscheidungsunterstützung wie folgt definiert werden:

> Unter datenbasierten Analysen zur Entscheidungsunterstützung werden Prozesse und Methoden für eine systematische Untersuchung von strukturierten Datenmengen verstanden, die auf die Unterstützung einer faktenbasierten Entscheidungsfindung abzielen.

Im Hinblick auf den Grad der Unterstützung des Entscheidungsträgers, werden verschiedene Arten von entscheidungsunterstützenden Datenanalysen unterschieden.

2.3.2 Arten von entscheidungsunterstützenden Datenanalysen

Der Prozess datenzentrierter Business Analytics-Anwendungen lässt sich grundlegend in vier Phasen unterteilen: Bereitstellung der Daten (I), Analyse der Daten (II), Findung

---

[397] Vgl. Delen et al. (2018), The impact of real-time business, S. 49; Sharda et al. (2018), Business intelligence, analytics, and data science, S. 22; Evans (2017), Business analytics, S. 30.
[398] Vgl. Shmueli et al. (2018), Data mining for business analytics, S. 3.
[399] Vgl. Chen et al. (2012), Business Intelligence and Analytics, S. 1174.
[400] Vgl. Arora (2019), Big Data Analytics, S. 17.
[401] Vgl. Chen et al. (2012), Business Intelligence and Analytics, S. 1174.
[402] Vgl. Fayyad et al. (1996), From Data Mining to Knowledge, S. 40.
[403] Ertel (2016), Grundkurs Künstliche Intelligenz, S. 182.

(III) und Umsetzung (IV) der Entscheidung.[404] Anhand des Beitrages zur Entscheidungsfindung innerhalb der Analysephase können drei Arten entscheidungsunterstützender
Datenanalysen unterschieden werden: deskriptive, prädiktive und präskriptive Datenanalysen (vgl. Abbildung 2-18).

Abbildung 2-18:   **Arten entscheidungsunterstützender Datenanalysen nach**
SHARDA ET AL.[405]

Deskriptive Datenanalysen (engl. Descriptive Analytics) zielen auf die Beschreibung und
Darstellung der aktuellen und vergangenen Performance von Unternehmen und damit
auf die Beantwortung der Fragen ‚Was ist passiert' bzw. ‚Was passiert gerade?' ab. Um
dies zu erreichen, kategorisieren, charakterisieren, konsolidieren, klassifizieren und vi-
sualisieren Techniken deskriptiver Datenanalysen die vorliegenden Daten. Typische Ergebnisse deskriptiver Datenanalysen sind standardisierte und auf die Problemstellung
zugeschnittene Reports und Dashboards,[406] die zur Entscheidungsfindung einer manu-
ellen Analyse und Interpretation bedürfen.[407] Häufig wird der Begriff ‚Business Intelligence' synonym verwendet.[408] Nach MEDOZA beschreibt *Business Intelligence* jedoch e-
her einen Überbegriff für die Technologien und Prozesse, die für deskriptive Analysen
verwendet werden.[409]

Prädiktive und präskriptive Analysen werden zu den fortgeschrittenen Datenanalysen
(engl. Advanced Analytics) gezählt, die sich im Wesentlichen durch ihre Zukunftsorientierung von deskriptiven Datenanalysen unterscheiden. Um diesem Anspruch gerecht
zu werden, finden komplexere statistische Methoden bzw. Methoden des maschinellen

---

[404] Vgl. Schuh et al. (2017), Industrie 4.0 Maturity Index, S. 11; Liberatore und Luo (2010), The Analytics Movement, S. 314.

[405] In Anlehnung an Sharda et al. (2018), Business intelligence, analytics, and data science, S. 131.

[406] Vgl. Evans (2017), Business analytics, S. 35.

[407] Vgl. Keenan et al. (2019), Introduction to Analytics, S. 14; Chen et al. (2012), Business Intelligence and Analytics, S. 1166.

[408] Vgl. Sharda et al. (2018), Business intelligence, analytics, and data science, S. 131.

[409] Vgl. Medoza (2019), Delivering Internal Business Intelligence Services, 157.

Lernens Verwendung.[410] *Prädiktive Datenanalysen* fokussieren die Vorhersage der Zukunft und beantworten somit die Frage ‚Was wird passieren?'. Durch Verwendung von Methoden des Data Mining werden zukünftige Entwicklungen prognostiziert und die Wahrscheinlichkeit unbekannter Ereignisse geschätzt.[411] Prognosen dieser Art basieren auf historischen Daten, die auf Beziehungen und versteckte Muster hin untersucht werden, um die Ergebnisse in die Zukunft zu extrapolieren und so die Entscheidungsfindung zu unterstützen. Verglichen mit deskriptiven Datenanalysen leisten prädiktive Datenanalysen durch die Zukunftsorientierung einen größeren Beitrag zur Entscheidungsfindung (vgl. Abbildung 2-18).[412]

Präskriptive Datenanalysen bieten den relativ höchsten Beitrag zur Entscheidungsfindung, indem sie konkrete Handlungsempfehlungen zur Optimierung der Zielerreichung (z. B. der Unternehmensziele) geben. Zur Beantwortung der Frage ‚Was sollte in Zukunft passieren?'[413] nutzen präskriptive Analysen Techniken der Optimierung, um den Zielerreichungsgrad zu maximieren oder zu minimieren. Insbesondere für neue und unbekannte Entscheidungssituationen können derartige Optimierungstechniken mit denen der prädiktiven Datenanalyse kombiniert werden.[414] Durch die gleichzeitige Untersuchung verschiedener Handlungsmaßnahmen hinsichtlich deren Potenzial zur Zieloptimierung werden die manuelle Datenanalyse und -interpretation durch den Entscheidungsträger obsolet. Einzig die Plausibilisierung der als optimal identifizierten Handlungsmaßnahme durch das eigene Geschäftsverständnis verbleibt im Aufgabenbereich des Entscheidungsträgers. KENNEN ET AL. fassen dies zusammen und bestätigen, dass präskriptive Datenanalyseverfahren „the greatest potential to help decision-makers realize tangible benefits through better decision-making"[415] haben. Aus diesem Grund soll die Artefaktentwicklung (vgl. Kapitel 5) im Besonderen präskriptive Datenanalyseverfahren als Lösungselement zur Realisierung einer datenbasierten Steuerung des Produktportfolios berücksichtigen.

2.3.3 Prozessualer Ordnungsrahmen für Datenanalyseverfahren

Nach der Beschreibung der verschiedenen Arten von Datenanalyseverfahren bedarf es der Vorstellung eines Prozessmodells der Datenanalyse bzw. des Data Mining, welches

---

[410] Vgl. Lanquillon und Mallow (2015), Advanced Analytics mit Big Data, S. 62.
[411] Vgl. McCue (2015), Data mining and predictive analysis, S. 4.
[412] Vgl. Evans (2013), Business analytics, S. 2.
[413] Vgl. Wang et al. (2018), Using Bayesian belief network and, S. 488; Lanquillon und Mallow (2015), Advanced Analytics mit Big Data, S. 57.
[414] Vgl. Evans (2013), Business analytics, S. 2.
[415] Keenan et al. (2019), Introduction to Analytics, S. 14.

die Generierung von Wissen auf Basis von Daten fokussiert. Zu den meistzitierten Vorgehensmodellen gehören der Knowledge Discovery in Databases (KDD-) Prozess nach FAYYAD ET AL.[416] sowie der erstmal von CHAPMAN ET AL. beschriebene Cross Industry Standard Process for Data Mining (CRISP-DM).[417] Aufgrund der Ausrichtung des CRISP-DM-Modells auf die industrielle Praxis und der industrieübergreifenden Anwendbarkeit soll das CRISP-DM-Modell für die vorliegende Arbeit Verwendung finden und wird daher im Folgenden detailliert erläutert.[418]

Cross Industry Standard Process for Data Mining (CRISP-DM)

Im CRISP-DM-Modell existieren sechs *Phasen*, anhand derer die Einbettung des generierten Wissens in den Unternehmenskontext sichergestellt wird (vgl. Abbildung 2-19).[419]

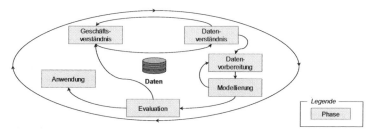

Abbildung 2-19:   CRISP-DM Prozessmodell nach CHAPMAN ET AL.[420]

Geschäftsverständnis. In der initialen Phase wird die Schaffung des Geschäftsverständnisses angestrebt. Auf Basis der Ziele und Anforderungen aus der Unternehmensperspektive erfolgt die Problemdefinition für das Datenanalyseverfahren.[421]

Datenverständnis. Anschließend wird das Datenverständnis geschärft. Dies inkludiert die Prüfung des initialen Datensatzes auf Datenqualität, erste Erkenntnisse und der Möglichkeit zur Ableitung erster Hypothesen.[422]

---

[416] Vgl. Fayyad et al. (1996), From Data Mining to Knowledge; Fayyad et al. (1996), Knowledge Discovery.

[417] Vgl. Sharafi (2013), Knowledge Discovery in Databases, S. 60ff.; Mariscal et al. (2010), A survey of data mining, S. 139.

[418] Vgl. Sharafi (2013), Knowledge Discovery in Databases, S. 65f.; Wirth und Hipp (2000), CRISP-DM, S. 4.

[419] Vgl. Lanquillon und Mallow (2015), Advanced Analytics mit Big Data, S. 69; Sharafi (2013), Knowledge Discovery in Databases, S. 65f.

[420] In Anlehnung an Chapman et al. (2000), CRISP-DM 1.0, S. 9, 13; Wirth und Hipp (2000), CRISP-DM, S. 6.

[421] Vgl. Chapman et al. (2000), CRISP-DM 1.0, S. 16ff.

[422] Vgl. Sharafi (2013), Knowledge Discovery in Databases, S. 66.

Datenvorbereitung. In der Phase der Datenvorbereitung wird der initiale Rohdatensatz für die Anwendung der Analysemethode vorbereitet. Dies umfasst die Auswahl an Variablen, die Bereinigung der Daten und die Transformation der Datensätze für die Anwendung des Analyseverfahrens.[423]

Modellierung. Auf Basis der in der ersten Phase definierten Problemstellung werden passende Analysemethoden ausgewählt und Kriterien zum Testen der Modellqualität und -validität festgelegt und die Methode iterativ kalibriert.[424]

Evaluation. Im Anschluss an die Modellierung wird das Modell überprüft, indem die Schritte der Modellentwicklung und das Modell selbst im Hinblick auf die Erreichung des Analyseziels geprüft werden.[425]

Anwendung. Nach der Evaluierung erfolgt die Freigabe zur Anwendung. Nach initialer Anwendung werden die Ergebnisse reflektiert und ggf. adaptiert.[426]

2.4 Datenbasierte Analysen mittels maschinellen Lernens

Nachdem in Unterkapitel 2.3 datenbasierte Analyseverfahren als Möglichkeit zur Verbesserung der Produktportfoliosteuerung beschrieben worden sind, dient Unterkapitel 2.4 der Erläuterung relevanter Grundlagen von Methoden des maschinellen Lernens als Befähiger zur Realisierung datenbasierter Analysen. Die Fokussierung auf diese Methoden liegt in der Fähigkeit der Methoden begründet, im Vergleich zum Menschen größere und komplexere Datenmengen analysieren zu können. Daher wird der Lösungsraum möglicher Analysetechniken durch Methoden des maschinellen Lernens aufgespannt.[427] Nach der Definition relevanter Begrifflichkeiten werden Elemente und Merkmale maschineller Lernmethoden dargelegt, bevor eine Methodenmorphologie vorgestellt wird. Das Unterkapitel 2.4 schließt mit der Beschreibung Künstlicher Neuronaler Netze, anhand derer die Architektur und die Art der Datenverarbeitung bei Methoden des maschinellen Lernens dargestellt wird.

---

[423] Vgl. Chapman et al. (2000), CRISP-DM 1.0, S. 23ff.; Wirth und Hipp (2000), CRISP-DM, S. 6.
[424] Vgl. Chapman et al. (2000), CRISP-DM 1.0, S. 27ff.
[425] Vgl. Chapman et al. (2000), CRISP-DM 1.0, S. 30f.
[426] Vgl. Wirth und Hipp (2000), CRISP-DM, S. 6f.
[427] Vgl. Huddleston und Brown (2019), Machine Learning, S. 231; Shalev-Shwartz und Ben-David (2014), Understanding machine learning, S. 22.

2.4.1   Definition relevanter Begrifflichkeiten

Maschinelles Lernen ist ein Teilgebiet der Künstlichen Intelligenz (engl. Artificial Intelligence).[428] Unter dem Begriff ‚Künstliche Intelligenz‘ wird die Fähigkeit computerbasierter Methoden und Techniken verstanden, „Aufgaben zu lösen, die normalerweise mit den höheren intellektuellen Verarbeitungsfähigkeiten von Menschen in Verbindung gebracht werden"[429]. Eine relevante Aufgabe ist in diesem Kontext die Nachempfindung des menschlichen Lernprozesses durch Maschinen. Dabei bezeichnet der Lernprozess den Erkenntnis- oder Verständnisgewinn durch Instruktionen, Studieren oder die Veränderung des eigenen Verhaltens durch Erfahrungen.[430]

SAMUEL beschreibt maschinelles Lernen als die Fähigkeit von Computerprogrammen, aus der Vergangenheit zu lernen, ohne explizit dafür programmiert zu sein.[431] MITCHELL konkretisiert dies und beschreibt das maschinelle Lernen eines Computerprogrammes als „to learn from experience E with respect to some class of tasks T and performance measure P, if its performance at tasks in T, as measured by P, improves with experience E"[432]. Zu den Aufgaben T zählen das Treffen von Vorhersagen, die Segmentierung von Daten, die Identifikation von Assoziationen und das sequenzielle Entscheiden. Das Qualitätsmaß P ist ein quantitatives Maß zur Messung der Güte des maschinellen Lernalgorithmus, der das Lernen möglich macht. Die Wahl des Qualitätsmaßes ist dabei von den Aufgaben bzw. Methoden des maschinellen Lernens abhängig. Mit steigender Erfahrung E können maschinelle Lernalgorithmen die Güte P bei der Durchführung einer Aufgabe T verbessern.[433] In diesem Kontext spezifiziert ALPAYDIN maschinelles Lernen als die Programmierung von Computern zur Optimierung eines Qualitätsmaßes auf der Basis historischer Daten oder Erfahrungen. Dazu wird ein parameterbasiertes Modell aufgebaut. Die Ausführung des Modells bzw. des Programms im Sinne eines Trainingsvorganges dient der Parameteroptimierung. Durch das Training mittels der vorhandenen Daten werden die Parameter dahingehend angepasst, dass eine optimale Ausprägung des Qualitätsmaßes erzielt wird.[434] Basierend auf den Ausführungen wird maschinelles Lernen wie folgt definiert:

---

[428] Vgl. Langs und Wazir (2019), Machine Learning, S. 177; Nilsson (1998), Introduction to Machine Learning, S. 1.

[429] Ertel (2016), Grundkurs Künstliche Intelligenz, S. 2.

[430] Vgl. Nilsson (1998), Introduction to Machine Learning, S. 1.

[431] Vgl. Samuel (1959), Some Studies in Machine Learning, S. 215.

[432] Mitchell (1997), Machine learning, S. 2.

[433] Vgl. Moons et al. (2019), Embedded deep learning, S. 3.

[434] Vgl. Alpaydin (2010), Introduction to machine learning, S. 3.

> Unter maschinellem Lernen wird die Fähigkeit computerbasierter Algorithmen bzw.
> Methoden verstanden, auf Basis von Erfahrungen, i. S. v. vorhandenen Daten, eine
> Aufgabe dahingehend zu lösen, dass das verwendete Qualitätsmaß optimiert wird.

Die verschiedenen Algorithmen bzw. Methoden können anhand beschreibender Merkmale differenziert werden.

2.4.2 Elemente und Merkmale von Methoden des maschinellen Lernens

Während es Elemente gibt, welche bei allen Aufgaben von Methoden des maschinellen Lernens zu finden sind, kann die Unterschiedlichkeit der einzelnen Methoden selbst auf Basis von Merkmalsausprägungen beschrieben werden. Im Folgenden sollen zuerst die Methodenelemente und anschließend eine merkmalbasierte Morphologie von Methoden des maschinellen Lernens vorgestellt werden.

Elemente von Methoden des maschinellen Lernens

Nach JUNG besitzt jede Methode des maschinellen Lernens drei Elemente: Daten (I), einen Hypothesenraum (II) und eine Kostenfunktion (III). Anhand der *Daten* kann die Problemstellung bzw. Aufgabe mit Eingangsvariablen (engl. Features) und Ausgangsvariablen (engl. Labels) klar abgegrenzt werden. Für den Methodenerfolg ist die Wahl der Features essenziell. Ein *Feature* muss quantifizierbar sein und eine hinreichende Aussagekraft über die Labels haben. Der mathematischen Notation folgend, wird die Menge an Eingangsvariablen als Eingangsvektor x, bestehend aus M individuellen Eingangsvariablen, definiert. Die Menge möglicher Werte, welche der Eingangsvektor an einem Zeitpunkt t annehmen kann, wird als Eingangsraum X (engl. Feature Space) bezeichnet.[435] Basierend auf dem Eingangsvektor x werden eine Ausgangsvariable Y_j oder mehrere Ausgangsvariablen bzw. der Ausgangsvektor y vorhergesagt. Die Menge aller möglichen Werte, die der Ausgangsvektor annehmen kann, wird als Ausgangsraum Y bezeichnet.[436]

Um eine Aufgabe mittels Methoden des maschinellen Lernens zu erfüllen, werden Modelle bzw. Prädiktoren angenommen, welche eine Beziehung zwischen den Eingangs- und Ausgangsvariablen der Problemstellung annehmen. Dabei wird die zugrundeliegende Beziehung durch die Hypothese $h: X \to Y$ definiert, die auf Basis des Eingangsvektors x die Ausgangsvariable $\hat{Y}_j = h(x)$ schätzt. Eine optimale Schätzung liegt vor, wenn

---

[435] Vgl. Jung (2019), Machine Learning, S. 8f.
[436] Vgl. Jung (2019), Machine Learning, S. 11.

$\hat{Y}_j = h(x) \approx Y_j$ ist. Für eine Aufgabe lassen sich meist viele verschiedene Hypothesen anwenden. Die Menge aller möglicher Hypothesen wird *Hypothesenraum H* genannt.[437]

Zur Identifikation derjenigen Hypothese aus dem Hypothesenraum H, welche die beste Vorhersage liefert, wird eine *Kostenfunktion* $L: X \times Y \times H \rightarrow \mathbb{R}$ als Maß für die Güte der Anwendung der Hypothese definiert. Dabei misst die Kostenfunktion den Schätzfehler $L\big((x, y), h\big)$ eines Modells.[438]

Merkmale von Methoden des maschinellen Lernens

Aufgrund der Vielzahl an vorhandenen Methoden des maschinellen Lernens bedarf es nach GÉRON einer merkmalsbasierten Kategorisierung anhand von drei Perspektiven: der Eingriffsperspektive (I), der Interaktionsperspektive (II) und der Generalisierungsperspektive (III) (vgl. Abbildung 2-20).[439]

Merkmal	Merkmalsausprägung		
Eingriffsperspektive	Überwacht	Unbewacht	Bestärkend
Interaktionsperspektive	Online		Offline
Generalisierungsperspektive	Modellbasiert		Instanzbasiert

Abbildung 2-20:   **Morphologie maschineller Lernmethoden nach GÉRON**[440]

Mithilfe der **Eingriffsperspektive** wird die Einflussnahme des Menschen in den maschinellen Lernprozess beschrieben.[441] Dabei lassen sich drei verschiedene Lernverfahren unterscheiden.[442] *Überwachtes Lernen* (engl. Supervised Learning) ist ein Lernverfahren, welches die Beziehungen von beobachteten Daten der Eingangsvariablen x zu einer oder mehreren Ausgangsvariablen y untersucht. Zur Modellsynthese und damit zur Generalisierung der Beziehungen zwischen den Eingangs- und Ausgangsvariablen wird ein Trainingsdatensatz verwendet. Dieser Datensatz besteht aus historischen Daten der Eingangsvariablen und diesen zugeordneten Daten der Ausgangsvariablen. In diesem Zusammenhang spricht man auch von einem gelabelten Datensatz (engl. Labeled Data). Da der Datensatz durch den Menschen manuell generiert wird, liegt überwachtes Lernen

---

[437] Vgl. Jung (2019), Machine Learning, S. 15f.
[438] Vgl. Jung (2019), Machine Learning, S. 23f.
[439] Vgl. Géron (2019), Hands-on machine learning with Scikit-Learn, S. 8.
[440] In Anlehnung an Géron (2019), Hands-on machine learning with Scikit-Learn, S. 8ff.
[441] Vgl. Géron (2019), Hands-on machine learning with Scikit-Learn, S. 8.
[442] Vgl. Sugiyama (2016), Introduction to statistical machine learning, S. 3; Harrach (2014), Neugierige Strukturvorschläge im maschinellen Lernen, S. 18ff.

vor.[443] Im Gegensatz zu überwachtem Lernen fasst das *unbewachte Lernen* (engl. Unsupervised Learning) maschinelle Lernmethoden zusammen, die auf einem Datensatz mit unbekannten Output basieren. Ziel ist es, bisher unbekannte Zusammenhänge zwischen bekannten Eingangsvariablen in einem ungelabelten Datensatz zu finden und diese Repräsentationen ohne Unterstützung eines Supervisors zu lernen.[444] Bei Lernmethoden, die dem *bestärkenden Lernen* (engl. Reinforcement Learning) zuzuordnen sind, wird durch die direkte Interaktion eines Agenten mit der Umwelt gelernt.[445] Im Unterschied zum überwachten Lernen werden beim bestärkenden Lernen vorteilhafte Aktionen durch den Supervisor nicht vorgeschrieben. Stattdessen beurteilt der Supervisor das Verhalten des Agenten und spricht eine numerische Belohnung aus. Ziel des bestärkenden Lernens ist es, das Verhalten des Agenten basierend auf dem Feedback des Supervisors über die Zeit zu verbessern.[446]

Aus Sicht der **Interaktionsperspektive** kann zwischen Online- und Offline-Lernen differenziert werden (vgl. Abbildung 2-20). Beim *Online-Lernen* findet der Lernvorgang inkrementell statt, sobald neue Trainingsdaten verfügbar sind. Dabei durchlaufen die Daten den Trainingsvorgang sequenziell als einzelne Datenpunkte oder in Form von Mini-Batches[447]. Online-lernende Methoden eignen sich für sehr große Datensätze, wenn der Berechnungsaufwand für jeden Lernschritt schnell und günstig ist. Online wird immer dann gelernt, wenn die Notwendigkeit besteht, schnell und autonom auf sich ändernde Rahmenbedingungen reagieren zu müssen. Im Gegensatz dazu wird beim *Offline-Lernen*, auch Batch Lernen genannt, der gesamte Datensatz für den Trainingsvorgang genutzt, sodass das Lernen nicht direkt passiert und länger dauert.[448]

Anhand des Merkmals der **Generalisierungsperspektive** können modell- und instanzbasierte maschinelle Lernmethoden unterschieden werden (vgl. Abbildung 2-20). Wie bereits dargestellt, ist der wesentliche Zweck vieler maschineller Lernmethoden die Vorhersage von Ausgangsvariablen. Auf Basis eines Trainingsdatensatzes muss daher eine Generalisierung von zugrundeliegenden Wirkzusammenhängen ermöglicht werden. Beim *modellbasierten Ansatz* wird zur Generalisierung ein Modell aufgebaut, um Vorhersagen zu treffen. Das Modell besteht aus Parametern, dessen exakte Ausprägung innerhalb des Trainingsvorgangs erlernt wird. Die Parameter werden dabei so gewählt,

---

[443] Vgl. Awad und Khanna (2015), Efficient learning machines, S. 6.

[444] Vgl. Awad und Khanna (2015), Efficient learning machines, S. 7.

[445] Vgl. Vlassis (2007), A Concise Introduction to Multiagent, S. 53.

[446] Vgl. Sugiyama (2016), Introduction to statistical machine learning, S. 4.

[447] Ein Batch bezeichnet eine Gruppe von Datenpunkten eines Trainingsdatensatzes (vgl. Géron (2019), Hands-on machine learning with Scikit-Learn, S. 16).

[448] Vgl. Géron (2019), Hands-on machine learning with Scikit-Learn, S. 15f.

dass eine gegebene Nutzen- bzw. Kostenfunktion optimiert wird.[449] *Instanzbasierte Methoden* basieren auf Ähnlichkeitsmaßen, die Ähnlichkeiten zwischen Trainingsdaten erfassen und darauf basierend neue Beispiele generalisieren.

Nachdem ein Grundverständnis über maschinelle Lernverfahren geschaffen wurde, sollen nachfolgend die wichtigsten Methoden vorgestellt werden.

2.4.3 Methoden des maschinellen Lernens

Nach SHARDA ET AL. lassen sich die Methoden einzelnen Aufgaben zuordnen: Treffen von Vorhersagen (I), Segmentieren und Verstehen von Daten (II), Identifizieren von Assoziationen (III) und sequenzielles Entscheiden (IV) (vgl. Abbildung 2-21).

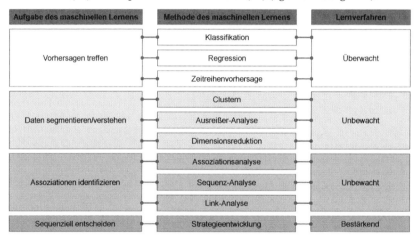

Abbildung 2-21:   Methoden des maschinellen Lernens[450]

Methoden des überwachten Lernens dienen dem **Treffen von Vorhersagen**. Zu den zwei wichtigsten Methoden dieser Aufgabenkategorie gehören die Klassifikation und die Regression. Die *Klassifikation* ist insbesondere für Problemstellungen mit kategorischen Ausgangsvariablen (vgl. Abschnitt 2.3.1) geeignet. Um das Klassifikationsmodell aufzubauen, werden auf Basis von Trainingsdaten Zusammenhänge zwischen den Eingangsvariablen und der Gruppenzugehörigkeit (bzw. der Ausgangsvariablen) analysiert. Auf

---

[449] Vgl. Géron (2019), Hands-on machine learning with Scikit-Learn, S. 21.
[450] In Anlehnung an Sutton und Barto (2018), Reinforcement learning, S. 1ff.; Sharda et al. (2018), Business intelligence, analytics, and data science, S. 201.

Basis der Eingangsvariablen eines neuen Datenpunkts mit unbekannter Gruppenzugehörigkeit kann anschließend dessen Gruppenzugehörigkeit prognostiziert werden.[451] Ist
die vorherzusagende Ausgangsvariable numerisch, wird die Methode der *Regression* angewendet.[452] Mithilfe von Regressionen können Wirkbeziehungen zwischen abhängigen Ausgangsvariablen und unabhängigen Eingangsvariablen beschrieben und erklärt
sowie Prognosen durchgeführt werden.[453] Müssen mehrere Ausgangsvariablen simultan
vorhergesagt werden, spricht man von der *multivariaten Regression*. Neben den Interdependenzen zwischen Eingangs- und Ausgangsvariablen können in einer multivariaten
Regression auch Wirkbeziehungen zwischen den Ausgangsvariablen selber identifiziert
werden. Ansätze der multivariaten Regression werden in zwei Kategorien zusammengefasst: Ansätze der Problemtransformation und der Algorithmusanpassung. Ansätze der
Problemtransformation transformieren das multivariate Problem in unabhängige Sub-
probleme mit je einer Ausgangsvariablen, wobei Interdependenzen zwischen den Ausgangsvariablen nicht berücksichtigt werden. Diesen Nachteil überwinden Ansätze der
Algorithmusanpassung[454]. Durch Adaption von Regressionsverfahren mit einer Ausgangsvariablen auf den Anwendungsfall mit multiplen Ausgangsvariablen können alle
Ausgangsvariablen simultan in einem Modell prognostiziert und deren Interdependenzen berücksichtigt werden.[455] Eine *Zeitreihenanalyse* ist ein Sonderfall der Regression
und dient der Beschreibung und Erklärung des zeitlichen Verlaufs einer Ausgangsvariablen sowie der Prognose von Zukunftswerten. Da jede weitreichende Entscheidung auf
Prognosen basiert, ist die Zeitreihenanalyse „für die Stützung von Entscheidungsproble-
men jeglicher Art von großer Wichtigkeit"[456].

Um **Daten zu segmentieren und zu verstehen** werden drei verschiedene unbewachte
Lernmethoden unterschieden: Clustern, Ausreißer-Analyse und Dimensionsreduktion
(vgl. Abbildung 2-21). Beim *Clustern* werden Datenpunkte in Cluster bzw. Gruppen
klassifiziert.[457] Im Unterschied zur Klassifikation sind die Gruppen vor dem Trainingsvorgang nicht bekannt, sondern werden mithilfe eines Ähnlichkeitsmaßes explorativ
ermittelt. Nachdem die identifizierten Cluster durch den Supervisor plausibilisiert wurden, können neue Datenpunkte, analog zur Klassifikation, zu einem Cluster zugeordnet

[451] Vgl. Awad und Khanna (2015), Efficient learning machines, S. 21.
[452] Vgl. Tan et al. (2014), Introduction to data mining, S. 703.
[453] Vgl. Backhaus et al. (2018), Multivariate Analysemethoden, S. 16.
[454] Unter einem Algorithmus bzw. Verfahren wird eine Abfolge konkreter Instruktionen zur Durchführung von
       Methoden des maschinellen Lernens (vgl. Alpaydin (2010), Introduction to machine learning, S. 1).
[455] Vgl. Borchani et al. (2015), A survey on multi-output regression, S. 216f.
[456] Backhaus et al. (2018), Multivariate Analysemethoden, S. 17.
[457] Vgl. Sharda et al. (2018), Business intelligence, analytics, and data science, S. 225.

werden.[458] Die *Ausreißer-Analyse* wird oft als eine der eigentlichen Problemlösung vorgelagerte Methode verstanden und dient der Bereinigung von Ausreißern in Datensätzen. Als Ausreißer werden Datenpunkte verstanden, die im Vergleich zu anderen Datenpunkten eine vollkommen anders gelagerte Kombination der Variablenausprägungen aufweisen.[459] Mit dem Zweck, die Trainingszeit zu beschleunigen und die Generalisierung des Gelernten zu verbessern, werden innerhalb der *Dimensionsreduktion* Variablen aus einer Menge zufälliger Variablen ausgewählt und extrahiert. Einerseits können redundante und irrelevante Variablen entfernt werden. Andererseits können höher dimensionierte Variablen durch die Kombination von Variableneigenschaften in niedrigere dimensionierte Attribute übersetzt werden.[460] Aus diesen Gründen wird auch die Dimensionsreduktion häufig anderen maschinellen Lernmethoden vorgelagert.

Zur **Identifizierung von Assoziationen** bzw. Zusammenhängen zwischen Variablen in großen Datenmengen werden Methoden mit unbewachtem Lernen, wie z. B. die *Assoziationsanalyse*, verwendet. Geprägt wurde die Assoziationsanalyse im Handel. Unter dem Begriff ,Market-Basket Analysis' werden nachfrageorientierte Beziehungen zwischen Produkten identifiziert. Aus der Assoziationsanalyse lassen sich zwei weitere Methoden ableiten: die Sequenz- und die Link-Analyse. Die *Sequenz-Analyse* untersucht Beziehungen zwischen Daten hinsichtlich der Reihenfolge ihres Auftretens und identifiziert damit Zusammenhänge im Zeitverlauf. Die *Link-Analyse* ermöglich die Identifikation von Verbindungen zwischen mehreren Datenobjekten.[461]

Bereits im Jahr 1957 formulierte RICHARD BELLMAN die Klasse *sequenzieller Entscheidungsprobleme* unter dem Begriff ,Markov Decision Process'[462].[463] Die Aufgabe des **sequenziellen Entscheidens** kann durch Methoden des bestärkenden Lernens erfüllt werden. Beim bestärkenden Lernen maximiert ein intelligenter Agent eine sich kumulierende Belohnung durch eine adaptive Sequenz von Aktionen in einer definierten Umwelt (vgl. Abschnitt 2.4.2). Der Begriff des sequenziellen Entscheidens basiert darauf, dass der Agent nach der Aktion in einen neuen Umweltzustand gelangt und anschließend weitere Aktionen durchführt.[464] Das übergeordnete Ziel des Agenten ist das Finden einer *optimalen Strategie*, welche die Belohnung maximiert.[465] Heutzutage werden

---

[458] Vgl. Sharda et al. (2018), Business intelligence, analytics, and data science, S. 202.
[459] Vgl. Backhaus et al. (2018), Multivariate Analysemethoden, S. 491.
[460] Vgl. Awad und Khanna (2015), Efficient learning machines, S. 22.
[461] Vgl. Sharda et al. (2018), Business intelligence, analytics, and data science, S. 202.
[462] Vgl. Bellman (1957), A Markovian Decision Process.
[463] Vgl. Russell et al. (2016), Artificial intelligence, S. 10.
[464] Vgl. Awad und Khanna (2015), Efficient learning machines, S. 8.
[465] Vgl. Nilsson (1998), Introduction to Machine Learning, S. 143.

Methoden der Strategieentwicklung insbesondere in steuerungsintensiven Anwendungsgebieten, wie z. B. bei Planungsproblemen, der Robotik oder bei Spielen, benutzt.[466] Zum besseren Verständnis von Methoden der Strategieentwicklung werden diese nachfolgend formal definiert.

Das den Methoden der Strategieentwicklung zugrunde liegende Markov-Entscheidungsproblem ist ein Tupel (S, A, T, R), welches eine finite Anzahl an Zuständen S und Aktionen A sowie eine Zustandsübergangsfunktion T und eine Belohnungsfunktion R zusammenfasst.[467] Dabei wird die Menge an Umweltzuständen S formal als $S \in \{s_z | s_1, \dots, s_S\}$ definiert. Ein Zustand s_z ist eine diskrete Beschreibung der Umwelt, in der sich der Agent befindet. Die Menge an Aktionen A wird als $A \in \{a_m | a_1, \dots, a_A\}$ notiert. Nicht jede Aktion aus A kann in jedem Umweltzustand aus S vom Agenten gewählt werden. Die Übergangsfunktion T beschreibt den Übergang von einem Umweltzustand s_z in einen anderen Umweltzustand $s_z' \in S$ auf Basis einer Wahrscheinlichkeitsverteilung über alle möglichen Übergänge. Dabei wird T als $T: S \times A \times S \rightarrow [0,1]$ definiert. Die Übergangsfunktion bestimmt die Wahrscheinlichkeit eines Umweltzustandes s_z' nach Durchführung von Aktion a_m aus Umweltzustand s_z. Die Belohnungsfunktion bestimmt implizit das übergeordnete Ziel des Agenten. Sie kann entweder auf dem Dasein in einem bestimmten Umweltzustand $R: S \rightarrow \mathbb{R}$ oder aus der Durchführung bestimmter Aktionen in einem Zustand $R: S \times A \rightarrow \mathbb{R}$ oder $R: S \times A \times S \rightarrow \mathbb{R}$ basieren.[468] Auf Basis des Entscheidungsproblems ist das Ziel, eine optimale Strategie zur Belohnungsmaximierung zu erlernen. Dabei wird unter einer Strategie π (engl. Policy) eine Funktion verstanden, die für jeden Umweltzustand s_z eine Aktion a_m ausgibt $\pi: S \times A \rightarrow [0,1]$. Einer Strategie sind sogenannte Wertfunktionen zugeordnet, welche die Vorteilhaftigkeit eines Umweltzustandes $V^\pi(s_z)$ bzw. einer Aktion in einem Umweltzustand $Q^\pi(s_z, a_m)$ hinsichtlich der erwarteten Belohnung beschreiben.[469] Formel 2.1 beschreibt die Zustand-Wertfunktion $V^\pi(s_z)$, während die Aktion-Zustand-Wertfunktion $Q^\pi(s_z, a_m)$ durch Formel 2.2 gegeben ist.[470]

---

[466] Vgl. Wiering und van Otterlo2012Reinforcement Learning, S. 4.

[467] Vgl. Wiering und van Otterlo2012Reinforcement Learning, S. 12.

[468] Vgl. Wiering und van Otterlo2012Reinforcement Learning, S. 10ff.

[469] Vgl. Wiering und van Otterlo2012Reinforcement Learning, S. 13ff.

[470] Vgl. Wiering und van Otterlo2012Reinforcement Learning, S. 16.

$$V^{\pi}(s_z) := E_{\pi}\left\{\sum_{k=0}^{\infty} \gamma^k \times r_{t+k} | s_t = s_z\right\}$$ 2.1

$V^{\pi}(s_z)$:   Wert des Umweltzustands s_z unter der Strategie π

E_{π}:   Erwartungswert der Strategie π

γ: Diskontierungsfaktor, mit $0 \le \gamma \le 1$

r_t: sofortige Belohnung zum Zeitpunkt t

s_t: Umweltzustand zum Zeitpunkt t

$$Q^{\pi}(s_z, a_m) := E_{\pi}\left\{\sum_{k=0}^{\infty} \gamma^k \times r_{t+k} | s_t = s_z, a_t = a_m\right\}$$ 2.2

$Q^{\pi}(s_z, a_m)$:   Wert im Umweltzustand s_z bei Durchführung der
Aktion a_m

Durch den Diskontierungsfaktor γ wird der Zeitpunkt der Belohnung durch die Abwä-
gung der Bedeutung von kurzfristigen im Vergleich zu langfristigen Belohnungen berücksichtigt. Die optimale Strategie π^* maximiert die Belohnungen für den Agenten
über alle Zustände $s_z \epsilon S$, sodass $V^{\pi^*}(s_z) \ge V^{\pi}(s_z)$ und $Q^{\pi^*}(s_z, a_m) \ge Q^{\pi}(s_z, a_m)$ gilt.

Zur Lösung des Markov-Entscheidungsproblems können zwei Kategorien von Verfahren unterschieden werden: modellbasierte und modellfreie Ansätze. *Modellbasierte Ansätze* basieren auf der Annahme, dass ein Modell des Markov-Entscheidungsproblems
existiert, d. h. die Zustandsübergänge und die Belohnungen für jede Aktion bekannt
sind. Die Problemlösung erfolgt mittels Algorithmen der dynamischen Programmierung
(DP).[471] Zur Berechnung von Wertfunktionen und Strategien kann die *Bellmann Glei-
chung* (vgl. Formel 2.3) herangezogen werden:[472]

$$V^{\pi}(s_z) := \sum_{s_z' \epsilon S} T(s_z, a_m, s_z') \times \left(R(s_z, a_m, s_z') + \gamma \times V^{\pi}(s_z')\right)$$ 2.3

$T(s_z, a_m, s_z')$:   Übergang von Zustand s_z mit Aktion a_m zu Zustand s'$_z$

$R(s_z, a_m, s_z')$:   Belohnung bei Übergang von Zustand s_z mit Aktion a_m
zu Zustand s'$_z$

Modellfreie Ansätze können nicht auf ein Modell des Markov-Entscheidungsproblems
zurückgreifen. Zur Berechnung der Aktion-Zustand-Wertfunktionen muss der Agent

---

[471] Vgl. Wiering und van Otterlo2012Reinforcement Learning, S. 17.
[472] Vgl. Wiering und van Otterlo2012Reinforcement Learning, S. 16.

mit der Umwelt agieren und Erfahrungen über Zustandsübergänge und Belohnungen sammeln. Ein wesentliches Merkmal von modellfreien Ansätzen ist die Balance zwischen dem Entdecken (engl. Exploration) und dem Ausbeuten (engl. Exploitation). Ein Agent ist bestrebt, immer die optimale Aktion auszuwählen, um den Nutzen aus einem Umweltzustand zu maximieren. Allerdings muss der Agent auch die Umwelt entdecken und so ggf. sub-optimale Aktionen durchführen, um Informationen über das Entscheidungsproblem zu sammeln. Sobald der Agent ein hinreichendes Modell der Umwelt erlernt hat, können Algorithmen angewendet werden, die der dynamischen Programmierung ähneln, um optimale Strategien zu berechnen.

Beiden Verfahrenskategorien liegt die *generalisierte Strategieiteration* (GPI) (engl. Generalized Policy Iteration) zugrunde, welche aus zwei Schritten besteht. In der *Strategiebewertung* (engl. Policy Evaluation) wird der Wert der aktuellen Strategie durch die Berechnung der Zustand-Wertfunktion V^π bestimmt. In modellbasierten Verfahren wird dazu das Modell der Umwelt verwendet, während bei den modellfreien Verfahren Strategiesimulationen angewendet werden. In der sich anschließenden *Strategieverbesserung* (engl. Policy Improvement) wird auf Basis der Informationen der Zustand-Wertfunktion eine verbesserte Strategie π' berechnet. Dabei werden die Werte von Aktionen in allen Umweltzuständen berechnet, um im Vergleich zur aktuellen Strategie π bessere Aktionen zu identifizieren.[473]

Wie für Verfahren der Strategieentwicklung erläutert, können auch die anderen in Abbildung 2-21 vorgestellten Methoden durch mehrere Algorithmen umgesetzt werden. Diese Aussage geht aus dem von Wolpert und Macready formulierten ‚No Free Lunch Theorem' hervor, wonach keine allgemeine Aussage über die Anwendbarkeit von Algorithmen getroffen werden kann.[474] Um die Übersichtlichkeit der Arbeit zu wahren, wird auf eine detaillierte Auflistung von Algorithmen verzichtet und stattdessen auf Sharda et al.[475] und Sutton et al.[476] verwiesen.

Nachdem die Grundlagen maschineller Lernverfahren dargelegt und relevante Vertreter beschrieben worden sind, werden im Folgenden Künstliche Neuronale Netze als besondere Form des maschinellen Lernens vorgestellt.

---

[473] Vgl. Wiering und van Otterlo2012Reinforcement Learning, S. 18.
[474] Vgl. Wolpert und Macready (1997), No free lunch theorems for, S. 69.
[475] Vgl. Sharda et al. (2018), Business intelligence, analytics, and data science, S. 201.
[476] Vgl. Sutton und Barto (2018), Reinforcement learning, S. 1ff.

2.4.4   Künstliche Neuronale Netze als Sonderform des maschinellen Lernens

Der Begriff ‚Künstliche Neuronale Netze' (im Folgenden *Neuronale Netze* genannt) basiert darauf, dass diese Sonderform des maschinellen Lernens die biologischen Informationsverarbeitungsprozesse des menschlichen Gehirns simuliert. Das menschliche Gehirn besteht aus *Neuronen*, die miteinander durch Axiome und Dendriten verbunden sind. Der Informationstransfer zwischen den Neuronen geschieht über Synapsen, welche die Verbindungsregion von Axiomen und Dendriten umfassen. In Abhängigkeit von externen Reizen verändert sich die Stärke der synaptischen Verbindung, wodurch der Mensch lernt.[477]

Die Fokussierung auf Neuronale Netze basiert auf deren Eigenschaft, „nicht-lineare und komplexe Zusammenhänge ohne spezifisches Vorwissen über die etwaige Richtung und das Ausmaß der Wirkungsbeziehungen zwischen einer Vielzahl von Variablen modellieren"[478] zu können. Mit dieser Eigenschaft stellen Neuronale Netze ein mögliches Element zur Lösung des dritten Teilziels der Arbeit, d. h. zur Ermittlung der Wirkzusammenhänge zwischen Steuergrößen des Produktportfolios und den produktportfoliorelevanten Unternehmenszielen dar (vgl. Unterkapitel 1.2). Eine Anwendung von Neuronalen Netze erscheint insbesondere vielversprechend, da für die Methodikerarbeit lediglich die Wirkzusammenhänge zwischen den unabhängigen Eingangsvariablen bzw. den Steuergrößen und den abhängigen Ausgangsvariablen bzw. den Unternehmenszielen relevant sind, während die Kenntnis über Abhängigkeiten zwischen den Eingangsvariablen nicht erforderlich ist.[479]

Im Vergleich zu klassischen maschinellen Lernmethoden benötigen Neuronale Netze keine durch den Supervisor konstruierten Merkmale, um Eingabevariablen auf Ausgangsvariablen abzubilden (vgl. Abbildung 2-22).

---

[477] Vgl. Aggarwal (2018), Neural Networks and Deep Learning, S. 1.
[478] Backhaus et al. (2018), Multivariate Analysemethoden, S. 21.
[479] Vgl. Dölle (2018), Projektsteuerung in der Produktentwicklung, S. 48.

Klassisches maschinelles Lernen	Neuronale Netze	Tiefe Neuronale Netze
Eingabe	Eingabe	Eingabe
Konstruierte Merkmale	Merkmale	Einfache Merkmale
		Zusätzliche Schichten für abstraktere Merkmale
Mapping der Merkmale	Mapping der Merkmale	Mapping der Merkmale
Ausgabe	Ausgabe	Ausgabe

Abbildung 2-22:   Architekturen maschineller Lernverfahren nach GOODFEL-
LOW ET AL.[480]

Neuronale Netze sind durch ihre spezielle Architektur (vgl. Abbildung 2-23 und Abbildung 2-24) in der Lage, auf einfachere Merkmale zur Vorhersage der Ausgangsvariablen
zurückzugreifen. Diese Eigenschaft prädestiniert Neuronale Netze zur Identifikation
von komplexen und nichtlinearen Zusammenhängen, die einem Supervisor nicht offen-
sichtlich erscheinen. Aus diesem Grund werden Neuronale Netze oft ergänzend oder
substituierend zu klassischen maschinellen Lernmethoden verwendet.[481]

Um das ,biologische Lernen' bestmöglich simulieren zu können, ist die Architektur eines
Neuronalen Netzes an die Vorgänge im menschlichen Nervensystem angelehnt.[482] Ein
Neuronales Netz ist eine Ansammlung von kaskadierten Neuronenschichten. Eine *Neu-
ronenschicht* (engl. Layer) ist eine Schicht aus Neuronen, die während des Trainingsvorgangs gleichzeitig operieren.[483] Jedes Neuronale Netz besteht aus einer Eingabeschicht, einer oder mehreren verdeckten Schichten und einer Ausgabeschicht (vgl. Abbildung 2-23). Durch die *Eingabeschicht* werden alle Eingangsvariablen als Eingangsneuronen repräsentiert.[484] Die *verdeckten Schichten* bestehen aus Neuronen, deren Aufgabe die Extraktion von Zusammenhängen ist.[485] Neuronale Netze mit einer hohen Anzahl an verdeckten Schichten werden als ,Tiefe Neuronale Netze' bezeichnet (vgl. Abbildung 2-22).[486] In der *Ausgabeschicht* werden die Ausgangsvariablen als Ausgangsneuronen repräsentiert. Die Ausgangsneuronen erzeugen den Netzoutput.[487]

---

[480] In Anlehnung an Goodfellow et al. (2016), Deep learning, S. 10.
[481] Vgl. Backhaus et al. (2018), Multivariate Analysemethoden, S. 21.
[482] Vgl. Backhaus et al. (2018), Multivariate Analysemethoden, S. 582.
[483] Vgl. Awad und Khanna (2015), Efficient learning machines, S. 130.
[484] Vgl. Backhaus et al. (2018), Multivariate Analysemethoden, S. 582.
[485] Vgl. Silva et al. (2017), Artificial neural networks, S. 22.
[486] Vgl. Jung (2019), Machine Learning, S. 43.
[487] Vgl. Silva et al. (2017), Artificial neural networks, S. 22.

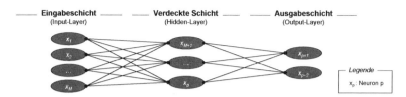

Abbildung 2-23:   Struktur eines Künstlichen Neuronalen Netzes[488]

Das Grundprinzip der Informationsverarbeitung eines Neuronalen Netzes ist in Abbildung 2-24 exemplarisch für das Neuron x_p (vgl. Abbildung 2-23) dargestellt. Die Eingangssignale eines Neurons $(\sigma_1, \dots, \sigma_M)$ werden durch eine Propagierungsfunktion zu einem Nettoeingabewert net_p verdichtet. Im Beispiel wird exemplarisch die gewichtete Summe verwendet, die den Nettoeingabewert als Summe der mit den Gewichten v_{ip} multiplizierten Eingangssignalen berechnet. Der Nettoeingabewert wird anschließend entsprechend einer Aktivierungsfunktion $a_p(net_p)$ zu einem Ausgangssignal σ_p verarbeitet.[489]

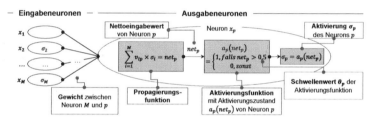

Abbildung 2-24:   Informationsverarbeitung in Neuronalen Netzen nach BACK-
                       HAUS ET AL.[490]

Neben der vorgestellten Architektur (tiefer) Neuronaler Netze existieren noch weitere Architekturen. Zu den wichtigsten Architekturen gehören *Recurrent Neural Networks* (RNN) und *Convolutional Neural Neworks* (CNN). Während RNN insbesondere für sequenzielle Daten (bspw. Zeitreihen und Textdaten) geeignet sind, werden CNN hauptsächlich zur Objekterkennung und Bildklassifikation genutzt. Da somit beide Architekturen der Analyse unstrukturierter Daten dienen, soll deren Funktionsweise nicht weiter erläutert werden. Für eine Detaillierung wird auf AGGARWAL verwiesen.[491]

---

[488] In Anlehnung an Dölle (2018), Projektsteuerung in der Produktentwicklung, S. 49.

[489] Vgl. Backhaus et al. (2015), Fortgeschrittene Multivariate Analysemethoden, S. 302f.

[490] In Anlehnung an Backhaus et al. (2015), Fortgeschrittene Multivariate Analysemethoden, S. 304.

[491] Vgl. Aggarwal (2018), Neural Networks and Deep Learning, S. 38ff.

2.5   Zwischenfazit: Grundlagen und Definitionen im Kontext der Arbeit

Auf Basis der in Kapitel 1 beschriebenen Problemstellung und Zielsetzung der Arbeit, fokussierte das zweite Kapitel die Vermittlung eines detaillierten Grundlagenverständnisses zur Erarbeitung der Lösung. Einhergehend mit dem methodologischen Vorgehen der DSR (vgl. Abschnitt 1.3.2) sollen nachfolgend die dargestellten Grundlagen in Form von Meta-Anforderungen an die Artefaktgestaltung zusammengefasst werden.

In Unterkapitel 2.1 wurde das Grundlagenverständnis zum Produktportfolio als das zentrale Objekt der Arbeit aufgebaut. In diesem Zusammenhang wurden die Produktportfoliostruktur sowie die Abhängigkeiten zwischen den Elementen eines Produktportfolios beleuchtet. Für eine erfolgreiche Artefaktgestaltung müssen die drei vorgestellten **Produktportfolioebenen** berücksichtigt werden. Zudem gilt es, **Abhängigkeiten auf den Ebenen aus verschiedenen Perspektiven** zu beschreiben, sodass ein ganzheitliches Bild der Produktportfoliokomplexität modelliert und dadurch **Ursachen** und Auswirkungen der Produktportfoliokomplexität betrachtet werden können.

Unterkapitel 2.2 hat die Produktportfoliosteuerung als Aufgabe des strategischen Managements vorgestellt und damit sowohl den Anwender der Methodik als auch die Lösungsanwendung selber beschrieben. Um der **Steuerungsaufgabe** gerecht zu werden, bedarf es der Definition von **Zielen in verschiedenen Perspektiven** und der **Quantifizierung** der Ziele **mittels Kennzahlen**. Zudem sind Handlungsoptionen auf verschiedenen Produktportfolioebenen zu berücksichtigen und es müssen die **Auswirkungen der Handlungsoptionen** auf die **Forschung- und Entwicklung** betrachtet werden.

Unterkapitel 2.3 war der Darstellung relevanter Grundlagen **datenbasierter Analyseverfahren zur Entscheidungsunterstützung** innerhalb des Steuerungsprozesses gewidmet. Entsprechend der Lösungsanwendung gibt es verschiedene Arten datenbasierter Analyseverfahren, die im Hinblick auf die Zielsetzung der Arbeit (vgl. Unterkapitel 1.2) mögliche Lösungselemente für eine datenbasierte Produktportfoliosteuerung darstellen. Für die Entwicklung eines Artefakts, welches das Lösungselement abbildet, ist ein auf die Lösungsanwendung adaptierter **prozessualer Ordnungsrahmen** unabdingbar. Das Durchlaufen des Prozesses dient der Generierung von Wissen aus Daten.

Basierend auf den Ausführungen in Unterkapitel 2.2 wird der Kernaspekt der Wissensgenerierung durch Methoden des maschinellen Lernens abgedeckt, welche in Unterkapitel 2.4 vorgestellt worden sind. Unter der Prämisse das Produktportfolio dahingehend zu steuern, dass ein langfristiger Unternehmenserfolg gesichert ist, sind für die Artefakt-entwicklung die **Regression** und die **Strategieentwicklung** zwei Methoden des maschi-nellen Lernens, die auf Basis des vermittelten Grundlagenverständnisses relevant er-scheinen. Als Architektur zur Methodenanwendung scheinen **Künstliche Neuronale Netze** vielversprechend, da sie komplexe Zusammenhänge zwischen Datenobjekten ohne das Zutun des Supervisors erkennen und modellieren können.

3 Bestehende Ansätze zur Steuerung von Produktportfolios

Nachdem die Relevanz des Themas in der Praxis (vgl. Abschnitt 1.1.1) und die wissenschaftlichen Grundlagen zur Problemlösung (vgl. Kapitel 2) dargestellt worden sind, ist das Ziel des dritten Kapitels, die Rigorosität des Forschungsvorhabens zu belegen. Dazu werden bestehende Ansätze der Wissenschaft hinsichtlich ihres Überdeckungsgrades zum Untersuchungsgegenstand sowie zu den beschriebenen Meta-Anforderungen (vgl. Unterkapitel 2.5) analysiert und bewertet. Auf Basis der Bewertung können Lösungselemente für das vorliegende Problem identifiziert und der Rigorositätsgrad der Arbeit in Form des Forschungsdefizits bestimmt werden.

3.1 Kriterien zur Bewertung bestehender Ansätze

Dem Ordnungsrahmen der DSR folgend (vgl. Abbildung 1-3), ist die Analyse bestehender Modelle und Methoden innerhalb des Rigor Cycle unverzichtbar für die Ableitung von Anforderungen an die Artefaktgestaltung und den Nachweis über die Erweiterung der wissenschaftlichen Grundlagen durch die vorliegende Arbeit. Diese Auffassung teilen auch WEBSTER UND WATSON und beschreiben die Untersuchung bestehender Ansätze als ein „essential feature of any academic project"[492].

Zur systematischen Untersuchung der Ansätze in den verschiedenen Wissenschaftsfeldern bedarf es der Definition von Bewertungskriterien, die den Objekt- und Zielbereich der Arbeit charakterisieren. Dabei werden der relevante Betrachtungshorizont und die Lösungsanwendung durch den **Objektbereich** beschrieben. Folglich wird bewertet, inwiefern folgende Aspekte in den Ansätzen thematisiert werden:

- **Anwendbarkeit bei variantenreichen Serienfertigern:** Die Methodik soll branchenunabhängig für den Unternehmenstyp des variantenreichen Serienherstellers Anwendung finden.

---

[492] Webster und Watson (2002), Analyzing the Past to Prepare for the Future, xiii.

- **Betrachtung des Produktportfolios auf Produktebene:** Die Methodik soll den Beitrag einzelner Produkte zur Zielerreichung[493] aus verschiedenen Perspektiven beleuchten.

- **Betrachtung des Produktportfolios auf Produktlinienebene:** Die Methodik soll den Beitrag einzelner Produktlinien zur Zielerreichung aus verschiedenen Perspektiven beleuchten.

- **Betrachtung des Produktportfolios auf Produktportfolioebene:** Die Methodik soll den Beitrag des gesamten Produktportfolios zur Zielerreichung aus verschiedenen Perspektiven beleuchten.

- **Betrachtung von Einflussgrößen auf das Produktportfolio:** Es sollen Einflussgrößen aus dem Unternehmen sowie aus dessen Mikro- und Makroumwelt in der Methodik betrachtet werden.

Neben dem Objektbereich werden die Ansätze anhand von Kriterien bewertet, die dem **Zielbereich** zuzuordnen sind. Abgeleitet aus der Problemstellung (vgl. Abschnitt 1.1.2) und der Zielsetzung der Arbeit (vgl. Unterkapitel 1.2) sollen Kriterien des Zielbereichs bewerten, inwieweit die Ansätze Ergebnisse zur Lösungsfindung beitragen. Unter Berücksichtigung der in Unterkapitel 2.5 definierten Meta-Anforderungen an die Artefaktentwicklung und in Analogie zu den Schritten des CRISP-DM-Modells (vgl. Abschnitt 2.3.3) wird die Eignung der Ansätze wie folgt geprüft:

- **Beschreibung des Produktportfolios:** Die Methodik soll eine Produktportfoliobeschreibung für eine datenbasierte Produktportfoliosteuerung unter Berücksichtigung von Abhängigkeiten zwischen Produktportfolioelementen, d. h. zwischen Produkten und Produktlinien, ermöglichen.

- **Betrachtung von Unternehmenszielen:** Die Methodik soll eine Beschreibung von Unternehmenszielen im Hinblick auf die Anwendung präskriptiver Datenanalyseverfahren zur Produktportfoliosteuerung ermöglichen.

- **Strukturierung und Vorbereitung der Datenanalyse:** Die Methodik soll dem Anwender ein Vorgehen zur Datenvorbereitung gemäß den Anforderungen maschineller Lernverfahren bereitstellen.

- **Ermittlung von Wirkzusammenhängen:** Die Methodik soll Wirkzusammenhänge zwischen numerisch vorliegenden Daten zu Steuergrößen des Produktportfolios und zu Unternehmenszielen ermitteln.

---

[493] Unter ‚Zielerreichung‘ ist das Erfüllen der produktportfoliorelevanten Unternehmensziele zu verstehen.

- **Ableitung von Handlungsempfehlungen:** Die Methodik soll datenbasiert Handlungsempfehlungen zur Produktportfoliosteuerung generieren, die vor einer Implementierung lediglich einer Plausibilitätsprüfung durch den Anwender bedürfen.

Die **Lösungshypothese** der vorliegenden Arbeit besteht darin, eine datenbasierte Steuerung des Produktportfolios durch die Adaption präskriptiver Datenanalyseverfahren zu ermöglichen. Durch den Einsatz maschineller Lernmethoden sollen unternehmenszielkonforme Handlungsempfehlungen zur Steuerung des Produktportfolios abgeleitet werden.

3.2 Bestehende Ansätze zur Produktportfoliosteuerung

Im Folgenden werden die auf Basis einer umfangreichen Literaturanalyse als relevant identifizierten Ansätze prägnant beschrieben und anhand der Bewertungskriterien aus Unterkapitel 3.1 bewertet. Dabei sind die Ansätze in drei Themengebiete gruppiert: datenbasierte Steuerung des Produktportfolios (I), multivariate Regression mittels maschinellen Lernens (II) und Strategieentwicklung mittels maschinellen Lernens (III).

3.2.1 Ansätze zur datenbasierten Steuerung des Produktportfolios

Zuerst sollen bestehende Ansätze der Wissenschaft zur datenbasierten Produktportfoliosteuerung vorgestellt werden. Da sich die Auswahl der Ansätze primär aus dem Objektbereich der Arbeit ableitet, soll insbesondere untersucht werden, inwieweit diese den Zielbereich der Arbeit erfüllen und Methoden des maschinellen Lernens nutzen.

Analyse der Produktportfoliokomplexität unter Anwendung von Verfahren des Data Mining nach NEIS

NEIS zielt auf die Beherrschung der internen Komplexität von Produktportfolios durch Rationalisierungsmaßnahmen ab. Zwar bestehen nach NEIS bereits produktbezogene Rationalisierungsmaßnahmen, diese verursachen jedoch einen hohen Analyseaufwand. Zur Automatisierung der Produktportfolioanalyse und Explizierung von implizitem Portfoliowissen schlägt NEIS daher eine rechnergestützte Analyse durch Data Mining Verfahren vor. Dazu werden Ähnlichkeiten zwischen Produkten auf Basis von Strukturstücklisten anhand eines Distanzmaßes beschrieben. Durch die anschließende Anwendung eines Cluster-Verfahrens werden Referenzproduktstrukturen erarbeitet, die als Input für das Treffen von Rationalisierungsmaßnahmen dienen.[494] Während die Methode so das Ableiten von Steuerungsmaßnahmen auf der Produktebene aus unternehmensinterner Perspektive erlaubt, bleiben die unternehmensexterne Perspektive und etwaige Unternehmensziele unberücksichtigt. Ferner zeigt sich, dass Clustern nicht zur Ermittlung von Wirkzusammenhängen und der datenbasierten Ableitung von Steuerungsmaßnahmen geeignet sind.

Mustererkennung in komplexen Produktportfolios nach KISSEL

Analog zu NEIS fokussiert auch KISSEL die Reduzierung interner Produktportfoliokomplexität mittels einer rechnergestützten Analyse. Ziel ist es, durch eine graphenbasierte Repräsentation komplexer Produktportfoliostrukturen Transparenz zu schaffen und Handlungsbedarfe zu erkennen. Realisiert wird dies durch ein zweistufiges Vorgehen. Initial erfolgt in der Datenverarbeitung die Zusammenführung isolierter Daten und der Aufbau eines Metamodells. Das Modell wird in Graphen repräsentiert, mit deren Hilfe in der zweiten Phase die regelbasierte Formalisierung repetitiver Steuerungsaufgaben ermöglicht wird. Werden Muster im Graphen auf Basis der definierten Regeln erkannt, so werden vorab festgelegte Aktionen zur Gestaltung des Produktportfolios durchgeführt und visualisiert.[495] In Abgrenzung zu NEIS ermöglicht KISSEL die Berücksichtigung von Unternehmenszielen und es wird ein Leitfaden zur Strukturierung und Vorbereitung von Datenanalysen beschrieben. Im Hinblick auf die Zielsetzung werden keine Methoden des maschinellen Lernens verwendet.

Semantische Netze zur Abbildung von Produktbeziehungswissen nach UREŠ UND REINHEIMER

Ähnlich wie NEIS und KISSEL zielt der Ansatz von UREŠ UND REINHEIMER auf die Identifikation von Beziehungswissen zwischen den Produktportfolioelementen ab. Im Fokus stehen dabei Vorgänger-Nachfolger-, Zubehör- oder Kompatibilitätsbeziehungen zwischen Produkten einer Gruppe[496]. Neben der Erhöhung der Transparenz im Produktportfolio soll auch eine verbesserte Serviceleistung für die Kunden umgesetzt werden. Das Beziehungswissen zwischen den Produkten wird mittels semantischer Netze modelliert. Für die Identifizierung von Beziehungen und deren Art wird Wissen je Produktgruppe regelbasiert in die Netze eingepflegt.[497] Während die Abhängigkeiten zwischen

---

[494] Vgl. Neis (2015), Analyse der Produktportfoliokomplexität.

[495] Vgl. Kissel (2014), Mustererkennung in komplexen Produktportfolios.

[496] Unter einer ‚Gruppe' ist „eine bestimmte Menge gleichartiger Produkte" zu verstehen (vgl. Ureš und Reinheimer (2018), Semantische Netze zur Abbildung von Produktbeziehungswissen, S. 755.).

[497] Vgl. Ureš und Reinheimer (2018), Semantische Netze zur Abbildung von Produktbeziehungswissen.

den Produktportfolioelementen modelliert werden, fehlt es an der Betrachtung von externen Einflussgrößen und Unternehmenszielen. Zudem werden keine maschinellen Lernverfahren eingesetzt und es wird auch keine Produktportfoliosteuerung forciert.

Product portfolio management nach Tolonen et al.

Tolonen et al. zielen auf die Analyse und Verbesserung der Zieldefinition sowie des Performance Managements im Produktportfoliomanagement entlang des gesamten Produktlebenszyklus ab. Um dies umzusetzen, werden drei Forschungsfragen beantwortet. Zuerst werden durch eine Literaturanalyse relevante Kennzahlen und Ziele über den Produktlebenszyklus hergeleitet, welche den Kategorien strategischer Fit, Wertmaximierung und Balance zugeordnet sind. In einem zweiten Schritt werden anhand von zehn Unternehmensfallstudien praktische Herausforderungen, Ziele und Kennzahlen zur Produktportfoliosteuerung erarbeitet. Basierend darauf erfolgt im dritten Schritt die Erarbeitung eines Ordnungsrahmens für das Performance Management des Produktportfolios. Der Rahmen setzt sich aus vier Elementen zusammen: der Orientierung an der Unternehmensmission (I), den o. g. Kennzahlkategorien (II), der Aufteilung des Produktportfolios entlang des Produktlebenszyklus in Entwicklungs-, Aktiv-, Garantie- und Archivportfolio (III) sowie der Performancevisualisierung in einem Dashboard (IV).[498] Der Ordnungsrahmen nach Tolonen et al. stärkt insbesondere die Relevanz einer Produktportfoliosteuerung hinsichtlich der Unternehmenszielsetzung. Während die erarbeiteten Kennzahlen eine Grundlage für eine datenbasierte Entscheidungsfindung darstellen, wird auf weiterführende Methodenschritte zur Analyse und Optimierung derselben verzichtet.

Determining the Appropriate Depth and Breadth of a Firm's Product Portfolio nach Bordley

Die von Bordley entwickelte Methode dient der Bestimmung des optimalen Produktportfolios hinsichtlich des Zielkonflikts zwischen externer und interner Vielfalt. Hierzu wird mithilfe eines mathematischen Modells ein Effektivitätsmaß bestimmt, welches zur Berechnung der optimalen Anzahl an Produkten im Produktportfolio dient. Das Effektivitätsmaß errechnet sich aus der Multiplikation des Produktmarktanteils und der aufsummierten Effektivität aller Produkte in dem Markt. Die effektive Produktanzahl eines Unternehmens wird durch die Summe der Effektivitätsmaße aller Produkte des Unternehmens bestimmt. Mithilfe der effektiven Produktanzahl und unter Zuhilfenahme eines Gewinn-Optimierungsverfahrens wird die optimale Anzahl effektiver Produkte berechnet. Dabei wird Optimalität durch die Profitmarge, die Entwicklungskosten

---

[498] Vgl. Tolonen et al. (2015), Product portfolio management.

und die Entwicklungszeit eines Produkts definiert.[499] Die Methode lässt Abhängigkeiten zwischen Produkten unberücksichtigt und optimiert die Produktanzahl nur hinsichtlich des Unternehmensgewinns. Positiv zu berücksichtigen ist, dass Wettbewerber betrachtet werden. Wenngleich keine maschinellen Lernverfahren verwendet werden, können dennoch Handlungsempfehlungen zur Produktportfolioadaption abgeleitet werden.

Product Portfolio Restructuring nach SHUNKO ET AL.

Die von SHUNKO ET AL. entwickelte dreistufige Methodik zielt auf die optimale Rekonfiguration einer Produktlinie im Hinblick auf die damit verbundene Nutzen-Aufwand-Relation ab. Im ersten Schritt wird auf Basis des Verkaufspreises, des Produktnutzens und der Verfügbarkeit substitutiver Produkte eine Liste priorisierter Produkte je Kunde erstellt. Im zweiten Schritt wird der unternehmensinterne Aufwand und Nutzen von Komplexität im Produktportfolio durch statistische Datenanalyseverfahren aus Prozesskosten ermittelt. Im dritten Schritt werden die Kundenpräferenzen und die internen Aufwände in einem mathematischen Optimierungsmodell abgebildet. Die Optimierung findet hinsichtlich einer Gewinnmaximierung und unter Berücksichtigung von Marktszenarien und unternehmensinternen Vorgaben statt. Als Handlungsoptionen werden Produktstandardisierung, Bildung von Optionspaketen sowie Preisanpassungen genannt.[500] Wie bei BORDLEY bleiben auch bei SHUNKO ET AL. Abhängigkeiten zwischen Produkten unberücksichtigt und eine Optimierung findet nur hinsichtlich des Unternehmensgewinns statt. Unternehmensziele werden nur selektiv als Modellrestriktionen betrachtet. Obgleich maschinelle Lernverfahren nicht angewendet werden, findet eine Ableitung von Handlungsempfehlungen statt.

Towards decision analytics in product portfolio management nach OTTEN ET AL.

Auch OTTEN ET AL. widmen sich der strategischen Fragestellung des optimalen Produktportfolios. Die Arbeit fokussiert die Untersuchung von Interdependenzen bzw. Mustern zwischen Produkten zur Verbesserung der Produktportfoliosteuerung. Dazu werden die Assoziationsanalyse, die Ausreißer-Analyse und die Klassifikation als Techniken des Data Mining hinsichtlich ihrer Eignung untersucht. Die Bewertung erfolgt anhand des CRISP-DM-Modells. Der notwendige Datensatz ist die transaktionsbasierte Vertriebsstatistik eines Lebensmittelherstellers. Ergebnis der Untersuchung ist der Ausschluss der Ausreißer-Analyse, während die anderen Methoden als hilfreich bewertet wurden.[501] Durch den Fokus auf die Lebensmittelindustrie verletzt die Methode die Anforderung

---

[499] Vgl. Bordley (2003), Determining the Appropriate Depth and Breadth of a Firm's Product Portfolio.

[500] Vgl. Shunko et al. (2018), Product Portfolio Restructuring.

[501] Vgl. Otten et al. (2015), Towards decision analytics in product portfolio management.

nach branchenunabhängiger Anwendbarkeit. Zudem werden zwar Methoden des maschinellen Lernens angewendet, nicht jedoch in der Art, dass die Zielsetzung der vorliegenden Arbeit erfüllt wird.

Product Variety Management Using Data-Mining nach HOCHDORFFER ET AL.

HOCHDORFFER ET AL. zielen auf eine produktportfoliogerechte Gestaltung von Produkti-
onsnetzwerken ab. Dazu wird ein Cluster-Algorithmus entwickelt und am Produktportfolio angewendet. Durch die Anwendung des Algorithmus wird das Produktportfolio in
Cluster segmentiert. Ein Cluster konstituiert sich aus Produktvarianten, die zueinander
ähnliche Anforderungen hinsichtlich Produktionsressourcen und -kapazitäten haben.
Basierend auf dieser Einteilung soll die Vielfalt im Produktionsnetzwerk reduziert werden. Zur Segmentierung werden binäre und metrische Variablen je Produktvariante verwendet. Die Verfahrensvalidierung wurde anhand eines Datensatzes aus der Luft- und
Raumfahrtbranche mit 1000 Produktvarianten durchgeführt.[502] HOCHDORFFER ET AL. betrachten die Produktvarianten in einem Produktportfolio nur im Hinblick auf produktionstechnische Ähnlichkeiten. Einflussgrößen aus der Unternehmensumwelt und Unternehmensziele bleiben unberücksichtigt. Es wird dargestellt, wie die notwendigen Variablen bzw. Daten zu strukturieren sind. Handlungsempfehlungen können nur im Hinblick auf das Produktionsnetzwerk abgeleitet werden.

Methode zur Planung eines zukunftsfähigen Produktportfolios nach SÖLLNER

SÖLLNER stellt ein Vorgehensmodell für die Zusammensetzung eines zukunftsfähigen
Produktportfolios vor. Dabei werden auf Basis von Einfluss- und Schlüsselfaktoren aus
dem Markt und Unternehmensumfeld unter Zuhilfenahme der Szenariotechnik Umfeldszenarien ermittelt. Anschließend werden Produktvariablen[503] und deren Ausprägungen innerhalb einzelner Geschäftsfelder definiert. Mithilfe von Konsistenz- und
Clusteranalysen werden auf Basis der Variablen Produktkonzepte abgeleitet. Anhand
der Umfeldszenarien werden die Produktkonzepte bewertet und deren Umsetzungspri-
orität in den Dimensionen ‚Zukunfts-Fit' und ‚Unternehmens-Fit' festgelegt, bevor sie
in eine strategische Produktlandkarte eingetragen werden. Priorisierte Produktkonzepte
werden letztlich in einer Scorecard in vier Perspektiven überwacht. Diese sind, zusätzlich zu den o. g. die ‚Produktausprägungen' und die ‚Wirtschaftlichkeit'.[504] In Bezug zum
Objektbereich der Arbeit betrachtet SÖLLNER Produkte aus vier Perspektiven und berücksichtigt auch Einflussgrößen aus der Umwelt zur Portfoliobewertung. Durch die

---

[502] Vgl. Hochdorffer et al. (2017), Product Variety Management Using Data-Mining.
[503] Mithilfe von ‚Produktvariablen' werden technisch-funktionale Eigenschaften von Produkten beschrieben
(vgl. Söllner (2016), Methode zur Planung eines zukunftsfähigen Produktportfolios, S. 46).
[504] Vgl. Söllner (2016), Methode zur Planung eines zukunftsfähigen Produktportfolios.

Verwendung vieler qualitativer Beschreibungs- und Bewertungsgrößen ist der Zielbereich der vorliegenden Arbeit unzureichend adressiert.

Product portfolio identification with data mining based on multi-objective GA nach YU UND WANG

YU UND WANG zielen auf eine Verbesserung der frühen Phase der Produktentwicklung ab, indem sie Entwicklern Wissen über Kundenbedürfnisse zur Verfügung stellen. So sollen eine anforderungsgerechte Produktgestaltung und damit ein optimales Produktportfolio möglich werden. Dazu werden Verfahren der Assoziationsanalyse zur Untersuchung von Zusammenhängen zwischen Kundenbedürfnissen und Produktspezifikationen verwendet und die Ergebnisse anhand von vier Zielkriterien bewertet. Aufgrund der Bewertung wird die Anwendung eines ‚Genetic Algorithmus' (GA) für das multivariate Problem vorgeschlagen. Die Analyseergebnisse werden in einer Wissensdatenbank gespeichert und so den Entwicklern für das Treffen von Konstruktionsentscheidungen zur Verfügung gestellt.[505] Durch den Fokus auf die operative Produktgestaltung stimmt der Anwendungsbereich der Methode nicht mit dem der vorliegenden Arbeit überein. Zudem werden Produkte rein auf Basis von Kundenanforderungen ausgelegt, eine Betrachtung von Unternehmenszielen erfolgt damit nur unzureichend.

Optimal Product Portfolio Formulation by Merging Predictive Data Mining with Multilevel Optimization nach TUCKER UND KIM

Ähnlich wie die Methode von YU UND WANG unterstützen TUCKER UND KIM die frühe Produktentwicklungsphase. Das übergeordnete Ziel ist die Entwicklung von Produktfamilien unter Berücksichtigung der Gewinnmaximierung und weiterer Leistungsziele des Unternehmens. Dazu wird auf Basis von Kundenumfragen mithilfe eines Naïve Bayes-Algorithmus die Preisbereitschaft von Kunden durch Klassifikation von Produktattributen prognostiziert. Den Ordnungsrahmen der Analyse bildet der KDD-Prozess. Die Klassifikationsergebnisse werden anschließend zur Optimierung des Produktportfolios genutzt. Iterative Prognosen sollen Veränderungen der Kundenbedürfnisse berücksichtigen. Das Optimierungsmodell gliedert sich in drei Ebenen, beginnend mit der Produktfamilienebene bis auf die Ebene der Produktkonstruktion. Anhand der Ebenen wird das Gewinnmaximierungsziel bis auf die Formulierung von Leistungszielen zur Konstruktion heruntergebrochen. Die Berechnung von Gleichungssystemen erlaubt letztlich die Festlegung des optimalen Designs einer Produktfamilie.[506] Analog zu YU UND WANG fokussiert die Methode die Ausgestaltung einzelner Produkte, wenngleich mit dem Ziel der Gewinnmaximierung auf Produktfamilienebene. Es werden prädiktive

---

[505] Vgl. Yu und Wang (2010), Product portfolio identification with data.
[506] Vgl. Tucker und Kim (2008), Optimal Product Portfolio Formulation.

Datenanalyseverfahren in Kombination mit einem Optimierungsmodell verwendet, um Handlungsoptionen abzuleiten. Eine holistische Betrachtung der Produktportfolioebene sowie der Einsatz maschineller Lernverfahren zur Ableitung von Handlungsempfehlungen fehlen.

Towards data-driven decision-making in product portfolio management nach Hannila

Das Ziel des Ansatzes nach Hannila ist die Realisierung einer echtzeitfähigen Visualisierung des Zustands der Produkte im Produktportfolio hinsichtlich deren Beitrag zur Unternehmensstrategie und deren Profitabilität. Zudem soll aufgezeigt werden, welchen Anteil strategisch relevante und profitable Produkte am Produktportfolio haben. Zur Zielerreichung wird in dem Ansatz eine Zentralisierung aller für die Produktportfoliosteuerung relevanten Daten im Unternehmen vorgeschlagen und ein derartiges Konzept skizziert. Dabei sollen sowohl Daten aus der Auftragsabwicklung, Lieferantendaten als auch Daten aus der Produktnutzungsphase zusammengeführt werden.[507] Der Ansatz unterstreicht die Relevanz der Produktportfoliobeschreibung aus unterschiedlichen Perspektiven und die Ausrichtung an den Unternehmenszielen. Abhängigkeiten zwischen Produkten sowie Einflussgrößen der Unternehmensumwelt bleiben jedoch unberücksichtigt. Der Einsatz maschineller Lernverfahren zur Ableitung konkreter Handlungsempfehlungen wird lediglich im Forschungsausblick erwähnt.

3.2.2 Ansätze zur multivariaten Regression mittels maschinellen Lernens

Ein wesentliches Element der Arbeit ist die Ermittlung von Wirkzusammenhängen zwischen den Steuergrößen des Produktportfolios und dem Unternehmenszielsystem. Die Untersuchung der in Abschnitt 3.2.1 vorgestellten Ansätze zeigt, dass kein Ansatz diesen Zielsetzungsaspekt der vorliegenden Arbeit hinreichend erfüllt. Methoden des maschinellen Lernens in der Art von Ansätzen zur multivariaten Regression hingegen bieten die Möglichkeit, derartige Wirkzusammenhänge zu ermitteln (vgl. Abschnitt 2.4.3). Daher sollen nachfolgend Ansätze zur multivariaten Regression vorgestellt werden. Während der Ansatz nach Spyromitros-Xioufis et al. die Kategorie der Problemtransformation repräsentiert, sind die weiteren hier vorgestellten Ansätze der Algorithmusanpassung zuzuordnen (vgl. Abschnitt 2.4.3). Aufgrund der Fokussierung der nachfolgend vorgestellten Ansätze auf einen Teil des Zielbereichs ist ein abschließender Vergleich der Ansätze am Ende des Abschnitts 3.2.2 einer separaten Bewertung vorzuziehen.

---

[507] Vgl. Hannila (2019), Towards data-driven decision-making.

Multi-target regression via input space expansion nach Spyromitros-Xioufis et al.

In ihrer Arbeit stellen Spyromitros-Xioufis et al. zwei Verfahren zur multivariaten Regression vor: Stacked Single-Target (SST) und Ensemble of Regressor Chains (ERC). Dabei werden die Ansätze durch Modifikation von Verfahren der Multi-Label Classification[508] gebildet. Das *SST-Verfahren* basiert auf der ‚Stacked Binary Relevance'-Methode von Godbole und Sarawagi[509]. Dabei liegt die Grundidee der Dekomposition eines multivariaten Regressionsproblems in unabhängige einfache Resgressionsmodelle (Single-Target-Modelle) und die Aufnahme anderer Ausgangsvariablen als Eingangsvariablen eines erweiterten Eingangsraums zugrunde. Zum Training des SST-Verfahrens werden zuerst unabhängige Teilmodelle mit je einer Ausgangsvariablen gelernt. Im Anschluss daran werden Meta-Modelle auf Basis eines transformierten Datensatzes erlernt. Der transformierte Datensatz beinhaltet neben den Eingangsvariablen auch Vorhersagen der Ausgangsvariablen, welche durch Anwendung der initial erlernten Teilmodelle generiert wurden. Das *ERC-Verfahren* basiert auf dem ‚Classifier Chains'-Modell von Read et al.[510] und der Idee, Single-Target'-Modelle zu verketten und den Eingangsraum ebenfalls durch Schätzungen aus den erlernten Single-Target-Modellen zu erweitern.[511]

Semi-supervised learning for Multi-target Regression nach Levatić et al.

Der Ansatz nach Levatić et al. ist der Kategorie der Algorithmusanpassung zuzuordnen. Die Autoren widmen sich der Problemstellung, dass viele Verfahren multivariater Regression nur mit gelabelten Daten genutzt, diese aber oft nur mit großem Aufwand vorab generiert werden können. Die Verfügbarkeit von ungelabelten Daten hingegen ist oft sehr hoch, weshalb Levatić et al. auch diese Daten nutzen und so die Regressionsverfahren verbessern wollen. Zur Anwendung kommt dabei halbüberwachtes Lernen (engl. Semi-Supervised Learning). Hierzu wird ein ‚Random Forest'[512]-Modell bestehend aus mehreren Entscheidungsbäumen zum Clustern verwendet. Das Modell nutzt eigene

---

[508] Sind die Ausgangsmerkmale binär, spricht man anstelle von ‚multivariater Regression' von ‚Multi-Label Classification' (vgl. Spyromitros-Xioufis et al. (2016), Multi-target regression via input space expansion, S. 55.).

[509] Vgl. Godbole und Sarawagi (2004), Discriminative methods for multi-labeled classification.

[510] Vgl. Read et al. (2009), Classifier Chains for Multi-label Classification.

[511] Vgl. Spyromitros-Xioufis et al. (2016), Multi-target regression via input space expansion.

[512] Weitere Ausführungen zu Random Forest finden sich bei Yang (vgl. Yang (2019), Introduction to algorithms for machine learning, S. 120f.).

Vorhersagen iterativ für den weiteren Lernprozess. Durch die Verwendung von ungelabelten Daten konnte in dem Ansatz die Vorhersagegüte von multivariaten Entscheidungsbäumen[513] verbessert werden.[514]

Neben Levatić et al. haben sich weitere Autoren der Anwendung von Multi-Target Regression Trees gewidmet. Beispielhaft genannt seien hier De'ath[515], der einen der ersten Ansätze vorstellt, sowie Struyf und Džeroski[516], Appice und Džeroski[517] und Kocev et al.[518]. Da diese Ansätze denen von Levatić et al. ähneln, wird auf weitere detaillierte Ausführungen verzichtet.

Multi-Target Regression with Rule Ensembles nach Aho et al.

Neben Multi-Target Regression Trees sind 'Rule Ensembles' ein weiteres Verfahren der Algorithmusanpassung und wurden von Aho et al. durch den ‚Fitted Rule Ensemble' (FIRE)-Algorithmus eingeführt. Der Grundgedanke des Verfahrens ist, dass eine große Menge an Regeln durch einen Optimierungsprozess auf eine kleinere und leichter zu interpretierende Regelanzahl zu begrenzen ist. Zur Regelformulierung nutzt der FIRE-Algorithmus Entscheidungsbäume. Die Gewichtung der einzelnen Regeln erfolgt durch die ‚Gradient Descent'-Methode auf Basis von Gradienten. Vorteil regelbasierter Methoden ist die einfache Interpretierbarkeit der Ergebnisse. Die Güte der Ergebnisse des FIRE-Algorithmus ähnelt der von Multi-Target Regression Trees.[519]

Multi-Target Regression via Robust Low-Rank Learning nach Zhen et al.

Abschließend soll die Verwendung von Neuronalen Netzen zur multivariaten Regression untersucht werden. Neuronale Netze besitzen für die Vorhersage multipler Ausgangsvariablen eine hohe Eignung, da die Adaption von einer auf mehrere Ausgangsvariablen einfach ist und die Netze Beziehungen zwischen den Ausgangsvariablen flexibel abbilden können (vgl. Abschnitt 2.4.4).[520] Zhen et al. schlagen die Anwendung des Verfahrens ‚Multi-Layer Multi-Target Regression' vor, welches die Ermittlung nichtlinearer

---

[513] Im Gegensatz zu einem Entscheidungsbaum mit einem Ausgangsmerkmal können in einem multivariaten Entscheidungsbaum (engl. Multi-Target Regression Tree) mehrere Ausgangsmerkmale unter Berücksichtigung derer Abhängigkeiten simultan vorhergesagt werden (vgl. Borchani et al. (2015), A survey on multi-output regression, S. 222).

[514] Vgl. Levatić et al. (2015), Semi-supervised Learning for Multi-target Regression.

[515] Vgl. De'ath (2002), Multivariate Regression Trees.

[516] Vgl. Struyf und Džeroski (2006), Constraint Based Induction of Multi-objective Regression Trees.

[517] Vgl. Appice und Džeroski (2007), Stepwise Induction of Multi-target Model.

[518] Vgl. Kocev et al. (2009), Using single- and multi-target regression trees.

[519] Vgl. Aho et al. (2012), Multi-Target Regression with Rule Ensembles.

[520] Vgl. Reyes und Ventura (2019), Performing Multi-Target Regression via a Deep Network, S. 3f.

Wirkzusammenhänge zwischen Eingangs- und Ausgangsvariablen sowie komplexe Zusammenhänge zwischen den Ausgangsvariablen ermöglicht. Die Interdependenzen zwischen den Ausgangsvariablen werden in einer Strukturmatrix dargestellt, die durch ‚Robust Low-Rank Learning' gelernt wird.[521]

Performing Multi-Target Regression via a Parameter Sharing-Based Deep Network nach REYES UND VENTURA

Der Ansatz von REYES UND VENTURA fokussiert die Kombination von Hard- und Soft-Parameter Sharing in einem tiefen vorwärts-gerichteten Neuronalen Netz. Hierzu werden verdeckte Schichten, die alle Parameter des Neuronalen Netzes teilen, mit nicht-teilenden Schichten kombiniert. Durch die parameter-teilenden Schichten sollen insbesondere Wirkzusammenhänge erlernt werden, die repräsentativ für alle Ausgangsvariablen sind. In den nicht-teilenden Schichten werden unabhängige Schichten für jeweils eine Ausgangsvariable verwendet. Hierdurch werden spezifische Wirkbeziehungen zwischen Eingangsvariablen und jeweils einer Ausgangsvariablen aufgedeckt. Die Funktionsweise des Neuronalen Netzes gleicht der des üblichen vorwärts-gerichteten Neuronalen Netzes. Eine beispielhafte Architektur eines Neuronalen Netzes nach REYES UND VENTURA ist in Abbildung 3-1 dargestellt.[522]

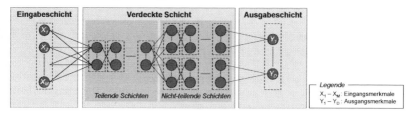

Abbildung 3-1:　　Architektur eines Neuronalen Netzes nach REYES UND VENTURA[523]

Abschließend sollen die verschiedenen Ansätze zur multivariaten Regression hinsichtlich der Bewertungskriterien aus Unterkapitel 3.1 verglichen werden. Vor dem Hintergrund des Zielbereichs der Arbeit und der Tatsache, dass die Interdependenzen der verschiedenen Unternehmensziele vor der Analyse nicht quantifiziert sind, ist die Vorteilhaftigkeit von Anpassungsalgorithmen zu benennen. Bei der Verwendung von Anpassungsalgorithmen ist das Modell mit mehreren Ausgangsvariablen einfacher zu interpretieren, als es verschiedene Modelle mit je einer Ausgangsvariablen wären. Zudem

[521] Vgl. Zhen et al. (2018), Multi-Target Regression via Robust Low-Rank Learning.

[522] Vgl. Reyes und Ventura (2019), Performing Multi-Target Regression via a Deep Network.

[523] In Anlehnung an Reyes und Ventura (2019), Performing Multi-Target Regression via a Deep Network, S. 4.

liefern Anpassungsalgorithmen bessere Vorhersagen im Fall von korrelierten Ausgangs-variablen, was in Bezug auf den Zielbereich nicht auszuschließen ist.[524] Innerhalb der Anpassungsalgorithmen empfiehlt sich die Anwendung von Neuronalen Netzen zur multivariaten Regression, da diese laut des *Universal Approximation-Theorems* in der Lage sind, komplexe Zusammenhänge zwischen Eingangs- und Ausgangsvariablen zu erkennen.[525] Diese qualitative Beurteilung wird durch eine experimentelle Studie von REYES UND VENTURA bestätigt. In der Studie wurde durch die Analyse von 18 verschie-denen Datensätzen die Vorteilhaftigkeit Neuronaler Netze und insbesondere der Netz-architektur nach REYES UND VENTURA (vgl. Abbildung 3-1) bestätigt.[526]

3.2.3 Ansätze zur Strategieentwicklung mittels maschinellen Lernens

Neben der Ermittlung von Wirkzusammenhängen soll die in dieser Arbeit zu entwi-ckelnde Methodik auch die datenbasierte Ableitung von Maßnahmen zur Steuerung des Produktportfolios ermöglichen. Wie in Abschnitt 2.4.3 beschrieben, dienen Methoden der Strategieentwicklung einer Ableitung von Handlungsfolgen hinsichtlich einer über-geordneten Zielsetzung.[527] Im Kontext der Arbeit kann diese übergeordnete Zielsetzung als produktportfoliorelevantes Unternehmenszielsystem und die Handlungsfolgen als Sequenz von Steuerungsmaßnahmen des Produktportfolios verstanden werden. Somit kann die Übertragung von Methoden der Strategieentwicklung auf die Produktportfo-liosteuerung als Lösungselement angesehen werden. Durch die nachfolgende Darstel-lung relevanter Ansätze zu modellbasierten und modellfreien Verfahren der Strategie-entwicklung soll diese Hypothese untersucht werden. Die Ansätze werden am Ende von Abschnitt 3.2.3 verglichen.

Dynamic Programming and Markov Processes nach HOWARD

In modellbasierten Ansätzen berechnen Algorithmen der DP optimale Strategien auf Basis eines perfekten Modells[528] der Umwelt. Ein grundsätzlicher Algorithmus der DP ist *Policy Iteration* nach HOWARD.[529] Policy Iteration beginnt mit einer willkürlichen Initialstrategie. Es folgt eine Sequenz beider Schritte der GPI, d. h. eine Abfolge von Iterationen zwischen Strategiebewertung und -verbesserung. Dabei wird für jeden Zu-

[524] Vgl. Borchani et al. (2015), A survey on multi-output regression, S. 219.

[525] Vgl. Hornik (1991), Approximation capabilities of multilayer feedforward, S. 254.

[526] Vgl. Reyes und Ventura (2019), Performing Multi-Target Regression via a Deep Network, S. 7ff.

[527] Vgl. Wiering und van Otterlo2012Reinforcement Learning, S. 4.

[528] Unter einem perfekten Modell wird die Kenntnis über die genaue Übergangs- und Belohnungsfunktion ver-standen (vgl. Wiering und van Otterlo2012Reinforcement Learning, S. 19).

[529] Vgl. Howard (1960), Dynamic Programming and Markov Processes.

stand die optimale Aktion berechnet. Wenn die Strategie einer Iteration gleich der Strategie der vorherigen Iteration ist, stoppt der Algorithmus. Das Ergebnis ist eine Sequenz von Strategien mit den jeweiligen Wertfunktionen. Für finite Markov-Entscheidungsprobleme[530] konvergiert der Ansatz nach HOWARD in einer finiten Anzahl an Iterationen.[531]

Dynamic programming nach BELLMAN

Den zweiten Ansatz der DP stellt der *Value Iteration Algorithmus* nach BELLMAN dar.[532] Im Gegensatz zu Policy Iteration wird bei Value Iteration der Schritt der Strategieverbesserung mit dem Schritt der Strategiebewertung kombiniert. Der Algorithmus beginnt mit einer zufälligen Wertfunktion und endet, wenn die Distanz zwischen aufeinander folgenden Wertfunktionen hinreichend klein ist. Dabei werden die Wertfunktionen direkt berechnet und notwendige Änderungen an der Strategie innerhalb der Iteration vollzogen. Als Resultat liegt eine Sequenz von Wertfunktionen vor.[533]

Dynamic product portfolio management with life cycle considerations nach SEIFERT ET AL.

SEIFERT ET AL. bauen ein infinites Markov-Entscheidungsproblem auf, welches die Produkte des Produktportfolios entlang des Produktlebenszyklus steuert. Die Übergangsfunktion zwischen den Lebenszyklusphasen ist stochastisch und wird durch Marketingmaßnahmen und Produkteinführungen beeinflusst. Die Produktportfoliosteuerung unterliegt einer ‚Working Capital‘[534]-Restriktion, welche die Auswahl der Maßnahmen beeinflusst und durch den Anwender vorab bestimmt wird. Ziel des Modells ist es, die optimale Zusammensetzung des Produktportfolios im Hinblick auf die Maximierung des operativen Gewinns zu bestimmen.[535] Wenngleich SEIFERT ET AL. auf die Anwendung der DP verzichten, ist der Ansatz ein Beweis der Machbarkeit des Aufbaus eines Modells zur Produktportfoliosteuerung. Während das Modell insbesondere die Dynamik und die Abhängigkeiten zwischen Produkten berücksichtigt, werden weitere Produktportfolioebenen nicht berücksichtigt. Eine Ableitung von Handlungsempfehlungen zur Steuerung von Produkteinführungen, des Ressourceneinsatzes und von Marketingmaßnah-

---

[530] Ein finites Markov-Entscheidungsproblem liegt vor, wenn die Anzahl an Zuständen, Aktionen und Belohnungen finit ist (vgl. Sutton und Barto (2018), Reinforcement learning, S. 54).

[531] Vgl. Wiering und van Otterlo2012Reinforcement Learning, S. 20ff.

[532] Vgl. Bellman (1957), A Markovian Decision Process; Bellman (1972), Dynamic Programming.

[533] Vgl. Wiering und van Otterlo2012Reinforcement Learning, S. 23f.

[534] Unter ‚Working Capital‘ wird die Differenz zwischen Umlaufvermögen und den kurzfristigen Verbindlichkeiten eines Unternehmens verstanden.

[535] Vgl. Seifert et al. (2016), Dynamic product portfolio management.

men ist möglich. Jedoch wird als einziges Steuerungsziel der operative Gewinn berücksichtigt. Methoden des maschinellen Lernens werden nicht direkt verwendet. Eine Übertragung des Modells auf einen Algorithmus der DP ist jedoch prinzipiell vorstellbar.

Reinforcement Learning For Automated Trading nach Necchi

In seinem Ansatz prüft Necchi die Anwendung von modellfreien Verfahren im Kontext der automatisierten Wertpapierportfoliosteuerung. Die Portfoliosteuerung wird dabei als Markov-Entscheidungsproblem definiert. Dabei wird die Anwendbarkeit zweier Algorithmen, die unter dem Begriff ‚Policy Gradient Methods‘ zusammengefasst werden, auf das Problem der Bestimmung einer profitablen Wertpapierportfoliostrategie überprüft. Für einen fiktiven Vermögenswert übertreffen die erlernten Strategien die bisherigen auch dann, wenn nur sehr grobe Annahmen getroffen wurden. Als Vorteil wird die Adaptionsfähigkeit der Algorithmen in Bezug auf die Einführung von Transaktionskosten gesehen, da diese so im Hinblick auf die langfristige Profitabilität berücksichtigt werden können, was ggf. zur Vermeidung häufiger Reallokationen im Portfolio zugunsten einer längerfristigen Profitabilität führen kann.[536]

Mit Ausnahme des Ansatzes von Seifert et al. entbehren die vorgestellten Ansätze der Strategieentwicklung dem Anwendungsbereich der vorliegenden Arbeit, sodass die Anwendbarkeit dieser auf die Produktportfoliosteuerung nur implizit untersucht werden kann. *Modellfreie Verfahren* haben den Vorteil, dass das Modell nicht bekannt sein muss, sondern durch Interaktion mit der Umwelt (real oder simuliert) erlernt werden kann. Da die Umsetzung von Maßnahmen zur Steuerung des Produktportfolios eine hohe Zeitdauer haben, ist die reale Interaktion des Agenten mit der Umwelt für die Zielsetzung der Arbeit nicht praxistauglich. Eine für die Entscheidungsunterstützung notwendige Datenbasis kann demnach nicht in einem angemessenen Zeitraum generiert werden. Eine Simulation wird angesichts diverser Einflussfaktoren, die auf die Produktportfoliosteuerung wirken, als zu aufwendig empfunden. Zudem ist ein charakteristisches Merkmal modellfreier Ansätze die Notwendigkeit, unbekannte Umweltzustände anzusteuern. Aufgrund der hohen Relevanz des Produktportfolios für das Unternehmen ist das Ansteuern unbekannter Umweltzustände im Sinne eines Trial-and-Error-Vorgehens jedoch nicht praktikabel.

Die beschriebenen Nachteile der modellfreien Ansätze werden durch *modellbasierte Ansätze* überwunden. Obwohl ein perfektes Modell der Umwelt für den Kontext der Produktportfoliosteuerung schwer zu erzeugen ist, kann bereits ein nicht perfektes Mo-

---

[536] Vgl. Necchi (2016), Reinforcement Learning For Automated Trading.

dell der Umwelt anwendungsgerecht sein (vgl. Seifert et al.). Zudem schafft der Aufbau eines Modells Transparenz über das Entscheidungsproblem, weshalb die Umsetzung eines modellbasierten Verfahrens der Strategieentwicklung im Kontext der Arbeit als vielversprechend angesehen werden kann.

3.3   Bewertung bestehender Ansätze und Positionierung der Arbeit

In Unterkapitel 3.2 wurden die für die vorliegende Arbeit relevanten wissenschaftlichen Ansätze beschrieben. Basierend auf diesen Ausführungen erfolgt nun die vollständige und zusammenfassende Bewertung aller Ansätze mit dem Ziel, die Rigorosität der vorliegenden Arbeit abzuleiten. Dazu beinhaltet Abbildung 3-2 die bewerteten Ansätze aus den drei Themenfeldern. Die Bewertung selbst erfolgt auf Basis der Erfüllungsgrade der einzelnen Bewertungskriterien (vgl. Unterkapitel 3.1.) mittels einer fünfstufigen Skala: ‚nicht erfüllt‘, ‚kaum erfüllt‘, ‚teilweise erfüllt‘, ‚fast erfüllt‘ und ‚vollständig erfüllt‘. Anhand des ‚durchschnittlichen Überdeckungsgrades‘ wird die Übereinstimmung der Ansätze mit dem Objektbereich der Arbeit gemessen. Der ‚durchschnittliche Erfüllungsgrad‘ zeigt die Übereinstimmung zwischen den Zielen des jeweiligen Ansatzes und dem Zielbereich der vorliegenden Arbeit.

Die vorgestellten Ansätze zur **datenbasierten Steuerung des Produktportfolios** weisen insgesamt einen hohen Überdeckungsgrad auf. Neis[537] und Kissel[538] belegen den Nutzen von Data Analytics zur Kontrolle und Reduzierung der internen Vielfalt eines Produktportfolios. Während diese Ansätze die externe Vielfalt und die strategische Ausrichtung des Produktportfolios außer Acht lassen, zeigen Tolonen et al.[539] und Hannila[540] die Notwendigkeit auf, das Produktportfolio an dem übergeordneten Unternehmenszielsystem auszurichten. Viele der Ansätze fokussieren die Betrachtung von Produkten, jedoch bleibt die Produktportfoliobetrachtung auf Produktlinienebene unzureichend adressiert. Lediglich Tucker und Kim[541] und Tolonen et al. berücksichtigen die Produktlinienebene ausreichend. Fast alle Ansätze betrachten Einflussgrößen auf das Produktportfolio gar nicht oder unzureichend. Nur Söllner[542] modelliert Einflussgrößen umfangreich.

---

[537] Vgl. Neis (2015), Analyse der Produktportfoliokomplexität.
[538] Vgl. Kissel (2014), Mustererkennung in komplexen Produktportfolios.
[539] Vgl. Tolonen et al. (2015), Product portfolio management.
[540] Vgl. Hannila (2019), Towards data-driven decision-making.
[541] Vgl. Tucker und Kim (2008), Optimal Product Portfolio Formulation.
[542] Vgl. Söllner (2016), Methode zur Planung eines zukunftsfähigen Produktportfolios.

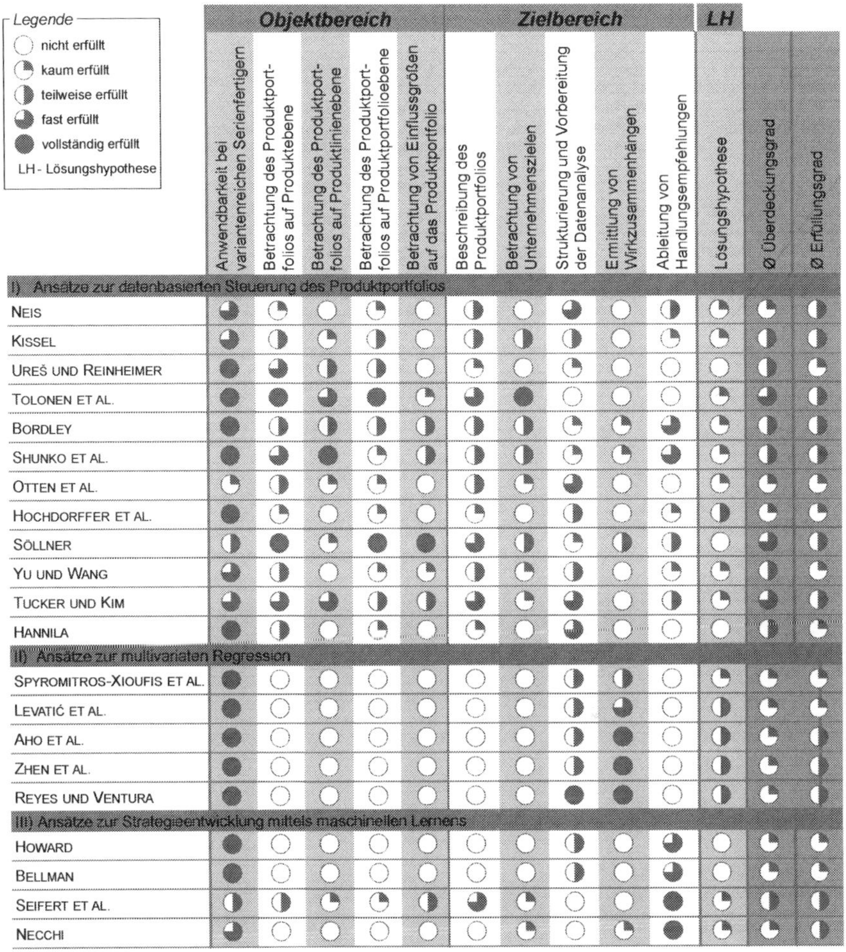

Abbildung 3-2: Zusammenfassende Bewertung der bestehenden Ansätze

In Bezug auf den Zielbereich der Arbeit sind bei den Ansätzen zur datenbasierten Steuerung des Produktportfolios große Defizite erkennbar. Zwar wenden BORDLEY[543], OTTEN ET AL.[544] und TUCKER UND KIM Methoden des maschinellen Lernens an, diese betrachten jedoch nicht die Ermittlung von Wirkzusammenhängen zwischen Steuergrößen des Produktportfolios und Unternehmenszielen und sind nicht auf den Kontext der Arbeit übertragbar. Auch die Ableitung von Handlungsempfehlungen wird lediglich von NEIS, SÖLLNER[545] sowie TUCKER UND KIM teilweise adressiert. BORDLEY und SHUNKO ET AL.[546] adressieren Handlungsempfehlungen zwar umfangreicher, eine datenbasierte Ableitung derselben wird jedoch nicht in der Art abgebildet, wie dies in der vorliegenden Arbeit geschehen soll.

Bei den **Ansätzen zur multivariaten Regression** zeigt sich im Objektbereich ein homogenes Bild. Zum einen wird deutlich, dass keiner der vorgestellten Regressionsalgorithmen Applikationsvoraussetzungen hat, die durch das Produktportfolio eines Serienfertigers nicht erfüllbar sind. Zum anderen ist erkennbar, dass die Ansätze keinerlei Bezug zum Produktportfolio als Objektbereich haben. Im Zielbereich haben die Ansätze zwar einen niedrigen Erfüllungsgrad hinsichtlich der Beschreibung des Produktportfolios und von Unternehmenszielen, jedoch weisen sie einen ca. 50-prozentigen Erfüllungsgrad in Bezug zu den Kriterien der Datenverarbeitung auf. Bezüglich der Erarbeitung einer Anleitung zur Strukturierung und Vorbereitung der Datenanalyse für den Methodenanwender bilden die Ansätze eine gute Basis. Hierbei erfüllt insbesondere der Ansatz nach REYES UND VENTURA[547] das Bewertungskriterium vollständig. Der sehr hohe Erfüllungsgrad bei der Ermittlung von Wirkzusammenhängen bei allen Ansätzen ist aufgrund der Wahl des Themenfeldes immanent gegeben. Dabei erfüllen insbesondere Ansätze aus dem Bereich der Anpassungsalgorithmen die Anforderung vollständig (vgl. AHO ET AL.[548], ZHEN ET AL.[549] und REYES UND VENTURA). Innerhalb der Anpassungsalgorithmen stellt die Anwendung von Neuronalen Netzen ein Lösungselement für die Zielsetzung der vorliegenden Arbeit dar. Wie in der experimentellen Untersuchung von REYES UND VENTURA nachgewiesen, können mittels Neuronaler Netze komplexe Wirkzusammenhänge erkannt werden. In Bezug auf das Ziel der Arbeit ist dies die Ermittlung von Zusammenhängen zwischen Steuergrößen des Produktportfolios und den Unternehmenszielen.

---

[543] Vgl. Bordley (2003), Determining the Appropriate Depth and Breadth of a Firm's Product Portfolio.

[544] Vgl. Otten et al. (2015), Towards decision analytics in product portfolio management.

[545] Vgl. Söllner (2016), Methode zur Planung eines zukunftsfähigen Produktportfolios.

[546] Vgl. Shunko et al. (2018), Product Portfolio Restructuring.

[547] Vgl. Reyes und Ventura (2019), Performing Multi-Target Regression via a Deep Network.

[548] Vgl. Aho et al. (2012), Multi-Target Regression with Rule Ensembles.

[549] Vgl. Zhen et al. (2018), Multi-Target Regression via Robust Low-Rank Learning.

Die Ableitung von Handlungsempfehlungen wird von keinem Regressionsansatz betrachtet.

Die **Ansätze zur Strategieentwicklung** erfüllen den Objektbereich der Arbeit – ausgenommen die mögliche Anwendung bei Serienfertigern – unzureichend. Als Ausnahme ist der Ansatz nach Seifert et al.[550] zu nennen, der als Einziger in diesem Themenfeld die Steuerung des Produktportfolios betrachtet. Der durchschnittliche Erfüllungsgrad der Ansätze ist gut. Insbesondere die Ansätze von Seifert et al. und Necchi[551] fokussieren datenbasierte Entscheidungen. Mögliche Lösungselemente für die Erstellung eines Leitfadens zur Vorbereitung der Datenanalyse können den Ansätzen von Howard[552] und Bellman[553] entnommen werden. Die Ermittlung von Wirkzusammenhängen wird nur bei Necchi berücksichtigt. Das Bewertungskriterium der datenbasierten Ableitung von Handlungsempfehlungen wird von den modellbasierten Ansätzen (vgl. Howard, Bellman und Seifert et al.) fast vollständig bzw. vollständig und von dem modellfreien Ansatz von Necchi vollständig erfüllt. Aufgrund des Anwendungsbereichs der Arbeit wird die Übertragung von Lösungselementen modellbasierter Ansätze der dynamischen Programmierung präferiert.

Zusammenfassend lässt sich feststellen, dass keiner der vorliegenden Ansätze alle Kriterien im Objekt- und Zielbereich hinreichend adressiert. Die sich so ergebene Lücke in der wissenschaftlichen Literatur begründet den Bedarf nach weiterer rigoroser Forschung und gibt gleichzeitig die Anforderungen an eine entsprechende Lösung vor. Mit dem Anspruch, alle Anforderungen aus dem Objekt- und Zielbereich zu erfüllen, zielt die vorliegende Arbeit auf das Beheben des Forschungsdefizites ab.

Nachdem der Nachweis eines Forschungsdefizites erfolgt ist, muss im Einklang mit der DSR der Grad des wissenschaftlichen Mehrwertes der Arbeit näher bestimmt werden. Gregor und Hevner beschreiben dabei die Situation prägnant: „A fundamental issue is that nothing is really ‚new'. Everything is made out of something else or builds on some previous idea".[554] Um die Art des wissenschaftlichen Mehrwertes, der durch die vorliegende Arbeit geschaffen werden soll, näher zu beschreiben, ist es nach Winter und Aier notwendig „the state of the problem, the respective application domain, and the maturity

---

[550] Vgl. Seifert et al. (2016), Dynamic product portfolio management.
[551] Vgl. Necchi (2016), Reinforcement Learning For Automated Trading.
[552] Vgl. Howard (1960), Dynamic Programming and Markov Processes.
[553] Vgl. Bellman (1957), A Markovian Decision Process; Bellman (1972), Dynamic Programming.
[554] Gregor und Hevner (2013), Positioning and Presenting Design Science, S. 344.

of exisitng solutions"[555] zu verstehen. Dazu wird die von GREGOR UND HEVNER entwickelte Matrix verwendet (vgl. Abbildung 3-3). Die beiden Achsen *Reife der Lösung* und *Reife des Problems* definieren die vier Matrixfelder (I) Verbesserung, (II) Invention, (III) Adaption, und (IV) Routineentwicklung.[556] Während Forschungsvorhaben, die den Feldern (I) bis (III) zugeordnet werden, einen signifikanten Forschungsbeitrag leisten, ist dies bei der Routineentwicklung nicht der Fall.

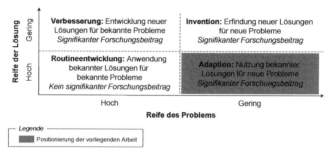

Abbildung 3-3:   **Einordnung des wissenschaftlichen Mehrwertes nach GREGOR UND HEVNER[557]**

Auf Basis der Untersuchung bestehender wissenschaftlicher Ansätze (vgl. Unterkapitel 3.2) wird einerseits deutlich, dass es bereits Ansätze gibt, die den Objektbereich der Arbeit adressieren, jedoch keine umfassende Problemlösung aufzeigen (vgl. Abschnitt 1.1.2). Andererseits existieren gut erforschte Methoden des maschinellen Lernens, die in anderen Anwendungsgebieten als der Produktportfoliosteuerung Lösungen der dort beschriebenen Probleme bilden. Bei der vorliegenden Arbeit werden daher bestehende Methoden des maschinellen Lernens, d. h. der multivariaten Regression und der Strategieentwicklung, auf den für diese Methoden neuen Kontext der Produktportfoliosteuerung adaptiert. Als Resultat ergibt sich die Einordnung der vorliegenden Arbeit als ‚Adaption' (vgl. Abbildung 3-3).

---

[555] Winter und Aier (2016), Design Science Research in Business, S. 484.
[556] Vgl. Gregor und Hevner (2013), Positioning and Presenting Design Science, S. 344ff.
[557] In Anlehnung an Gregor und Hevner (2013), Positioning and Presenting Design Science, S. 345.

3.4 Zwischenfazit: Forschungsbedarf zur Steuerung von Produktportfolios

In Anlehnung an das forschungsmethodische Vorgehen der DSR (vgl. Abschnitt 1.3.2) ist das dritte Kapitel Teil des Rigor Cycle. Dabei war es das Ziel des Kapitels, bestehende wissenschaftliche Ansätze zu untersuchen und auf Basis dieser Untersuchung der Rigorositätsgrad der vorliegenden Arbeit zu bestimmen.

In Unterkapitel 3.1 wurden auf Basis des Grundlagenverständnisses Anforderungen an die Methodik bestimmt. Dabei wurde auf Basis der Meta-Anforderungen aus Unterkapitel 2.5 sowohl der Objektbereich der Arbeit spezifiziert, als auch der Weg der Zielerreichung durch den Zielbereich und in Analogie zu den CRISP-DM-Modellschritten beschrieben. Die Anforderungen wurden als Bewertungskriterien festgehalten.

Basierend auf den Anforderungen wurden in Unterkapitel 3.2 bestehende wissenschaftliche Ansätze aus drei Themenfeldern untersucht. Ansätze aus dem Themenfeld der datenbasierten Steuerung des Produktportfolios wurden insbesondere zur Untersuchung des Standes der Forschung im Betrachtungsbereich und in der Lösungsanwendung ausgewählt. In Bezug auf den Zielbereich der Arbeit wurden Ansätze zur multivariaten Regression analysiert. Das dritte Themenfeld bildeten Ansätze zur Strategieentwicklung, welche die Untersuchung der methodischen Vorgehensweise bei langfristig verfolgten Zielsetzungen, d. h. der Steuerung des Produktportfolios zur Sicherstellung des langfristigen Unternehmenserfolgs, erlaubten.

Eine vergleichende Bewertung der Ansätze erfolgte in Unterkapitel 3.3. Durch die Bewertung konnten einerseits nutzbare Methodenbestandteile als Grundgedanken für die Artefaktgestaltung identifiziert werden. Andererseits wurde auf Basis der unzureichenden Kriterienerfüllung das Forschungsdefizit klar aufgezeigt. Das Defizit besteht in der Beschreibung des Produktportfolios in der Art, dass (I) Produktportfoliosteuergrößen des strategischen Managements und Einflussfaktoren auf das Produktportfolio so beschrieben werden müssen, dass eine datenbasierte Steuerung desselben möglich ist. Zudem bedarf es der Beschreibung der (II) produktportfoliorelevanten Unternehmensziele als Zielgrößen des Steuerungsprozesses in analoger Art. Letztlich ist kein bestehender Ansatz in der Lage, für das strategische Management (III) datenbasierte Handlungsempfehlungen zur Produktportfoliosteuerung zu generieren.

Basierend auf diesem Forschungsdefizit ist das Ziel des nachfolgenden Kapitels die Konzeption einer *Methodik zur datenbasierten und unternehmenszielkonformen Steuerung des Produktportfolios mittels präskriptiver Datenanalyseverfahren*. In Einklang mit der

Einordnung des Rigorositätgrades der Arbeit als ‚Adaption' (vgl. Unterkapitel 3.3) sollen dazu Modelle zur Beschreibung der Steuergrößen des Produktportfolios sowie von produktportfoliorelevanten Unternehmenszielen erarbeitet werden. Ferner soll eine Vorgehensweise für die datenbasierte Ableitung von Handlungsempfehlungen zur Steuerung des Produktportfolios durch Adaption von Methoden des maschinellen Lernens definiert werden.

4 Konzeption der Methodik zur datenbasierten Produktportfoliosteuerung

Nachdem die Relevanz des Themas (vgl. Abschnitt 1.1.1) erläutert und das Problem identifiziert worden ist (vgl. Abschnitt 1.1.2), wurden notwendige wissenschaftliche Grundlagen zur Ableitung von Meta-Anforderungen (vgl. Unterkapitel 2.5) an die Problemlösung dargestellt. In Kapitel 3 erfolgte die Diskussion bestehender wissenschaftlicher Ansätze (vgl. Unterkapitel 3.2) und der Nachweis des wissenschaftlichen Mehrwertes der vorliegenden Arbeit (vgl. Unterkapitel 3.3). Entsprechend dem zugrundeliegenden forschungsmethodischen Vorgehensmodell nach PEFFERS ET AL. schließt sich die Artefaktentwicklung an. Daher wird im vorliegenden Kapitel eine Methodik zur datenbasierten und unternehmenszielkonformen Steuerung des Produktportfolios konzipiert und in Kapitel 5 detailliert.

Zur Methodikkonzeption werden nachfolgend das Zielbild, an dem sich die Methodikentwicklung ausrichtet, und die mit der Methodik angestrebten Nutzenpotenziale beschrieben (vgl. Unterkapitel 4.1). Die sich anschließenden Ausführungen zur formalen Konstruktion einer Methodik (vgl. Unterkapitel 4.2) dienen dazu, den Aufbau einer Methodik und die Methodikelemente selbst zu beschreiben. In Unterkapitel 4.3 werden inhaltliche und formale Anforderungen an die identifizierten Methodikelemente definiert. Die zur Anforderungserfüllung notwendigen vier Methodikschritte sind Unterkapitel 4.4 zu entnehmen. Zur Erarbeitung der Methodik werden die Methodikschritte in Unterkapitel 4.5 in Artefakte überführt. Das Kapitel schließt mit einem Zwischenfazit in Unterkapitel 4.6.

4.1 Zielbild der Methodik und angestrebte Nutzenpotenziale

Das übergeordnete Ziel der vorliegenden Arbeit besteht darin, das strategische Management produzierender Unternehmen bei der Steuerung des Produktportfolios methodisch zu unterstützen (vgl. Unterkapitel 1.2). Aufgrund der beschriebenen Herausforderungen in diesem Anwendungsbereich (vgl. Abschnitt 1.1.2) scheint die Implementierung eines präskriptiven Datenanalyseverfahrens zur Entscheidungsunterstützung im Steuerungsprozess vielversprechend. Das in Abschnitt 2.3.3 beschriebenen CRISP-DM-Modell dient als Ordnungsrahmen für die Implementierung eines derartigen Verfahrens zur Datenanalyse. Im ersten Modellschritt ‚Business understanding' müssen der Anwendungsbereich im Geschäftsumfeld sowie die Ziele und Anforderungen aus der Sicht des Anwenders des Datenanalyseverfahrens verstanden werden.[558] Um den Soll-Zustand der Anwendung und damit einhergehend die Zielsetzung der Methodik zu beschreiben, bedarf es eines Zielbildes. Auf Basis des Zielbildes können entsprechend Anforderungen an die Methodik abgeleitet werden. Des Weiteren dient ein solches Zielbild während der Methodikentwicklung dazu, kontinuierlich zu überprüfen, ob zielsetzungskonform entwickelt wird.[559] Die Methodikerarbeitung in der vorliegenden Arbeit wird durch das in Abbildung 4-1 dargestellte Zielbild unterstützt.

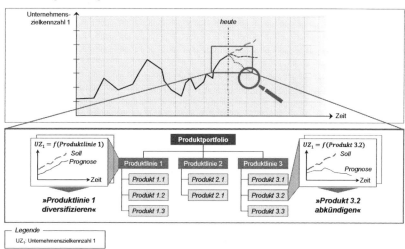

Abbildung 4-1:   Zielbild zur Methodikerarbeitung

In der oberen Hälfte der Abbildung 4-1 ist die Situation des strategischen Managements visualisiert. Dargestellt ist die Zeitreihe einer exemplarischen Kennzahl ‚Unternehmenszielkennzahl 1', die eine Maßgröße für eines der Ziele aus dem übergeordneten Unternehmenszielsystem darstellt. Im aktuellen Zeitpunkt ist es die Aufgabe des strategischen Managements, das Produktportfolio so zu steuern, dass die Ziele erreicht werden. Unter

---

[558] Vgl. Chapman et al. (2000), CRISP-DM 1.0, S. 35.
[559] Vgl. Dölle (2018), Projektsteuerung in der Produktentwicklung, S. 93.

Betrachtung der Komplexität innerhalb des Produktportfolios, der Einflussfaktoren auf das Produktportfolio und der Abhängigkeiten zwischen einzelnen Unternehmenszielen ist dies eine komplexe Frage- bzw. Problemstellung, die ein Mensch kognitiv nicht hinreichend begreift.[560] An dieser Stelle setzt die zu entwickelnde Methodik an und soll das strategische Managements bei der zielkonformen Steuerung des Produktportfolios unterstützen.

Durch die Modellierung der Entscheidungssituation des strategischen Managements (vgl. Abbildung 4-1, unten) in der Art, dass ein Algorithmus die Komplexität erfasst und lernt, sollen dem strategischen Management Maßnahmen zur Steuerung vorgeschlagen werden. Dabei werden die Maßnahmen auf Basis aller relevanten, zur Verfügung stehenden Daten getroffen und sind demnach als fundierter einzustufen, als eine menschliche Entscheidung es sein kann. Dies beruht auf der Tatsache, dass Datenanalyseverfahren komplexe Zusammenhänge zwischen Modellvariablen sehr gut erkennen und erlernen können (vgl. Unterkapitel 2.4). Das Erkennen von Zusammenhängen ist demnach Teil des Entscheidungsautomatismus, der in dieser Methodik erarbeitet werden soll. Die vorgeschlagenen Maßnahmen, wie z. B. ‚Produkt 3.2 abkündigen' (vgl. Abbildung 4-1), bedürfen vor der Implementierung lediglich einer Plausibilitätsprüfung durch das Management als Experten im Anwendungsgebiet.

Basierend auf dem Zielbild lassen sich die Nutzenpotenziale der zu entwickelnden Methodik anhand der beiden Dimensionen ‚Effektivität' und ‚Effizienz' in Anlehnung an Abbildung 1-1 darstellen. Durch die Modellierung der Entscheidungssituation mit allen relevanten Daten werden qualitativ bessere Entscheidungen getroffen, als es einem Experten gelingt. Dies führt zu einer Steigerung der *Effektivität* im Steuerungsprozess. Werden die entscheidungsrelevanten Daten gleichzeitig systematisch so beschrieben, dass sie für einen Algorithmus lesbar und damit ohne Zeitverzug auswertbar sind, so verkürzen sich Daten- und Analyselatenzzeiten, die heutzutage durch das Fehlen integrierbarer Datensätze auftreten (vgl. Abbildung 4-2).[561] Zudem wird die Entscheidungslatenz verkürzt, da für das strategische Management als Entscheidungsträger konkrete Maßnahmen zur Produktportfoliosteuerung innerhalb der zu entwickelnden Methodik vorgeschlagen werden. Durch die Verkürzung der Latenzzeiten wird die *Effizienz* im Steuerungsprozess maximiert.

---

[560] Vgl. Facciano und Holmes (2016), Data-driven: Big decisions in the intelligence age, S. 1.
[561] Vgl. Brecht et al. (2016), Industrie 4.0 und resultierende Anforderungen, S. 95.

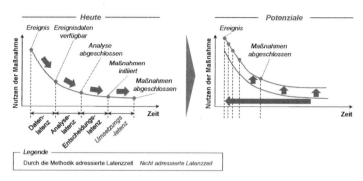

Abbildung 4-2:   Nutzenpotenziale der datenbasierten Produktportfoliosteuerung nach JANK[562]

Das Treffen datenbasierter Entscheidungen steigert zudem die Transparenz und Nachvollziehbarkeit in Entscheidungssituationen (vgl. Abschnitt 1.1.2).

4.2   Formale Konstruktion und modelltheoretische Konzeptionierung der Methodik

Um die im vorherigen Abschnitt visualisierte Zielsetzung und die damit einhergehenden Nutzenpotenziale zu realisieren, bedarf es einer systematischen Methodikentwicklung. Zur Realisierung dessen sollen in diesem Unterkapitel der Begriff ‚Methodik' und die im Kontext dieser Arbeit relevanten Methodikbestandteile definiert werden.

4.2.1   Definition der Elemente einer Methodik

Nach EHRENSPIEL UND MEERKAMM ist eine *Methodik* eine „planmäßige Verfahrensweise zur Erreichung eines bestimmten Ziels nach einem Vorgehensplan"[563]. Der Vorgehensplan teilt den Prozess der übergeordneten Lösungsfindung bzw. Zielerreichung der Methodik in einzelne Schritte mit Teilaufgaben ein.[564] Zur Zielerreichung werden Metho-

---

[562] In Anlehnung an Jank et al. (2019), Portfolio Design Using Prescriptive Analytics, S. 585; Schuh et al. (2017), Industrie 4.0 Maturity Index, S. 11f.

[563] Ehrenspiel und Meerkamm (2017), Integrierte Produktentwicklung, S. 173.

[564] Vgl. Becker et al. (2001), Konstruktion von Methodiken, S. 11; Ehrenspiel und Meerkamm (2017), Integrierte Produktentwicklung, S. 173.

den herangezogen. Dabei ist unter einer *Methode* ein systematisch beschriebenes Verfahren zur Lösung von Problemen zu verstehen.[565] Auch PEFFERS ET AL. definieren eine Methodik als Verbund von Methoden, die auf die Lösung eines übergeordneten Problems abzielen.[566] Einhergehend mit der Zuordnung der vorliegenden Arbeit zu den Ingenieurwissenschaften und damit nach GREGOR zum Theorietyp ‚design and action' (vgl. Abschnitt 1.3.2) werden Methoden in der DSR als konzeptionell umsetzbare Anweisungen und damit als ein Artefaktyp angesehen.[567] Gleichwertig zu Methoden stellen auch Modelle einen Artefakttyp dar.[568] Dabei werden *Modelle* als „simplified representation of reality documented using a formal notation or language"[569] definiert und stellen damit ein konzeptionell umgesetztes Artefakt dar.[570] WINTER ET AL. argumentieren, dass Methoden und Modelle als unterschiedliche Blickwinkel auf den gleichen Sachverhalt zu verstehen und auf die Wiederverwendung zur Erzeugung gleicher Ergebnisse ausgelegt sind.[571] Den Aspekt des Blickwinkels unterstreicht auch RESCHKE und stellt fest, dass sich „jede menschliche Wahrnehmung [...] im Medium des Modells"[572] vollzieht. In Bezug auf den wissenschaftlichen Erkenntnisprozess sind Modelle daher ein elementarer Bestandteil,[573] weshalb der Modellbegriff in den folgenden Abschnitten näher erläutert wird.

4.2.2 Konstruktionsorientiertes Modellverständnis

Dem Verständnis von WINTER ET AL. folgend, Modelle als konzeptionell umgesetztes Artefakt zu verstehen, wird diesen im Rahmen der vorliegenden Arbeit besondere Bedeutung zuteil. Aus diesem Grund werden nach der Darstellung existierender Modellverständnisse Merkmale von Modellen und letztlich Modellarten erklärt.

---

[565] Vgl. Zelewski (2008), Grundlagen, S. 31.
[566] Vgl. Peffers et al. (2014), A Design Science Research Methodology, S. 49.
[567] Vgl. Peffers et al. (2012), Design Science Research Evaluation, S. 400; Gregor (2006), The Nature of Theory, S. 619.
[568] Vgl. Peffers et al. (2012), Design Science Research Evaluation, S. 401; Hevner et al. (2004), Design science in information systems, S. 82.
[569] Peffers et al. (2012), Design Science Research Evaluation, S. 401.
[570] Vgl. Peffers et al. (2012), Design Science Research Evaluation, S. 401.
[571] Vgl. Winter et al. (2009), Method Versus Model, S. 6ff.
[572] Reschke (2019), Gestaltungsmodell der Kennzahlen und Indikatoren, S. 71.
[573] Vgl. Hug (2001), Einführung in die Wissenschaftstheorie, S. 44.

Modellbegriff und -merkmale

In der Systemtheorie sind nach GEIGER und KRALLMANN ET AL. unter Modellen „formale Abbilder realer Sachverhalte"[574] bzw. Systeme[575] zu verstehen.[576] FINK ET AL. spezifizieren diese Definition und fügen hinzu, dass Modelle ein Artefakt darstellen und stets zweckbezogen eine „vereinfachte Abbildung eines Realitätsausschnittes"[577] erzeugen. Dabei besteht nach STAEHLE die Herausforderung darin, für eine Abbildung relevante Daten sowie deren Relationen zueinander zu erkennen und im Modell aufzugreifen, während unwichtige Daten weggelassen werden sollen.[578] Dem das Realsystem abbildende Modellverständnis wird das konstruktionsorientierte Modellverständnis gegenübergestellt. Dabei muss sich die Abbildung nicht auf ein bereits existierendes System beziehen, sondern kann auch ein geplantes System modellieren.[579] Nach SCHÜTTE ist ein Modell demnach „als Ergebnis einer Konstruktion eines Modellierers"[580] zu verstehen. Neben dem klassischen systemtheoretischen Verständnis von Modellen als problemrepräsentierende Artefakte,[581] können Modelle auch Lösungsräume, z. B. in Form von Gestaltungsalternativen für Unternehmen, darstellen.[582] Im Hinblick auf die Zielsetzung soll das konstruktionsorientierte Modellverständnis Anwendung finden.

Unabhängig vom Gegenstandsbereich der Modellierung haben Modelle verschiedene Eigenschaften, in denen sie sich nur innerhalb eines Toleranzrahmens vom Vorbild unterscheiden.[583] In diesem Zusammenhang beschreibt STACHOWIAK Eigenschaften von Modellen anhand von drei konstituierenden Merkmalen:[584]

- Das **Abbildungsmerkmal** beschreibt, dass Modelle in einer Relation zu einem natürlichen oder künstlichen Original stehen und dieses abbilden.[585]

[574] Geiger (2000), Kennzahlenorientiertes Entwicklungscontrolling, S. 54.

[575] Unter einem System wird ein Objekt verstanden, dass sich durch einen Zweck definiert und aus Systemelementen und deren Wirkungsverknüpfungen besteht (vgl. Bossel (2004), Systeme, Dynamik, Simulation, S. 35).

[576] Krallmann et al. (2013), Systemanalyse im Unternehmen, S. 53.

[577] Fink et al. (2005), Grundlagen der Wirtschaftsinformatik, S. 91.

[578] Vgl. Staehle (1969), Kennzahlen und Kennzahlensysteme, S. 96.

[579] Vgl. VDI 3633 Blatt 1 (2014), S. 3.

[580] Schütte (1998), Grundsätze ordnungsmäßiger Referenzmodellierung, S. 59.

[581] Vgl. Zelewski (2008), Grundlagen, S. 43.

[582] Vgl. Reschke (2019), Gestaltungsmodell der Kennzahlen und Indikatoren, S. 71.

[583] Vgl. VDI 3633 (2018), S. 19; Hienzsch (2016), Bewertungsmodell für die lebenszykluskostenorientierte Leistungsfähigkeit, S. 85.

[584] Vgl. Stachowiak (1973), Allgemeine Modelltheorie, S. 131ff.

[585] Vgl. Vom Brocke (2015), Referenzmodellierung, S. 9; Stachowiak (1973), Allgemeine Modelltheorie, S. 131f.

- Durch das **Verkürzungsmerkmal** wird die Eigenschaft eines Modells beschrieben, unvollständig in Bezug zum Original zu sein. Grund dafür ist, dass in einem Modell „nicht alle Attribute des durch sie repräsentierten Originals, sondern nur solche, die den jeweiligen Modellerschaffern und/oder Modellbenutzern relevant scheinen"[586], erfasst werden.[587]

- Mittels des **pragmatischen Merkmals** wird die Auswahl der abzubildenden Attribute spezifiziert. Dabei sind (I) die Subjektivität der Subjekte ‚Modellersteller' (von wem?) und ‚Modellnutzer' (für wen?), (II) die Zeitlichkeit des Modells (wann?) und (III) der Modellzweck (wozu?) die relevanten Kriterien zur Attributauswahl.[588]

Das pragmatische Merkmal stellt die Zweckbezogenheit von Modellen in den Mittelpunkt, welche im nächsten Abschnitt genauer betrachtet werden soll.

Modellzweck und -arten

Nach BANDTE kann jedem Modell ein Modellzweck zugeordnet werden, der abhängig von der Wissenschaftsdisziplin (vgl. Abschnitt 1.3.1) ist, in der das Modell eingesetzt wird.[589] Grundsätzlich lassen sich Modelle in Bezug auf den Zweck in Ist-Modelle und Soll-Modelle unterscheiden. Ist-Modelle dienen dabei der Deskription von Sachverhalten und werden oft zur Problempräsentation eingesetzt.[590] Anwendung finden Ist-Modelle bspw. bei der Erfassung des Ist-Zustandes und beim Aufbau von Managementinformationssystemen.[591] In Übereinstimmung mit FINK ET AL. kann in Bezug auf die vorliegende Arbeit das Produktportfolio als Wirklichkeitsausschnitt definiert werden, dessen Strukturen und Abläufe es so zu modellieren gilt, dass „Potenziale einer informationstechnischen Unterstützung"[592] in der Produktportfoliosteuerung identifiziert werden

---

[586] Stachowiak (1973), Allgemeine Modelltheorie, S. 132.

[587] Vgl. Reschke (2019), Gestaltungsmodell der Kennzahlen und Indikatoren, S. 70.

[588] Vgl. Stachowiak (1973), Allgemeine Modelltheorie, S. 132f.; Reschke (2019), Gestaltungsmodell der Kennzahlen und Indikatoren, S. 70f.; Tönnes (2021), Datenbasierte Informationsmodelle zur explorativen Analyse, S. 114.

[589] Vgl. Bandte (2007), Komplexität in Organisationen, S. 205.

[590] Vgl. Reschke (2019), Gestaltungsmodell der Kennzahlen und Indikatoren, S. 73; Zelewski (2008), Grundlagen, S. 41f.

[591] Vgl. Krallmann und Derszteler (1996), Systemanalyse im Unternehmen, S. 12.

[592] Fink et al. (2005), Grundlagen der Wirtschaftsinformatik, S. 91.

können. Sind Modelle durch einen gestaltungsorientierten konstruktiven Zweck charakterisiert, so spricht man von Soll-Modellen.[593] Basierend auf dem Modellzweck werden Beschreibungs-, Erklärungs-, Entscheidungs- und Gestaltungsmodellen unterschieden.[594]

Beschreibungsmodelle können mit Ist-Modellen nahezu gleichgesetzt werden. Sie sind
rein deskriptive Modelle und beschreiben Realprobleme, Zustände und Sachverhalte.
Die Aufgabe von Beschreibungsmodellen beschränkt sich auf die Informationsgewin-
nung in den ersten Phasen des Erkenntnisprozesses.[595] Demnach ist das Beschreibungs-
ziel meist kein eigenständiges Erkenntnisziel.[596]

Mithilfe eines *Erklärungsmodells* sollen Sachverhalte oder Wirkzusammenhänge erklärt[597] werden.[598] Erklärungsmodelle, auch explikative Modelle, haben eine sachlogische Struktur, wobei mittels Erklärungsgleichungen Relationen zwischen abhängigen
und unabhängigen Modellvariablen formalisiert werden. Auf diese Weise kann das Verhalten eines Systems analysiert werden.[599] Erklärungsmodelle können auch als ‚Vorhersagemodelle' zur Erstellung von Prognosen genutzt werden.[600]

Entscheidungsmodelle sollen den Entscheidungsträger unterstützen, die optimale Entscheidung zu treffen.[601] Dabei erfolgt die Unterstützung in der Art, dass in Bezug auf ein
vorgegebenes Zielsystem verschiedene Handlungsoptionen bewertet werden, wobei das
Ziel in der Identifikation einer optimalen Handlungsoption bzw. -empfehlung für den
Entscheidungsträger liegt.[602] Da auch Entscheidungsmodelle lediglich eine vereinfachte
Abbildung eines Originals darstellen, bedürfen durch das Modelle generierte Handlungsempfehlungen einer Plausibilitätsprüfung des Entscheiders.[603]

---

[593] Vgl. Reschke (2019), Gestaltungsmodell der Kennzahlen und Indikatoren, S. 73.

[594] Vgl. Bandte (2007), Komplexität in Organisationen, S. 205; Friedli (2000), Die Architektur von Kooperationen, S. 77f.; Zelewski (2008), Grundlagen, S. 44ff.

[595] Vgl. Geiger (2000), Kennzahlenorientiertes Entwicklungscontrolling, S. 55.

[596] Vgl. Zelewski (2008), Grundlagen, S. 44ff.

[597] Unter dem Begriff ‚Erklärung' wird „die Deduktion einer Aussage aus singulären und universellen Sätzen, die
den zu klärenden Tatbestand abbildet" (Reichmann et al. (2011), Controlling mit Kennzahlen, S. 466), verstanden.

[598] Vgl. Zelewski (2008), Grundlagen, S. 44; Reichmann et al. (2011), Controlling mit Kennzahlen, S. 466.

[599] Vgl. Geiger (2000), Kennzahlenorientiertes Entwicklungscontrolling, S. 56.

[600] Vgl. Reschke (2019), Gestaltungsmodell der Kennzahlen und Indikatoren, S. 73.

[601] Vgl. Geiger (2000), Kennzahlenorientiertes Entwicklungscontrolling, S. 57; Reschke (2019), Gestaltungsmodell der Kennzahlen und Indikatoren, S. 74; Patzak (1982), Systemtechnik - Planung komplexer innovativer
Systeme, S. 314.

[602] Vgl. Reschke (2019), Gestaltungsmodell der Kennzahlen und Indikatoren, S. 74.

[603] Vgl. Laux et al. (2018), Entscheidungstheorie, S. 56.

Als Soll-Modelle werden *Gestaltungsmodelle* dazu genutzt, eine Veränderung der Realität i. S. eines angestrebten Systemzustandes abzubilden.[604] So ist es möglich, die Implementierung verschiedener Handlungsoptionen vorab zu testen und damit den möglichen Zielzustand des Systems zu modellieren.[605] Zu den Gestaltungsmodellen zählen Modelle mit normativen Handlungsrahmen und präskriptive Modelle, die vorbildartige Musterfunktionen besitzen. In der Folge enthalten präskriptive Modelle beschreibende, erklärende und entscheidungsvorbereitende Elemente.[606]

Die vorgestellten Modellarten lassen sich hinsichtlich ihres deskriptiven bzw. gestaltungsorientierten Zwecks sowie hinsichtlich ihres strukturellen bzw. funktionalen Charakters einordnen (vgl. Abbildung 4-3).

Abbildung 4-3: Modellbildung und Modellarten nach RESCHKE[607]

Aufgrund der Zielsetzung der vorliegenden Arbeit, eine Methodik für eine Produktportfoliosteuerung mittels präskriptiver Datenanalyseverfahren zu konstruieren, sollen im Folgenden die in Abschnitt 2.3.2 vorgestellten Arten entscheidungsunterstützender Datenanalysen den einzelnen Modellarten zugeordnet werden.

Im Kontext von Entscheidungssituationen, wie z. B. im Steuerungsprozess des Produktportfolios, müssen relevante Variablen im Modell erfasst werden. Derartige Beschreibungsmodelle können mithilfe *deskriptiver Datenanalyseverfahren* realisiert werden (vgl. Abbildung 4-4). Basierend darauf, können *prädiktive Datenanalyseverfahren* eingesetzt werden, um Ursache-Wirkungsbeziehungen zwischen den Modellvariablen zu

---

[604] Vgl. Reschke (2019), Gestaltungsmodell der Kennzahlen und Indikatoren, S. 74.
[605] Vgl. Werth (2006), Kollaborative Geschäftsprozesse, S. 96.
[606] Vgl. Reschke (2019), Gestaltungsmodell der Kennzahlen und Indikatoren, S. 74.
[607] In Anlehnung an Reschke (2019), Gestaltungsmodell der Kennzahlen und Indikatoren, S. 74.

identifizieren, weshalb es sich hierbei um Erklärungsmodelle bzw. Vorhersagemodelle im Spezifischen handelt.[608]

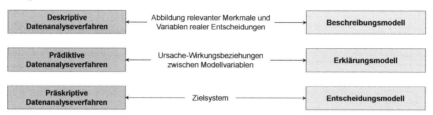

Abbildung 4-4:   Zuordnung von Datenanalyseverfahren zu Modellarten nach GLUCH-OWSKI[609]

Noch umfassender stellen sich *präskriptive Datenanalyseverfahren* dar, weil neben der Vorhersage von zukünftigen Zuständen auch die entsprechenden Handlungsempfehlungen zur Erreichung definierter Ziele hinsichtlich deren Nutzen und Aufwand bewertet werden.[610] Damit lassen sich präskriptive Datenanalyseverfahren der Modellart der Entscheidungsmodelle zuordnen.

Auf Basis der verschiedenen Modellarten lassen sich unterschiedliche Anforderungen an dieselben und damit auch an die zu entwickelnde Methodik identifizieren.

4.3 Anforderungen an die Methodik zur Produktportfoliosteuerung mittels präskriptiver Datenanalyseverfahren

Das forschungsmethodische Vorgehen der DSR setzt klar beschriebenen Anforderungen zur Entwicklung der Artefakte voraus (vgl. Abschnitt 1.3.2).[611] Unter Berücksichtigung der Einordnung dieser Arbeit in die Forschungsdisziplin der Ingenieurwissenschaften (vgl. Abschnitt 1.3.1) können Anforderungen als Eingangsgrößen eines Entwicklungsprozesses beschrieben werden.[612] Zur Entwicklung der Methodik für eine datenbasierte

---

[608] Vgl. Gluchowski (2016), Business Analytics, S. 276.

[609] In Anlehnung an Gluchowski (2016), Business Analytics, S. 276.

[610] Vgl. Evans und Lindner (2012), Business Analytics: The Next Frontier, S. 5.

[611] Vgl. Winter und Aier (2016), Design Science Research in Business, S. 486; Peffers et al. (2014), A Design Science Research Methodology, S. 55.

[612] Vgl. Tönnes (2021), Datenbasierte Informationsmodelle zur explorativen Analyse, S. 107.

und unternehmenszielkonforme Produktportfoliosteuerung mittels präskriptiver Datenanalyseverfahren müssen inhaltliche und formale Anforderungen beschrieben werden.

4.3.1 Inhaltliche Anforderungen

Inhaltliche Anforderungen stellen Soll-Eigenschaften der zu entwickelnden Artefakte dar.[613] Für die vorliegende Arbeit dienen diese somit zum einen der zielgerichteten Konzeptionierung der Methodik. Zum anderen werden die Anforderungen für die Evaluierung der Methodik in Kapitel 6 herangezogen. Die Herleitung der inhaltlichen Anforderungen geschieht auf Basis der bisherigen Ausführungen in den Kapiteln 1 bis 3.

Aus der Problemidentifikation (vgl. Abschnitt 1.1.2) und der Zielsetzung der Arbeit (vgl. Unterkapitel 1.2) ergibt sich die Anforderung nach einer **methodischen Unterstützung** für das strategische Management, um das Produktportfolio konform zur übergeordneten Unternehmenszielsetzung steuern zu können. Dabei ist insbesondere die **Quantifizierung von Erfolgspotenzialen** gefordert, sodass Steuerungsmaßnahmen am Produktportfolio den langfristigen Unternehmenserfolg fokussieren. Eine weitere Anforderung besteht darin, relevante **Parameter der Entscheidungsfindung** im Steuerungsprozess datenbasiert systematisch zu beschreiben, um so Latenzzeiten im Prozess zu reduzieren. Da jedoch nicht nur Schnelligkeit, sondern auch Nachvollziehbarkeit eine Anforderung darstellt, bedarf es eines **prozessualen Ordnungsrahmens** und der Quantifizierung von **Aufwänden und Nutzen von Handlungsoptionen**.

Die wissenschaftlichen Grundlagen stellen ein umfassendes Verständnis über das existierende Wissen in den für die Arbeit relevanten Themenfeldern dar. Hierbei wird insbesondere die Anforderung nach der Modellierung verschiedener **Produktportfolioebenen** und Abhängigkeiten zwischen denselben identifiziert. Zudem ist gefordert, dass ein **unternehmensspezifisches Zielsystem** modelliert und die relevanten Ziele der Produktportfoliosteuerung identifiziert und messbar gemacht werden. Des Weiteren bedarf es eines **datenbasierten Analyseverfahrens**, um der Anforderungen nach Schnelligkeit der Verfügbarkeit und Nachvollziehbarkeit von Entscheidungsvorschlägen gerecht zu werden. Bei der Ausgestaltung des Analyseverfahrens sollen Methoden des **maschinellen Lernens** auf deren Anwendbarkeit im Kontext der Arbeit geprüft werden. Hierbei sind insbesondere Methoden der **Regression** und **Strategieentwicklung** relevant.

Die Untersuchung der bestehenden wissenschaftlichen Ansätze zeigt, dass datenbasierte Ansätze der Produktportfoliosteuerung die Steuergrößen des Produktportfolios und die

---

[613] Vgl. Ehrlenspiel und Meerkamm (2017), Integrierte Produktentwicklung, S. 478.

auf das Produktportfolio wirkenden relevanten Einflussgrößen nur unzureichend betrachten. Die zu entwickelnde Arbeit soll dieses Defizit beheben. Analog dazu sollen auch Unternehmensziele beschrieben werden, sodass eine Quantifizierung der **Abhängigkeiten** zwischen **Steuergrößen** und **Einflussgrößen** auf der einen Seite und **Unternehmenszielen** auf der anderen Seite möglich ist. Außerdem besteht bislang kein Ansatz im spezifischen Umfeld des variantenreichen Serienfertigers, der eine **datenbasierte Generierung von Handlungsempfehlungen** im Produktportfoliosteuerungsprozess erlaubt. Daraus ergibt sich die Anforderung, eine Methodik zu entwickeln, die Nutzen und Aufwand von Handlungsoptionen vergleicht und datenbasiert Handlungsempfehlungen generiert, die lediglich der **Plausibilitätsprüfung** des Entscheidungsträgers bedürfen.

4.3.2 Formale Anforderungen

Neben inhaltlichen Anforderungen gibt es auch formale Anforderungen, welche die Art spezifizieren, in der die inhaltlichen Ziele realisiert werden sollen.[614] Im Sinne des Prozessmodells der DSR nach PEFFERS ET AL. (vgl. Abschnitt 1.3.2) können formale Anforderungen auch in der Evaluationsphase zur formalen Diskussion der Artefakte genutzt werden. Nach MARCH UND SMITH bestimmen sich die formalen Anforderungen von Designtheorien, zu denen die vorliegende Arbeit in der Forschungsdisziplin der Ingenieurwissenschaft zugeordnet wurde (vgl. Abschnitt 1.3.2), nach der Art der Artefakte.[615] Entsprechend den Ausführungen in Unterkapitel 4.2 sind für die vorliegende Arbeit *Modelle* und *Methoden* die relevanten Artefaktarten. MARCH UND SMITH definieren insgesamt 14 verschiedene formale Anforderungen für Artefakte.[616] Diese Anforderungen wurden von AIER UND FISCHER weiterentwickelt. Im Hinblick auf die relevanten Arten von Artefakten sollen nach AIER UND FISCHER folgende vier formale Anforderungen für die vorliegende Arbeit Anwendung finden:[617]

- Die **Nützlichkeit** eines Artefakts definiert sich dadurch, dass durch das Artefakt ein Zweck erfüllt wird und dieser Zweck nützlich, d. h. relevant für den Artefaktanwender oder die Lösung eines relevanten Unternehmensproblems, ist.[618] Die Feststellung der Nützlichkeit sollte demnach direkt zu Beginn des

---

[614] Vgl. Zelewski (2008), Grundlagen, S. 53.
[615] Vgl. Gregor und Hevner (2013), Positioning and Presenting Design Science, S. 341; March und Smith (1995), Design and natural science research, S. 256ff.
[616] Vgl. March und Smith (1995), Design and natural science research, S. 261.
[617] Vgl. Aier und Fischer (2011), Criteria of progress, S. 163.
[618] Vgl. Hevner et al. (2004), Design science in information systems, S. 83; Aier und Fischer (2011), Criteria of progress, S. 148.

Designprozesses geschehen.[619] In Bezug auf die Art der Nützlichkeit ist zwischen dem *Brutto-Nutzen*, dem *Netto-Nutzen* und der *Effizienz* zu unterscheiden. Werden Artefakte regelmäßig angewendet, wird Effizienz[620] als Nützlichkeitsdimension bevorzugt.[621]

- Die **Konsistenz** eines Artefakts wird sowohl intern als auch extern gefordert. Eine *interne Konsistenz* liegt vor, wenn alle Artefaktelemente auf den gleichen übergeordneten Zweck einzahlen, präzise definiert sind und deren Beziehung untereinander im Artefakt beschrieben ist.[622] Zudem soll eine einheitliche Terminologie verwendet und Mehrdeutigkeiten vermieden werden. *Externe Konsistenz* beschreibt den Zusammenhang zwischen dem Artefakt und dem relevanten Wissen bzw. existierenden Ansätzen in dem Wissensgebiet, auf welches das Artefakt einzahlt.[623]

- In Bezug auf den Geltungsbereich wird vom Artefakt gefordert, *allgemeingültig* zu sein und damit **Übertragbarkeit** zu garantieren. AIER UND FISCHER fassen dies zusammen und stellen fest „the broader the scope and purpose of a design theory, the better that design theory will be"[624].

- **Einfachheit** beschreibt einen Qualitätsfaktor von Artefakten und stellt das Gegenteil von Komplexität (vgl. Abschnitt 2.1.3) dar.[625] Dabei bezieht sich Einfachheit auf die *Form* und *Funktion* sowie die *Wandlungsfähigkeit* und *Implementierung* von Artefakten. Einfache Artefakte können vom Anwender schnell verstanden werden und haben eine hohe Akzeptanz. Zudem sind einfache Artefakte oft kostengünstiger.[626]

Die Artefakttyp-spezifische Gültigkeit der Anforderungen zeigt Tabelle 4-1.

---

[619] Vgl. Cole et al. (2005), Being Proactive: Where Action Research Meets Design Research, S. 326.

[620] Die Effizienz berechnet sich aus dem Quotienten zwischen Brutto-Nutzen und Kosten. Kosten umfassen Aufwände in der Entwicklung und Anwendung bzw. Anpassung von Artefakten (vgl. Aier und Fischer (2011), Criteria of progress, S. 149).

[621] Vgl. Aier und Fischer (2011), Criteria of progress, S. 149.

[622] Vgl. Gregor und Jones (2007), The Anatomy of a Design Theory, S. 326f.; Aier und Fischer (2011), Criteria of progress, S. 151f.

[623] Vgl. Peffers et al. (2006), The design science research process, S. 88; Hevner et al. (2004), Design science in information systems, S. 80; Goldkuhl (2004), Design Theories in Information Systems, S. 63f.; Aier und Fischer (2011), Criteria of progress, S. 153.

[624] Aier und Fischer (2011), Criteria of progress, S. 154.

[625] Vgl. March und Smith (1995), Design and natural science research, S. 261; Aier und Fischer (2011), Criteria of progress, S. 154.

[626] Vgl. Aier und Fischer (2011), Criteria of progress, S. 155ff.

Tabelle 4-1:   Formale Anforderungen je Artefakttyp[627]

Formale Anforderungen	Arten von Artefakten	
	Modell	Methode
Nützlichkeit	X	X
Konsistenz	X	
Übertragbarkeit		X
Einfachheit	X	X

Nachdem die zu entwickelnde Methodik formal konstruiert sowie die inhaltlichen und formalen Anforderungen an dieselbe beschrieben worden sind, kann die Methodik selbst konzeptioniert werden.

4.4   Konzeptionierung der Methodik zur Produktportfoliosteuerung mittels präskriptiver Datenanalyseverfahren

Ziel des Unterkapitels 4.4 ist die Herleitung und Konzeptionierung der einzelnen Schritte der *Methodik zur Produktportfoliosteuerung mittels präskriptiver Datenanalyseverfahren*. Dem formalen Methodikverständnis (vgl. Unterkapitel 4.2) folgend, beginnt die Herleitung der Methodikschritte mit dem in Unterkapitel 4.1 dargestellten Zielbild der Methodik. Dieses Zielbild zeigt ein präskriptives Datenanalyseverfahren als Unterstützung des strategischen Managements bei der Steuerung des Produktportfolios. Um ein derartiges Analyseverfahren zu erarbeiten, soll das CRISP-DM-Modell, welches einen prozessualen Rahmen für die Erarbeitung von Datenanalyseverfahren darstellt (vgl. Abschnitt 2.3.3), als Ordnungsrahmen für die Methodikkonzeption dienen (vgl. Abbildung 4-5).

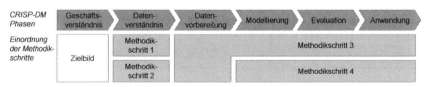

Abbildung 4-5:   Ordnungsrahmen für Methodikkonzeption[628]

Die initiale Phase ‚Geschäftsverständnis' des CRISP-DM-Modells wird durch das Zielbild abgebildet. Da dieses der Methodik als Eingangsinformation zugrunde liegt, ist die

---

[627] In Anlehnung an Aier und Fischer (2011), Criteria of progress, S. 163.
[628] In Anlehnung an Chapman et al. (2000), CRISP-DM 1.0, S. 9ff.; Wirth und Hipp (2000), CRISP-DM, S. 6.

Phase des Geschäftsverständnisses kein expliziter Bestandteil der Methodik. Die sich anschließende Phase des Verständnisses der dem Analyseverfahren zugrundeliegenden
Daten ist Inhalt der Methodikschritte eins und zwei. Während das CRISP-DM-Modell
davon ausgeht, dass bereits Datensätze für das Analyseverfahren existieren, ist dies für
die vorliegende Arbeit nicht der Fall. Demnach muss diese CRISP-DM-Phase dahingehend modifiziert werden, dass zuerst ein für die Problemstellung und den Anwendungsbezug adäquater Datensatz systematisch beschrieben wird.

Um einen derartigen Datensatz aufzubauen, muss im ersten Methodikschritt das Produktportfolio als das zentrale Objekt dieser Arbeit (vgl. Unterkapitel 2.1) für die Anwendung präskriptiver Datenanalyseverfahren beschrieben werden. Im Fokus steht dabei
die Identifikation von endogenen und exogenen Beschreibungsgrößen des Produktportfolios, sodass das Produktportfolio selbst mittels numerischer Daten beschreibbar ist (vgl.
Abschnitt 4.4.1).

Nachdem das Produktportfolio als das zu steuernde Objekt mittels Daten beschrieben
worden ist, muss im zweiten Methodikschritt die Beschreibung des produktportfoliorelevanten Unternehmenszielsystems erfolgen. Wie jede Steuerungsaufgabe so benötigt
auch die Steuerung des Produktportfolios ein Zielsystem. Im Kontext der Arbeit soll das
Produktportfolio dahingehend gesteuert werden, dass es den langfristigen Unternehmenserfolg sichert. Aus diesem Grund müssen die Unternehmensziele, welche durch das
Produktportfolio in ihrem Zielausmaß beeinflussbar sind, systematisch so beschrieben
und strukturiert werden, dass sie einen Teil des Datensatzes für die Anwendung eines
präskriptiven Datenanalyseverfahrens bilden (vgl. Abschnitt 4.4.2).

Auf Basis des erlangten Datenverständnisses sollen in Methodikschritt drei Potenziale
zur Optimierung des Produktportfolios identifiziert werden. Um derartige Potenziale
abzuleiten, müssen Wirkzusammenhänge zwischen Steuer- und Einflussgrößen des Produktportfolios sowie den produktportfoliorelevanten Unternehmenszielen ermittelt
werden. Dabei dienen die Daten der ersten beiden Methodikschritte als Input, welcher
zunächst entsprechend den Anforderungen maschineller Lernmethoden vorbereitet
werden muss. Im Anschluss bedarf es der Adaption von Methoden des maschinellen
Lernens auf den Kontext der Arbeit und der Modellierung im eigentlichen Sinne. Neben
der Modellierung muss auch die Evaluation[629] der maschinellen Lernmethode Teil des

---

[629] Die hier angesprochene Evaluation bezieht sich auf die Überprüfung der Güte der maschinellen Lernmethode aus theorieorientierter Perspektive und ist von der Evaluation der Praxistauglichkeit (vgl. Kapitel 6) zu
differenzieren.

dritten Methodikschritts sein, sodass nachgelagert die Anwendung erfolgen kann (vgl. Abschnitt 4.4.3).

Im letzten Schritt der Methodik müssen auf Basis der identifizierten Potenziale zur Optimierung des Produktportfolios Handlungsempfehlungen zur Produktportfoliosteuerung abgeleitet werden. Damit nutzt der vierte Methodikschritt die Ergebnisse des dritten Schrittes, sodass hier die Phase ‚Datenvorbereitung' entfallen kann. Entsprechend beinhaltet der vierte Methodikschritt die Phasen ‚Modellierung' und ‚Evaluation' sowie nachgelagert die ‚Anwendung' von maschinellen Lernmethoden. Für eine strategische Steuerung i. S. der Realisierung von Erfolgspotenzialen eines varianten Serienfertigers, bedarf es dabei der Bewertung einzelner Empfehlungen hinsichtlich ihres Ressourcenaufwandes im Unternehmen und der Zeitdauer bis zum Wirksamwerden einzelner Maßnahmen (vgl. Abschnitt 4.4.4).

In den folgenden Abschnitten erfolgt eine kurze Einführung in die inhaltlichen Schwerpunkte der einzelnen Schritte der Methodik.

4.4.1 Datenbasierte Beschreibung des Produktportfolios

Um die Nutzenpotenziale einer Produktportfoliosteuerung mittels präskriptiver Datenanalyseverfahren ganzheitlich zu heben, ist in einem ersten Schritt die Reduktion der Latenz zur Bereitstellung der entscheidungsrelevanten Daten notwendig (vgl. Abbildung 4-2). Realisiert wird dies durch die systematische und datenbasierte Beschreibung des Produktportfolios im ersten Methodikschritt. Das Produktportfolio steht an der Schnittstelle zwischen unternehmensinterner Leistungserstellung und dem Angebot am Markt. Durch diese Schnittstellenposition ergeben sich unterschiedliche Sichten von unternehmensinternen und -externen Akteuren auf das Produktportfolio (vgl. Abbildung 4-6).

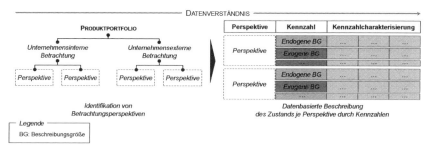

Abbildung 4-6:   Konzept zur systematischen Beschreibung des Produktportfolios

Die erste zentrale Herausforderung dieses Methodikschrittes besteht daher in der Identifikation der verschiedenen Betrachtungsperspektiven auf das Produktportfolio. Dabei muss ein Vorgehen erarbeitet werden, das eine multiple Abbildungslogik des Produktportfolios erlaubt und eine Wiederholbarkeit der Ergebnisse bei unternehmensspezifischer Adaption sicherstellt. Die ermittelten Perspektiven bilden Suchfelder zur Identifikation von Kennzahlen, anhand derer der Zustand des Produktportfolios mittels numerischer Daten beschrieben werden kann. Dabei besteht die zweite Herausforderung in der Erarbeitung einer Systematik zur Beschreibung und Charakterisierung von Kennzahlen, sodass diese zur Identifikation von Optimierungspotenzialen in Methodikschritt drei genutzt werden können. Bezugnehmend auf die Schnittstellenposition des Produktportfolios muss dabei insbesondere zwischen Kennzahlen unterschieden werden, die unmittelbar durch eine Produktportfoliozustandsänderung beeinflusst werden, und solchen Kennzahlen, welche die Marktgegebenheiten und damit die Unternehmensumwelt darstellen. Erstere Ausprägung von Kennzahlen soll im Folgenden **endogene Beschreibungsgröße** genannt werden, die letztere exogene Beschreibungsgröße. **Exogene Beschreibungsgrößen** sind für die weitere Modellierung relevant, jedoch nicht durch die Produktportfoliosteuerung beeinflussbar. Weiterhin muss die Systematik die Struktur des Produktportfolios selbst berücksichtigen (vgl. Abschnitt 2.1.2). Auf Basis der Beschreibungssystematik muss die Güte der Kennzahlen für die Quantifizierung des Produktportfoliozustands in den verschiedenen Perspektiven bestimmt werden. Herausfordernd dabei ist es, einerseits Kennzahlen zu identifizieren, die unabhängig von unternehmensspezifischen Rahmenbedingungen für eine Perspektivenquantifizierung geeignet sind. Andererseits muss auch eine Möglichkeit zur unternehmensspezifischen Kennzahlenauswahl geschaffen werden, um so auf unternehmensspezifische Bedingungen, z. B. in Bezug auf die Datenverfügbarkeit, eingehen zu können. Gelingt dies, so wird der Anwender der Methodik dazu befähigt, je Perspektive aus einer Menge an geeigneten Kennzahlen eine unternehmensspezifische Auswahl zu treffen. Damit wird das Beschreibungsmodell der Anforderung nach Generik und unternehmensspezifischer Anpassbarkeit gerecht.

Auf Basis dieser Ausführungen lässt sich der erste Methodikschritt unter folgender Teilforschungsfrage subsumieren:

> Wie lässt sich das Produktportfolio zur Anwendung von präskriptiven Datenanalyseverfahren beschreiben?

4.4.2   Datenbasierte Beschreibung des produktportfoliorelevanten Unternehmenszielsystems

Eine Steuerungsaufgabe besteht immer aus einem Steuerungsobjekt und einem Zielsystem. Nachdem das Produktportfolio als Steuerungsobjekt beschrieben worden ist, muss das produktportfoliorelevante Unternehmenszielsystem in analoger Weise charakterisiert werden. Damit zielt auch der zweite Methodikschritt auf die Reduktion der Datenlatenz ab und komplettiert die Beschreibung der notwendigen entscheidungsrelevanten Daten für eine Produktportfoliosteuerung mittels präskriptiver Datenanalyseverfahren. Da die Ziele eines Unternehmens hochgradig individuell sind, kann es keine abgeschlossene Liste an Unternehmenszielen geben. Damit besteht die erste Herausforderung darin, ein Vorgehen zu erarbeiten, das es dem Anwender der Methodik erlaubt, unternehmensspezifische Ziele zu identifizieren. Es muss dabei sichergestellt werden, dass Ziele ausgewählt werden, welche die langfristige Steigerung des Unternehmenswertes fokussieren. Zudem müssen diese Ziele durch eine Zustandsänderung des Produktportfolios beeinflussbar sein. Nach der Zielidentifikation müssen Beziehungen und die Rangordnung modelliert werden, sodass Abhängigkeiten zwischen den Zielen i. S. eines Zielsystems abgebildet werden (vgl. Abbildung 4-7).

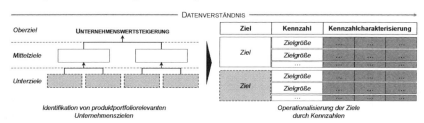

Abbildung 4-7:   Konzept zur systematischen Beschreibung des produktportfoliorelevanten Unternehmenszielsystems

Die zweite zentrale Herausforderung besteht in der Operationalisierung der Ziele mit der Intention, den Zielerreichungsgrad quantifizieren zu können. Auch für die Zieloperationalisierung stellen Kennzahlen Lösungselemente dar. Analog zum ersten Methodikschritt bedarf es dabei einer Systematik, welche die Charakteristika von Zielen und die des Anwendungskontextes berücksichtigt. Dabei muss sichergestellt werden, dass die in Form von Kennzahlen operationalisierten Ziele, sog. **Zielgrößen**, zusammen mit den Beschreibungsgrößen des Produktportfolios (vgl. Abschnitt 4.4.1) zur Identifikation von Optimierungspotenzialen in Methodikschritt drei verwendet werden können (vgl. Abbildung 4-7). Zudem ist es notwendig, diejenigen Kennzahlen zu identifizieren, deren

Manipulation die numerischen Kennzahlenwerte der Zielgrößen beeinflussen. Derartige Kennzahlen sollen im Folgenden als **Steuergrößen** bezeichnet werden. Zusammen mit den exogenen Beschreibungsgrößen des Produktportfolios (vgl. Abschnitt 4.4.1), nachfolgend **Einflussgrößen** genannt, bilden Steuergrößen die Eingangsvariablen des Datensatzes zur Ermittlung von Wirkzusammenhängen zwischen Produktportfolio und Unternehmenszielen ab. Zielgrößen hingegen werden durch Steuergrößen beeinflusst und bilden somit die Ausgangsvariablen.

Aus den dargelegten Schwerpunkten ergibt sich die folgende Fragestellung, die es im Rahmen des zweiten Methodikschritts zu beantworten gilt:

> Wie lässt sich das produktportfoliorelevante Unternehmenszielsystem zur Anwendung von präskriptiven Datenanalyseverfahren beschreiben?

4.4.3 Ermittlung von Wirkzusammenhängen zwischen Produktportfoliosteuergrößen und Unternehmenszielen

Der dritte Methodikschritt adressiert die Reduktion der Analyselatenz, indem anstelle einer reaktiven Produktportfolioanalyse eine Methode des maschinellen Lernens zur Analyse des Produktportfoliozustandes verwendet wird. Das Ziel der Analyse ist die Identifikation von Potenzialen zur Optimierung des Produktportfolios hinsichtlich dessen Konformität mit den produktportfoliorelevanten Unternehmenszielen. Dabei besteht die zentrale Herausforderung darin, die Wirkzusammenhänge zwischen den Steuer- und Einflussgrößen des Produktportfolios, welche als Eingangsvariablen fungieren, sowie den Unternehmenszielgrößen als Ausgangsvariablen zu untersuchen. Die hierfür benötigten Daten wurden in den ersten beiden Methodikschritten ermittelt. Unter Berücksichtigung der Produktportfoliostruktur und der Abhängigkeiten im Produktportfolio müssen die konkreten Analyseprobleme identifiziert und die notwendigen Datensätze entsprechend vorbereitet werden. Aufgrund der Vielzahl an Ausgangsvariablen mit zunächst quantitativ unbestimmten Abhängigkeiten soll zur Ermittlung der Wirkzusammenhänge eine Methode der multivariaten Regression mittels maschinellen Lernens verwendet werden. Wie in Abschnitt 2.4.4 und Abschnitt 3.2.2 erläutert, stellen insbesondere Neuronale Netze einen vielversprechenden Ansatz dar.[630] Für den Kontext der Arbeit sind diese in der Lage, sowohl komplexe nichtlineare Wirkzusammenhänge zwischen Eingangs- und Ausgangsvariablen zu erkennen, als auch Interdependenzen

---

[630] Vgl. Reyes und Ventura (2019), Performing Multi-Target Regression via a Deep Network, S. 7ff.

zwischen Unternehmenszielen zu berücksichtigen. Gegeben der Auswahl von Neuronalen Netzen als Lösungselement, erfolgt innerhalb des Methodikschritts die Modellierung, Evaluation und Anwendung (vgl. Abbildung 4-8).

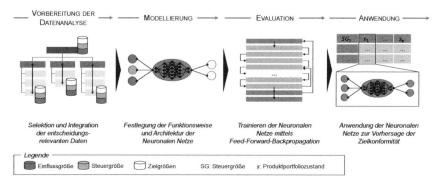

Abbildung 4-8:   **Konzept zur Ermittlung von Wirkzusammenhängen zwischen Steuergrößen des Produktportfolios und Unternehmenszielen**

Bei der Modellierung müssen die Funktionsweise, die Netztopologie und die Informationsverarbeitung in den Neuronen festgelegt werden. Für die Definition der exakten Netztopologie müssen die Netze trainiert und deren Vorhersagegüte bestimmt werden. Anschließend müssen die trainierten Netze zur Vorhersage der Ausprägungen der Zielgrößen angewendet werden. Dabei sollen verschiedene Ausprägungen von Steuer- und Einflussgrößen genutzt werden, um die Konformität unterschiedlicher Produktportfoliozustände bzgl. des Unternehmenszielsystems zu ermitteln. Die Herausforderungen bestehen dabei in der Festlegung der Steuergrößenausprägungen und in der Verrechnung der Zielerreichungsgrade zu einer Gesamtkonformität eines Produktportfoliozustandes bzgl. des Unternehmenszielsystems. Gelingt dies, so ist ein unmittelbarer Vergleich verschiedener Portfoliozustände und damit die Ableitung von Optimierungspotenzialen möglich.

Die folgende Forschungsfrage fasst die Herausforderung des dritten Methodikschritts zusammen:

Wie lassen sich Wirkzusammenhänge zwischen Produktportfoliosteuergrößen und produktportfoliorelevanten Unternehmenszielen ermitteln?

4.4.4 Ableitung datenbasierter Handlungsempfehlungen

Der vierte Methodikschritt zielt auf die Beschleunigung der Entscheidungsfindung des strategischen Managements im Steuerungsprozess und damit auf eine Reduktion der Entscheidungslatenz ab. Dabei besteht die Herausforderung in der Adaption einer Methode des modellbasierten, bestärkenden Lernens auf den Kontext der datenbasierten Produktportfoliosteuerung. Um dieser zu begegnen, muss initial ein Markov-Entscheidungsproblem als die Grundlage derartiger Verfahren des maschinellen Lernens für jedes Analyseproblem modelliert werden (vgl. Abbildung 4-9). Da hierzu die Ergebnisse aus Methodikschritt drei verwendet werden können, ist eine erneute Datensatzbeschreibung nicht notwendig. Zur Berechnung einer optimalen Strategie zur unternehmenszielkonformen Produktportfoliooptimierung und damit zur Lösung des Markov-Entscheidungsproblems ist der Value Iteration Algorithmus nach BELLMANN sinnhaft.[631] Vom Anwendungsgebiet wird zusätzlich gefordert, unternehmensinterne Restriktionen und Charakteristika verschiedener Handlungsempfehlungen zu berücksichtigen. Dabei sind insbesondere die Ressourcenbeanspruchung und die Umsetzungsdauer einzelner Steuerungsmaßnahmen relevant. Anhand der Strategie und unter Berücksichtigung der Restriktionen müssen konkrete Handlungsempfehlungen zur Steuerung des Produktportfolios abgeleitet werden.

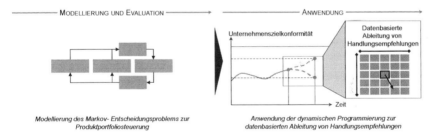

Abbildung 4-9:   Konzept zur Ableitung von Handlungsempfehlungen

Damit muss zur Erarbeitung der Inhalte des vierten Methodikschritts folgende Teilforschungsfrage beantwortet werden:

Wie lassen sich auf Basis der identifizierten Wirkzusammenhänge Handlungsempfehlungen zur unternehmenszielkonformen Steuerung des Produktportfolios datenbasiert ableiten?

---

[631] Vgl. Bellman (1957), A Markovian Decision Process; Bellman (1972), Dynamic Programming.

4.5   Ableitung der zu entwickelnden Artefakte

Das dieser Arbeit zugrunde liegende forschungsmethodische Vorgehen der DSR zielt auf die Lösung realer Probleme durch die Entwicklung von Vorschriften zur Gestaltung und Nutzung von Artefakten ab (vgl. Abschnitt 1.3.2). Diesem Verständnis folgend müssen zur Erarbeitung der Methodik Artefakte aus der Konzeption der Methodik (vgl. Unterkapitel 4.4) abgeleitet werden.

Wie in Abschnitt 4.2.1 ausgeführt, besteht eine Methodik aus einem Verbund von Methoden zur Lösung eines übergeordneten Problems. Dabei sind die einzelnen Methoden, die präskriptive Artefakte im Sinne der DSR darstellen, ihrerseits auf die Erfüllung eines bestimmten Teilziels ausgerichtet und ihre Nutzbarkeit wird im anvisierten Anwendungsbereich beurteilt.[632] Für die vorliegende Arbeit sollen die in Unterkapitel 1.2 definierten Teilziele der Arbeit für die Artefaktableitung herangezogen werden. Der anvisierte Anwendungsbereich der einzelnen Artefakte ist die Produktportfoliosteuerung bei variantenreichen Serienfertigern, welche durch die in Abschnitt 1.1.2 beschriebenen Herausforderungen charakterisiert ist. Demnach muss je Teilziel ein Artefakt in der Ausprägung einer Methode erarbeitet werden. Diese konzeptionell umsetzbaren Anweisungen fokussieren die Realisierung verschiedener Modellarten (vgl. Abschnitt 4.2.2).[633] Die Zuordnung der Schritte aus der Konzeption der Methodik zu den Teilzielen der Arbeit sowie die Ableitung der entsprechenden Artefakte ist in Abbildung 4-10 dargestellt.

Abbildung 4-10:   Ableitung der zu entwickelnden Artefakte

Aus Abbildung 4-10 wird ersichtlich, dass für die Erfüllung des ersten und zweiten Teilziels jeweils eine Methode für den Aufbau eines Beschreibungsmodells notwendig ist.

---

[632] Vgl. Ehrlenspiel und Meerkamm (2017), Integrierte Produktentwicklung, S. 173; Winter und Aier (2016), Design Science Research in Business, S. 479.

[633] Während eine Methode ein Artefakt i. S. einer konzeptionell umsetzbaren Anweisung darstellt, sind Modelle als konzeptionell umgesetztes Artefakt zu verstehen (vgl. Abschnitt 4.2.1).

Für die Identifikation der Optimierungspotenziale des Produktportfolios bedarf es eines Erklärungsmodells. In Konformität mit der Zuordnung von präskriptiven Datenanalyseverfahren zu Modellarten (vgl. Abbildung 4-4), wird die Ableitung datenbasierter Handlungsempfehlungen zur unternehmenszielkonformen Produktportfoliosteuerung durch ein Entscheidungsmodell realisiert.

4.6 Zwischenfazit: Konzeption der Methodik

Das Ziel des Kapitels bestand in der Herleitung des Konzepts der Methodik zur datenbasierten und unternehmenszielkonformen Steuerung des Produktportfolios. In Unterkapitel 4.1 wurde dazu zunächst das Zielbild aufgebaut, an welchem sich die Methodikentwicklung orientiert. Im Einklang zum Zielbild wurden ebenfalls die angestrebten Nutzenpotenziale der Methodik dargestellt.

Anschließend wurden in Unterkapitel 4.2 der Methodikbegriff sowie die formalen Bestandteile einer Methodik erläutert. Neben Methoden, als Bestandteile einer Methodik, wurden i. S. des forschungsmethodischen Vorgehens der DSR auch Modelle als gleichwertige Artefakte definiert. Da Modelle ein elementarer Bestandteil des wissenschaftlichen Erkenntnisprozesses sind, erfolgten anschließend die Darstellung verschiedener Modellarten und ein Vergleich dieser mit Arten von Datenanalyseverfahren.

Nach der Erläuterung einzelner Artefakttypen wurden in Unterkapitel 4.3 inhaltliche und formale Anforderungen an die Methodik definiert. Dabei wurden die inhaltlichen Anforderungen aus der Problemidentifikation und der Zielsetzung, den wissenschaftlichen Grundlagen sowie der Untersuchung wissenschaftlicher Ansätze abgeleitet. Je vorab beschriebenem Artefakttyp wurden formale Anforderungen definiert, welche in der Evaluationsphase (vgl. Kapitel 6) zur formalen Diskussion der in Kapitel 5 zu entwickelnden Artefakte genutzt werden sollen.

Aufbauend darauf wurde in Unterkapitel 4.4 das Konzept der Methodik dargestellt. In einem ersten Schritt muss das Produktportfolio anhand von Beschreibungsgrößen erfasst werden. Der zweite Schritt umfasst die datenbasierte Beschreibung des produktportfoliorelevanten Unternehmenszielsystems. Die Ergebnisse aus den ersten beiden Schritten werden im dritten Schritt zur Ermittlung von Potenzialen zur Optimierung des Produktportfolios durch die Anwendung von maschinellen Lernverfahren genutzt. Auf Basis der ermittelten Potenziale erfolgt die Ableitung von Handlungsempfehlungen zur unternehmenszielkonformen Produktportfoliosteuerung.

In Unterkapitel 4.5 wurden im Sinne der DSR aus den Teilzielen der Arbeit und den Schritten des Methodikkonzepts die zu entwickelnden Artefakte abgeleitet. Die Detaillierung der Artefakte erfolgt in Kapitel 5.

5 Detaillierung der Methodik zur datenbasierten Produktportfoliosteuerung

In Kapitel 4 wurden die notwendigen Schritte zur Erarbeitung der *Methodik zur daten-basierten Produktportfoliosteuerung mittels präskriptiver Datenanalyseverfahren* beschrieben und die entsprechenden Artefakte abgeleitet. Ziel des fünften Kapitels ist die Ausgestaltung der Methodikschritte und damit die Erarbeitung der einzelnen Artefakte. Abbildung 5-1 stellt die Methodikschritte zusammenfassend dar.

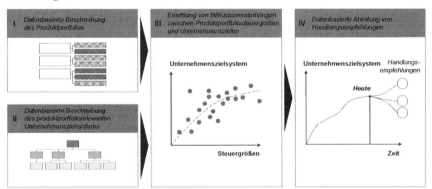

Abbildung 5-1:   Übersicht der Schritte der Methodik zur datenbasierten Produktport-foliosteuerung

Im ersten Schritt wird das Produktportfolio als das zentrale Steuerungsobjekt dieser Arbeit so beschrieben, dass eine Anwendung von präskriptiven Datenanalyseverfahren möglich ist (vgl. Unterkapitel 5.1). Dazu werden anhand eines Ordnungsrahmens verschiedene Beschreibungsperspektiven identifiziert. Um den Zustand des Produktportfolios in den Perspektiven zu quantifizieren, werden Kennzahlen herangezogen. Mit der gleichen Zielsetzung, der Anwendung präskriptiver Datenanalyseverfahren, umfasst der zweite Schritt die Beschreibung des produktportfoliorelevanten Unternehmenszielsystems[634] (vgl. Unterkapitel 5.2). Auf Basis des beschriebenen Steuerungsobjektes sowie des Unternehmenszielsystems erfolgt im dritten Schritt die Ermittlung der Wirkzusammenhänge zwischen denselben mittels maschinellen Lernens (vgl. Unterkapitel 5.3). Zur Modellierung werden dabei Neuronale Netze als Sonderform des maschinellen Lernens verwendet. Ziel dieses Schrittes ist die Identifikation von Optimierungspotenzialen am Produktportfolio durch den Abgleich zwischen dem beschriebenen Produktportfolio im Ist-Zustand und dem produktportfoliorelevanten Unternehmenszielsystem. Auf Basis dieser Potenziale erfolgt im vierten Schritt die Ableitung von Handlungsempfehlungen zur unternehmenszielkonformen Produktportfoliosteuerung (vgl. Unterkapitel 5.4). Die dazu verwendete dynamische Programmierung berücksichtigt sowohl unternehmensinterne Restriktionen als auch Auswirkungen einzelner Steuerungsmaßnahmen. Das Kapitel schließt mit einem Zwischenfazit zur Artefaktentwicklung (vgl. Unterkapitel 5.5).

5.1 Datenbasierte Beschreibung des Produktportfolios

Das Ziel des ersten Schritts der Methodik zur Produktportfoliosteuerung mittels präskriptiver Datenanalyseverfahren besteht darin, das Produktportfolio so zu beschreiben, dass die Anwendung von präskriptiven Datenanalyseverfahren im weiteren Verlauf möglich ist. Demnach gilt es, die folgende Teilforschungsfrage zu beantworten:

> Wie lässt sich das Produktportfolio zur Anwendung von präskriptiven Datenanalyseverfahren beschreiben?

Zur Beantwortung der Teilforschungsfrage wird ein Beschreibungsmodell des Produktportfolios erarbeitet. Ziel des Modells ist es, auf Basis von Kennzahlen in den Ausprägungen von endogenen und exogenen Beschreibungsgrößen den Zustand des Produktportfolios anhand numerischer Daten abzubilden. Die Modellerarbeitung lehnt sich an das im CRISP-DM-Modell definierte Vorgehen zur Erlangung des notwendigen Datenverständnisses an (vgl. Abbildung 5-2).[635]

---

[634] Sofern nicht anders expliziert, wird im Folgenden unter ‚Unternehmenszielsystem' immer das ‚produktportfoliorelevante Unternehmenszielsystem' verstanden.

[635] Vgl. Chapman et al. (2000), CRISP-DM 1.0, S. 43ff.

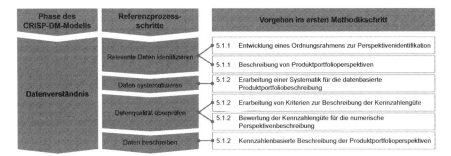

Phase des CRISP-DM-Modells	Referenzprozessschritte	Vorgehen im ersten Methodikschritt
		5.1.1 Entwicklung eines Ordnungsrahmens zur Perspektivenidentifikation
	Relevante Daten identifizieren	5.1.1 Beschreibung von Produktportfolioperspektiven
Datenverständnis	Daten systematisieren	5.1.2 Erarbeitung einer Systematik für die datenbasierte Produktportfoliobeschreibung
	Datenqualität überprüfen	5.1.2 Erarbeitung von Kriterien zur Beschreibung der Kennzahlengüte
		5.1.2 Bewertung der Kennzahlengüte für die numerische Perspektivenbeschreibung
	Daten beschreiben	5.1.2 Kennzahlenbasierte Beschreibung der Produktportfolioperspektiven

Abbildung 5-2:   Vorgehen zur Entwicklung des Beschreibungsmodells für das Produktportfolio

Um ein derartiges Modell aufzubauen, muss der Sonderstellung des Produktportfolios variantenreicher Serienfertiger an der Schnittstelle zwischen unternehmensinterner Leistungserbringung und der Unternehmensumwelt (vgl. Abschnitt 2.1.1) Rechnung getragen werden. Aus diesem Grund sollen anhand eines Ordnungsrahmens Betrachtungsperspektiven auf das Produktportfolio identifiziert werden (vgl. Abschnitt 5.1.1). Diese Perspektiven stellen zum einen eine hinreichende Holistik in der Beschreibung sicher und bilden zum anderen die Suchfelder für die Identifikation von Kennzahlen. Damit ist eine perspektivenspezifische Beschreibung des Produktportfolios anhand von numerischen Daten sichergestellt (vgl. Abschnitt 5.1.2). Das Ergebnis des ersten Methodikschritts besteht in der Beschreibung des Produktportfolios anhand eines strukturierten numerischen Datensatzes, der Eingangsgröße für die Methodikschritte zwei und drei ist (vgl. Unterkapitel 5.2 und Unterkapitel 5.3).

5.1.1   Identifikation von Beschreibungsperspektiven eines Produktportfolios

Im Sinne des dieser Arbeit zugrundeliegenden Modellverständnisses wird mithilfe von Beschreibungsperspektiven eine multiple Abbildungslogik des Produktportfoliozustandes generiert. Obgleich diese Logik auf eine holistische Produktportfoliobetrachtung abzielt, bleiben Verkürzungsmerkmal und pragmatisches Merkmal (vgl. Abschnitt 4.2.2) eines Beschreibungsmodells gewahrt, sodass das zu entwickelnde Modell keinen Anspruch auf Vollständigkeit erhebt. Vielmehr soll in Konformität mit dem pragmatischen Merkmal eines Modells der nachfolgend vorgestellte Ordnungsrahmen den Anwender der Methodik zur Identifikation unternehmensspezifisch relevanter Beschreibungsperspektiven befähigen.

Entwicklung eines Ordnungsrahmens zur Perspektivenidentifikation

Zur Identifikation von Beschreibungsperspektiven eines Produktportfolios soll ein Ordnungsrahmen definiert werden, der entlang von vier Ebenen strukturiert ist: Sphären, Segmente, Sichten und Perspektiven (vgl. Abbildung 5-3). Die Ebenen I-III stellen reine Gliederungsebenen zur Ableitung und Einordnung der Perspektiven dar. Durch die hierarchische Ordnung dieser Ebenen wird der Betrachtungsbereich zur Perspektivenidentifikation zunehmend von der ersten zur dritten Ebene spezifiziert. Auf der Ebene IV wird das Ergebnis des Methodenschritts selbst in Form der Beschreibungsperspektiven abgebildet.

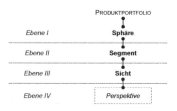

Abbildung 5-3:   Strukturierungsebenen des Ordnungsrahmens

Auf der ersten Ebene wird abgebildet, aus welchen **Sphären** das Unternehmen und damit auch das Produktportfolio betrachtet wird. Das Produktportfolio ist das Ergebnis der unternehmensinternen Leistungserstellung und wird zur Sicherung der Wettbewerbsfähigkeit des Unternehmens am Absatzmarkt angeboten (vgl. Abschnitt 2.1.1). Um dieser Schnittstellenposition des Produktportfolios gerecht zu werden, sollen einhergehend mit den Ausführungen in Abschnitt 2.1.3 unternehmensinterne Perspektiven in der *Sphäre des Unternehmens* und unternehmensexterne Perspektiven in der *Sphäre der Mikroumwelt* verortet werden. Dabei werden in der Mikroumwelt alle unmittelbaren Austauschbeziehungen zwischen Unternehmensaktivitäten und externen Transaktionspartnern repräsentiert.[636] Makroökonomische Faktoren beeinflussen entsprechend die Mikroumwelt und werden so über diese auch implizit betrachtet.

Zur Spezifikation der Sphäre der Mikroumwelt wird diese auf der zweiten Ebene in **Segmente** unterteilt. Zur Initiierung der internen Leistungserstellung muss das Unternehmen Ressourcen vom *Segment des Beschaffungsmarkts* einsetzen. Durch den Ressourceneinsatz wird das Produktportfolio erstellt und kann auf dem *Segment des Absatzmarkts* zum Kauf angeboten werden. Für einen erfolgreichen Absatz muss das *Segment des Wettbewerbs* bekannt sein und in der Produktportfoliosteuerung berücksichtigt

---

[636] Vgl. Meffert et al. (2019), Marketing, S. 48.

werden. Zudem stellt das *Segment der Öffentlichkeit* einen relevanten Teil der Mikroumwelt eines Unternehmens dar. Insbesondere relevant sind dabei die durch die Öffentlichkeit definierten Regeln, die für alle Unternehmen im Austausch mit der Mikroumwelt gelten. Durch die Bildung von Segmenten wird die heterogene Mikroumwelt in homogene Betrachtungsumfänge mit ähnlichen Rahmenbedingungen eingeteilt. Für die Sphäre des Unternehmens wird unterstellt, dass zur Erzielung eines globalen Optimums für das Unternehmen aufeinander abgestimmte Ziele und Restriktionen über alle Unternehmensbereiche gelten. Folglich ist eine Differenzierung des Unternehmens in Segmente wie bei der Mikroumwelt nicht notwendig und entfällt.

Auf der dritten Ebene wird die Beschreibung des Produktportfolios in den einzelnen Segmenten der Mikroumwelt und des Unternehmens in Sichten konkretisiert. Im Segment des Beschaffungsmarktes ist für die Beschaffung finanzieller Ressourcen eine Betrachtung des Produktportfolios aus *Sicht der Eigenkapitalgeber* relevant. Hinsichtlich der Beschaffung von materiellen und immateriellen Ressourcen sowie von Humankapital müssen die *Sicht der Lieferanten* und die *Sicht der Stellenbewerber* auf das Produktportfolio betrachtet werden.[637] Auf dem Absatzmarkt sind es die Käufer, welche die relevanten Akteure darstellen, weshalb die *Sicht der Kunden* auf das Produktportfolio zu berücksichtigen ist. Im Segment des Wettbewerbs haben die Produkte und das Verhalten der Konkurrenten direkten Einfluss auf die Produktportfoliosteuerung. Daher ist die *Sicht der Konkurrenten* für die Perspektivenidentifikation erforderlich. Aus der *Sicht des Staates* auf das Produktportfolio sollen Perspektiven berücksichtigt werden, in denen gesetzlichen Vorgaben, wie z. B. Einhaltung von Normen und Emissionswerten, zur Produktportfoliosteuerung und zum Absatz desselben definiert werden. Zur Identifikation relevanter Sichten auf das Produktportfolio in der Sphäre des Unternehmens soll der technologische und betriebswirtschaftliche Produktlebenszyklus herangezogen werden (vgl. Abschnitt 2.1.1). Da der betriebswirtschaftliche Produktlebenszyklus dem Technologielebenszyklus folgt, muss zur Überprüfung der Zukunftsfähigkeit des Produktportfolios die *Sicht der Technologie* Teil der Beschreibung sein. Weil Technologien jedoch erst als Teil von Produkten wertvoll sind, muss auch die *Sicht des Produkts* als das kleinste Element des Produktportfolios berücksichtigt werden. Der Erfolg jedes Produkts wird entlang des betriebswirtschaftlichen Produktlebenszyklus sichtbar und steht in Form von finanziellen Ressourcen dem strategischen Management für die Produktportfoliosteuerung zur Verfügung. Demnach muss auch die *Sicht der Ressourcen* im Un-

---

[637] Vgl. Meffert et al. (2019), Marketing, S. 48ff.; Berchtold (1990), Strategische Unternehmungsplanung, S. 41ff.

ternehmen bei der Identifikation von Produktportfolioperspektiven berücksichtigt werden. Der hergeleitete Ordnungsrahmen ist zusammenfassend in Abbildung 5-4 visualisiert.

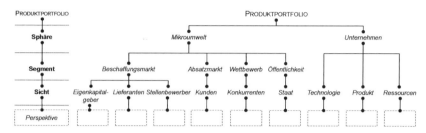

Abbildung 5-4:   Ordnungsrahmen zur Identifikation von Beschreibungsperspektiven des Produktportfolios

Entlang der einzelnen Sichten lassen sich auf der vierten Ebene die **Perspektiven** und damit das Ergebnis des ersten Methodenschritts identifizieren. Während mithilfe der Sichten die für die Produktportfoliosteuerung relevanten Teilnehmer der Mikroumwelt bzw. Faktoren der internen Leistungserstellung beschrieben wurden, wird in Perspektiven festgehalten, welche unterschiedlichen Interessen je Sicht am Produktportfolio existieren. Die Perspektivenidentifikation erfolgt auf Basis einer umfassenden Analyse der wissenschaftlichen Literatur. Sukzessive werden die Perspektiven aus den Quellen extrahiert und dahingehend geprüft, ob sie sich zu einer bereits identifizierten Perspektive zuordnen lassen oder nicht. Dieser Arbeitsschritt wird so lange wiederholt, bis Konvergenz in der Anzahl an Perspektiven in Abhängigkeit von der analysierten Quellenanzahl eintritt.[638] Eine Verwendung dieses Abbruchkriteriums impliziert, dass durch die Analyse weiterer Quellen keine neuen Perspektiven identifiziert werden und damit die Grundgesamtheit an Perspektiven hinreichend groß ist. Insgesamt wurden 56 Perspektiven über alle Sichten hinweg identifiziert. Diese Perspektiven wurden in einer Liste gesammelt und hinsichtlich deren Übereinstimmung mit dem Objekt- und Zielbereich (vgl. Unterkapitel 3.1) sowie den inhaltlichen Anforderungen der Arbeit (vgl. Abschnitt 4.3.1) überprüft (vgl. Tabelle A-3 und Tabelle A-4 in Anhang A.2). Perspektiven, die keine hinreiche Übereinstimmung zeigten, werden im Weiteren nicht mehr betrachtet. Exemplarisch soll hier auf die in Abschnitt 2.2.3 getroffene Einschränkung verwiesen werden, wonach Perspektiven, die die Gestaltung einzelner Produkte fokussieren, nicht relevant für die vorliegende Arbeit sind. Liegt eine sachlogische Übereinstimmung zwischen Perspektiven vor, werden diese zu einer Perspektive zusammengefasst.

---

[638] Vgl. Vogels (2015), Controlling von Produktbaukästen, S. 133.

Durch diese Perspektivenkonsolidierung wird den formalen Modellanforderungen (vgl. Abschnitt 4.3.2) Rechnung getragen. Die als relevant identifizierten Perspektiven werden im Folgenden entlang der Sichten in alphabetischer Sortierung beschrieben.

Beschreibung des Produktportfolios aus Sicht der Eigenkapitalgeber

Als Akteure auf dem Beschaffungsmarkt stellen Eigenkapitalgeber dem Unternehmen finanzielle Ressourcen zur Verfügung und werden so Stakeholder des Unternehmens. Durch die Steuerung des Produktportfolios soll das Ziel der Eigenkapitalgeber, die Steigerung der Kapitalrendite, ermöglicht werden.[639] Auf Basis der Literaturanalyse wurden zwei Perspektiven aus Sicht der Eigenkapitalgeber identifiziert (vgl. Tabelle A-3 in Anhang A.2), die in der Investitionsprofitabilitätsperspektive subsumiert wurden.

Investitionsprofitabilitätsperspektive. Bezieht ein Unternehmen zur Leistungserstellung Ressourcen aus seiner Mikroumwelt, so werden die Individualziele der Ressourcengeber Teil des Zielsystems des Unternehmens (vgl. Abschnitt 2.2.2). Mit der Überlassung finanzieller Ressourcen wird somit das Ziel der Eigenkapitalgeber, die Steigerung des Unternehmenswerts, auch ein Ziel des unternehmerischen Handelns und findet Berücksichtigung in der Investitionsprofitabilitätsperspektive. Mit dem Begriff ‚Unternehmenswert' ist dabei der finanzielle Wert des Unternehmens gemeint, der häufig als Kapitalrendite in Relation zum eingesetzten Kapitel ausgedrückt wird.[640] Für die vorliegende Arbeit wird unterstellt, dass Eigenkapitalgeber an der nachhaltigen Unternehmensexistenzsicherung interessiert sind, weshalb neben der Umsatz- und Kostenstruktur in dieser Perspektive auch langfristige finanzielle Ziele berücksichtigt werden (vgl. Abschnitt 2.2.1).

Beschreibung des Produktportfolios aus Sicht der Kunden

Das Produktportfolio eines jeden Unternehmens wird den Kunden am Absatzmarkt zum Kauf angeboten. Damit ist die Sicht der Kunden auf das Produktportfolio essenziell für eine erfolgreiche Produktportfoliosteuerung. Die Gesamtheit der 13 Perspektiven aus Kundensicht ist in Tabelle A-3 in Anhang A.2 zu finden. Aus dieser Grundgesamtheit wurden sieben Perspektiven als relevant identifiziert und als Kundenanforderungs- und Kundenloyalitätsperspektive zusammengefasst.

---

[639] Vgl. Wicharz (2018), Strategie: Ausrichtung von Unternehmen, S. 26.
[640] Vgl. Hungenberg (2014), Strategisches Management in Unternehmen, S. 145.

Kundenanforderungsperspektive. Mit der Ausgestaltung des Produktportfolios sollen die Kundenanforderungen bestmöglich befriedigt werden. Als kaufrelevante Anforderungen aus Kundensicht werden oftmals Qualität und Kosten angeführt.[641] Neben der Ausprägung ist auch die Anzahl der Anforderungen, deren Homogenität sowie deren Dynamik relevant für die Produktportfoliosteuerung.[642] So muss bspw. das Produktportfolio in einem hochdynamischen Kundenumfeld kurzzyklischer gesteuert werden.

Kundenloyalitätsperspektive. Durch den Erwerb von Leistungen streben Kunden eine Bedürfnisbefriedigung an. Mit der Kundenzufriedenheit soll die Übereinstimmung der subjektiven Erwartung des Kunden mit der tatsächlichen Produkterfahrung ausgedrückt werden. Stimmen die subjektiven Erwartungen mit der tatsächlichen Produkterfahrung überein, ist der Kunde zufrieden.[643] Eine hohe Kundenzufriedenheit wirkt sich positiv auf die Loyalität der Kunden gegenüber dem Unternehmen und auf die Sensibilität hinsichtlich Preisänderungen aus.[644] Dabei wird unter der *Loyalität der Kunden* deren Wiederkaufverhalten, die Bereitschaft zu Zusatzkäufen und die Bereitschaft, die Produkte einem anderen Nachfrager weiter zu empfehlen, verstanden.[645]

Beschreibung des Produktportfolios aus Sicht der Konkurrenten

Um das Produktportfolio erfolgreich am Absatzmarkt anzubieten, muss der entsprechende Markt charakterisiert und das Produktportfolio der Konkurrenten analysiert werden. Insgesamt wurden elf Perspektiven zur Beschreibung des Wettbewerbsumfeldes identifiziert (vgl. Tabelle A-3 in Anhang A.2) und zu einer Wettbewerbsprodukt- sowie einer Wettbewerbscharakteristikperspektive aggregiert.

Wettbewerbsproduktperspektive. In der Wettbewerbsproduktperspektive wird die Kenntnis des Unternehmens über substitutive Produkte am Markt zusammengefasst. Dabei werden sowohl die Bedürfnisse der Kunden, die diese Produkte nachfragen, als auch das Verhalten der Konkurrenten, welche die Produkte anbieten, betrachtet.[646]

Wettbewerbscharakteristikperspektive. Neben der Beschreibung konkurrierender Produkte bedarf es ebenfalls der Charakterisierung der Wettbewerber selbst. Dabei lässt sich das Wettbewerbsumfeld anhand der Marktkomplexität und damit der Anzahl an Akteuren und deren Beziehungen zueinander beschreiben. Je höher die Komplexität, desto

---

[641] Vgl. Homburg (2017), Marketingmanagement, S. 154.
[642] Vgl. Kleissl (2004), Gestaltung von Produktordnungssystemen, S. 66ff.
[643] Vgl. Meffert et al. (2019), Marketing, S. 112.
[644] Vgl. Homburg (2017), Marketingmanagement, S. 45f.
[645] Vgl. Homburg (2017), Marketingmanagement, S. 46.
[646] Vgl. Hungenberg (2014), Strategisches Management in Unternehmen, S. 96; Porter (2008), The five competitive forces, 85.

schwieriger wird die Produktportfoliosteuerung. Ebenso bedingt eine hohe Marktdynamik, die sich u. a. in kurzfristig wechselnden Rahmenbedingungen zeigt, das häufige Überprüfen der Produktportfoliozusammensetzung.[647] Zur Beschreibung der Relevanz des Marktes für Produktportfolioumfänge werden in der Wettbewerbscharakteristik auch der Marktlebenszyklus und das Marktpotenzial berücksichtigt.[648]

Beschreibung des Produktportfolios aus Sicht des Staates

Als Akteur in der Mikroumwelt eines Unternehmens werden durch den Staat Regularien vorgegeben, die sowohl auf die Ausgestaltung des Produktportfolios wirken als auch die Interaktion des Unternehmens mit der Mikroumwelt definieren. Tabelle A-3 in Anhang A.2 stellt die beiden identifizierten Perspektiven aus Staatssicht dar, die in der Gesetzesperspektive subsumiert wurden.

Gesetzesperspektive. In der Gesetzesperspektive werden jegliche Normen, Richtlinien und Gesetze zusammengefasst, die bei der Ausgestaltung des Produktportfolios und der Interaktion des Unternehmens mit den Akteuren der Mikroumwelt relevant sind. Dazu zählen u. a. Umwelt-, Patent- und Sicherheitsvorgaben.[649]

Beschreibung des Produktportfolios aus Sicht der Technologie

In der Sphäre des Unternehmens wurden aus Technologiesicht insgesamt drei Perspektiven in der Literaturrecherche identifiziert (vgl. Tabelle A-4 in Anhang A.2) und in der Innovations- und Technologiedynamikperspektive zusammengefasst.

Innovationsperspektive. Die Innovationsperspektive beschreibt die Fähigkeit eines Unternehmens, auf Basis neuer Technologien bestehende Produkte zu verbessern oder innovative Produkte zu entwickeln und in das Produktportfolio zu integrieren (vgl. Abschnitt 2.2.3). Ziel dabei ist es, bisher nicht erfüllte Kundenanforderungen zu befriedigen.[650]

Technologiedynamikperspektive. In der Technologiedynamikperspektive werden Komplexität und Dynamik von Technologien berücksichtigt, da diese Einfluss auf den Pro-

---

[647] Vgl. Amelingmeyer (2009), Gestaltungsfelder eines integrierten Produktportfoliomanagements, S. 17.
[648] Vgl. Aumayr (2016), Erfolgreiches Produktmanagement, S. 264; Meffert et al. (2019), Marketing, S. 56.
[649] Vgl. Ehrlenspiel und Meerkamm (2017), Integrierte Produktentwicklung, S. 36; Feldhusen et al. (2013), Die PEP-begleitenden Prozesse, S. 170.
[650] Vgl. Hungenberg (2014), Strategisches Management in Unternehmen, S. 138; Meffert et al. (2019), Marketing, S. 321.

duktlebenszyklus haben und durch Technologiekonvergenz auch die Produktportfoliozusammensetzung beeinflussen können.[651] Zudem ist die Betrachtung des Technologielebenszyklus in der Perspektive enthalten. Durch Lebenszyklusverkürzungen ist es möglich, Produktportfoliosteuerungsmaßnahmen schneller zu realisieren.[652]

Beschreibung des Produktportfolios aus Sicht des Produkts

Das Produktportfolio stellt die Gesamtheit aller am Absatzmarkt angebotenen Produkte dar (vgl. Abschnitt 2.1.1). Aus diesem Grund ist eine Produktportfoliobeschreibung aus Produktsicht unerlässlich. Die in der Literaturanalyse identifizierten neun relevanten Perspektiven (vgl. Tabelle A-4 in Anhang A.2) wurden in der Produktportfolioabhängigkeits- und der Produktportfoliostrukturperspektive zusammengefasst.

Produktportfolioabhängigkeitsperspektive. In der Produktportfolioabhängigkeitsperspektive soll die interne Komplexität des Produktportfolios beschrieben werden. Darunter sind jegliche Abhängigkeiten bzw. Kommunalitäten (vgl. Abschnitt 2.1.2) zwischen den Produkten des Produktportfolios sowie die Vielfalt aus unternehmensinterner Betrachtung zu verstehen.[653] Dies inkludiert die Beschreibung von Konzepten zur produktportfolioweiten Standardisierung, Normierung oder Modularisierung.[654]

Produktportfoliostrukturperspektive. Die Beschreibung der Vielfalt des Produktportfolios aus unternehmensexterner Sicht erfolgt in der Produktportfoliostrukturperspektive.[655] Dabei werden anhand der Struktur des Produktportfolios die für die Kunden differenzierbaren Produktportfolioelemente beschrieben. Zudem sollen auch Abhängigkeiten zwischen Produktportfolioelementen in der externen Dimension, z. B. nachfrageorientierte Abhängigkeiten, betrachtet werden (vgl. Abschnitt 2.1.2).

Beschreibung des Produktportfolios aus Sicht der Ressourcen

Mit dem Ziel, den Unternehmenserfolg langfristig zu sichern, müssen die dem Unternehmen zur Verfügung stehenden Ressourcen optimal auf die einzelnen Bereiche des Produktportfolios verteilt werden. Eine optimale Verteilung setzt zum einen Kenntnis über den Ressourcenverzehr und die Ressourcengenerierung i. S. einer Profitabilität der einzelnen Bereiche des Produktportfolios voraus. Zum anderen muss die Ressourcenverteilung im Abgleich mit der Risikobereitschaft des Unternehmens geschehen. Die Ge-

---

[651] Vgl. Amelingmeyer (2009), Gestaltungsfelder eines integrierten Produktportfoliomanagements, S. 17.

[652] Vgl. Nilles (2001), Effiziente Gestaltung von Produktordnungssystemen, S. 78f.

[653] Vgl. Otten et al. (2015), Towards decision analytics in product portfolio management, S. 500; Neis (2015), Analyse der Produktportfoliokomplexität, S. 24f.

[654] Vgl. Neis (2015), Analyse der Produktportfoliokomplexität, S. 7.

[655] Vgl. Schuh und Riesener (2017), Produktkomplexität managen, S. 81ff.

samtheit der neun identifizierten Perspektiven aus Ressourcensicht ist in Tabelle A-4 in Anhang A.2 zu finden. Relevante Perspektiven wurde in der Produktprofitabilitäts- und der Ressourcenverteilungsperspektive zusammengefasst.

Produktprofitabilitätsperspektive. In der Produktprofitabilitätsperspektive erfolgt die Beschreibung des finanziellen Erfolgs von Produkten. Die Profitabilitätsbeschreibung ist insbesondere für eine Einordnung des Produkts in dessen Lebenszyklus notwendig.[656] Diese Positionsbestimmung kann genutzt werden, um auf Basis der aktuellen und zukünftigen Ressourcenerzeugung, die Wertigkeit einzelner Elemente zu bestimmen und entsprechend rechtzeitig Steuerungsmaßnahmen einzuleiten.[657]

Ressourcenverteilungsperspektive. Neben der Profitabilitätsbeschreibung einzelner Produktportfolioelemente muss auch ein relativer Vergleich zwischen denselben erfolgen, um zur Verfügung stehende Ressourcen optimal zu verteilen. Bei der Verteilung wird auch die Risikoeinstellung des Unternehmens, z. B. Aufbau neuer Geschäftsfelder, berücksichtigt.[658] Implizit inkludiert diese Perspektive damit auch eine Beschreibung über die Verteilung von Ressourcen zum Kompetenz- bzw. Wissensaufbau und bildet damit einen Übergang in die F&E-Portfolioplanung (vgl. Abschnitt 2.2.4).[659]

Während in jeder der zwölf vorgestellten Perspektiven ein konkreter Steuerungsaspekt des Produktportfolios beschrieben wird, kann ein ganzheitlicher Blick auf das Beschreibungsobjekt ‚Produktportfolio' durch eine Multiperspektivenbetrachtung realisiert werden. Die dafür notwendigen Perspektiven sind in Abbildung 5-5 zusammengefasst dargestellt.

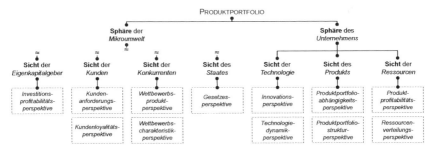

Abbildung 5-5:   Beschreibungsperspektiven eines Produktportfolios

---

[656] Vgl. Tolonen et al. (2015), Product portfolio management, S. 470.

[657] Vgl. Seifert et al. (2016), Dynamic product portfolio management, S. 74.

[658] Vgl. Pepels (2013), Produktmanagement, S. 563.

[659] Vgl. Duncker und Schütte (2018), Trendbasiertes Innovationsmanagement, S. 44.

Um den Zustand des Produktportfolios in den beschriebenen Perspektiven mittels präskriptiver Datenanalyseverfahren zu bewerten, muss die qualitative Perspektivenbeschreibung in eine Beschreibung mittels numerischer Daten überführt werden.

5.1.2   Quantifizierung des Produktportfoliozustands

Unter Berücksichtigung der Einordnung des Methodikschritts in das CRISP-DM-Modell
und der damit verbundenen Zielsetzung bestehen folgende Anforderungen an eine datenbasierte Beschreibung des Produktportfolios:

1. Um den Einsatz präskriptiver Datenanalyseverfahren zu ermöglichen, muss
    das Modellierungsergebnis die systematische Beschreibung durch numerische
    Daten sein.
2. Das Modell muss diejenigen Daten, die sich durch Steuerungsmaßnahmen
    beeinflussen lassen von denjenigen unterscheiden, welche nicht unmittelbar
    durch die Steuerungsmaßnamen manipuliert werden können.
3. Das Modell muss eine Strukturierung der Daten entlang einzelner Beschrei-
    bungsperspektiven (vgl. Abschnitt 5.1.1) und Entscheidungsebenen der Pro-
    duktportfoliosteuerung (vgl. Abschnitt 2.2.3) erlauben. So kann je Steue-
    rungsaufgabe der relevante Datensatz identifiziert werden.
4. Das Modell muss die Qualität der Daten zur Quantifizierung der Perspektiven
    beschreibbar machen.

Zur Anforderungserfüllung wird im Folgenden eine Systematik für die datenbasierte
Produktportfoliobeschreibung erarbeitet.

Erarbeitung einer Systematik für die datenbasierte Produktportfoliobeschreibung

Um die erste Anforderung zu erfüllen, soll die Erarbeitung der Beschreibungssystematik
auf der Definition des Datenbegriffs basieren (vgl. Abschnitt 2.3.1). Demnach werden
Daten durch Variablenwerte repräsentiert und stellen Fakten in Bezug auf externe Objekte dar. Für die vorliegende Arbeit stellt der Zustand des Produktportfolios das *externe
Objekt* dar, das es zu beschreiben gilt. Die zur Produktportfoliozustandsbeschreibung
notwendigen *Daten* sind für die vorliegende Arbeit als numerische Variablenwerte zu
spezifizieren. Als *Fakten* werden die numerischen Variablenwerte bezeichnet, die den
Mittelpunkt der Datenanalyse und damit Informationen in Bezug auf das externe Objekt

bilden.[660] Synonym für den Begriff ‚Fakten' wird auch der Begriff ‚Kennzahl' und ‚Kennzahlensystem' (vgl. Abschnitt 2.2.2) verwendet.[661] Damit einhergehend soll im Folgenden der Begriff ‚Kennzahl' durchgängig verwendet und wie folgt verstanden werden:

> Kennzahlen sind numerische Daten, die in Bezug auf die Beschreibung des Produktportfoliozustandes relevante Informationen darstellen und anhand von Kennzahleneigenschaften charakterisiert werden.

Im Hinblick auf die zweite Anforderung an das datenbasierte Modell sollen zwei unterschiedliche Kennzahlklassen differenziert werden: endogene Beschreibungsgrößen und exogene Beschreibungsgrößen. Dabei werden endogene Beschreibungsgrößen wie folgt definiert:

> Endogene Beschreibungsgrößen stehen in Wechselwirkung mit dem Zustand des Produktportfolios und sind unmittelbar durch das Unternehmen beeinflussbar.

Von endogenen Beschreibungsgrößen sind Kennzahlen der Klasse ‚exogene Beschreibungsgröße' wie folgt zu unterscheiden:

> Exogene Beschreibungsgrößen haben einen Einfluss auf den Zustand des Produktportfolios und sind nicht unmittelbar durch das Unternehmen beeinflussbar.

Im Kontext der Zielsetzung der Arbeit (vgl. Unterkapitel 1.2) muss sowohl der Ist-Zustand des Produktportfolios als auch der Soll-Zustand beschrieben werden, um Steuerungsmaßnahmen einzuleiten. Dabei werden durch exogene Beschreibungsgrößen relevante Rahmenbedingungen der Steuerungssituation beschrieben. Derartige Rahmenbedingungen, z. B. Marktvolumen, sind nicht oder nur mit einem hohen Ressourcenaufwand durch das Unternehmen im Rahmen der Produktportfoliosteuerung veränderbar. Abzugrenzen davon sind endogene Beschreibungsgrößen, deren Kennzahlenwerte durch die Produktportfoliosteuerung beeinflusst werden. Die beiden Kennzahlenklasen finden über alle identifizierten Produktportfoliobeschreibungsperspektiven (vgl. Abschnitt 5.1.1) hinweg Anwendung.

Um die dritte Modellanforderung zu erfüllen, sollen die Kennzahlen in Anlehnung an die Ausführungen in Abschnitt 2.2.2 anhand der Eigenschaften ‚Kennzahlenklasse', ‚Strukturebene', ‚Skalierung' und ‚Berechnung' charakterisiert werden (vgl. Abbil-

[660] Vgl. Kemper et al. (2010), Business Intelligence, S. 66; Tönnes (2021), Datenbasierte Informationsmodelle zur explorativen Analyse, S. 162.

[661] Vgl. Kemper et al. (2010), Business Intelligence, S. 66; Strauch (2002), Informationsbedarfsanalyse im Data Warehousing, S. 213f.; Schelp (2000), Modellierung mehrdimensionaler Datenstrukturen, S. 250f.

dung 5-6). Mit der Kennzahleneigenschaft **Kennzahlenklasse** werden Kennzahlen als *endogene* oder *exogene Beschreibungsgröße* deklariert. Anhand der **Strukturebene** wird kenntlich gemacht, für welche Ebene des Produktportfolios die Kennzahl sinnvoll definiert ist. Auf Basis der Produktportfoliostruktur sind die zu unterscheidenden Ausprägungen die *Produkt-*, *Produktlinien-* und *Produktportfolioebene*. Eine derartige Zuordnung ermöglicht die Identifikation relevanter Kennzahlen zur Steuerung der Produktportfoliobreite und -tiefe. Anhand der **Skalierung** wird zwischen *absoluten Kennzahlen*, die direkt aus Informationssystemen eines Unternehmens extrahiert werden können, und *verhältnisskalierten* Kennzahlen unterschieden. Verhältniskennzahlen werden durch **Berechnungsvorschriften** aus absoluten Kennzahlen berechnet. Eine solche Unterscheidung ist für die Vorbereitung der Datenobjekte zur Anwendung präskriptiver Datenanalyseverfahren nötig.

Kennzahleneigenschaft	Ausprägungen		
Kennzahlenklasse	Endogene Beschreibungsgröße	Exogene Beschreibungsgröße	
Strukturebene	Produktportfolio	Produktlinie	Produkt
Skalierung	Absolutskaliert	Verhältnisskaliert	
Berechnung	*Individuelle Berechnungsvorschrift*		

Abbildung 5-6:   Morphologie zur Kennzahlenbeschreibung

Die Beschreibungsperspektiven spannen Suchfelder für die Identifikation von Kennzahlen auf. Dabei erfolgt die Kennzahlenidentifikation analog zu der in Abschnitt 5.1.1 beschriebenen Vorgehensweise zur Perspektivenidentifikation analytisch-deduktiv. Zusätzlich werden auch Expertengespräche als Kennzahlenquelle herangezogen. Als Einschlusskriterium für jede Kennzahl gilt die Bejahung der Frage: ‚Ist der Kennzahlenwert ein numerischer Wert?'. Insgesamt wurden über alle Perspektiven 85 Kennzahlen identifiziert (vgl. Tabelle A-5 bis Tabelle A-16 in Anhang A.3). Abbildung 5-7 visualisiert das Ergebnis, indem beispielhaft die Beschreibung der Kundenloyalitäts- und der Wettbewerbscharakteristikperspektive anhand von ausgewählten Kennzahlen und entsprechend der vorgestellten Morphologie gezeigt wird.

Perspektive	Kennzahl	Kennzahlenklasse	Strukturebene		Skalierung	Berechnung
Kundenloyalität	STAMMKUNDEN-UMSATZANTEIL	Endogene Beschreibungsgröße	Produktportfolio	x	Verhältnisskaliert	$SKU_t = \frac{USK_t}{U_t}$
			Produktlinie	x		mit:
			Produkt	x		USK_t: Umsatz durch Stammkunden im Zeitpunkt t
						U_t: Umsatz im Zeitpunkt t
	REKLAMATIONS-QUOTE	Endogene Beschreibungsgröße	Produktportfolio	x	Verhältnisskaliert	$RQ_t = \frac{REK_{t,ges}}{St_{,ges}}$
			Produktlinie	x		mit:
			Produkt	x		$REK_{t,ges}$: Anzahl Reklamationen im Zeitpunkt t
						$St_{,ges}$: Absätze im Zeitpunkt t
	…	…	…		…	…
Wettbewerbs-charakteristik	ANZAHL WETTBEWERBER	Exogene Beschreibungsgröße	Produktportfolio	x	Absolutskaliert	
			Produktlinie	x		-
			Produkt	x		
	…		…		…	…

←— Perspektiven —→←— Kennzahlen —→←——————— Kennzahleneigenschaften ———————→

Abbildung 5-7: **Beispielhafte datenbasierte Perspektivenbeschreibung**

Zur Erfüllung der vierten Anforderung an die Systematik sollen im Folgenden Kriterien zur Beschreibung der Kennzahlengüte für die einzelnen Perspektiven erarbeitet werden.

Erarbeitung von Kriterien zur Beschreibung der Kennzahlengüte

Um nur die relevanten Kennzahlen in das Beschreibungsmodell des Produktportfolios aufzunehmen, soll die Güte der Kennzahlen zur numerischen Beschreibung der einzelnen Perspektiven anhand von sechs Kriterien beschrieben werden, welche nach RIESENER ET AL. eine hinreichende Holistik zur Beschreibung von Daten- und Informationsqualität darstellen.[662]

Genauigkeit. Kennzahlen dienen der numerischen Beschreibung des Zustands eines Produktportfolios in einer der in Abschnitt 5.1.1 beschriebenen Perspektiven. Anhand der Genauigkeit soll der Grad der inhaltlichen Übereinstimmung zwischen der Kennzahl und der Perspektive gemessen werden. So ist z. B. die Aussagekraft der Kennzahl *Produktänderungsquote* (vgl. Tabelle A-6 in Anhang A.3) in Bezug auf *Kundenanforderungen* nach hoher Produktqualität nur gering. Damit hat diese Kennzahl eine geringe Genauigkeit und bildet einen Indikator (vgl. Abschnitt 2.2.2) für die Perspektive.

Suffizienz. Die Robustheit gegenüber fehlenden oder unvollständigen Kennzahlenwerten wird anhand der Suffizienz beschrieben. Insbesondere absolute Kennzahlen sind anfällig für fehlende oder falsche Werte. Die Suffizienz steigt jedoch mit der Aggregationsstufe der numerischen Werte zu Kennzahlen, d. h. desto mehr Rechenoperatoren zu einer Kennzahlenberechnung notwendig sind und desto mehr absolute Kennzahlen in die

---

[662] Vgl. Riesener et al. (2019), Framework for defining information quality, S. 304ff.

Berechnung einfließen, desto suffizienter ist diese. Damit sind z. B. Spitzenkennzahlen in Kennzahlensystemen (vgl. Abschnitt 2.2.2) suffizient.

Interpretierbarkeit. Kennzahlen müssen auch eine eindeutige Bezeichnung haben, sodass diese für die Nutzer eindeutig und reproduzierbar zu interpretieren sind.[663] Während bspw. die Kennzahlenbezeichnung *Unternehmensexpertise* von Nutzern mit unterschiedlicher fachlicher Expertise verschieden ausgelegt wird, ist das Verständnis der Kennzahl *Herstellkosten* eindeutig (vgl. Tabelle A-9 und Tabelle A-15 in Anhang A.3).

Aktualität. Mittels der Aktualität wird die zeitliche Nähe von verfügbaren Kennzahlen zum Zeitpunkt der Analyse erfasst. Dabei kann die Aktualität nur unter Berücksichtigung der Volatilität der internen und externen Rahmenbedingungen (vgl. Abschnitt 2.1.1) erfolgen. Zur Quantifizierung der Aktualität muss das Informationssystem eines Unternehmens betrachtet werden.[664]

Glaubwürdigkeit. In der Glaubwürdigkeit wird nutzerspezifisch die Verlässlichkeit der Kennzahl im Hinblick auf die erwartete Richtigkeit bestimmt. So ist bspw. die Glaubwürdigkeit der Angabe ‚Anzahl verkaufte Produkte in 2020‘, die vom Entwicklungsingenieur eingetragen wurde geringer, als wenn der Vertriebsleiter diese Angabe gemacht hätte. Damit kann auch die Glaubwürdigkeit von Kennzahlen nur unternehmensspezifisch beschrieben werden.[665]

Zugänglichkeit. Sind die für die Produktportfoliozustandsbeschreibung notwendigen Kennzahlen für das strategische Management leicht abrufbar und liegen diese in einer analysegerechten Struktur vor, dann ist die Zugänglichkeit hoch.[666]

Die vorgestellten sechs Kriterien sind in Abbildung 5-8 zusammenfassend dargestellt.

Kriterien zur unternehmensunabhängigen Kennzahlenbewertung	Genauigkeit	Inhaltliche Übereinstimmung zwischen Kennzahlen und Produktportfolioperspektive
	Suffizienz	Robustheit der Kennzahlwerte gegenüber fehlenden oder falschen Werten
	Interpretierbarkeit	Einheitliches Verständnis der Kennzahlenbezeichnung
Kriterien zur unternehmensabhängigen Kennzahlenbewertung	Aktualität	Zeitliche Nähe verfügbarer Kennzahlen zum Zeitpunkt der Zustandsbeschreibung
	Glaubwürdigkeit	Verlässlichkeit der Kennzahlenaussage
	Zugänglichkeit	Vorhandensein von Zugriffsrechten auf die Kennzahl

Abbildung 5-8:   Kriterien zur Beschreibung der Kennzahlengüte

---

[663] Vgl. Riesener et al. (2019), Framework for defining information quality, S. 308.

[664] Vgl. Tönnes (2021), Datenbasierte Informationsmodelle zur explorativen Analyse, S. 141.

[665] Vgl. Tönnes (2021), Datenbasierte Informationsmodelle zur explorativen Analyse, S. 142f.

[666] Vgl. Riesener et al. (2019), Framework for defining information quality, S. 308.

Während die Beschreibung der Kennzahlengüte nach *Aktualität, Glaubwürdigkeit* und *Zugänglichkeit* nur unternehmensspezifisch erfolgen kann, ist eine Beschreibung der Kennzahlengüte anhand der *Genauigkeit, Suffizienz* und *Interpretierbarkeit* allgemeingültig möglich und soll daher im Folgenden vorgenommen werden.

Bewertung der Kennzahlengüte für die numerische Perspektivenbeschreibung

Die Bewertung der identifizierten Kennzahlen erfolgt methodisch mithilfe einer Nutzwertanalyse[667]. Dabei werden für die zuvor definierten Beschreibungskriterien Ausprägungen definiert anhand derer sich die Kennzahlen mittels einer sprunghaften Abstufung mit Werten von „1" für eine geringe Eignung, „3" für eine mittlere und „5" für eine hohe Eignung bewerten lassen (vgl. Abbildung 5-9).

Kriterium	1 – geringe Eignung	3 – mittlere Eignung	5 – gute Eignung
Genauigkeit	Kennzahl beschreibt keinen inhaltlichen Aspekt der Perspektive	Kennzahl beschreibt ca. 50 % der inhaltlichen Aspekte der Perspektive	Kennzahl beschreibt alle inhaltlichen Aspekte der Perspektive
Suffizienz	Vorhandensein einer absolutskalierten Kennzahl	Vorhandensein einer verhältnisskalierten Kennzahl	Vorhandensein einer Verhältniskennzahl, deren Berechnung mehrere Rechenoperatoren inkludiert
Interpretierbarkeit	Komplizierte, mehrdeutige Kennzahlenbezeichnung in Bezug zur Perspektive	Komplizierte aber eindeutige Kennzahlenbezeichnung in Bezug zur Perspektive	Einfache und eindeutige Kennzahlenbezeichnung in Bezug zur Perspektive
Aktualität	Fehlen aktueller Kennzahlenwerte zum Analysezeitpunkt	Vorhandensein unvollständiger, aktueller Kennzahlenwerte zum Analysezeitpunkt	Vorhandensein vollständiger, aktueller Kennzahlenwerte zum Analysezeitpunkt
Glaubwürdigkeit	Kennzahlenherkunft unglaubwürdig und -berechnung intransparent	Kennzahlenherkunft odor -berechnung unglaubwürdig bzw. intransparent	Kennzahlenherkunft glaubwürdig und -berechnung transparent
Zugänglichkeit	Fehlender Kennzahlenzugang für das strategische Management	Zeitlich eingeschränkter und zu beantragender Kennzahlenzugang für das strategische Management	Einfacher und uneingeschränkter Kennzahlenzugang für das strategische Management

Abbildung 5-9:   Ausprägungen der Beschreibungskriterien

Als ergebnisrelevant wurden Kennzahlen betrachtet, welche in den Kriterien zur unternehmensunabhängigen Kennzahlenbeschreibung die Formel 5.1 erfüllen. Dabei stellt „9" den Wert einer durchschnittlichen, mittleren Kennzahleneignung dar.

$$9 < \sum_k b_k \qquad\qquad 5.1$$

b_k: Kennzahlengüte im Bewertungskriterium k
mit $k \in \{\text{Genauigkeit, Suffizienz, Interpretierbarkeit}\}$
mit $b_k \in \{1,3,5\}$

---

[667] Eine detaillierte Beschreibung zur methodischen Durchführung der Nutzwertanalyse findet sich bei KÜHNAPFEL (vgl. Kühnapfel (2019), Nutzwertanalysen.).

Abbildung 5-10 zeigt die Bewertung der Kennzahlengüte beispielhaft für jeweils drei Kennzahlen der Wettbewerbscharakteristik- und Produktportfoliostrukturperspektive. Die Nutzwertanalyse aller identifizierten Kennzahlen findet sich in Tabelle A-17 bis Tabelle A-28 in Anhang A.4.

		Genauigkeit (GE)	Suffizienz (SU)	Interpretierbarkeit (IN)	$\sum_{n\,\in\{GE,SU,IN\}} b_n$	Kennzahlen-betrachtung
Wettbewerbs-charakteristik-perspektive	Inflationsrate	5	1	5	11	ja
	Relativer Marktanteil	3	3	5	11	ja
	Unternehmensexpertise	3	5	1	9	nein
	...				...	...
Produktportfolio-strukturperspektive	Anzahl der Produkte in einer Produktlinie	5	1	5	11	ja
	Anzahl der Produktlinien	5	1	5	11	ja
	Cross-Selling-Potential	1	3	1	5	nein
	...				...	...

Abbildung 5-10:   Bewertung der Kennzahlengüte

Durch den Anwender der Methodik kann die vorgestellte generische Kennzahlenbetrachtung um eine unternehmensspezifische Bewertung anhand der Kriterien *Aktualität*, *Glaubwürdigkeit* und *Zugänglichkeit* ergänzt werden. Während die Vorgehensweise gleich bleibt, kann sich die Kennzahlenpriorisierung je Perspektive unternehmensspezifisch ändern. Aus diesem Grund sind die als objektiv relevant identifizierten Kennzahlen als Wegweiser für eine unternehmensspezifische Adaption zu betrachten. Im Folgenden sollen daher die Ergebnisse der Kennzahlenbewertung über alle Perspektiven zusammenfassend beschrieben werden.

Kennzahlenbasierte Perspektivenbeschreibung

Als Ergebnis der Kennzahlenbewertung anhand der unternehmensunspezifischen Kriterien *Genauigkeit*, *Suffizienz* und *Interpretierbarkeit* zeigt sich, dass es Beschreibungsperspektiven gibt, in denen der Produktportfoliozustand ausschließlich durch endogene Beschreibungsgrößen quantifiziert wird. Lediglich in der Wettbewerbsprodukt- und der Wettbewerbscharakteristikperspektive finden sowohl endogene als auch exogene Beschreibungsgrößen zur Zustandsbeschreibung Anwendung. Demnach werden ausschließlich in diesen beiden Perspektiven Umweltcharakteristika abgebildet, die als Rahmenbedingungen in der Produktportfoliosteuerung zu berücksichtigen sind. Für die Gesetzes- und Technologiedynamikperspektive wurden auf Basis der Literaturrecherche keine Kennzahlen gefunden, die eine hinreichende Güte zur Perspektivenquantifizierung aufweisen. Wird die durchgeführte Nutzwertanalyse um unternehmensspezifische Kriterien ergänzt (vgl. Abbildung 5-8), kann sich dieses Ergebnis ändern und in beiden Perspektiven können relevante endogene und/oder exogene Beschreibungsgrößen ergänzt werden. Abbildung 5-11 zeigt die ausgewählten unternehmensunspezifischen Kennzahlen, die zur datenbasierten Beschreibung jeder Perspektive herangezogen werden können.

Perspektiven	Endogene Beschreibungsgrößen		Exogene Beschreibungsgrößen	
Investitionsprofitabilitäts-perspektive	Return on Capital Employed	Return on Equity	/	
	Return on Invest	Umsatzrentabilität		
Kundenanforderungs-perspektive	Verkaufspreis		/	
Kundenloyalitätsperspektive	Stammkunden-Umsatzanteil	Customer retention rate	/	
	Reklamationsquote			
Wettbewerbs-produktperspektive	Neukundenquote	Relativer Marktanteil eines Produkts zum Substitutionsprodukt	Anzahl substitutive Güter	Preissensitivität Substitutionsprodukt
Wettbewerbscharakteristik-perspektive	Deckungsbeitrag pro Kunde	Relativer Marktanteil	Anzahl Wettbewerb	Inflationsrate
			Marktausschöpfungsgrad	Marktdynamik
	Umsatz pro Kunde		Marktpotenzial	Marktvolumen
			Marktwachstum	Nachfrageschwankung
Innovationsperspektive	Deckungsbeitrags-altersstruktur	Innovationsrate	/	
	Produktaltersvergleich	Return on Innovation Investment		
	Variantenentstehungsindex			
Produktportfolio-abhängigkeitsperspektive	Anteil Standardteileverwendung	Carry Over	/	
	Commonality Index			
Produktportfolio-strukturperspektive	Anzahl der Produkte in einer Produktlinie	Anzahl der Produktlinien	/	
Produktprofitabilitäts-perspektive	Deckungsbeitrag II	Herstellkosten	/	
	Produktproduktivität	Produkt-Umsatzanteil		
Ressourcenverteilungs-perspektive	Portfolio-Fitness-Index	Product Sales Balance Index	/	
	Sales-N-Index	Kundenumsatzquote		

Abbildung 5-11:   Kennzahlen zur datenbasierten Produktportfoliobeschreibung

Für jede dieser Kennzahlen wurde die in Abbildung 5-7 dargestellte Systematik zur Kennzahlenbeschreibung aufbereitet (vgl. Anhang A.5). Die Beschreibungen stellen für den Anwender der Methodik eine aus unternehmensunspezifischer Betrachtung notwendige Grundgesamtheit an Kennzahlen zur datenbasierten Produktportfoliobeschreibung dar.

5.1.3   Zusammenfassung des Produktportfoliobeschreibungsmodells

Das Ziel des ersten Methodikschritts war die Beschreibung des Produktportfolios in der Art, dass im dritten Methodikschritt präskriptive Datenanalyseverfahren angewendet werden können. Anhand eines Ordnungsrahmens wurden insgesamt zwölf Perspektiven auf das Produktportfolio identifiziert. Diese wurden anhand von Kennzahlen in eine numerische Beschreibung des Produktportfoliozustandes überführt. Dabei wurde zwischen beeinflussbaren Kennzahlen – endogenen Beschreibungsgrößen – und nicht-beeinflussbaren Kennzahlen – exogenen Beschreibungsgrößen – differenziert. Abbildung 5-12 fasst die Vorgehensweise zur Artefakterarbeitung sowie die wesentlichen Ergebnisse des ersten Artefakts zusammen.

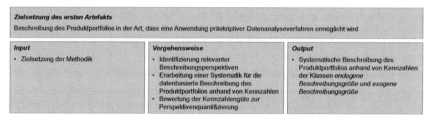

Abbildung 5-12:   Datenbasierte Produktportfoliobeschreibung

Die anhand der erarbeiteten Systematik beschriebenen Kennzahlen bilden die Grundgesamtheit an Daten für die Anwendung Neuronaler Netze zur Produktportfoliosteuerung im dritten Methodikschritt (vgl. Unterkapitel 5.3). Da einer Steuerungsaufgabe immer ein Zielsystem zugrunde liegt, wird im folgenden Methodikschritt (vgl. Unterkapitel 5.2) das produktportfoliorelevante Unternehmenszielsystem datenbasiert beschrieben.

5.2   Datenbasierte Beschreibung des produktportfoliorelevanten Unternehmenszielsystems

Nach der Beschreibung des Produktportfolios zur Anwendung präskriptiver Datenanalyseverfahren besteht das Ziel des zweiten Methodikschritts in der Beantwortung der folgenden Teilforschungsfrage:

> Wie lässt sich das produktportfoliorelevante Unternehmenszielsystem zur Anwendung von präskriptiven Datenanalyseverfahren beschreiben?

Zur Beantwortung der Teilforschungsfrage wird im Folgenden ein Beschreibungsmodell für das produktportfoliorelevante Unternehmenszielsystem erarbeitet (vgl. Abbildung 5-13). Ziel des Modells ist es, den Zielerreichungsgrad des Produktportfolios in relevanten Unternehmenszielen bestimmen zu können.

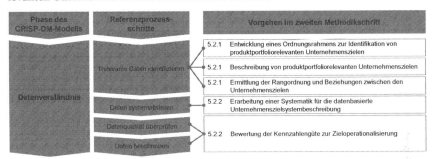

Abbildung 5-13:   Vorgehen zur Erarbeitung eines Beschreibungsmodells für das produktportfoliorelevante Unternehmenszielsystem

Um ein derartiges Beschreibungsmodell aufzubauen, müssen im ersten Schritt diejenigen Ziele eines Unternehmens identifiziert werden, deren Zielerreichung durch die Produktportfoliosteuerung beeinflussbar ist. Dazu wird eine Beschreibungssystematik für Ziele erarbeitet, die es dem Anwender der Methodik unternehmensspezifisch erlaubt, relevante Ziele zu identifizieren (vgl. Abschnitt 5.2.1). Zudem werden Abhängigkeiten zwischen Zielen modelliert, sodass ein Unternehmenszielsystem entsteht. Um die Ziele zu quantifizieren und den Grad der Zielerreichung numerisch zu beschreiben, werden Kennzahlen benötigt (vgl. Abschnitt 5.2.2). Damit komplettiert der Methodikschritt die Phase des Datenverständnisses im CRISP-DM-Modell, sodass im dritten Methodikschritt (vgl. Unterkapitel 5.3) Wirkzusammenhänge zwischen dem Grad der Unternehmenszielerreichung und dem Zustand des Produktportfolios ermittelt werden können.

5.2.1 Identifikation des produktportfoliorelevanten Unternehmenszielsystems

Wie jedes wirtschaftliche Handeln setzt auch die Steuerung des Produktportfolios das Vorhandensein eines Zielsystems voraus. Anhand der produktportfoliorelevanten Ziele werden optimale Steuerungsmaßnahmen im Hinblick auf die Maximierung des Zielerreichungsgrads identifiziert.[668] Aufgrund der hohen Relevanz des Produktportfolios für die Sicherung der Wettbewerbsfähigkeit eines Unternehmens müssen die entsprechen-

---

[668] Vgl. Wöhe et al. (2016), Einführung in die allgemeine Betriebswirtschaftslehre, S. 65.

den Ziele der Produktportfoliosteuerung in Konformität zu der übergeordneten Unternehmensstrategie stehen. Da die Realisierung von Wettbewerbsfähigkeit durch Strategie- und Zieldefinition nur unternehmensspezifisch möglich ist, gilt für produktportfoliorelevante Unternehmensziele im Speziellen dasselbe wie für Unternehmensziele im Allgemeinen: Es ist nicht möglich, eine abgeschlossene Liste an Zielen zu definieren.[669] Um dieser Herausforderung zu begegnen, wird in Analogie zu TOLONEN ET AL.[670] (vgl. Abschnitt 3.2.1) ein Ordnungsrahmen entwickelt, der es dem Anwender der Methodik erlaubt, unternehmensspezifische Ziele für die Produktportfoliosteuerung zu identifizieren und zu systematisieren. Die exemplarische Einordnung von Zielen in den Ordnungsrahmenfeldern bildet im Sinne des Verkürzungsmerkmals und des pragmatischen Merkmals (vgl. Abschnitt 4.2.2) von Beschreibungsmodellen eine hinreichende Generik ab, die eine unternehmensspezifische Adaption erleichtert.

Entwicklung eines Ordnungsrahmens zur Identifikation von produktportfoliorelevanten Unternehmenszielen

Als die übergeordnete Zielsetzung allen Handelns im Unternehmen und damit auch der Steuerung des Produktportfolios soll die *Steigerung des Unternehmenswertes* angesehen werden. Um diese Zielsetzung zu spezifizieren, wird ein Ordnungsrahmen für die Systematisierung von produktportfoliorelevanten Unternehmenszielen entlang der Dimensionen ‚Strategische Ausrichtung' und ‚Art der Steuerungsgröße' aufgebaut.

Strategische Ausrichtung. Auf Gesamtunternehmensebene werden drei Unternehmensstrategien unterschieden: ‚Wachstum', ‚Stabilisierung' und ‚Desinvestition'.[671] Durch die Expansion in neue Märkte[672] und/oder die Aufnahme neuer Produkte in das Produktportfolio kann durch Wachstum der Unternehmenswert gesteigert werden. Folglich stellt *Wachstum* eine Ausprägung in der Dimension ‚Strategische Ausrichtung' dar. Wird die Wettbewerbsfähigkeit auf bestehenden Märkten ausgebaut oder wird das bestehende Produktportfolio entsprechend den Marktanforderungen optimiert, so wird der Unternehmenswert stabilisiert. Die *Stabilisierung* ist demnach die zweite Ausprägung dieser Dimension. Neben Wachstum und Stabilisierung können sich Unternehmen auch aus bestehenden Märkten zurückziehen. Einer derartigen Strategieausrichtung liegt stets die Beurteilung des Aufwand-Nutzen-Verhältnisses zugrunde. Überwiegt der Ressourcenaufwand den generierten Nutzen, können durch Desinvestition Ressourcen

---

[669] Vgl. Grüning (2002), Performance-Measurement-Systeme, S. 5.

[670] Vgl. Tolonen et al. (2015), Product portfolio management.

[671] Vgl. Seidenschwarz (2016), Portfoliomanagement, S. 40.

[672] Der Begriff ‚Markt' wird im Folgenden stellvertretend für Gebiete benutzt, denen unternehmerisches Interesse gilt. Dies inkludiert Absatzmärkte, schließt aber Technologien nicht aus.

aus unattraktiveren Märkte zurückgezogen und Märkten mit einem besseren Aufwand-Nutzen-Verhältnis zur Verfügung gestellt werden. Demnach ist eine Desinvestition das Resultat einer Ressourcenumverteilung nach einer Entscheidung für die Investition in andere Märkte. Aus diesem Grund soll die Desinvestition im Folgenden nicht explizit, sondern implizit in den Ausprägungen *Wachstum* und *Stabilisierung* berücksichtigt werden (vgl. Abbildung 5-14).

Art der Steuerungsgröße[673]. Als Adressat der Methode hat das strategische Management die Aufgabe, die Existenz des Unternehmens nachhaltig zu sichern. Zur Existenzsicherung muss das strategische Management zum frühestmöglichen Zeitpunkt sämtliche produkt- und marktspezifische Voraussetzungen für Erfolgsmöglichkeiten, sog. Erfolgspotenziale, generieren.[674] Damit sind *Erfolgspotenziale* die Steuerungsgröße des strategischen Managements, mit deren Hilfe langfristig die Unternehmensexistenz sichergestellt wird (vgl. Abbildung 5-14). Sind Erfolgspotenziale vorhanden, kann Erfolg selber zeitversetzt kurz- oder mittelfristig realisiert werden. Demnach tritt Unternehmenserfolg innerhalb der durch die Erfolgspotenziale gebildeten Möglichkeiten ein, sodass Erfolgspotenziale eine Vorsteuerfunktion für *Erfolg* bilden.[675] Erfolg wiederum steuert Liquidität eines Unternehmens vor. Liquidität ermöglicht die kurzfristige Existenzsicherung des Unternehmens und ist Voraussetzung für Erfolg, der wiederum die Basis für die Erzeugung von Erfolgspotenzialen bildet. Wenngleich Erfolgspotenziale damit nur unter Berücksichtigung langfristiger Liquidität aufgebaut werden, soll die Steuerungsgröße der Liquidität aufgrund ihrer Kurzfristigkeit im Weiteren keine Betrachtung finden. Die Sicherstellung von Liquidität erfolgt anhand von operativen Zielen auf der Ebene von Projektaktivitäten und in einem Zeithorizont von meist unter einem Jahr. Für die vorliegende Arbeit wurde der Betrachtungsbereich jedoch auf die taktische und strategische Ebene der Produktportfoliosteuerung festgelegt, weshalb für den Ordnungsrahmen nur *Erfolgspotenziale* und *Erfolg* relevante Dimensionsausprägungen darstellen (vgl. Abschnitt 2.2.3).

Abbildung 5-14 visualisiert den entwickelten Ordnungsrahmen. Die vier entstehenden Ordnungsrahmenfelder werden wie folgt zur Zielidentifikation und -systematisierung herangezogen:

---

[673] GÄLWEILER definiert den Begriff ‚Steuerungsgröße' als Führungsgröße des Managements und unterscheidet zwischen ‚Erfolgspotenzial', ‚Erfolg' und ‚Liquidität' als Arten von Steuerungsgrößen. Diese Ausführungen werden für die vorliegende Arbeit übernommen (vgl. Gälweiler (2005), Strategische Unternehmensführung, S. 23f.).

[674] Gälweiler (2005), Strategische Unternehmensführung, S. 23f.

[675] Vgl. Gälweiler (2005), Strategische Unternehmensführung, S. 26.

- Im Feld **Aufbau von Erfolgspotenzialen** werden Ziele eingeordnet, die durch die Schaffung von Erfolgspotenzialen zum Wachstum des Unternehmenswerts beitragen.

- Ziele, die auf die Sicherung produkt- und marktspezifisch erfolgsrelevanter Voraussetzungen abzielen, sind im Feld **Nutzung vorhandener Erfolgspotenziale** einsortiert.

- Die Verzielung einer optimalen Ressourcennutzung führt zur **Maximierung der Erfolge**, sodass entsprechende Ziele in diesem Feld zu finden sind.

- Dem Feld **Gewährleistung gleichbleibender Erfolge** sind Ziele zugeordnet, die auf eine Balance in der Ressourcennutzung eingehen.

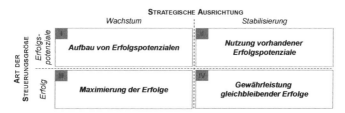

Abbildung 5-14:   Ordnungsrahmen zur Identifikation von produktportfoliorelevanten Unternehmenszielen

Entlang der Ordnungsrahmenfelder wurden Ziele auf Basis einer umfassenden Analyse wissenschaftlicher Literatur und anhand der folgenden Kriterien identifiziert:

- **Zielinhalt:** Es werden nur durch das strategische Management beeinflussbare Sachziele von Unternehmen berücksichtigt.

- **Zielausmaß:** Im Fokus stehen Meliorisierungsziele, sodass neben dem Zielinhalt immer eine Optimierungsrichtung angegeben werden muss.

- **Zeitbezug:** Es werden nur taktische bzw. mittelfristige und strategische bzw. langfristige Ziele berücksichtigt. Kurzfristige operative Projektziele, die auf die Gestaltung von Aktivitäten abzielen, sind irrelevant.

Das Vorgehen zur Zielidentifikation folgt dem in Abschnitt 5.1.1 beschriebenen Verfahren. Insgesamt wurden 28 produktportfoliorelevante Unternehmensziele identifiziert und den vier Feldern des Ordnungsrahmens zugeordnet. Während im Folgenden je Feld zwei Ziele exemplarisch beschrieben werden, findet sich die vollständige Liste der Ziele und deren Systematisierung in Tabelle A-70 im Anhang A.6.

Beschreibung von Zielen zum Aufbau von Erfolgspotenzialen

Aufbau neuer Geschäftsfelder. Durch die Diversifikation des Produktportfolios oder die Variation bestehender Produktlinien können neue Kunden und/oder neue Märkte erschlossen werden. Die so erschlossenen neuen Geschäftsfelder stellen Erfolgspotenziale dar, auf denen Unternehmen langfristig Erfolge realisieren.[676]

Steigerung der Innovationsfähigkeit. Durch die gezielte Entwicklung innovativer Produkte und/oder technologischer Neuerungen gelingt es Unternehmen, neue Kompetenzen im Unternehmen aufzubauen.[677]

Beschreibung von Zielen zur Nutzung vorhandener Erfolgspotenziale

Steigerung der Kundenzufriedenheit. Auf bestehenden Märkten zielen Unternehmen auf eine bestmögliche Befriedigung der Bedürfnisse bei aktuellen und potenziellen Kunden ab.[678]

Reduzierung der internen Vielfalt. Die Befriedigung heterogener Kundenanforderungen geht einher mit einer steigenden unternehmensinternen Vielfalt. Um den Nutzen externer Vielfalt nicht durch interne Aufwände aufzuzehren, ist die Reduzierung der internen Vielfalt notwendig.[679]

Beschreibung von Zielen zur Maximierung der Erfolge

Steigerung des finanziellen Unternehmenswertes. Durch den Einsatz von finanziellen Erfolgsgrößen, anhand derer die langfristige Steigerung des Produktportfoliowerts verzielt ist, wird entsprechend auch der finanzielle Unternehmenswert gesteigert.[680]

Senkung der Produktkosten. Abhängig davon, in welcher Phase des Produktlebenszyklus sich ein Produkt befindet, ermöglicht eine Senkung der Produktkosten, das Produkt weiterhin profitabel am Markt anzubieten.[681]

Beschreibung von Zielen zur Gewährleistung gleichbleibender Erfolge

Steigerung der effizienten Ressourcennutzung. Mit einer Verteilung vorhandener Ressourcen basierend auf bestehenden Erfolgen einzelner Produktportfoliobereiche und im

---

[676] Vgl. Liu et al. (2018), Strategic management of product and brand extensions, S. 147; Gälweiler (2005), Strategische Unternehmensführung, S. 37.

[677] Vgl. Wendt (2013), Strategisches Portfoliomanagement in dynamischen Technologiemärkten, S. 204f.

[678] Vgl. Amelingmeyer (2009), Gestaltungsfelder eines integrierten Produktportfoliomanagements, S. 9.

[679] Vgl. Jiao et al. (2007), Product family design and platform-based product development, S. 5.

[680] Vgl. Wicharz (2018), Strategie: Ausrichtung von Unternehmen, S. 31; Hungenberg (2014), Strategisches Management in Unternehmen, S. 145.

[681] Vgl. Amelingmeyer (2009), Gestaltungsfelder eines integrierten Produktportfoliomanagements, S. 9.

Hinblick auf eine Risikostreuung über verschiedene Bereiche gelingt eine effiziente Ressourcennutzung.[682]

Reduzierung der Ergebnisvolatilität. In Abgleich mit den bestehenden Marktpotenzialen und Kundenanforderungen werden im Rahmen der Produktportfoliosteuerung Produktlebenszyklen derartig gesteuert, dass in einzelnen Geschäftsfeldern gleichbleibende Ergebnisse erzielt werden.[683]

Um von einzelnen Zielen zu einem Zielsystem zu gelangen, müssen die Rangordnung und der Umgang mit Zielbeziehungen definiert werden (vgl. Abschnitt 2.2.2).

Ermittlung der Rangordnung und Beziehungen zwischen den Unternehmenszielen

Die Ermittlung der Rangordnung basiert auf der Identifikation von Zweck-Mittel-Beziehungen zwischen Zielen. Stellt ein Ziel A ein Mittel zur Erreichung eines Ziels B dar, wird Ziel A dem Ziel B untergeordnet. Aufgrund des Zweck-Mittel-Dualismus[684] ist jedoch eine allgemeingültige Zuordnung von Zielen nicht möglich, sondern muss vom Modellanwender vorgenommen werden. Um dieser Herausforderung zu begegnen, wird zur Ermittlung der Rangordnung zwischen den identifizierten produktportfoliorelevanten Unternehmenszielen zunächst die Rangordnung zwischen den Ordnungsrahmenfeldern (vgl. Abbildung 5-14) definiert. Dabei ergeben sich die Abhängigkeiten in der Dimension *Art der Steuerungsgröße* wie folgt: Weil bestehende Erfolge zum Aufbau von Erfolgspotenzialen genutzt werden sollten, stellen Ziele auf der Ebene der Erfolgspotenziale Oberziele für Erfolgsziele dar. Zwischen den Ausprägungen in der Dimension der *strategischen Stoßrichtungen* gilt, dass Wachstum nicht ohne Stabilität im Ist-Zustand möglich ist. Damit ist Stabilisierung ein Mittel, um Wachstum zu erzielen. Die so ermittelte Rangordnung zwischen den Feldern stellt einen Indikator für die Rangordnung der Ziele in den Feldern dar (vgl. Abbildung 5-15).

Abbildung 5-15: Rangordnung zwischen Zielen

[682] Vgl. Tolonen et al. (2015), Product portfolio management, S. 470.
[683] Vgl. Amelingmeyer (2009), Gestaltungsfelder eines integrierten Produktportfoliomanagements, S. 8.
[684] Vgl. Ropohl (2009), Allgemeine Technologie, S. 155ff.; Zelewski (2008), Grundlagen, S. 56.

Neben der Rangordnung muss auch der Umgang mit indifferenten, komplementären und konkurrierenden Zielbeziehungen definiert werden. Indifferente und komplementäre Ziele stellen keine Herausforderung dar, da derartige Ziele parallel zueinander optimiert werden können. Konkurrierende Ziele hingegen müssen gesondert betrachtet werden, da deren Erreichungsgrad nicht gleichzeitig gesteigert werden kann und deshalb Ziele priorisiert werden müssen. Eine Methode zum Zielvergleich und zur -priorisierung stellt der *paarweise Vergleich* dar.[685] Dabei werden jeweils zwei Ziele hinsichtlich deren Relevanz für das Unternehmen miteinander verglichen und so in eine Rangfolge gebracht. Der Vergleich erfolgt in einer quadratischen Matrix, in deren Zeilen und Spalten die identifizierten produktportfoliorelevanten Unternehmensziele stehen (vgl. Abbildung 5-16). Die Bewertung zwischen den Zielen erfolgt zeilenweise und wird durch die Elemente $a_{1,2}$ bis $a_{3,4}$ bzw. $1/a_{1,2}$ bis $1/a_{3,4}$ festgehalten.

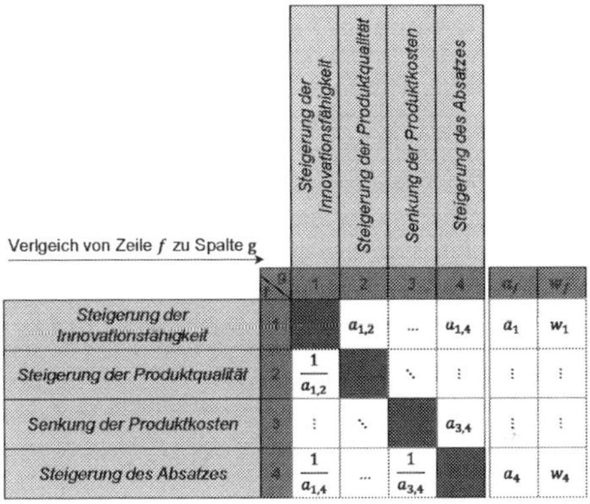

Abbildung 5-16:   **Matrix für den paarweisen Vergleich von beispielhaften Zielen**

Die Berechnung der Bewertungselemente erfolgt nach Formel 5.2 wie folgt:

$$a_{f,g} = x$$

5.2

für $g > f$

mit $x := \begin{cases} 1, & \text{für indifferente Ziele} \\ \in \{3,5,7\} & \text{für konkurrierende oder komplementäre Ziele} \end{cases}$

$a_{f,g}$:   Element für den Vergleich von Zeile f mit Spalte g

---

685 Vgl. Eversheim et al. (2003), Anwendungspotenziale ingenieurwissenschaftlicher Methoden, S. 435.

Die Bewertung wird anhand der mit beispielhaften Zielen befüllten Matrix in Abbildung 5-16 erklärt. Da Konkurrenz zwischen den Zielen *Steigerung der Produktqualität* und *Senkung der Produktkosten* vorliegt, muss unternehmensspezifisch entschieden werden, welches Ziel relevanter ist. Um den Grad der Dominanz eines Ziels über ein anderes differenzieren zu können, wird eine sprungfixe Abstufung mit den Werten „3", „5" und „7" verwendet. Ist die *Produktqualitätssteigerung* sehr viel relevanter als es *Kostensenkungen* sind, nimmt das Element $a_{2,3}$ den Wert „7" an. Ist Produktqualität hingegen weniger relevant, als es die Kosten sind, wird entsprechend der reziproke Wert der Abstufung verwendet.[686] Verhalten sich die Ziele *Senkung der Produktkosten* und *Steigerung des Absatzes* für den Methodikanwender indifferent zueinander, nehmen die Elemente $a_{3,4}$ und $a_{4,3}$ den Wert „1" an.

Liegt der paarweise Vergleich für alle produktportfoliorelevanten Unternehmensziele vor, können Zielprioritäten durch die Zuweisung einer Zielgewichtung w_f angegeben werden (vgl. Abbildung 5-16 und Formel 5.3):

$$w_f = \frac{a_f}{\sum_f a_f} \qquad\qquad 5.3$$

mit $a_f = \sum_g a_{f,g}$

$a_{f,g}$:   Element für den Vergleich von Zeile f mit Spalte g

a_f: Spaltensumme der Bewertung von Ziel f

w_f: Zielgewichtung von Ziel f

Anhand einer derartigen Zielgewichtung gelingt nicht nur das Auflösen von Zielkonflikten zwischen konkurrierenden Zielen, sondern auch eine Zielpriorisierung über komplementäre und indifferente Ziele. Um die Zielerreichung des Produktportfolios in den beschriebenen Zielen mittels präskriptiver Datenanalyseverfahren zu bewerten, müssen die Ziele anhand von numerischen Daten operationalisiert werden.

5.2.2 Operationalisierung der produktportfoliorelevanten Unternehmensziele

Analog zum ersten Methodikschritt ist auch der zweite Schritt der Phase ‚Datenverständnis' des CRISP-DM-Modells zugeordnet. Dieser Zuordnung entsprechend soll im Folgenden durch Spezifikation der identifizierten Ziele anhand numerischer Daten eine eindeutige Messung der Zielerreichung und damit eine datenbasierte Beschreibung des produktportfoliorelevanten Unternehmenszielsystems möglich werden. Abgeleitet aus

---

[686] Vgl. Saaty (2008), Decision making with the analytic hierarchy process, S. 85f.

den inhaltlichen Methodikanforderungen (vgl. Abschnitt 4.3.1) muss eine datenbasierte Unternehmenszielbeschreibung folgende Anforderungen erfüllen:

1. Um den Einsatz präskriptiver Datenanalyseverfahren zu ermöglichen, muss das Modellierungsergebnis die systematische Beschreibung durch numerischer Daten sein.

2. Das Modell muss eine Operationalisierung der zuvor identifizierten Ziele der vier Ordnungsrahmenfelder (vgl. Abschnitt 5.2.1) erlauben.

3. Das Modell muss eine Beschreibung der Datenqualität im Hinblick auf die Eignung zur Zieloperationalisierung erlauben.

Zur Anforderungserfüllung wird im Folgenden eine Systematik für die datenbasierte Beschreibung des produktportfoliorelevanten Unternehmenszielsystems erarbeitet.

Erarbeitung einer Systematik für die datenbasierte Unternehmenszielsystembeschreibung

Die erste Anforderung lag ebenfalls der Erarbeitung der datenbasierten Beschreibung des Produktportfolios zugrunde (vgl. Abschnitt 5.1.2). Zur Anforderungserfüllung wurden in Abschnitt 5.1.2 numerische Daten in der Form von Kennzahlen als Modellierungsergebnis definiert. Aufgrund der inhaltlichen Äquivalenz der Anforderungen sollen auch im Folgenden Kennzahlen zur Darstellung relevanter Informationen für die Quantifizierung der Zielerfüllung herangezogen werden.

Um die zweite Modellanforderung zu erfüllen, müssen Kennzahlen identifiziert werden, welche sich zur Quantifizierung von Unternehmenszielen eignen. Entsprechend der Ausführungen in Abschnitt 5.2.1 sind Unternehmensziele unternehmensspezifisch zu definieren und durch die Produktportfoliosteuerung ist deren Erreichungsgrad zu maximieren. Damit liegt eine Wechselwirkung zwischen den Kennzahlen und dem Zustand des Produktportfolios sowie eine unmittelbare Beeinflussbarkeit durch das Unternehmen vor. Auf Basis dieser Beschreibung sind die gesuchten Kennzahlen der **Kennzahlenklasse** *endogene Beschreibungsgrößen* (vgl. Abschnitt 5.1.2) zuzuordnen. Zur eindeutigen Charakterisierung dieser Kennzahlen soll die Beschreibungsmorphologie der Kennzahlen aus Abbildung 5-6 um die Eigenschaft **Kennzahlentyp** erweitert werden (vgl. Abbildung 5-17). In der Ausprägung ‚Zielgröße' der Eigenschaft Kennzahlentyp sind die gesuchten Kennzahlen wie folgt definiert:

> Endogene Beschreibungsgrößen anhand derer ein Unternehmensziel quantifiziert wird, sind Zielgrößen.

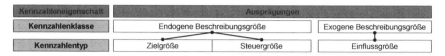

Kennzahleneigenschaft	Ausprägungen		
Kennzahlenklasse	Endogene Beschreibungsgröße		Exogene Beschreibungsgröße
Kennzahlentyp	Zielgröße	Steuergröße	Einflussgröße

Abbildung 5-17:   Erweiterung der Morphologie zur Kennzahlenbeschreibung

Neben den Zielgrößen gibt es mit dem Kennzahlentyp ‚Steuergröße' eine weitere, von Zielgrößen disjunkte Menge an endogenen Beschreibungsgrößen, die wie folgt definiert sind:

> Endogene Beschreibungsgrößen, welche Steuerungsmaßnahmen quantifizieren, sind Steuergrößen.

Folglich werden Zielgrößen durch Steuerungsmaßnahmen, d. h. durch die Manipulation von Steuergrößen, beeinflusst. Wie in Abbildung 5-17 dargestellt, werden schlussendlich *exogene Beschreibungsgrößen* nachfolgend als *Einflussgröße* bezeichnet.

Während Steuergrößen keine Optimierungsrichtung haben, gibt es bei Zielgrößen eine logisch-intuitive Optimierungsrichtung, die von den definierten Zielen abhängt. So wird bspw. die Kennzahl *Herstellkosten* eine Zielgröße für das Ziel *Senkung der Produktkosten*. Entsprechend diesen Charakteristika von Zielgrößen wird die in Abschnitt 5.1.2 hergeleitete Kennzahlenbeschreibung für Zielgrößen spezifiziert: Anstelle der Perspektive wird die entsprechende Zugehörigkeit zu den Zielen kenntlich gemacht. Zudem wird die in Abschnitt 5.2.1 erläuterte Zielgewichtung aufgenommen und es werden die Optimierungsrichtung und der Kennzahlentyp als Eigenschaften hinzugefügt (vgl. Abbildung 5-18).

Ziel und Zielgewichtung		Kennzahl	Optimierungs-richtung	Kennzahlen-typ	Kennzahlen-klasse	Strukturebene		Skalierung	Berechnung
Steigerung des Unternehmens-wertes	70 %	RETURN ON CAPITAL EMPLOYED	Steigerung	Zielgröße	Endogene Beschreibungs-größe	PPF	x	Verhältnis-skaliert	$ROCE = \dfrac{EBIT}{Capital\ Employed}$
						PL			
					P				
Senkung der Produktkosten	15 %	HERSTELL-KOSTEN	Reduzierung	Zielgröße	Endogene Beschreibungs-größe	PPF	x	Absolut-skaliert	-
						PL	x		
					P	x		

← Ziel → ← Kennzahlen → ← Kennzahleneigenschaft →

Legende		
vererbt aus Zielbeschreibung (Abschnitt 5.2.1)	Neue Variablen	vererbt aus Kennzahlenmorphologie (Abschnitt 5.1.2)	PPF: Produktportfolio PL: Produktlinie P: Produkt

Abbildung 5-18:   Beispielhafte Zieloperationalisierung

Entsprechend den Ordnungsrahmenfeldern aus Abbildung 5-14 werden zur Quantifizierung von Erfolgspotenzialen Kennzahlen verwendet, die Indikatoren in Bezug auf finanzielle Erfolge darstellen.[687] Auf der Erfolgsebene (vgl. III und IV in Abbildung 5-19) finden sich entsprechend finanzwirtschaftliche Ergebniskennzahlen. Wie Abbildung 5-19 zu entnehmen ist, stellt die Zielgröße *Return on Capital Employed* eine Kennzahl dar, anhand derer der Erreichungsgrad des Ziels *Steigerung des finanziellen Unternehmenswertes* gemessen und optimiert werden kann.

Abbildung 5-19:   Beispielhafte Operationalisierung von Zielen mittels Zielgrößen

Werden mehrere produktportfoliorelevante Unternehmensziele betrachtet, entsteht ein Steuerungs-Kennzahlensystem[688], bei dem zugunsten sachlogischer Zusammenhänge auf mathematische Verknüpfungen zwischen den Zielgrößen verzichtet wird (vgl. Abschnitt 2.2.2). Entsprechend wird zur Quantifizierung der Beziehungen zwischen den Zielgrößen ein Erklärungsmodell benötigt (vgl. Unterkapitel 5.3). Nach Erfüllung der ersten beiden Anforderungen bedarf es der Beschreibung der Eignung einer Zielgröße zur Operationalisierung eines spezifischen Ziels.

Bewertung der Kennzahlengüte zur Zieloperationalisierung

Die Bewertung der Güte einer Zielgröße zur Operationalisierung eines produktportfoliorelevanten Unternehmensziels soll in Anlehnung an die in Abschnitt 5.1.2 erarbeiteten unternehmensunabhängigen Kriterien zur Beschreibung der Kennzahlengüte geschehen. Dabei kann die Bewertung in den Kriterien *Suffizienz* und *Interpretierbarkeit* von den bereits vorhandenen Nutzwertanalysen der endogenen Beschreibungsgrößen übernommen werden (vgl. Tabelle A-17 bis Tabelle A-28 in Anhang A.4). Lediglich die Bewertung der *Genauigkeit*, i. S. der inhaltlichen Übereinstimmung zwischen Zielgröße und Unternehmensziel ist ausstehend. Die Bewertung der Genauigkeit erfolgt entsprechend der in Abbildung 5-9 gezeigten Kriterienausprägungen. Die Bewertung der endogenen Beschreibungsgrößen aus Abschnitt 5.1.2 hinsichtlich deren Eignung für eine

---

[687] Vgl. Weber und Schäffer (2016), Einführung in das Controlling, S. 202.
[688] Gladen (2014), Performance Measurement, S. 102.

Operationalisierung ausgewählter produktportfoliorelevanter Unternehmensziele aus Abschnitt 5.2.1 ist in Tabelle A-71 bis Tabelle A-74 im Anhang A.6 zu finden. Die Bewertungsergebnisse werden im Folgenden zusammengefasst.

Die Bewertung der endogenen Beschreibungsgrößen hinsichtlich ihrer Nutzbarkeit als Zielgrößen zeigt, dass je Ziel auch mehrere Zielgrößen sinnhaft sein können. Am Beispiel des Ziels *Steigerung des finanziellen Unternehmenswertes* ist jedoch eindeutig die Kennzahl *Return on Capital Employed* zu präferieren, da diese den höchsten Wert in der Nutzwertanalyse erhalten hat. Anhand des beschriebenen Vorgehens muss der Anwender der Methodik selbstständig je unternehmensspezifischem Ziel geeignete Zielgrößen auf Basis der Grundgesamtheit an endogenen Beschreibungsgrößen identifizieren. Analog den Ausführungen in Abschnitt 5.2.2 wird die Berücksichtigung unternehmensspezifischer Kriterien in der Bewertung empfohlen (vgl. Abbildung 5-8).

5.2.3 Zusammenfassung des Beschreibungsmodells für das produktportfoliorelevante Unternehmenszielsystem

Das Ziel des zweiten Methodikschritts bestand in der Beschreibung des produktportfoliorelevanten Unternehmenszielsystems in der Art, dass im dritten Methodikschritt präskriptive Datenanalyseverfahren angewendet werden können. Um die langfristige Steigerung des Unternehmenswerts als übergeordnete Zielsetzung durch die Steuerung des Produktportfolios zu realisieren, wurden vier Felder identifiziert, anhand derer der Anwender der Methodik in der Lage ist, unternehmensspezifische produktportfoliorelevante Unternehmensziele zu erfassen. Zudem wurde mittels paarweisen Vergleichs ein Vorgehen zur Zielpriorisierung vorgestellt, um vorhandene Ressourcen in der Produktportfoliosteuerung optimal einzusetzen. Die priorisierten Ziele wurden anhand von Zielgrößen operationalisiert. Das Vorgehen sowie die Ergebnisse der Artefakterstellung im zweiten Methodikschritt sind in Abbildung 5-20 zusammengefasst.

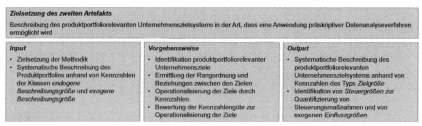

Abbildung 5-20:   Datenbasierte Unternehmenszielsystembeschreibung

Im Methodikschritt wurde erläutert, dass Zielgrößen durch die Manipulation von Steuergrößen, d. h. durch die Realisierung von Steuerungsmaßnahmen, beeinflusst werden. Zur Identifikation optimaler Maßnahmen müssen zudem Einflussgrößen betrachtet werden. Für eine Ermittlung von Wirkzusammenhängen zwischen Produktportfolio und Unternehmenszielsystem bilden folglich Steuer- und Einflussgrößen, die Eingangsvariablen und die beschriebenen Zielgrößen die Ausgangsvariablen (vgl. Unterkapitel 5.3).

5.3 Ermittlung der Wirkzusammenhänge zwischen Produktportfoliosteuergrößen und Unternehmenszielen

Nach der datenbasierten Beschreibung sowohl des Produktportfolios als auch des Unternehmenszielsystems besteht das Ziel des dritten Methodikschritts in der Identifikation von Optimierungspotenzialen zur Steigerung der Konformität zwischen Produktportfolio und Unternehmenszielsystem. Zur Zielerreichung werden Wirkzusammenhänge zwischen den Steuergrößen des Produktportfolios und den Unternehmenszielen modelliert und es wird folgende Teilforschungsfrage beantwortet:

> Wie lassen sich Wirkzusammenhänge zwischen Produktportfoliosteuergrößen und produktportfoliorelevanten Unternehmenszielen ermitteln?

Wie bereits in Abschnitt 4.4.3 beschrieben, lässt sich die Teilforschungsfrage mittels einer Methode zur Realisierung eines Erklärungsmodells unter Anwendung von Neuronalen Netzen beantworten. Dem CRISP-DM-Modell folgend müssen vor der Anwendung eines Neuronalen Netzes die Phasen ‚Datenvorbereitung‘, ‚Modellierung‘ und ‚Evaluation‘ durchlaufen werden. Entsprechend diesen Phasen ist der dritte Methodikschritt aufgebaut (vgl. Abbildung 5-21). Die notwendigen Schritte innerhalb der Phase ‚Datenvorbereitung‘ bauen auf dem Referenzprozess nach Chapman et al. auf.[689] Da das CRISP-DM-Modell in den sich anschließenden Phasen eine methodenunabhängige Unterstützung bietet, erfolgt die Detaillierung der Phasen ‚Modellierung‘, ‚Evaluation‘ und ‚Anwendung‘ anhand des Referenzprozesses nach Backhaus.[690] Dieser Prozess ist konkret für die Anwendung von Neuronalen Netzen erstellt worden und stellt demnach ein fundiertes Rahmenwerk für den dritten Methodikschritt dar.

---

[689] Vgl. Chapman et al. (2000), CRISP-DM 1.0, S. 23ff.
[690] Vgl. Backhaus et al. (2015), Fortgeschrittene Multivariate Analysemethoden, S. 308.

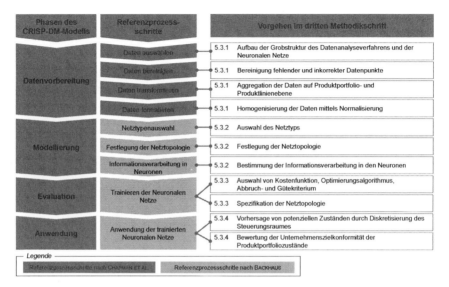

Phasen des CRISP-DM-Modells	Referenzprozess-schritte	Vorgehen im dritten Methodikschritt	
	Daten auswählen	5.3.1	Aufbau der Grobstruktur des Datenanalyseverfahrens und der Neuronalen Netze
	Daten bereinigen	5.3.1	Bereinigung fehlender und inkorrekter Datenpunkte
Datenvorbereitung	Daten transformieren	5.3.1	Aggregation der Daten auf Produktportfolio- und Produktlinienebene
	Daten formalisieren	5.3.1	Homogenisierung der Daten mittels Normalisierung
	Netztypenauswahl	5.3.2	Auswahl des Netztyps
Modellierung	Festlegung der Netztopologie	5.3.2	Festlegung der Netztopologie
	Informationsverarbeitung in Neuronen	5.3.2	Bestimmung der Informationsverarbeitung in den Neuronen
Evaluation	Trainieren der Neuronalen Netze	5.3.3	Auswahl von Kostenfunktion, Optimierungsalgorithmus, Abbruch- und Gütekriterium
		5.3.3	Spezifikation der Netztopologie
Anwendung	Anwendung der trainierten Neuronalen Netze	5.3.4	Vorhersage von potenziellen Zuständen durch Diskretisierung des Steuerungsraumes
		5.3.4	Bewertung der Unternehmenszielkonformität der Produktportfoliozustände

Legende
Referenzprozessschritte nach CHAPMAN ET AL.   Referenzprozessschritte nach BACKHAUS

Abbildung 5-21: **Vorgehen zur Erarbeitung eines Erklärungsmodells für die Identifikation von Optimierungspotenzialen am Produktportfolio**

Bevor die Modellierung der Neuronalen Netze erfolgen kann, muss deren Grobstruktur hergeleitet und ein Vorgehen zur Vorbereitung der notwendigen Datensätze beschrieben werden (vgl. Abschnitt 5.3.1). Im Anschluss erfolgt die Modellierung selbst (vgl. Abschnitt 5.3.2). Dabei wird zunächst entsprechend den Charakteristika der Produktportfoliosteuerung eine Art von Neuronalen Netzen ausgewählt und anschließend werden die Netztopologie und die Informationsverarbeitung bestimmt. Sind diese Netzparameter definiert, erfolgt die Beschreibung des Trainingsvorgangs (vgl. Abschnitt 5.3.3). Im Training werden die Netzparameter so lange justiert, bis die geforderte Modellierungsgüte erreicht ist und so die exakte Netztopologie bestimmt werden kann. Der dritte Methodikschritt schließt mit der Anwendung der trainierten Neuronalen Netze zur Vorhersage der Unternehmenszielkonformität des Produktportfolios (vgl. Abschnitt 5.3.4). Durch den Vergleich der Konformität des aktuellen Produktportfoliozustands zu potenziellen zukünftigen Zuständen können Optimierungspotenziale für das Produktportfolio identifiziert werden.

5.3.1   Vorbereitung der Daten zur Anwendung in Neuronalen Netzen

Das im dritten Methodikschritt zu erarbeitende Erklärungsmodell soll mittels Neuronaler Netze realisiert werden. Bevor die Modellierung einzelner Neuronaler Netze erfolgen kann, muss definiert werden, wie die inhaltlichen Abhängigkeiten des Realsystems ‚Produktportfolio' im Erklärungsmodell berücksichtigt werden können. Dieser Übertrag von Realsystem in die Modellbildung findet durch den *Aufbau der Grobstruktur* der Neuronalen Netze statt. Entsprechend der Grobstruktur erfolgt die Vorbereitung der notwendigen Datensätze für den Modellaufbau gemäß dem CRISP-DM-Modell durch *Bereinigung*, *Aggregation* und *Homogenisierung*.

Aufbau der Grobstruktur des Datenanalyseverfahrens und der Neuronalen Netze

Um den Anwendungskontext der Produktportfoliosteuerung richtig zu modellieren, müssen die Charakteristika des Realsystems ‚Produktportfolio' in der Strukturierung des Datenanalyseverfahrens und damit auch im Aufbau der Neuronalen Netze berücksichtigt werden. Den Ausführungen in Abschnitt 2.1.2 folgend orientiert sich die Modellstruktur an der Produktportfoliostruktur. Im Sinne des Verkürzungsmerkmals und des pragmatischen Merkmals (vgl. Abschnitt 4.2.2) wird so sichergestellt, dass die relevanten inhaltlichen Abhängigkeiten des Realsystems ‚Produktportfolio' im Modell abgebildet werden. Die Struktur eines Produktportfolios wird anhand der Produktportfoliobreite und der -tiefe definiert. Während zur Steuerung der *Produktportfoliobreite* eine Betrachtung auf Produktportfolioebene vorgenommen wird, erfolgt die Anpassung der *Produktportfoliotiefe* auf Produktlinienebene. Entsprechend dieser Struktur existieren je Ebene verschiedene Handlungsoptionen, die sich im Zeithorizont der Umsetzung und im Ressourcenaufwand signifikant unterscheiden. Um die Unterschiedlichkeit der Steuerungsdimensionen der Breite und Tiefe im Modell abzubilden, wird das übergeordnete Analyseproblem der Produktportfoliosteuerung in ein Analyseproblem B zur Steuerung der Produktportfoliobreite sowie in L Analyseprobleme zur Steuerung der Produktportfoliotiefe $T \in \{T_l | T_1, ..., T_L\}$ dekomponiert. Damit wird die Tiefe T für jede der L Produktlinien separat gesteuert. Insgesamt bilden damit die $L + 1$ Analyseprobleme die Grobstruktur des Datenanalyseverfahrens (vgl. Abbildung 5-22).

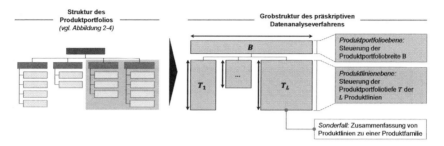

Abbildung 5-22:   Grobstruktur des präskriptiven Datenanalyseverfahrens

Eine derartige Verfahrensgrobstruktur erlaubt die Abbildung aller relevanten inhaltlichen Abhängigkeiten des Realsystems: Auf *Produktportfolioebene* werden Abhängigkeiten zwischen Produktlinien betrachtet, während auf *Produktlinienebene* ähnliche Produkte in Produktlinien zusammengefasst werden. Gehören mehrere Produktlinien zu einer Produktfamilie, werden diese aufgrund deren Ähnlichkeit in einem Analyseproblem zur Steuerung der Produktportfoliotiefe zusammengefasst.

Um die in der Grobstruktur des Datenanalyseverfahrens definierten $L + 1$ Analyseprobleme mittels Neuronaler Netze abzubilden, wird ein Neuronales Netz je Analyseproblem benötigt. Für die $L + 1$ Neuronalen Netze soll folgend die Grobstruktur aufgebaut werden, die wie folgt definiert ist:

> Der Aufbau der Grobstruktur eines Neuronalen Netzes umfasst die Identifikation von Eingangs- und Ausgangsvariablen des Neuronalen Netzes.

Ziel der Verwendung der Neuronalen Netze ist die Modellierung von Wirkzusammenhängen zwischen Produktportfoliosteuergrößen und den Zielgrößen des Unternehmenszielsystems. Demnach stellen Zielgrößen Y_j mit $j = 1, ..., D$ die Ausgangsvariablen der Netze dar. Anhand der Zielgrößen wird die Zielerreichung je Unternehmensziel U_f mit $f = 1, ..., F$ quantifiziert (vgl. Abschnitt 5.2.2). Die Zielerreichung ist abhängig von den Steuergrößen $X_{e,i}$ und Einflussgrößen $E_{e,g}$ des Produktportfolios, die als Eingangsvariablen modelliert werden (vgl. Abschnitt 5.1.2). Dabei beschreibt der Index e die zugehörige Ebene des Produktportfolios mit $e \in \{B, T\}$ und der Index i kennzeichnet die spezifische Steuergröße mit $i = 1, ..., M$. Mit dem Index $g = 1, ..., G$ wird eine Einflussgröße der Eingangsvariablen identifiziert (vgl. Abbildung 5-23). Auf welcher Produktportfolioebene welche Steuer- und Einflussgrößen sinnvoll definiert sind, ist bereits durch die Morphologie zur Kennzahlenbeschreibung anhand der Ausprägung des Merkmals ‚Strukturebene' definiert (vgl. Abschnitt 5.1.2). Damit ergeben sich für das Neuronale Netz des Analyseproblems zur Steuerung der Produktportfoliobreite B andere Eingangsvariablen als bei den Neuronalen Netzen zur Steuerung der Tiefe $T \in \{T_l | T_1, \dots, T_L\}$. Im Gegensatz dazu wird bei den Zielgrößen keine Unterscheidung hinsichtlich des Analyseproblems vorgenommen. Da das Produktportfolio als Ganzes an dem Unternehmenszielsystem auszurichten ist, gelten für alle Analyseprobleme identische Zielgrößen. Damit haben auch alle Neuronalen Netze stets die gleichen Ausgangsvariablen.

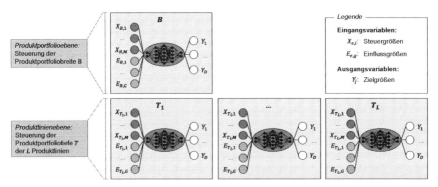

Abbildung 5-23:   Grobstruktur der Neuronalen Netze

Zur Verbesserung der Qualität der Neuronalen Netze und damit der Vorhersage von Unternehmenszielkonformitäten wird die Komplexität der Grobstruktur der Neuronalen Netze dahingehend reduziert, dass nur die relevantesten Unternehmensziele Betrachtung finden. Die Auswahl der Ziele erfolgt anhand einer ABC-Analyse (vgl. Abbildung 5-24). Dazu werden die Unternehmensziele U_f nach absteigender Zielgewichtung w_f (vgl. Abschnitt 5.2.1) sortiert. Anschließend werden die kumulierten Zielgewichte für eine Einteilung der Ziele in die Kategorien A, B und C genutzt. Die Gesamtheit der Ziele aus Kategorie A repräsentiert gemäß dem Paretoprinzip[691] die relevantesten 80 % des Unternehmenszielsystems und wird daher in der Modellierung fokussiert. Die Ziele der Kategorien B und C bilden gemeinsam nur 20 % der relativen Gewichtung und sollen vernachlässigt werden. Liegt pro Ziel U_f eine Zielgröße Y_j vor, kann die Zielgewichtung direkt auf die Zielgröße übertragen werden, sodass $w_f = w_j$ gilt. Werden mehrere

---

[691] Das Paretoprinzip besagt, dass 80 % der Ergebnisse mit 20 % des Gesamtaufwands erreicht werden. Zur Erreichung der verbleibenden 20 % der Ergebnisse fallen entsprechend 80 % des Gesamtaufwands an (vgl. Koluksuz (2020), Effective Project Control, S. 174.).

Zielgrößen einem Ziel zugeordnet, muss die Zielgewichtung w_f gleichmäßig auf die Zielgrößen aufgeteilt werden, wobei stets $\sum w_j = 1$ gilt.

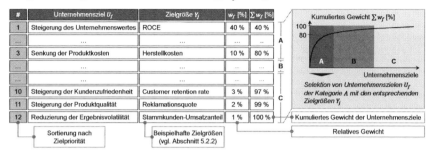

#	Unternehmensziel U_f	Zielgröße Y_j	w_f [%]	$\sum w_f$ [%]
1	Steigerung des Unternehmenswertes	ROCE	40 %	40 %
...	...	...	...	...
3	Senkung der Produktkosten	Herstellkosten	10 %	80 %
...	...	...	...	...
...	...	...	...	...
10	Steigerung der Kundenzufriedenheit	Customer retention rate	3 %	97 %
11	Steigerung der Produktqualität	Reklamationsquote	2 %	99 %
12	Reduzierung der Ergebnisvolatilität	Stammkunden-Umsatzanteil	1 %	100 %

Sortierung nach Zielpriorität · Beispielhafte Zielgrößen (vgl. Abschnitt 5.2.2)

Abbildung 5-24:   Auswahl an Unternehmenszielen mittels ABC-Analyse

Nach dem Aufbau der Grobstruktur der Neuronalen Netze folgt die Vorbereitung eines Datensatzes für jedes Netz. Entscheidend für den Datensatzaufbau ist die Extraktion von Kennzahlenzeitreihen für die Eingangs- und Ausgangsvariablen mit einer ausreichenden Anzahl an Datenpunkten N je Zeitreihe (vgl. Formel 5.4):

$$N = \frac{T_H}{\triangle t} \qquad\qquad 5.4$$

mit $T_H = t_0 - t_v$

N: Anzahl der Datenpunkte in einer Zeitreihe

T_H: Zeitraum der Datenaufnahme

$\triangle t$:   Abtastfrequenz

t_0:   Zeitpunkt der retrospektiven Datenaufnahme

t_v: Zeitpunkt der frühesten Datenverfügbarkeit der Variablen

Dazu wird nach Formel 5.4 der Zeitraum der historischen Datenaufnahme T_H und die zeitliche Abtastfrequenz $\triangle t$ derart gewählt, dass die Anzahl an Datenpunkten N maximiert wird. Der Zeitraum T_H bestimmt sich durch die Zeitspanne zwischen dem aktuellen Zeitpunkt t_0 und dem Zeitpunkt der frühesten Datenverfügbarkeit t_v der Variablen (vgl. Abbildung 5-25). Für den Anwendungskontext der Produktportfoliosteuerung empfiehlt sich eine monatliche oder quartalsweise Abtastfrequenz.

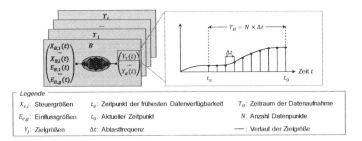

Abbildung 5-25: Zeitliche Datensatzstruktur zur retrospektiven Datenaufnahme

Im Anschluss an die unternehmensspezifische Datenextraktion findet die Bereinigung der Datensätze und die Ergänzung fehlender Datenpunkte statt.

Bereinigung fehlender und inkorrekter Datenpunkte

Zur Steigerung der Datenanalysequalität werden fehlende Datenpunkte und Ausreißer identifiziert und anhand linearer Interpolation neu geschätzt. Die Ursache für *fehlende Werte* findet sich oft in der Zusammenfassung von Datensätzen aus mehreren Datenquellen mit unterschiedlicher Abtastfrequenz. Während fehlende Werte leicht erkennbar sind, müssen Ausreißer durch eine Ausreißer-Analyse identifiziert werden. Dabei werden *Ausreißer* wie folgt definiert:[692]

Unter Ausreißern werden Datenpunkte in einer Zeitreihe verstanden, die sich signifikant (vgl. Formel 5.6) von den restlichen Datenpunkten unterscheiden.

Zur Ausreißeridentifikation werden für die Variablen *Vertrauensintervalle* auf Basis des Mittelwerts $\overline{KL}$ der jeweiligen Zeitreihe und der doppelten Standardabweichung s bestimmt (vgl. Formel 5.5):[693]

$$s = \sqrt{\frac{\sum_{n=1}^{N}(KL_n - \overline{KL})^2}{N-1}} \qquad 5.5$$

s:	Standardabweichung in einer Zeitreihe
N:	Anzahl der Datenpunkte in einer Zeitreihe
KL_n:	Wert des Datenpunkts der Kennzahl KL zum Zeitpunkt t_n
$\overline{KL}$:	Mittelwert der Zeitreihe

---

[692] Vgl. Aggarwal (2015), Data mining, S. 17.
[693] Vgl. Schendera (2007), Datenqualität mit SPSS, S. 173.

Ein Datenpunkt unterscheidet sich signifikant von den restlichen Datenpunkten und stellt einen potenziellen Ausreißer dar, wenn für seinen Wert Formel 5.6 gilt.[694] Ob es sich bei dem nach Formel 5.6 identifizierten Datenpunkt um einen echten Ausreißer handelt, kann jedoch erst nach inhaltlicher Prüfung festgestellt werden.

$$KL_n < \overline{KL} \pm 2 \times s \qquad\qquad 5.6$$

s:	Standardabweichung in einer Zeitreihe
KL_n:	Wert des Datenpunkts der Kennzahl KL
	zum Zeitpunkt t_n
$\overline{KL}$:	Mittelwert der Zeitreihe

Bei fehlenden Werten oder echten Ausreißern müssen die Datenpunkte entweder entfernt oder durch eine Schätzung ersetzt werden. Aufgrund des Anwendungskontextes führt das Entfernen eines Datenpunktes einer Variablen zu einem Zeitpunkt t gleichzeitig zum Wegfall des Datenpunkts bei allen Variablen. Aus diesem Grund werden fehlende Werte und Ausreißer durch lineare Interpolation der Werte der benachbarten Datenpunkte gemäß Formel 5.7 ersetzt:[695]

$$KL_{Typ,n} = KL_{n-1} + \left(\frac{t_n - t_{n-1}}{t_{n+1} - t_{n-1}} \right) \times (KL_{n+1} - KL_{n-1}) \qquad 5.7$$

$KL_{Typ,n}$:	fehlender Wert bzw. Ausreißer zum Zeitpunkt t_n mit
	$Typ \in \{$Ausreißer, fehlender Wert$\}$
KL_{n-1}:	Wert des Datenpunkts zum Zeitpunkt t_{n-1}
KL_{n+1}:	Wert des Datenpunkts zum Zeitpunkt t_{n+1}

Nach dem Ersetzen von fehlenden Datenpunkten und Ausreißern muss sichergestellt werden, dass alle Datenpunkte auf Produktportfolio- und Produktlinienebene vorliegen.

Aggregation der Daten auf Produktportfolio- und Produktlinienebene

In Abschnitt 5.1.2 wurde für alle Beschreibungsgrößen anhand der Kennzahleneigenschaft *Strukturebene* die Produktportfolioebene definiert, auf welcher die Größen sinnvoll vorliegen (vgl. Abbildung 5-7). Liegen Datenpunkte in dem vorhandenen Datensatz nicht auf allen geforderten Ebenen vor oder sind sie nur auf Produktebene verfügbar, muss eine Aggregation der Werte anhand von mathematischen Operatoren auf die jeweils höheren Ebenen des Produktportfolios stattfinden. Entsprechend der Produktportfoliostruktur lässt sich zwischen der Aggregation von Daten der Produkt- auf die Pro-

---

[694] Vgl. Schendera (2007), Datenqualität mit SPSS, S. 199.
[695] Vgl. Aggarwal (2015), Data mining, S. 459.

duktlinienebene und der Aggregation der Daten aller Produktlinien auf die Produktportfolioebene unterschieden. Zusätzlich differenziert sich das Vorgehen in Abhängigkeit von der Skalierung der Kennzahlen (vgl. Abbildung 5-26).

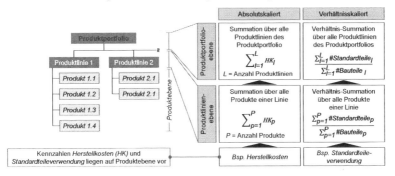

Abbildung 5-26:   Datenaggregation auf Produktlinien- und Produktportfolioebene

Wie in Abbildung 5-26 gezeigt, erfolgt die Summation der Datenpunkte für absolutskalierte Kennzahlen, wie z. B. *Herstellkosten*, direkt (vgl. Formel 5.8 und Formel 5.10). Bei verhältnisskalierten Kennzahlen, wie z. B. der *Standardteileverwendung*, werden der Zähler bzw. der messende Wert KZ_{Mes} und der Nenner bzw. der als Maß dienende Wert $KZ_{Maß}$ separat voneinander summiert und anschließend wieder in Relation zueinander gesetzt (vgl. Formel 5.9 und Formel 5.11):

	Absolute Skalierung		**Verhältnisskalierung**	
Aggregation auf Produktportfolioebene	$KL_B = \sum_{l=1}^{L} KL_{T_l}$	5.8	$KL_B = \dfrac{\sum_{l=1}^{L} KL_{T_l,Mes}}{\sum_{l=1}^{L} KL_{T_l,Maß}}$	5.9
Aggregation auf Produktlinienebene	$KL_{T_l} = \sum_{p=1}^{P} KL_p$	5.10	$KL_{T_l} = \dfrac{\sum_{p=1}^{P} KL_{p,Mes}}{\sum_{p=1}^{P} KL_{p,Maß}}$	5.11

KL_B: Kennzahlenwert auf Produktportfolioebene B
KL_{T_l}:   Kennzahlenwert auf Produktlinienebene T in der Produktlinie l
$KL_{T_l,Mes}$:   messender Kennzahlenwert auf Produktlinienebene T
$KL_{T_l,Maß}$:   als Maß dienender Kennzahlenwert auf Produktlinienebene T
$KL_{p,Mes}$:   messender Kennzahlenwert bei Produkt p
$KL_{p,Maß}$:   als Maß dienender Kennzahlenwert bei Produkt p

Liegen die Datenpunkte auf allen Ebenen vor, werden abschließend die Skalen der Eingangs- und Ausgangsvariablen homogenisiert.

Homogenisierung der Daten mittels Normalisierung

Sofern die Eingangs- und Ausgangsvariablen in verschiedenen Skalen vorliegen, werden einzelne Variablen auf Kosten anderer höher gewichtet.[696] Um dies zu vermeiden, findet eine Transformation der Skalen aller Variablen auf ein einheitliches Intervall [0,1] statt. Zur Transformation sind zwei Methoden bekannt: Standardisierung und bereichsorientierte Normalisierung. Aufgrund der Robustheit gegenüber Ausreißern wird in der Literatur oftmals die Methode der Standardisierung präferiert. Da Ausreißer jedoch bereits im Schritt der Datenbereinigung berücksicht wurden und für die Berechnung der Konformität zwischen Produktportfolio und Unternehmenszielsystem eine Skala im Intervall von 0 bis 1 benötigt wird, findet die *bereichsorientierte Normalisierung* in der Arbeit Anwendung (vgl. Formel 5.12):[697]

$$KL'_n = \frac{KL_n - KL_{min}}{KL_{max} - KL_{min}}$$ 5.12

KL'_n: skalierter Wert der Kennzahl zum Zeitpunkt t_n
KL_n: nicht-skalierter Wert der Kennzahl zum Zeitpunkt t_n
KL_{max}:   maximaler Wert der Kennzahl in der betrachteten Zeitspanne T_H
KL_{min}:   minimaler Wert der Kennzahl in der betrachteten Zeitspanne T_H

Mit der Homogenisierung ist die Phase *Datenvorbereitung* abgeschlossen und es liegt je Analyseproblem ein Datensatz zur Analyse in den jeweiligen Neuronalen Netzen vor. Im Folgenden wird die Modellierung der Neuronalen Netze dargelegt, bevor anhand der Datensätze das Trainieren der Neuronalen Netze erfolgt.

5.3.2 Modellierung der Neuronalen Netze

Dem Referenzprozess nach BACKHAUS folgend (vgl. Abbildung 5-21) umfasst die Modellbildung Neuronaler Netze die *Auswahl des Netztyps*, die *Festlegung der Netztopologie* und schließlich die *Bestimmung der Informationsverarbeitung in den Neuronen*.

Auswahl des Netztyps

Der Typ der vorliegenden Analyseprobleme definiert den Typ eines Neuronalen Netzes. Im Hinblick auf die Zielsetzung des dritten Methodikschritts wird die Wirkung von Steuergrößen des Produktportfolios und von Einflussgrößen auf Zielgrößen untersucht.

---

[696] Vgl. Aggarwal (2015), Data mining, S. 35.
[697] Vgl. Aggarwal (2015), Data mining, S. 462.

Auf Basis der Modellierung der Wirkzusammenhänge sollen Prognosen über die Zielkonformität des Produktportfolios erstellt werden. Damit lassen sich die vorliegenden Analyseprobleme als *Ursache-Wirkungs-Beziehung* bzw. *multivariate Regression* und als *Prognose* charakterisieren. Nach BACKHAUS wird zur Modellierung derartiger Analyseprobleme der Netztyp des *Multi-Layer-Perceptron* (MLP) verwendet.[698] MLP-Netze bestehen aus einer Eingabe- und Ausgabeschicht sowie mehreren verdeckten Schichten.[699] Die Funktionsweise von MLP-Netzen entspricht dem in Abschnitt 2.4.4 vorgestellten Prinzip. Darüber hinaus sind MLP-Netze vorwärtsgerichtet, d. h. innerhalb einer Schicht bestehen keine Verbindungen zwischen den Neuronen. Vielmehr sind alle Neuronen einer Schicht direkt mit den Neuronen der nachfolgenden Schicht verbunden.[700] Dieses Charakteristikum findet im Weiteren bei der Auswahl des Lernverfahrens Berücksichtigung. Auf Basis des ausgewählten Netztyps erfolgt im nächsten Schritt die Festlegung der Netztopologie.

Festlegung der Netztopologie

Die Netztopologie umfasst die Festlegung der *Anzahl an verdeckten Schichten,* der *Anzahl an Neuronen je verdeckter Schicht* sowie der *Struktur der Verbindungen zwischen den Neuronen.*[701] Für die vorliegende Arbeit soll auf die Grundstruktur der Topologie der Neuronale Netze aus dem Ansatz nach REYES UND VENTURA (vgl. Abschnitt 3.2.2) zurückgegriffen und diese auf den Kontext der Arbeit adaptiert werden.[702] Dabei werden gemäß der Grobstruktur des Datenanalyseverfahrens den Steuergrößen $X_{e,i}$ und Einflussgrößen $E_{e,g}$ als Eingangsvariablen je ein Neuron in der **Eingabeschicht** zugeordnet. Die **Ausgabeschicht** setzt sich aus D Neuronen zusammen, die jeweils einer Zielgröße Y_j zugeordnet sind. Die **verdeckten Schichten**, welche sich zwischen Eingabe- und Ausgabeschicht befinden, werden in teilende verdeckte Schichten ts und nicht-teilende verdeckte Schichten ns unterteilt. In *teilenden verdeckten Schichten* sind alle Neuronen a_{ts} einer Schicht vollständig mit den Neuronen der Nachbarschicht verbunden (vgl. (1) in Abbildung 5-27). Der Begriff ‚teilende Schicht' basiert auf dem Fakt, dass alle Ausgangsvariablen die Parameter der teilenden Schichten teilen. Hierdurch sind die Neuronalen Netze in der Lage, komplexe Beziehungen zwischen Unternehmenszielen bei der Ermittlung der Wirkzusammenhänge zu berücksichtigen. Die teilenden Schichten werden mit nicht-teilenden Schichten vollständig verkettet (vgl. (2) in Abbildung 5-27). Im Gegensatz zu den teilenden Schichten sind die Neuronen in den *nicht-*

[698] Vgl. Backhaus et al. (2015), Fortgeschrittene Multivariate Analysemethoden, S. 309.
[699] Vgl. Caterini und Chang (2018), Deep Neural Networks in a, S. 36.
[700] Vgl. Aggarwal (2018), Neural Networks and Deep Learning, S. 17.
[701] Vgl. Backhaus et al. (2015), Fortgeschrittene Multivariate Analysemethoden, S. 310.
[702] Vgl. Reyes und Ventura (2019), Performing Multi-Target Regression via a Deep Network, S. 4.

teilenden Schichten nicht vollständig verbunden. Vielmehr sind jedem Unternehmensziel unternehmenszielspezifische Neuronen a_{ns} pro Schicht zugeordnet. Mit ns nicht-
teilenden Schichten entstehen demnach unternehmenszielspezifische Ketten von verdeckten Schichten (vgl. (3) in Abbildung 5-27), welche das Erlernen von unternehmenszielspezifischen Wirkzusammenhängen ermöglichen.

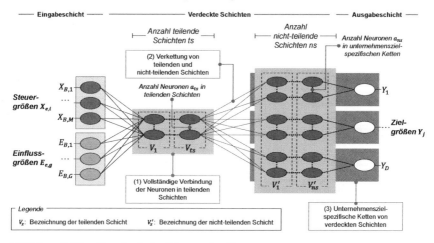

Abbildung 5-27:   Topologie der Neuronalen Netze

Während in der Modellierung die Grundstruktur der Netztopologie festgelegt werden
kann, ist eine allgemeine Empfehlung zur exakten Bestimmung der Anzahl an verdeckten Schichten ts bzw. ns sowie der Anzahl an Neuronen a_{ts} bzw. a_{ns} nicht sinnvoll
möglich. Grundsätzlich wird die Genauigkeit der Approximation der Eingangsvariablen
auf die Ausgangsvariablen durch eine hohe Anzahl an verdeckten Schichten und Neuronen in diesen erhöht. Jedoch muss angemerkt werden, dass durch eine möglichst hohe
Approximation das Neuronale Netze die Fähigkeit verlieren kann, unabhängig vom Trainingsdatensatz gute Ergebnisse zu erzielen. Man spricht in diesem Fall von der *Gefahr
des Übertrainierens* (engl. Overfitting), bei dem das Neuronale Netze die Muster des
Trainingsdatensatzes auswendig lernt, ohne die wahre Struktur des Analyseproblems zu
erfassen.[703] Um diesen Effekt zu vermeiden, wird im Spannungsfeld aus Genauigkeit und
Generalisierbarkeit die optimale Netztopologie durch systematisches Ausprobieren verschiedener Ausprägungen der Parameter ts, ns, a_{ts} und a_{ns} identifiziert. Als Startpunkt

---

[703] Vgl. Backhaus et al. (2015), Fortgeschrittene Multivariate Analysemethoden, S. 310.

dient der Ansatz nach REYES UND VENTURA, in der für sehr große Analyseprobleme (Anzahl an Datenpunkten $N \approx 9000$, Anzahl an Eingangsvariablen $M + G \approx 60$, Anzahl an Ausgangsvariablen $D \approx 16$) folgende Ausprägungen von Topologieparametern Verwendung fanden: $ts = ns = 5$ und $a_{ts} = a_{ns} = 64$.[704] Ausgehend von diesen Ausprägungen findet eine systematische Reduzierung der Netztopologiekomplexität für die vorliegenden Analyseprobleme statt. Bevor eine Evaluation verschiedener Netztopologien in Abschnitt 5.3.3 erfolgen kann, muss die Informationsverarbeitung in den Neuronen definiert werden.

Bestimmung der Informationsverarbeitung in den Neuronen

Den Ausführungen aus Abschnitt 2.4.4 folgend bedarf es zur Bestimmung der Informationsverarbeitung in den Neuronen der Definition einer Propagierungsfunktion und von Aktivierungsfunktionen für die Neuronen. Gemäß den Empfehlungen aus der Literatur[705] wird für die **Propagierungsfunktion** die *gewichtete Summe der Ausgabewerte* für alle Neuronen der Neuronalen Netze ausgewählt. Dabei werden die Eingangssignale σ_i eines Neurons c mit deren Gewichtung v_{ic} multipliziert und über eine Summenfunktion zu einem eindimensionalen Nettoeingabewert net_c verarbeitet (vgl. Formel 5.13):[706]

$$net_c = \sum_{i=1}^{I} v_{ic} \times \sigma_i \qquad 5.13$$

net_c: Nettoeingabewert von Neuron c

v_{ic}: Gewicht zwischen Neuron i und Neuron c

σ_i: Eingangssignal von Neuron c

Jedes Neuron c verarbeitet den Nettoeingabewert net_c über eine **Aktivierungsfunktion** zu einem Ausgabesignal σ_c. Da die einzelnen Schichten unterschiedlichen Zwecken dienen, werden die Aktivierungsfunktionen spezifisch für teilende und nicht-teilende verdeckte Schichten sowie die Ausgabeschicht ausgewählt (vgl. Abbildung 5-28).

---

[704] Vgl. Reyes und Ventura (2019), Performing Multi-Target Regression via a Deep Network, S. 8f.

[705] Vgl. Backhaus et al. (2015), Fortgeschrittene Multivariate Analysemethoden, S. 312.

[706] Vgl. Backhaus et al. (2018), Multivariate Analysemethoden, S. 583.

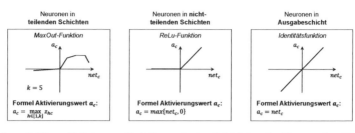

Abbildung 5-28:   Aktivierungsfunktionen in den Schichten der Neuronalen Netze[707]

Für die Neuronen in den *teilenden Schichten* wird die *MaxOut-Funktion* angewendet. Im Gegensatz zu den nicht-teilenden Schichten müssen teilende Schichten zusätzlich Interdependenzen zwischen den Unternehmenszielen bzw. Zielgrößen berücksichtigen. Als universelle Funktionsapproximatoren sind MaxOut-Aktivierungsfunktionen in der Lage, solche komplexen Relationen zu erkennen, indem neben der reinen Ausgabe der Aktivierung auch die Aktivierungsfunktion selbst anhand von k internen Funktionskomponenten approximiert wird.[708] Gemäß dem Vorschlag von REYES UND VENTURA wird für die Anzahl interner Komponenten $k = 5$ gewählt.[709] Der Wert der Funktionsausgabe ist der Maximalwert der k internen Komponenten. In den *nicht-teilenden Schichten* wird wegen der weniger komplexen unternehmenszielspezifischen Wirkzusammenhänge die *Rectified Linear Activation Function (ReLu)-Funktion* genutzt.[710] Aufgrund des einfachen mathematischen Aufbaus der Funktion und guter Konvergenzeigenschaften im Trainingsvorgang wird die ReLu-Funktion häufig für verdeckte Schichten verwendet.[711] Für die Neuronen der *Ausgabeschicht* wird die *Identitätsfunktion* verwendet, welche als Aktivierung den Nettoeingabewert selbst ausgibt. Die Funktion wird standardmäßig für kontinuierliche Ausgabevariablen verwendet und eignet sich damit auch für die hier vorliegenden Zielgrößen.[712]

Mit der Bestimmung der Informationsverarbeitung in den Neuronen ist die Modellierung der Neuronale Netze abgeschlossen. Neben der Informationsverarbeitung wurde der Netztyp sowie die Grundstruktur der Netztopologie zur multivariaten Regression

[707] In Anlehnung an Goodfellow et al. (2013), Maxout Networks, S. 1320ff.; Aggarwal (2018), Neural Networks and Deep Learning, S. 12f.
[708] Vgl. Goodfellow et al. (2013), Maxout Networks, S. 1320.
[709] Vgl. Reyes und Ventura (2019), Performing Multi-Target Regression via a Deep Network, S. 9.
[710] Vgl. Reyes und Ventura (2019), Performing Multi-Target Regression via a Deep Network, S. 5.
[711] Vgl. Aggarwal (2018), Neural Networks and Deep Learning, S. 13.
[712] Vgl. Aggarwal (2018), Neural Networks and Deep Learning, S. 12.

erarbeitet. Das Vorgehen zur Bestimmung der exakten Anzahl an verdeckten Schichten und der Neuronen in diesen Schichten findet durch das Trainieren der Netze statt.

5.3.3   Training der Neuronalen Netze

Ziel des Trainierens der MLP-Netze ist das Erlernen der in der Realität bestehenden Zusammenhänge zwischen den Eingangsvariablen, d. h. den Steuer- und Einflussgrößen, und den Ausgangsvariablen, d. h. den Zielgrößen. Zum Lernen werden die Netzparameter im Trainingsvorgang in der Art modifiziert, dass die Zusammenhänge zwischen den Variablen mit jedem Lernschritt besser durch die Netze abgebildet werden. Für die vorliegenden Analyseprobleme im Kontext der Produktportfoliosteuerung wird *überwachtes Lernen* angewendet. Dabei bildet der in Abschnitt 5.3.1 vorbereitete Datensatz als sog. *Trainingsdatensatz* die Realität ab. Eine häufig verwendete Art für das Trainieren von MLP-Netzen ist der **Feed-Forward-Backpropagation Algorithmus.** Der Algorithmus besteht aus neun Schritten, die es entsprechend auf die Produktportfoliosteuerung zu adaptiert gilt (vgl. Abbildung 5-29).[713]

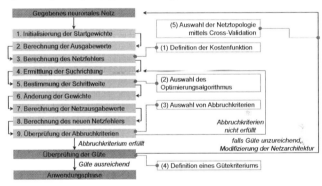

Abbildung 5-29:   **Vorgehensweise zum Trainieren der Neuronalen Netze[714]**

Zu Beginn des Trainingsvorgangs werden alle Gewichte zwischen den Neuronen $v_{i,c}$ durch zufällige Werte initialisiert (1.). Auf Basis der Startgewichte erfolgt eine erste Berechnung der Ausgabewerte aller Neuronen (2.). Die Ausgabewerte der Ausgabeschicht werden zur Berechnung des Netzfehlers r_j verwendet (3.). Der Netzfehler wird durch eine Fehlerfunktion, die sog. *Kostenfunktion* $L(r_j)$ bemessen, welche die Abweichung zwischen dem empirisch ermittelten Vorhersagewert $\hat{Y}_j$ und dem tatsächlichen Wert Y_j

---

[713] Vgl. Backhaus et al. (2015), Fortgeschrittene Multivariate Analysemethoden, S. 317.
[714] In Anlehnung an Backhaus et al. (2015), Fortgeschrittene Multivariate Analysemethoden, S. 318.

aus dem Trainingsdatensatz misst. Ziel des Trainingsvorgangs ist die Minimierung dieses Netzfehlers. Um den Netzfehler zu minimieren, werden die Gewichte der Neuronen iterativ modifiziert. Hierzu wird mit einem *Gradientenverfahren* für jede Verbindung die Richtung der Gewichtsänderung bestimmt, die den Fehlerwert am stärksten minimiert (4.). Um die Gewichte in den der Ausgabeschicht vorgelagerten Schichten zu optimieren, werden ausgehend von der Ausgabeschicht rekursiv Fehlersignale berechnet. Anschließend wird die *Schrittweite*, d. h. der Betrag der Gewichtsänderung, bestimmt (5.). Auf Basis der Richtung und der Schrittweite werden die Gewichte v_{ic} angepasst (6.). Mit den neuen Gewichten findet die Berechnung eines neuen Netzausgabewertes und eines entsprechenden Netzfehles statt (7. und 8.). Die Schritte vier bis acht werden bis zur Erfüllung von vorab definierten *Abbruchkriterien* wiederholt.[715]

Für die Adaption des Trainingsprozesses auf die Produktportfoliosteuerung wird eine *Kostenfunktion* $L(r_{j,n})$ definiert (vgl. (1) in Abbildung 5-29), die den Netzfehler r_j einzelner Zielgrößen messbar macht. Durch den Aufbau einer Optimierungsfunktion $J(\theta)$ wird die Minimierung der Kostenfunktion über alle Zielgrößen erreicht. Die Optimierung der Gewichte v_{ic} wird mittels eines *Optimierungsalgorithmus* (vgl. (2) in Abbildung 5-29) ermöglicht. Dieser realisiert entsprechend die Schritte vier und fünf des Trainingsprozesses. Der Trainingsprozess wird durch die Auswahl von *Abbruchkriterien* (vgl. (3) in Abbildung 5-29) unterbrochen, sobald eine hinreichende Genauigkeit der Vorhersage erreicht ist. Ein Vorgehen zur Beurteilung der *Modellgüte* (vgl. (4) in Abbildung 5-29) erlaubt abschließend die Bestimmung der *exakten Netztopologie* der Neuronalen Netze (vgl. (5) in Abbildung 5-29). Entsprechend diesen fünf Adaptionsschritten gliedern sich die folgenden Abschnitte.

Definition der Kostenfunktion

Eine für die Produktportfoliosteuerung geeignete Kostenfunktion muss zwei Anforderungen erfüllen: Eignung für Regressionsprobleme (I) und geringe Sensitivität ggü. großen Beträgen des Netzfehlers (II). Die zweite Anforderung begründet sich darin, dass die Einflussgrößen auch volkswirtschaftliche Entwicklungen beschreiben können und damit das Auftreten von plötzlichen volkswirtschaftlichen Ereignissen, wie bspw. Wirtschaftskrisen, den Lernprozess nicht stören darf. Eine Kostenfunktion, die beide Anforderungen erfüllt, ist der *Logarithmus des Kosinus Hyperbolicus*.[716] Die Berechnung der Kostenfunktion $L(r_{j,n})$ erfolgt entsprechend der Formel 5.14:[717]

---

[715] Vgl. Backhaus et al. (2015), Fortgeschrittene Multivariate Analysemethoden, S. 317ff.

[716] Vgl. Neuneier und Zimmermann (2012), How to Train Neural Networks, S. 383.

[717] Vgl. Reyes und Ventura (2019), Performing Multi-Target Regression via a Deep Network, S. 6.

$$L(r_{j,n}) = log(\cosh r_{j,n}) \qquad\qquad 5.14$$

mit: $\quad r_{j,n} = \hat{Y}_{j,n} - Y_{j,n}$

$L(r_{j,n})$:   Kostenfunktion des Datenpunkts n der Ausgangsvariable j

$r_{j,n}$:   Netzfehler des Datenpunkts n der Ausgangsvariable j

$\hat{Y}_{j,n}$:   Vorhersagewert des Neuronalen Netzes für den Datenpunkt der Ausgangsvariablen j zum Zeitpunkt t_n

$Y_{j,n}$:   wahrer Wert des Datenpunkts der Ausgangsvariablen j
gemäß dem Trainingsdatensatz zum Zeitpunkt t_n

Über alle Ausgangsvariablen D ergibt sich entsprechend die Optimierungsfunktion $J(\theta)$ nach REYES UND VENTURA (vgl. Formel 5.15).[718] Diese bemisst die Summe der Kosten des Netzfehlers $L(r_{j,n})$ aller D Zielgrößen, gemittelt über alle N Datenpunkte des Trainings-datensatzes. Die Größe θ steht symbolhaft für die Menge aller Parameter in dem jeweiligen Neuronalen Netz. Hierzu gehören die Gesamtheit der Gewichtungen v_{ic} und die internen Repräsentationen der MaxOut-Aktivierungsfunktion.

$$J(\theta) = \frac{1}{N} \times \sum_{j=1}^{D} \sum_{n=1}^{N} L_{j,n}(r_{j,n}) \qquad\qquad 5.15$$

$J(\theta)$:   Optimierungsfunktion

$L_{j,n}(r_{j,n})$:   Kostenfunktion des Datenpunkts n der Ausgangsvariable j

$r_{j,n}$:   Netzfehler des Datenpunkts n der Ausgangsvariable j

N: Anzahl an Datenpunkten im Trainingsdatensatz

D: Anzahl an Zielgrößen

θ: Menge aller Parameter des Neuronalen Netzes

Zur Parameteroptimierung muss entsprechend ein Algorithmus bestimmt werden.

Auswahl des Optimierungsalgorithmus

Für die Optimierung der Parameter θ eines Neuronalen Netzes ist die Anwendung des Gradientenverfahrens *Gradient Descent* weit verbreitet. Beim Gradient Descent werden die Parameter entsprechend der entgegengesetzten Richtung des Gradienten der Optimierungsfunktion aktualisiert.[719] Dabei lassen sich drei Verfahrensvarianten unterscheiden, wobei diese in Abhängigkeit der Größe des Trainingsdatensatzes das Spannungsfeld zwischen Genauigkeit und der Berechnungsdauer der Parameteraktualisierung bedie-

---

[718] Vgl. Reyes und Ventura (2019), Performing Multi-Target Regression via a Deep Network, S. 6.
[719] Vgl. Ruder (2017), An overview of gradient descent, S. 1.

nen. Für das vorliegende Analyseproblem soll *Mini-Batch Gradient Descent* als Verfahrensvariante Verwendung finden, da es positive Eigenschaften beider Spannungsfeldausprägungen verbindet. Bei dieser Variante werden die Werte aller Parameter nach jedem Mini-Batch, d. h. nach jedem Paar von Eingangs- und Ausgangsvariablen, angepasst.[720] Nach REYES UND VENTURA empfiehlt sich für die modellierten Neuronalen Netze die Verwendung des Optimierungsalgorithmus *Adaptive Moment Estimation (ADAM)* [721].[722] Dass ADAM im Vergleich zu anderen Mini-Batch Gradient Descent Algorithmen die optimale Wahl für MLP-Netze ist, bestätigt auch RUDER.[723] Um bei der Parameteroptimierung den *Effekt des Overfittings* (vgl. Abschnitt 5.3.2) zu vermeiden, werden zwei Kriterien zum Abbruch der Netzoptimierung definiert.

Auswahl der Abbruchkriterien

Eine Möglichkeit, um zu vermeiden, dass die Neuronalen Netze die Zusammenhänge im Trainingsdatensatz auswendig lernen, statt das dahinterliegende Problem zu verstehen, ist die *Begrenzung der Anzahl an Iterationen* des Lernprozesses (vgl. (1) in Abbildung 5-30). Da mit einer zunehmenden Anzahl an Iterationen der Betrag der Gewichtsänderungen reduziert wird, wird durch Begrenzung der Iterationszahl auch die Effizienz des Trainings gesteigert. Während die Anzahl an Iterationen zur sicheren Seite durch den Anwender abgeschätzt wird, dient das *Early Stopping* als Abbruchkriterium, welches die optimale Parametrisierung nach Durchlaufen der Iterationen wiederherstellt (vgl. (2) in Abbildung 5-30). Dabei wird die möglichst genaue Vorhersage unbekannter Datenpunkte als ‚optimal‘ definiert. Um die Genauigkeit zu überprüfen, findet eine Aufteilung des Trainingsdatensatzes in Trainings- und Validierungsdaten statt. In jeder Iteration wird der Wert der Optimierungsfunktion für beide Datensätze, Trainings- und Validierungsdatensatz, berechnet.[724]

---

[720] Vgl. Ruder (2017), An overview of gradient descent, S. 3.

[721] Vgl. Kingma und Ba (2015), Adam, S. 1.

[722] Vgl. Reyes und Ventura (2019), Performing Multi-Target Regression via a Deep Network, S. 7.

[723] Vgl. Ruder (2017), An overview of gradient descent, S. 10.

[724] Vgl. Hagan et al. (2014), Neural network design, S. 13-6f.; Aggarwal (2018), Neural Networks and Deep Learning, S. 192.

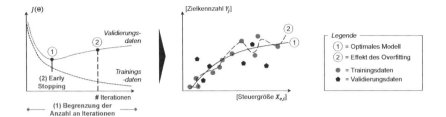

Abbildung 5-30:   Abbruchkriterien des Trainingsprozesses[725]

Anhand des spezifizierten Trainingsprozesses lässt sich für die in Abschnitt 5.3.2 festgelegte Netztopologie eine optimale Parametrisierung erlenen. Um die Güte einer Netztopologie relativ zu anderen Topologien bewerten zu können, bedarf es jedoch noch eines Gütekriteriums.

Definition eines Gütekriteriums

Als Gütekriterium zur Auswahl der exakten Netztopologie wird der *average Route Mean Squared Error (aRMSE)* herangezogen. So wird sichergestellt, dass mögliche Abweichungen in allen Ausgangsvariablen bzw. Zielgrößen gleichermaßen Berücksichtigung finden. Gemäß Formel 5.16 berechnet der aRMSE den durchschnittlichen *Route Mean Squared Error (RMSE)* für alle Ausgangsvariablen D. Der RMSE gibt die Güte einer spezifischen Ausgangsvariablen an, indem die Wurzel der durchschnittlichen quadratischen Abweichung des wahren Werts $Y_{j,n}$ vom prognostizierten Wert $\hat{Y}_{j,n}$ einer Zielgröße verwendet wird.[726]

$$aRMSE = \frac{1}{D}\sum_{j=1}^{D} RMSE = \frac{1}{D}\sum_{j=1}^{D} \sqrt{\frac{\sum_{n=1}^{N}\left(\hat{Y}_{j,n} - Y_{j,n}\right)^2}{N}} \qquad 5.16$$

$\hat{Y}_{j,n}$:   Vorhersagewert des Neuronalen Netzes für den Datenpunkt n der
        Ausgangsvariablen j

$Y_{j,n}$:   wahrer Wert für den Datenpunkt n der Ausgangsvariablen j gemäß
        des Trainingsdatensatzes

N: Anzahl an Datenpunkten im Trainingsdatensatz

D: Anzahl an Zielgrößen

---

[725] In Anlehnung an Hagan et al. (2014), Neural network design, S. 13-7.
[726] Vgl. Borchani et al. (2015), A survey on multi-output regression, S. 226.

Nach Bestimmung des Gütekriteriums zur Auswahl der exakten Netztopologie wird nachfolgend das entsprechende Vorgehen zur Topologiespezifikation beschrieben.

Spezifikation der Netztopologie

Ziel dieses Arbeitsschrittes ist es, die optimale Netztopologie durch Variation der Parameter ts, ns, a_{ts} und a_{ns} zu bestimmen (vgl. Abschnitt 5.3.2). Dafür soll das in der Praxis weit verbreitete Vorgehen der *Cross-Validation (CV)* für die vorliegenden Analyseprobleme Anwendung finden. Einhergehend mit den Ausführungen zur Definition des Gütekriteriums wird beim Cross-Validation der vorhandene Datensatz in Trainings- und Validierungsdaten aufgeteilt, wobei drei Vorgehensarten unterschieden werden.[727] Die einfachste CV-Methode ist *Single Hold-Out*, mithilfe derer bereits Early Stopping realisiert wurde. Die statische Aufteilung des Datensatzes in einen Trainings- und einen Validierungsdatensatz hat für kleine Datensätzen beim Hold-Out den Nachteil, dass das Training sowie die Evaluierung der Neuronalen Netze nur mit vergleichsweise wenigen Datenpunkten erfolgt. Diesen Nachteil überwindet die *K-Fold Cross-Validation*. Mit K-Fold CV wird der Datensatz in K gleich große Datensätze aufgeteilt.[728] In K-Iterationen wird jeweils ein Datensatz als Validierungsdatensatz genutzt, während die übrigen $K -$ 1 Datensätze zu einem Trainingsdatensatz zusammengefasst werden.[729] Zwischen den Iterationen wechselt der Validierungsdatensatz, bis alle K Datensätze einmal zur Validierung genutzt wurden. Ein Extremfall von K-Fold Cross-Validation ist die *Leave-One-Out-Methode*. Während die grundlegende Funktionsweise gleich ist, stellt bei der Leave-One-Out-(LOO-) Cross-Validation jeder Datenpunkt einen der K Datensätze dar, sodass $K = N$.[730] LOO-CV ist daher insbesondere in Anwendungen sinnvoll, wo die Größe N des Datensatzes klein ist und der Anwender mit möglichst vielen Datenpunkten trainieren will.[731]

Aufgrund der monatlichen oder quartalsweisen Abtastfrequenz der Eingangs- und Ausgangsvariablen ist mit relativ kleinen Datensätzen zu rechnen. Aus diesem Grund wird für die zu arbeitende Methodik zur Festlegung der exakten Netztopologie die Methode der Leave-One-Out-Cross-Validation verwendet (vgl. Abbildung 5-31). Das Vorgehen der LOO-CV wird für verschiedene Ausprägungen der Parameter ts, ns, a_{ts} und a_{ns} angewendet. Letztlich kommt die Netztopologie zur Anwendung, die den kleinsten $aRMSE$ hat. Grundsätzlich bedarf es der Bestimmung der exakten Netztopologie für alle

---

[727] Vgl. Zhang und Yang (2015), Cross-validation for selecting a model, S. 95; Berrar (2018), Cross-Validation, S. 542ff.

[728] Vgl. Lever et al. (2016), Model selection and overfitting, S. 704.

[729] Vgl. Kubat (2015), An introduction to machine learning, S. 228.

[730] Vgl. Berrar (2018), Cross-Validation, S. 544.

[731] Vgl. Alpaydin (2010), Introduction to machine learning, S. 487.

Neuronalen Netze. Aufgrund der Ähnlichkeiten in den Variablenausprägungen der Datensätze auf Produktportfolio- und Produktlinienebene empfiehlt sich, das Vorgehen für einen Datensatz zu durchlaufen und die ermittelte Netztopologie anschließend auf die anderen Analyseprobleme zu übertragen.

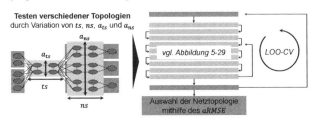

Abbildung 5-31:   Vorgehen zur Auswahl der exakten Netztopologie

Mit der Spezifikation der Netztopologie ist das Trainieren der Neuronalen Netze abgeschlossen. Anhand des Feed-Forward-Backpropagation Algorithmus wurde für die zu erarbeitende Methodik zur Produktportfoliosteuerung ein Trainingsprozess erarbeitet, der den Besonderheiten des Anwendungsfalls gerecht wird. Nach der Modellierung und dem Trainieren der Neuronale Netze werden diese im nächsten Schritt zur Vorhersage der Unternehmenszielkonformität angewendet.

5.3.4   Anwendung der Neuronalen Netze

Ziel der Anwendung der trainierten Neuronalen Netze ist die Bewertung der Unternehmenszielkonformität für potenzielle Produktportfoliozustände in allen Analyseproblemen $\{B, T_1, \dots, T_L\}$. Um die Zielkonformität bewerten zu können, sind zwei Schritte notwendig. Zunächst wird für jedes Analyseproblem ein Anwendungsdatensatz erarbeitet. Der Anwendungsdatensatz umfasst die Ausprägungen von Steuer- und Einflussgrößen für potenzielle Produktportfoliozustände innerhalb eines Steuerungsraumes und stellt damit die Ausprägungen der Eingangsvariablen für die trainierten Neuronalen Netze dar. Mithilfe des Anwendungsdatensatzes wird in einem weiteren Schritt die Konformität aller potenzieller Produktportfoliozustände berechnet. Auf Basis der Konformität findet im vierten Methodikschritt die Ableitung von Handlungsempfehlungen zur Produktportfoliosteuerung statt (vgl. Unterkapitel 5.4).

Vorhersage von potenziellen Zuständen durch Diskretisierung des Steuerungsraumes

Für die Anwendung der trainierten Neuronalen Netze bedarf es im ersten Schritt der Herleitung eines Anwendungsdatensatzes je Analyseproblem auf Produktportfolio- und

Produktlinienebene. Dieser Datensatz beinhaltet Werte der Steuergrößen $X_{e,i}$ und Einflussgrößen $E_{e,g}$ für potenzielle Produktportfoliozustände s_z. Dabei handelt es sich bei einem potenziellen Produktportfoliozustand um einen Zustand des Produktportfolios, der in der Zukunft durch Handlungsoptionen $a_{e,m}$ erreicht werden kann. Die Menge aller potenziellen Produktportfoliozustände wird im Steuerungsraum $S \in \{s_z | s_0, \dots, s_S\}$ beschrieben, der im Folgenden hergeleitet und wie folgt definiert wird:

Der Steuerungsraum S des Produktportfolios umfasst alle Produktportfoliozustände s_z, die innerhalb des Zeithorizonts T_S der Produktportfoliosteuerung mithilfe der Handlungsoptionen $a_{e,m}$ zu erreichen sind.

Dabei bildet sich die Menge der möglichen Handlungsoptionen $A_e \in \{a_{e,m} | a_{e,1}, \dots, a_{e,A}\}$ mit $e \in \{B, T\}$ auf Produktportfolio- bzw. Produktlinienebene aus allen in Abschnitt 2.2.3 aufgeführten Handlungsoptionen (vgl. Abbildung 5-32).

Analyseproblem	Handlungsoption	Formelzeichen $a_{e,m}$
B	Diversifikation	$a_{B,D}$
B	Elimination von Produktlinien	$a_{B,E}$
B	Variation von Produktlinien	$a_{B,V}$
T_L	Produktlinienausweitung	$a_{T_L,PLAW}$
T_L	Produktlinienauffüllung	$a_{T_L,PLAF}$
T_L	Produktmodifikation	$a_{T_L,PM}$
T_L	Produktpflege	$a_{T_L,PP}$
T_L	Produktelimination	$a_{T_L,PE}$
B und T_L	Beibehaltung	$a_{e,B}$

Vgl. Abbildung 5-22

Abbildung 5-32: Mögliche Handlungsoptionen auf Produktportfolio- und Produktlinienebene

Der Zeithorizont T_S beschreibt die zeitliche Perspektive der Produktportfoliosteuerung auf strategischer und taktischer Ebene bzw. auf Produktportfolio- und Produktlinienebene. Ein Produktportfoliozustand s_z wird durch die Ausprägungen der M Steuergrößen $X_{e,i}$ beschrieben und wie folgt definiert:

Unter einem Produktportfoliozustand s_z wird eine spezifische Konfiguration der Steuergrößen $X_{e,i}$ verstanden.

Folglich wird der Steuerungsraum S über alle Steuergrößen aufgespannt. Dabei wird je Steuergröße die Differenz zwischen der minimal und maximal möglichen Ausprägung verwendet. Diese Differenz soll als Steuerungsspanne $\Delta X_{e,i,S}$ bezeichnet werden und lässt sich wie folgt definieren:

> Die Steuerungsspanne $\Delta X_{e,i,S}$ umfasst die möglichen Ausprägungen einer spezifischen Steuergröße $X_{e,i}$ innerhalb des Steuerungszeitraums T_S.

Die Steuerungsspannen werden ausgehend vom aktuellen Produktportfoliozustand s_0 und auf Basis der bekannten historischen Entwicklung der Steuergrößen hergeleitet. Dabei müssen zwei vereinfachende Annahmen gelten:

1. Der retrospektive Zeithorizont T_H, für welchen Daten vorliegen (vgl. Formel 5.4), definiert die maximale Länge der zukunftsorientierten Steuerungsperiode T_S. Kürzere zukünftige Steuerungsperioden sind möglich.

2. Die historische Entwicklung der Steuergröße $\Delta X_{e,i,S'}$ innerhalb des Zeithorizonts T_H kann sowohl rückgängig gemacht als auch in die Zukunft extrapoliert werden. Dabei ist zu beachten, dass die Ausprägung einer Steuergröße nie kleiner Null sein kann.

Die erste Annahme soll verhindern, dass mit wenigen Daten (z. B. retrospektiver Zeithorizont T_H entspricht drei Monaten) eine deutlich längere Steuerperiode modelliert wird (z. B. über fünf Jahre). Obgleich das in der vorliegenden Arbeit präsentierte methodische Vorgehen auch für diese Rahmenbedingungen gilt, ist eine hinreichende Modellierungsgüte in diesem Fall nicht sichergestellt.

Die zweite Annahme soll exemplarisch für den zweidimensionalen Fall auf Produktportfolioebene, d. h. für das Analyseproblem B, erläutert werden. Für diesen Fall wird die Steuergröße *Anzahl der Produktlinien* für die *Produktportfoliostrukturperspektive* und die Steuergröße *Commonality Index* für die *Produktportfolioabhängigkeitsperspektive* verwendet (vgl. Abbildung 5-33). Ist auf Basis des vorliegenden Datensatzes ersichtlich, dass innerhalb des retrospektiven Zeithorizonts T_H die Anzahl der Produktlinien um fünf erhöht wurde, d. h. $\Delta X_{B,1,S'} = 5$, so ist die Annahme naheliegend, dass in der zukünftigen Steuerungsperiode entweder maximal weitere fünf Produktlinien eingeführt oder maximal fünf Produktlinien abgekündigt werden, d. h. $\Delta X_{B,1,S''} = 5$. Damit ergibt sich die Steuerungsspanne der Steuergröße *Anzahl der Produktlinien* zu $\Delta X_{B,1,S} = 10$. Analoges gilt für den *Commonality Index*. Hat dieser im aktuellen Produktportfoliozustand einen Wert von sechs und lag der minimale Wert im Zeithorizont T_H bei zwei, d. h. $\Delta X_{B,2,S'} = 4$, so ergibt sich die Steuerungsspanne zu $\Delta X_{B,2,S} = 8$. Entsprechend den Ausführungen in Abschnitt 5.1.1 können alle zwölf Beschreibungsperspektiven des Produktportfolios und deren Steuergrößen durch dieses Vorgehen zur Herleitung des Steuerungsraums verwendet werden. Demnach gleicht die Dimensionalität des Steuerungsraums der Anzahl an Steuergrößen M und wird durch die M Steuerungsspannen $\Delta X_{e,i,S}$ der Steuergrößen aufgespannt.

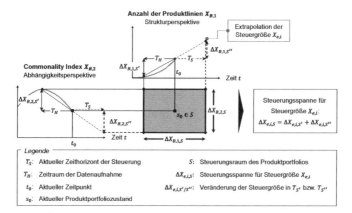

Abbildung 5-33:   Herleitung des Steuerungsraums und der Steuerungsspannen

Nachdem der Steuerungsraum durch Angabe der Steuerungsspannen aufgespannt wurde, muss dieser zur Herleitung der einzelnen Produktportfoliozustände s_z diskretisiert werden. Zur Diskretisierung wird zunächst der Nutzen jeder Handlungsoption bestimmt, mit denen einzelne Zustände im Steuerungsraum erreicht werden können. Der Nutzen einer Handlungsoption ist dabei wie folgt zu verstehen:

> Der Nutzen einer Handlungsoption $a_{e,m}$ je Steuergröße $X_{e,i}$ wird durch die Steuergrößenbeeinflussung $\Delta X_{e,i}^m$ definiert.

Entsprechend ergibt sich der Gesamtnutzen einer Handlungsoption wie folgt:

> Der Gesamtnutzen einer Handlungsoption $a_{e,m}$ entspricht der Summation der Steuergrößenbeeinflussung $\Delta X_{e,i}^m$ über alle Steuergrößen $X_{e,i}$.

Demnach stellen die Steuergrößenbeeinflussungen $\Delta X_{e,i}^m$ die Mindestanforderungen dar, welche es mit der Handlungsoption zu erfüllen gilt, sodass ein Nutzen für das Unternehmen entsteht. Der Gesamtnutzen wird in einem Anforderungsprofil an die Handlungsoptionen $a_{e,m}$ dargestellt. Zur Nutzenidentifikation wird das Anforderungsprofil einer Handlungsoption anhand einer Morphologie bestimmt. Dabei stellen die Morphologieausprägungen die erste partielle Ableitung der Nutzenfunktion einer Handlungsoption für die jeweilige Steuergröße dar. So wird je Handlungsoption bestimmt, wie groß der Einfluss auf jede Steuergröße und damit der partielle Nutzenanstieg ist. Der Nutzenanstieg wird dabei auf einer diskreten Skala $[-3, +3]$ in Abstufungen von 1 quantifiziert. Die Ausprägung -3 steht für eine starke negative Beeinflussung der Steuergröße durch die Handlungsoption, wohingegen +3 dafür steht, dass die Handlungsoption die Steuergrößenausprägung stark steigert. Liegt keine Beeinflussung der Steuergröße durch die Handlungsoption vor, wird die Ausprägung 0 gewählt. Abbildung 5-34 visualisiert die Definition der Anforderungsprofile am Beispiel der Handlungsoption *Elimination von Produktlinien* $a_{B,E}$ für ausgewählte Steuergrößen.

Steuergrößen		Einflussnahme der Handlungsoption						
$X_{e,i}$	Name der Steuergröße	Einflussnahme $\Delta X^{B}_{e,i}$ der Elimination von Produktlinien $a_{B,E}$ auf die Steuergröße $X_{e,i}$						
$X_{B,1}$	Anzahl der Produktlinien	**-3**	-2	-1	0	1	2	3
$X_{B,2}$	Commonality Index	-3	-2	-1	0	1	2	**3**
$X_{B,3}$	Carry Over	-3	-2	-1	0	1	2	**3**
$X_{B,4}$	Product-Sales-Balance-Index	-3	-2	**-1**	0	1	2	3
...	...	...	...	...	...	...	...	...
$X_{T_L,4}$	Stammkunden-Umsatzanteil	-3	**-2**	-1	0	1	2	3
$X_{T_L,5}$	Innovationsrate	-3	-2	-1	0	1	**2**	3
$X_{B,4}$	Product-Sales-Balance-Index	-3	-2	**-1**	0	1	2	3
...	...	...	...	...	...	...	...	...

Ausschnitt des Anforderungsprofils der Elimination von Produktlinien

Abbildung 5-34: Anforderungsprofil von Handlungsoptionen am Beispiel der Elimination von Produktlinien auf Produktportfolioebene

Die vollständigen Anforderungsprofile aller betrachteten Handlungsoptionen finden sich in Abbildung A-1 in Anhang A.7. Die Morphologie zur Profilerarbeitung kann unternehmensspezifisch mit weiteren Handlungsoptionen erweitert oder für bestehende Optionen angepasst werden. Sind die Beeinflussungen je Steuergröße über alle Handlungsoptionen definiert, muss zur Herleitung einzelner Produktportfoliozustände die kleinste Änderung $|\Delta X_{e,i,min}|$ bestimmt werden, für die Formel 5.17 gilt:

$$\Delta X_{e,i,min} = \min_{A_{e}\setminus\{a_{e,B}\}} \Delta X^{m}_{e,i} \qquad 5.17$$

mit $|\Delta X_{e,i,min}| > 0$
$\Delta X^{m}_{e,i}$: Steuergrößenbeeinflussung

Aus Formel 5.17 wird ersichtlich, dass zur Bestimmung der kleinsten Änderung $|\Delta X_{e,i,min}|$ die Handlungsoption *Beibehaltung* außer Acht gelassen wird. Da bei der *Beibehaltung* für alle Steuergrößen $\Delta X^{B}_{e,i} = 0$ gilt, ist diese Handlungsoption für eine Quantifizierung der Beeinflussung von Steuergrößen nicht relevant.

Die linke Hälfte der Abbildung 5-35 visualisiert das Vorgehen beispielhaft für die Steuergrößen *Anzahl der Produktlinien* und *Commonality Index* sowie für die Handlungsoptionen *Diversifikation* und *Variation von Produktlinien*. Während eine Diversifikation D die Anzahl an Produktlinien stark erhöht ($+3$), bleibt die Anzahl der Produktlinien bei einer Produktlinienvariation unverändert (0). Bei einer Diversifikation sinkt der *Commonality Index* stärker (-3) als bei einer Produktlinienvariation (-2) (vgl. Abbildung 5-35, links). Lässt man den Effekt anderer Handlungsoptionen in dem Beispiel außer Acht, ist die kleinste Änderung für den *Commonality Index* folglich $|\Delta X_{B,2,min}| = 2$. Diese kleinste Änderung wird zur Diskretisierung der Steuerungsspanne des *Commonality Index* benutzt. Ungeachtet anderer Handlungsoptionen gilt für die *Anzahl an Produktlinien* $|\Delta X_{B,1,min}| = 3$. Ausgehend vom aktuellen Produktportfolio-zustand s_0 wird die kleinste Änderung jeder Steuergröße so lange addiert bzw. subtrahiert, bis das Ende der jeweiligen Steuerungsspanne erreicht ist (vgl. Abbildung 5-35, rechts).

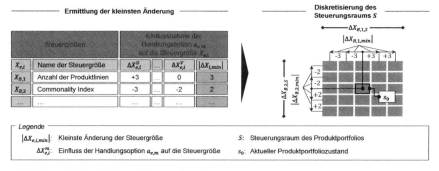

Abbildung 5-35: Diskretisierung des Steuerungsraums

Um für jeden Produktportfoliozustand s_z des diskreten Steuerungsraums S die Zielgrößen $\hat{Y}_j$ vorherzusagen, muss der Anwendungsdatensatz (vgl. Abbildung 5-36, links) zusätzlich zu den Werten der Steuergrößen mit den Ausprägungen der *Einflussgrößen* komplettiert werden. Für die Bestimmung der Einflussgrößen soll auf bekannte Methoden der Literatur zu u. a. Frühwarnsystemen und der Szenariotechnik verwiesen.[732] Die Verwendung derartiger Methoden begründet sich in der Eigenschaft von Einflussgrößen, gar nicht oder nur mit hohem Ressourcenaufwand veränderbar zu sein. Das Ziel der Anwendung der Methoden liegt dabei in der Bestimmung der Einflussgrößenausprägungen $E_{e,g}(t = t_{SE})$ für den Endzeitpunkt t_{SE} der Steuerungsperiode T_S (vgl. Abbildung 5-36, links). Die Notwendigkeit der Vorhersage der Einflussgrößen für den Zeitpunkt t_{SE} liegt darin begründet, dass der optimale Produktportfoliozustand für das Ende

---

[732] Vgl. Homburg (2017), Marketingmanagement, S. 476ff.; Alfs (2015), Strategisches Portfoliomanagement, S. 143ff.

der Steuerungsperiode gesucht ist. Dabei existiert für jede Zielgröße Y_j an $t = t_{SE}$ ein optimaler Produktportfoliozustand s_{opt}, welcher die betrachteten Zielgrößen im Vergleich zu den anderen Produktportfoliozuständen maximiert bzw. minimiert (vgl. Abbildung 5-36, rechts). Die Bestimmung der Einflussgrößen $E_{e,g}(t = t_{SE})$ ermöglicht die Vorhersage dieses optimalen Zustands. Die Differenz zwischen dem optimalen Zustand s_{opt} und dem auf $t = t_{SE}$ projizierten aktuellen Produktportfoliozustand $s_{0,ov}$ entspricht dem Optimierungspotenzial in einer Zielgröße Y_j.

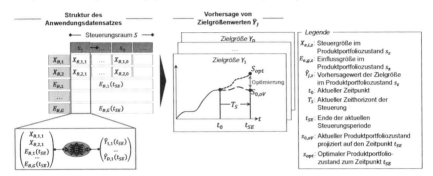

Abbildung 5-36:   Vorhersage der Zielgrößen

Mit der Festlegung der Einflussgrößen ist die Konzipierung der Anwendungsdatensätze komplettiert. Vor der Anwendung in den Neuronalen Netzen findet eine bereichsorientierte Normalisierung der Datensätze statt (vgl. Abschnitt 5.3.1). Um die Vergleichbarkeit zwischen Trainings- und Anwendungsdaten sicherzustellen, werden zur Normalisierung der Anwendungsdaten die minimalen und maximalen Ausprägungen der Zielgrößen, KL_{min} und KL_{max}, aus dem Trainingsdatensatz herangezogen. Nach der Aufbereitung der Anwendungsdatensätze werden die Zielgrößen $\hat{Y}_{j,z}$ für jeden Produktportfoliozustand s_z vorhergesagt. Basierend darauf erfolgt die Berechnung der Zielkonformität aller Produktportfoliozustände.

Bewertung der Unternehmenszielkonformität der Portfoliozustände

Nachdem für alle Produktportfoliozustände s_z innerhalb des Steuerungsraums S die Ausprägungen der Zielgrößen $\hat{Y}_{j,z}$ mittels der Neuronalen Netze vorhergesagt wurden, wird die Unternehmenszielsystemkonformität je Zustand bewertet und so Optimierungspotenziale identifiziert. Dazu werden die vorhergesagten Zielgrößenausprägungen zu einem Konformitätsmaß K_z zusammengefasst, das wie folgt definiert wird:

> Das Konformitätsmaß K_z stellt eine Maßgröße zur Beurteilung der Konformität eines Produktportfoliozustands bzgl. des produktportfoliorelevanten Zielsystems dar.

Entsprechend erfolgt die Bewertung der Konformität eines Produktportfoliozustands bzgl. des Zielsystems mithilfe des Konformitätsmaß. Das Konformitätsmaß berechnet sich nach Formel 5.18 als gewichtete Summe der vorhergesagten Zielgrößenwerte des jeweiligen Produktportfoliozustands s_z:

$$K_z = \sum\nolimits_{j=1}^{D} w_j \times \widehat{Y}'_{j,z} \qquad 5.18$$

w_j:　　Gewichtung von Zielgröße j
$\widehat{Y}'_{j,z}$:　　Skalierte Vorhersagen für Zielgröße j in Produktportfoliozustand s_z
D:　　Anzahl an Zielgrößen

Bevor die Berechnung erfolgen kann, werden die Vorhersagewerte einem weiteren Skalierungsschritt unterzogen. Aktuell beziehen sich die Ausprägungen der Vorhersagen auf das jeweilige Maximum und das Minimum einer Zielgröße innerhalb einer Zeitspanne T_H des Trainingsdatensatzes. Die Vorhersagen der Zielgröße Y_1 können bspw. zwischen 0,4-0,5 liegen, während Y_2 Werte im Bereich von 0,8-0,9 ausweist. Bei gleicher Priorisierung $w_1 = w_2$ würde die Zielgröße Y_2 die Zielgröße Y_1 superponieren und somit den Wert des Konformitätsmaßes verfälschen. Dies wird durch eine Skalierung aller Vorhersagewerte $\widehat{Y}_{j,z}$ durch eine bereichsorientierte Normalisierung auf ein Intervall von $[0,1]$ verhindert. Dabei steht der Wert 1 für die beste und der Wert 0 für die schlechteste Ausprägung einer Zielgröße. Da sowohl Minimierungs- als auch Maximierungsziele betrachtet werden, erfolgt eine Fallunterscheidung bei der Normalisierung gemäß den Formeln 5.19 und 5.20:

Maximierungsziele　　　　$\widehat{Y}'_{j,z} = \dfrac{\widehat{Y}_{j,z} - \widehat{Y}_{j,min}}{\widehat{Y}_{j,max} - \widehat{Y}_{j,min}}$　　　　5.19

Minimierungsziele　　　　$\widehat{Y}'_{j,z} = \dfrac{\widehat{Y}_{j,z} - \widehat{Y}_{j,max}}{\widehat{Y}_{j,min} - \widehat{Y}_{j,max}}$　　　　5.20

$\widehat{Y}'_{j,z}$:　　skalierte Vorhersagen für Zielgröße j in Produktportfoliozustand s_z
$\widehat{Y}_{j,z}$:　　Vorhersagen für Zielgröße j in Produktportfoliozustand s_z
$\widehat{Y}_{j,min}$:　　minimaler Wert $\widehat{Y}_{j,z}$ in allen Produktportfoliozuständen im Steuerungsraum S
$\widehat{Y}_{j,max}$:　　maximaler Wert $\widehat{Y}_{j,z}$ in allen Produktportfoliozuständen im Steuerungsraum S

Diese Fallunterscheidung stellt sicher, dass bei einem Minimierungsziel (bspw. Senkung der Produktkosten) dem höchsten Wert einer Zielgröße (bspw. die höchsten Herstellkosten) der Wert 0 zugeordnet wird. Nach der Skalierung wird das Konformitätsmaß für jeden Produktportfoliozustand im Steuerungsraum berechnet. Abbildung 5-37 zeigt exemplarisch die Berechnung des Konformitätsmaßes.

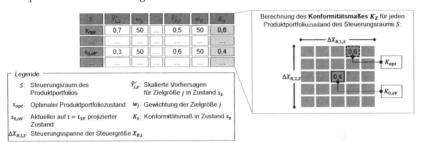

Abbildung 5-37:   Exemplarische Berechnung des Konformitätsmaßes

Anhand der Werte in Abbildung 5-37 ist erkennbar, dass das Konformitätsmaß des aktuellen Produktportfoliozustands zum Ende der Steuerungsperiode mit $K_{0,opt} = 0{,}4$ kleiner als das höchste Konformitätsmaß $K_{opt} = 0{,}6$ ist, welches in der Steuerungsperiode erreichbar ist. Demnach ist ein Optimierungspotenzial erkennbar. Mit der Anwendung der Neuronalen Netze zur Berechnung der Konformität der Produktportfoliozustände des Steuerungsraums hinsichtlich des produktportfoliorelevanten Unternehmenszielsystems schließt der dritte Methodikschritt.

5.3.5   Zusammenfassung des Erklärungsmodells zur Ermittlung von Wirkzusammenhängen zwischen Steuergrößen und Unternehmenszielen

Das Ziel des dritten Methodikschritts bestand in der Identifikation von Optimierungspotenzialen des Produktportfolios. Zur Zielerreichung wurden Wirkzusammenhänge zwischen den Steuergrößen des Produktportfolios und den produktportfoliorelevanten Unternehmenszielen ermittelt. Die Ermittlung dieser Wirkzusammenhänge wurde durch Neuronale Netze realisiert. Zum Aufbau eines derartigen Erklärungsmodells wurde das Realsystem ‚Produktportfolio' in ein Analyseproblem zur Steuerung der Produktportfoliobreite und mehrere Probleme zur Steuerung der Produktportfoliotiefe dekomponiert. Für die Analyseprobleme wurden die notwendigen Datensätze vorbereitet. Anschließend fand je Analyseproblem die Modellierung eines Neuronalen Netzes durch Festlegung relevanter Parameter der Netztopologie und der Informationsverarbeitung in den Neuronen statt. Im Trainingsvorgang wurde zur Bestimmung der exakten Parameterausprägungen ein Verfahren definiert. Die trainierten Neuronalen Netze fanden schlussendlich bei der Vorhersage von Unternehmenszielwerten in Abhängigkeit von erreichbaren Produktportfoliozuständen Anwendung. Zur Identifikation dieser Produktportfoliozustände wurde ein Vorgehen für die Herleitung eines Steuerungsraums definiert. Der Steuerungsraum wurde in einzelne Zustände diskretisiert und jeder Produktportfoliozustand mittels eines Konformitätsmaßes hinsichtlich seiner Unternehmenszielkonformität bewertet. Ausgehend von der aktuellen Zielkonformität ließen sich Optimierungspotenziale identifizieren. Das Vorgehen sowie die Ergebnisse der Artefakterstellung im dritten Methodikschritt sind in Abbildung 5-38 zusammengefasst.

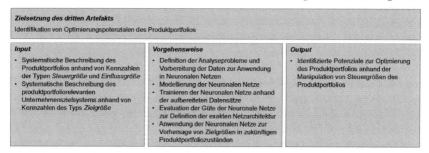

Abbildung 5-38:   **Identifikation von Optimierungspotenzialen des Produktportfolios**

Die anhand ihrer Unternehmenszielkonformität bewerteten Zustände des Steuerungsraums bilden die Eingangsgrößen zur Ableitung von Handlungsempfehlungen für die Steigerung der Konformität ausgehend vom aktuellen Produktportfoliozustand.

5.4   Datenbasierte Ableitung von Handlungsempfehlungen zur Steuerung des Produktportfolios

Im dritten Methodikschritte wurden auf Basis der Modellierung von Wirkzusammenhängen zwischen Steuer- und Einflussgrößen auf Zielgrößen potenzielle Produktportfoliozustände identifiziert und deren Konformität zum Unternehmenszielsystem bestimmt. Basierend auf den errechneten Konformitäten besteht das Ziel des vierten Methodikschritts in der Realisierung einer unternehmenszielkonformen Produktportfoliosteuerung. Zur Zielerreichung müssen aus den möglichen Handlungsoptionen Handlungsempfehlungen abgeleitet werden, durch welche die Konformität des Produktport-folios hinsichtlich des Unternehmenszielsystems optimiert wird. Damit wird folgende Teilforschungsfrage adressiert:

> Wie lassen sich auf Basis der identifizierten Wirkzusammenhänge Handlungsempfeh-lungen zur unternehmenszielkonformen Steuerung des Produktportfolios datenbasiert ableiten?

Zur Beantwortung der Teilforschungsfrage wird ein Entscheidungsmodell entworfen. Mithilfe des Modells soll dem strategischen Management je Analyseproblem $\{B, T_1, \ldots, T_L\}$ die Handlungsoption vorgeschlagen werden, durch welche die Produkt-portfoliozustände mit maximaler Konformität hinsichtlich des produktportfoliorelevan-ten Unternehmenszielsystems erreicht werden. Die Modellerarbeitung lehnt sich an die Phasen ‚Modellierung', ‚Evaluation' und ‚Anwendung' des CRISP-DM-Modells an (vgl. Abbildung 5-39). Dabei wurden projektspezifische Prozessschritte zugunsten der Artefakterarbeitung vernachlässigt.

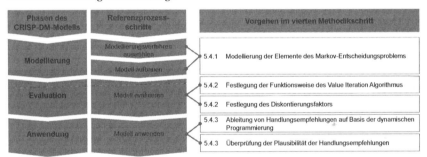

Abbildung 5-39: Vorgehen zu Erarbeitung eines Entscheidungsmodells zur Ableitung von Handlungsempfehlungen zur Produktportfoliosteuerung

Im ersten Schritt der Modellerarbeitung wird die Entscheidungssituation als Markov-Entscheidungsproblem modelliert (vgl. Abschnitt 5.4.1). Dazu werden die Elemente des Entscheidungsproblems adaptiert, um dem Kontext der Produktportfoliosteuerung zu entsprechen. So lässt sich auf Basis der Problemmodellierung eine optimale Strategie zur Produktportfoliosteuerung i. S. einer Handlungsempfehlung je Analyseproblem ablei-ten. Zur Identifizierung der optimalen Strategie wird der Value Iteration Algorithmus herangezogen (vgl. Abschnitt 5.4.2). Durch die Anwendung des Value Iteration Algo-rithmus können letztlich datenbasierte Handlungsempfehlungen abgeleitet werden, die

i. S. einer Entscheidungsvorlage lediglich der Plausibilitätsprüfung durch das strategische Management bedürfen (vgl. Abschnitt 5.4.3). Die zur Konformitätsoptimierung initiierten Handlungsempfehlungen werden als Projekte im F&E-Portfolio realisiert. Aus diesem Grund fokussiert die Plausibilitätsprüfung insbesondere das Zusammenspiel zwischen Produkt- und F&E-Portfolio.

5.4.1 Modellierung der Entscheidungssituation

Nachdem im dritten Methodikschritt alle potenziellen Produktportfoliozustände im Steuerungsraum S mit dem Konformitätsmaß K_z bewertet wurden (vgl. Abbildung 5-37), muss das strategische Management nun eine optimale Strategie finden, um den identifizierten Zustand der größten Unternehmenszielsystemkonformität zu erreichen. Damit liegt ein sequenzielles Entscheidungsproblem vor, wobei das strategische Management entscheiden muss, welche Produktportfoliozustände im Hinblick auf die langfristige Unternehmenswertsteigerung realisiert werden sollen. Aufgaben des sequenziellen Entscheidens werden durch Methoden der Strategieentwicklung mittels bestärkendem Lernens erfüllt. Um derartige Methoden anzuwenden, muss das zugrundeliegende Markov-Entscheidungsproblem (MEP) modelliert werden.

Modellierung der Elemente des Markov-Entscheidungsproblems

Ein MEP ist ein Tupel, bestehend aus einer finiten Anzahl an Zuständen, einer Menge an Aktionen sowie einer Übergangs- und einer Belohnungsfunktion. Im Rahmen des bestärkenden Lernens werden durch einen Agenten Aktionen ausgeführt. Dadurch interagiert der Agent mit seiner Umwelt. Das Ziel des Agenten besteht darin, eine optimale Strategie zu finden und so seine Belohnung zu maximieren (vgl. Abschnitt 2.4.4). Im Kontext der Produktportfoliosteuerung stellt das *strategische Management* den **Agenten** des MDP dar. Die **Umwelt** des strategischen Managements wird durch den *Steuerungsraum S* abgebildet (vgl. Abschnitt 5.3.4). Innerhalb des Steuerungsraums stehen dem strategischen Management mögliche **Aktionen** i. S. der *Menge aller Handlungsoptionen* $A_e \in \{a_{e,m} | a_{e,1}, ..., a_{e,A}\}$ zur Verfügung. Die Durchführung einer Handlungsoption führt zu einer Veränderung des *Zustands des Produktportfolios* s_z bzw. des **Umweltzustandes**. Ziel des strategischen Managements in der Entscheidungssituation ist die Optimierung der *Unternehmenszielkonformität* K_z des Produktportfolios, welche i. S. des MEP die **Belohnung** darstellt (vgl. Abbildung 5-40).

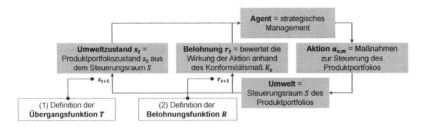

Abbildung 5-40:   Elemente des Markov-Entscheidungsproblems

Während Umweltzustände, Aktionen und Belohnungen für die Produktportfoliosteuerung entsprechend definiert wurden, müssen Übergangs- und Belohnungsfunktion für die Veränderung beim Übergang von einem Zeitpunkt t zu einem folgenden Zeitpunkt $t + 1$ noch konzipiert werden (vgl. (1) und (2) Abbildung 5-40).

Konzipierung der Übergangsfunktion

Die Übergangsfunktion $T\left(s_z, a_{e,m}, s_z'\right)$ beschreibt den Übergang von einem Produktportfoliozustand s_z durch Durchführung der Handlungsoption $a_{e,m}$ in den Zustand s_z'. Zur Modellierung der Übergangsfunktion muss demnach Kenntnis über die Parameter s_z, $a_{e,m}$ und s_z' bestehen. Ein Produktportfoliozustand s_z ist durch die Ausprägungen der Steuergrößen $X_{e,i}$ bestimmt (vgl. Abschnitt 5.3.4). Die Ausprägungen der Steuergrößenbeeinflussung $\Delta X_{e,i}^m$ je Handlungsoption $a_{e,m}$ wurde ebenfalls zuvor im Rahmen der Diskretisierung des Steuerungsraums definiert (vgl.Abbildung 5-34). Damit lässt sich die Übergangsfunktion vollständig und deterministisch modellieren. Ausgehend von einem beliebigen Produktportfoliozustand $s_z \in S$, der durch die Steuergrößenausprägungen $X_{e,i,z}$ definiert ist, erfolgt bei Durchführung einer Handlungsoption $a_{e,m}$ eine Änderung der Steuergrößenausprägungen gemäß der Steuergrößenbeeinflussung $\Delta X_{e,i}^m$. Der neue Zustand $s_z' \in S$ ist durch die Steuergrößenausprägungen $X_{e,i,z'} = X_{e,i,z} + \Delta X_{e,i}^m$ determiniert. Führt eine Handlungsoption $a_{e,m}$ zu einem Produktportfoliozustand $s_z' \notin S$ außerhalb des Steuerungsraums S, ist diese Handlungsoption für den entsprechenden Ausgangszustand s_z ausgeschlossen. Abbildung 5-41 visualisiert die Modellierung der Übergangsfunktion exemplarisch für das Analyseproblem der Produktportfoliobreite B.

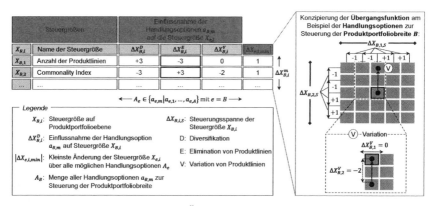

Abbildung 5-41:   Konzipierung der Übergangsfunktion

Die Steuergrößenbeeinflussungen je Handlungsoption $\Delta X_{B,i}^m$ (vgl. Abbildung 5-41, links) sind auf der rechten Seite der Abbildung 5-41 ausgehend vom aktuellen Produktportfoliozustand s_0 eingezeichnet. Am Beispiel der Produktlinienvariation (V) lässt sich erkennen, dass die *Anzahl an Produktlinien* $X_{B,1}$ unverändert bleibt, während der *Commonality Index* $X_{B,2}$ um -2 reduziert wird. Analog dieser Vorgehensweise werden für alle Produktportfoliozustände $S \in \{s_z|s_1, \dots, s_S\}$ die Übergänge definiert. Welche Handlungsoption $a_{e,m}$ ein Agent in einem Zustand s_z durchführen soll, wird durch die Belohnungsfunktion stimuliert.

Konzipierung der Belohnungsfunktion

Im Kontext der Produktportfoliosteuerung soll die Belohnungsfunktion $R(a_{e,m}, s_z)$ die Durchführung einer Handlungsoption $a_{e,m}$ in einem Produktportfoliozustand s_z belohnen, sofern dadurch ein Zustand s_z' mit höherer Unternehmenszielsystemkonformität erreicht wird, d. h. $K_z(s_z) < K_z(s_z')$. Da dem strategischen Management nur begrenzte Ressourcen zur Produktportfoliosteuerung zur Verfügung stehen, muss in der Modellierung der Belohnungsfunktion neben der Steigerung der Zielkonformität auch der Ressourcenverzehr betrachtet werden, der zur Durchführung der jeweiligen Handlungsoption notwendig ist. Die Quantifizierung des Ressourcenverzehrs je Handlungsoption erfolgt anhand des *Ressourcenbeanspruchungsindex* $I_{e,m}$. Mithilfe dieses Indexes wird der potenzielle Nutzen der zukünftigen Konformität $K_z(s_z')$ um die dafür notwendigen Aufwände reduziert. Da das Konformitätsmaß K_z eine aggregierte Kennzahl ohne natürliche Einheit ist (vgl. Abschnitt 5.3.4), kann ein direkter Vergleich der beiden Größen nur erfolgen, wenn auch für den Ressourcenbeanspruchungsindex $I_{e,m}$ ein dimensionsloses Maß gefunden wird. Damit definiert sich der Index wie folgt:

> Der Ressourcenbeanspruchungsindex $I_{e,m}$ ist ein relatives Maß, durch welches der Ressourcenverzehr je Handlungsoption angegeben wird.

Zur Ermittlung des Index $I_{e,m}$ muss im ersten Schritt Kenntnis über den absoluten Ressourcenverzehr je Handlungsoptionen in Geldeinheiten vorliegen (vgl. Abbildung 5-32). Dieser monetäre Verzehr muss unternehmensspezifisch durch Expertenwissen ermittelt werden. Dabei werden mögliche Synergieeffekte und Fixkostensprünge in der Ermittlung vernachlässigt. Diese Modellannahme ist valide, da im weiteren Verlauf ausschließlich die relative Bewertung des Ressourcenverzehrs zwischen Handlungsoptionen von Relevanz ist. Etwaige absolute Abweichungen, z. B. durch die Vernachlässigung von Synergien, sind damit irrelevant für das Optimierungsproblem. Im zweiten Schritt wird der Handlungsoption mit dem größten monetären Verzehr der maximale Ressourcenbeanspruchungsindex I_{max} zugewiesen. Um den monetären Verzehr in ein relatives Maß I_{max} zu überführen, wird Folgendes vorausgesetzt: Die aufwendigste Handlungsoption kann nur dann in Betracht kommen, wenn der Nutzen in dem zukünftigen Zustand s_z' mindestens so groß ist, wie der Nutzen, der durch das Verbleiben im aktuellen Produktportfoliozustand s_z erreicht ist. Durch das Verbleiben im aktuellen Zustand könnten nicht genutzte Ressourcen anderweitig im Unternehmen verwendet werden. Zur Modellierung dieses Zusatznutzens wird der Wert dieser freien Ressourcen mit dem unternehmensinternen Kalkulationszinsfuß b über die Umsetzungsdauer $T_{e,m}$ der Handlungsoption aufgezinst. Dabei ist die Umsetzungsdauer $T_{e,m}$ ebenfalls unternehmensspezifisch bestimmt. Die Äquivalenz der Nutzen ist Formel 5.21 zu entnehmen:

$$U\big(K_z(s_z')\big) = U\big(K_z(s_z)\big) + I_{max} \times (1 + b)^{T_{e,m}} \qquad 5.21$$

$U\big(K_z(s_z')\big)$: Nutzen des Unternehmens im zukünftigen Produktportfoliozustand s_z'

$U\big(K_z(s_z)\big)$: Nutzen des Unternehmens bei Verbleiben im aktuellen Produktportfoliozustand s_z

I_{max}: maximaler Wert des Ressourcenbeanspruchungsindexes $I_{e,m}$

b: unternehmensinterner Kalkulationszinsfuß

$T_{e,m}$: Umsetzungsdauer einer Handlungsoption $a_{e,m}$

Entsprechend ergibt sich der Ressourcenbeanspruchungsindex der aufwendigsten Handlungsoption I_{max} aus der Differenz der Konformität im zukünftigen Zustand $K_z(s_z')$ und der Aufzinsung der Konformität des aktuellen Zustands $K_z(s_z)$ nach Formel 5.22:

$$I_{max} = \frac{K_z(s_z') - K_z(s_z)}{(1 + b)^{T_{e,m}}} \qquad 5.22$$

I_{max}: maximaler Wert des Ressourcenbeanspruchungsindex $I_{e,m}$

$K_z(s_z')$: Zielkonformität K_z im zukünftigen Produktportfoliozustand s_z'

$K_z(s_z)$: Zielkonformität K_z im aktuellen Produktportfoliozustand s_z

b: unternehmensinterner Kalkulationszinsfuß

$T_{e,m}$: Umsetzungsdauer einer Handlungsoption $a_{e,m}$

Die Berechnung der Ressourcenbeanspruchungsindizes $I_{e,m}$ der restlichen Handlungsoptionen erfolgt ausgehend von I_{max}, wobei das jeweilige Verhältnis identisch mit dem Verhältnis des monetären Ressourcenverzehrs ist.

Mit der Berechnung der Ressourcenbeanspruchungsindizes $I_{e,m}$ liegen alle Informationen zur Modellierung der Belohnungsfunktion vor. Diese ergibt sich in Anlehnung an die dynamische Investitionsrechnung mit dem Kapitalwertverfahren[733] entsprechend nach Formel 5.23:

$$R(a_{e,m}, s_z) = \frac{K_z(s_z') - I_{e,m}}{(1 + b)^{T_m}} \qquad 5.23$$

$R(a_{e,m}, s_z)$: Belohnung für Durchführung der Handlungsoption $a_{e,m}$ im Produktportfoliozustand s_z

$K_z(s_z')$: Konformitätsmaß des Produktportfoliozustands s_z'

$I_{e,m}$: Ressourcenbeanspruchungsindex der Handlungsoption $a_{e,m}$

b: unternehmensinterner Kalkulationszinsfuß

T_m: Umsetzungsdauer einer Handlungsoption $a_{e,m}$

Abbildung 5-42 illustriert das Vorgehen beispielhaft für den Produktportfoliozustand s_0 und die Handlungsoptionen *Diversifikation* (D) und *Produktlinienvariation* (V) im Analyseproblem der *Steuerung der Produktportfoliobreite B*.

---

[733] Vgl. Schawel und Billing (2018), Management Tools, S. 232; Alfs (2015), Strategisches Portfoliomanagement, S. 140f.

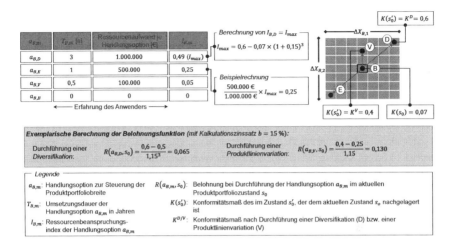

Abbildung 5-42:   Konzipierung der Belohnungsfunktion

In Abbildung 5-42 zeigt sich, dass die Belohnung für die Durchführung einer Variation höher ausfällt im Vergleich zur Diversifikation. Da jedoch die langfristige Unternehmenswertmaximierung durch die Produktportfoliosteuerung als das übergeordnete Ziel angesehen wird, ist ein direkter Vergleich der kurzfristigen Belohnungen in einer Entscheidung nicht aussagefähig. Stattdessen müssen Methoden der Strategieentwicklung Anwendung finden, um Handlungsempfehlungen für die langfristige Zustandswertmaximierung und damit eine optimale Strategie zu definieren. Die Strategiedefinition gelingt durch die Anwendung von Algorithmen der dynamischen Programmierung, wie dem *Value Iteration Algorithmus*.

5.4.2   Aufbau des Value Iteration Algorithmus

Ziel des Markov-Entscheidungsproblems der Produktportfoliosteuerung ist das Finden einer optimalen Strategie π^*, welche die Konformität des Produktportfolios unter Berücksichtigung der vorhandenen Ressourcen erhöht. Hierzu wird die Zustand-Wertfunktion $V(s_z)$ für jeden Produktportfoliozustand s_z des Steuerungsraums S maximiert. Diese Funktion gibt die Vorteilhaftigkeit des jeweiligen Produktportfoliozustandes s_z an (vgl. Abschnitt 2.4.3). Eine Strategie ist demnach optimal, wenn für alle Produktportfoliozustände $s_z \in S$ die Bedingung $V^{\pi^*}(s_z) > V^{\pi}(s_z)$ gültig ist. Die Berechnung der optimalen Lösung $V^* = V^{\pi^*}$ ergibt sich nach Formel 5.24 wie folgt:[734]

$$V^*(s_z) = \max_{a_{e,m} \in A} \sum_{s_z' \in S} T(s_z, a_{e,m}, s_z')[R(s_z, a_{e,m}) + \gamma \times V^*(s_z')]$$ 5.24

$V^*(s_z)$:	Zustand-Wertfunktion im Produktportfoliozustand s_z
$T(s_z, a_{e,m}, s_z')$:	Übergangsfunktion
$R(s_z, a_{e,m})$:	Belohnungsfunktion
γ:	Diskontierungsfaktor
$V^*(s_z')$:	Zustand-Wertfunktion im Produktportfoliozustand s_z'

Zur Berechnung der optimalen Zustand-Wertfunktion für jeden Produktportfoliozustand soll der *Value Iteration Algorithmus* nach BELLMANN verwendet werden.[735] Der Algorithmus wählt für jeden Zustand s_z die Handlungsoption $a_{e,m}$ aus, die eine lineare Kombination aus der direkten Belohnung $R(a_{e,m}, s_z)$ und der Zustand-Wertfunktion im nächsten Produktportfoliozustand $V^*(s_z')$ maximiert. Im Folgenden wird zunächst die Funktionsweise des Algorithmus im Kontext der Produktportfoliosteuerung erläutert, bevor der Diskontierungsfaktor γ als der Algorithmusparameter zur Gewichtung kurzfristiger ggü. langfristiger Belohnungen bestimmt wird.

Funktionsweise des Value Iteration Algorithmus

Entsprechend den Ausführungen in Abschnitt 3.2.3 wird die Zustand-Wertfunktion $V(s_z)$ beim Value Iteration Algorithmus in jeder Iteration optimiert, bis das Konvergenzkriterium erreicht ist. Die Aktualisierung der Zustand-Wertfunktion in jeder Iteration erfolgt nach Formel 5.25 so, dass der Wert im Zustand s_z bei Durchführung der Handlungsoption $a_{e,m}$ maximiert wird:[736]

---

[734] Vgl. Wiering und van Otterlo2012Reinforcement Learning, S. 16.
[735] Vgl. Bellman (1972), Dynamic Programming.
[736] Vgl. Wiering und van Otterlo2012Reinforcement Learning, S. 23.

$$V_{t+1}(s_z) = \max_{a_{e,m}} \sum_{s_z'} T(s_z, a_{e,m}, s_z')[R(s_z, a_{e,m}) + \gamma \times V_t(s_z')]$$ 5.25

$V_{t+1}(s_z)$:　　　　　Zustand-Wertfunktion im Produktportfoliozustand s_z
$T(s_z, a_{e,m}, s_z')$:　　Übergangsfunktion
$R(s_z, a_{e,m})$:　　　Belohnungsfunktion
γ:　　　　　　　Diskontierungsfaktor
$V_t(s_z')$:　　　　　　Zustand-Wertfunktion im Produktportfoliozustand s_z'

Die Funktionsweise des Value Iteration Algorithmus ist in Abbildung 5-43 in Form von Pseudocode dargestellt.

```
Require: Initialize V(s_z) := 0, ∀s_z ∈ S
  repeat
    Δ:=0
    for each s_z ∈ S do
      v:=V(s_z)
      for each a_m ∈ A(s_z) do
        Q(s_z, a_{e,m}):=∑_{s_z'} T(s_z, a_{e,m}, s_z')[R(s_z, a_{e,m}) + γV(s_z')]
      V(s_z):= max_{a_{e,m}} Q(s_z, a_{e,m})
      Δ:=max(Δ, |v − V(s)|)
  until Δ< σ
```

Abbildung 5-43:　Pseudocode des Value Iteration Algorithmus nach BELLMAN[737]

Der Value Iteration Algorithmus bricht ab, sobald die Differenz Δ zwischen zwei aufeinanderfolgenden Zuständen kleiner als der Grenzwert σ ist. Der Grenzwert kann dabei beliebig kleine Werte annehmen und wird durch den Anwender vorgegeben. Der Algorithmus garantiert so Konvergenz zu einer optimalen Zustand-Wertfunktion $V^*(s_z)$, mit der in einem letzten Schritt die optimale Strategie π^* anhand von Formel 5.26 berechnet wird:[738]

$$\pi^*(s_z) = \max_{a_{e,m}} \sum_{s_z' \in S} T(s_z, a_{e,m}, s_z')[R(s_z, a_{e,m}) + \gamma \times V^*(s_z')]$$ 5.26

$\pi^*(s_z)$:　　　　　optimale Strategie im Produktportfoliozustand s_z
$T(s_z, a_{e,m}, s_z')$:　　Übergangsfunktion
$R(s_z, a_{e,m})$:　　　Belohnungsfunktion
γ:　　　　　　　Diskontierungsfaktor
$V^*(s_z')$:　　　　　Zustand-Wertfunktion im Produktportfoliozustand s_z'

---

[737] In Anlehnung an Wiering und van Otterlo2012Reinforcement Learning, S. 23.
[738] Wiering und van Otterlo2012Reinforcement Learning, S. 16.

Entsprechend der Formel 5.26 wird je Analyseproblem zur Steuerung der Produktportfoliobreite und -tiefe für den jeweiligen aktuellen Produktportfoliozustand s_0, die Handlungsoption identifiziert, welche die Zielkonformität maximiert. Diese Handlungsoption bildet i. S. einer Handlungsempfehlung die optimale Strategie $\pi^*(s_{0,ov})$ in dem aktuellen Zustand je Analyseproblem $\{B, T_1, \ldots, T_L\}$ ab. Für das strategische Management besteht die optimale Strategie π^* zur Steuerung des gesamten Produktportfolios demnach aus der Summe der Handlungsempfehlungen über alle Analyseprobleme. Ein zentraler Parameter für die Auswahl der Handlungsempfehlungen ist der Diskontierungsfaktor γ.

Festlegung des Diskontierungsfaktors

Anhand des Diskontierungsfaktors $\gamma \in [0,1]$ wird festgelegt, welches Maß kurzfristigen Belohnungen in Relation zu langfristigen Belohnungen zukommt. Er ist unabhängig vom unternehmensinternen Kalkulationszinsfuß b (vgl. Formel 5.21ff.) festzulegen. In Formel 5.26 wird ersichtlich, dass anhand des Diskontierungsfaktors bestimmt wird, wie stark die Wertfunktion des nachfolgenden Produktportfoliozustands s_z' in die Optimierung der Zustand-Wertfunktion einfließen soll. Bei einem Diskontierungsfaktor von $\gamma = 0$ wird nur die direkte Belohnung R berücksichtigt, sodass lediglich die nächste Handlungsoption ohne Berücksichtigung der nachfolgenden Handlungsoptionen optimiert wird. Bei einem Diskontierungsfaktor von $\gamma = 1$ wird die komplette Zustand-Wertfunktion des nachfolgenden Produktportfoliozustands s_z' berücksichtigt. Da die langfristige Unternehmenswertsteigerung im Fokus der Arbeit liegt, kann so eine Handlungsoption $a_{e,m}$ gegenüber einer anderen präferiert werden, auch wenn letztere einen kurzfristig höheren Erfolg versprechen. Entsprechend der optimalen Strategie werden Handlungsempfehlungen zur Produktportfoliosteuerung formuliert.

5.4.3 Formulierung von Handlungsempfehlungen zur unternehmenszielkonformen Steuerung des Produktportfolios

Nachdem der Value Iteration Algorithmus aufgebaut wurde, kann dieser zur Ableitung von Handlungsempfehlungen verwendet werden. Nachfolgend wird zuerst das Ergebnis der Anwendung des Value Iteration Algorithmus exemplarisch dargestellt, bevor aufgezeigt wird, inwiefern die so identifizierten Handlungsempfehlungen einer Plausibilitätsprüfung bedürfen.

Ableitung von Handlungsempfehlungen auf Basis der dynamischen Programmierung

Für ein gegebenes Analyseproblem $\{B, T_1, \ldots, T_L\}$ lassen sich anhand des Value Iteration Algorithmus Handlungsempfehlungen zur Produktportfoliosteuerung ableiten. Ergebnis des Algorithmus ist die Identifikation einer Handlungsempfehlung für jeden Produktportfoliozustand s_z. Ausgehend vom aktuellen Produktportfoliozustand s_0 wird dem strategischen Management so die optimale Strategie zur Produktportfoliosteuerung vorgeschlagen. Abbildung 5-44 visualisiert das Ableiten von Handlungsempfehlungen für das Analyseproblem B. Anhand des Zeitverlaufs des Konformitätsmaßes K_z ist zu erkennen, dass der aktuelle Produktportfoliozustand s_0 bei *Beibehaltung* (B) zum Zeitpunkt t_{SE}, d. h. am Ende der Steuerungsperiode, eine Konformität von $K_{s_0,oV}^B = 0{,}3$ aufweist. Die Ergebnisse des Value Iteration Algorithmus schlagen eine *Diversifikation* (D) des Produktportfolios als optimale Strategie im aktuellen Zustand vor. Durch eine Diversifikation wird ein Konformitätsmaß von $K_{s_0,oV}^D = 0{,}6$ erreicht, was eine hundertprozentige Steigerung der Konformität des Produktportfolios mit dem produktportfoliorelevanten Unternehmenszielsystem bedeutet.

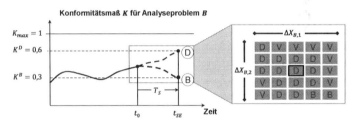

Abbildung 5-44:   Identifikation von Handlungsempfehlungen

Entsprechend wird mithilfe des Value Iteration Algorithmus für jede Steuerungsperiode je Analyseproblem die Handlungsempfehlung identifiziert, anhand derer die Zielkonformität maximiert wird. Indem zuerst die Produktportfoliobreite und anschließend die Produktportfoliotiefe betrachtet wird, wird eine optimale Strategie für das gesamte Produktportfolio identifiziert. Je nach aktuellem Produktportfoliozustand kann es in einer Steuerungsperiode nicht möglich sein, die maximale Ausprägung des Konformitätsmaßes $K_z = 1$ zu erreichen (vgl. Abbildung 5-44). Für die Erzielung einer hundertprozentigen Konformität wird demnach die erneute Methodikanwendung in weiteren Steuerungsperioden benötigt. Nach der Identifikation der Handlungsempfehlungen in der aktuellen Steuerungsperiode müssen diese plausibilisiert werden.

Überprüfung der Plausibilität der Handlungsempfehlungen

Anhand des im vierten Methodikschritts aufgebauten Entscheidungsmodells werden dem strategischen Management die Handlungsempfehlungen vorgeschlagen, welche die

Konformität des Produktportfolios mit dem produktportfoliorelevanten Unternehmens-zielsystem maximieren. Diese durch den Value Iteration Algorithmus generierten Emp-fehlungen stellen die Ergebnisse des im vierten Methodikschritts aufgebauten Entschei-dungsmodells dar. Nach LAUX ET AL. bedürfen diese Handlungsempfehlungen einer Plausibilitätsprüfung durch den Entscheider, d. h. durch das strategische Manage-ment.[739] Die Überprüfung der Plausibilität der Handlungsempfehlungen des Produkt-portfolios soll dabei in zwei Stufen vorgenommen werden: Überprüfung hinsichtlich nicht-modellierbarer Restriktionen aus Individualzielsystemen (1) und Überprüfung hinsichtlich der Umsetzbarkeit im F&E-Portfolio (2).

Das Unternehmenszielsystem ist eine Koalition von Individualzielsystemen der Stake-holder (vgl. Abschnitt 2.2.2). Oftmals werden einige Individualziele nicht explizit im Kollektivzielsystem abgebildet, obgleich ihre Existenz die Umsetzung der modellbasiert vorgeschlagenen Handlungsempfehlungen stark beeinflussen kann. Als Beispiel hierfür kann das persönliche Interesse des Eigentümers an einer Unternehmensaktivität in Ja-pan herangezogen werden. Schlägt das Entscheidungsmodell dann die Abkündigung der Produktlinien für den japanischen Markt vor, so muss das strategische Management die Produktlinienabkündigung ausschließen, da eine solche Maßnahme nicht vom Eigen-tümer gebilligt würde. Unterliegt der Steuerungsraum nicht modellierbaren Restriktio-nen, müssen diese in Plausibilitätsprüfung identifiziert werden. Da derartige Restriktio-nen unternehmensspezifisch sind, kann die vorliegende Arbeit keine allgemeingültige Aufzählung von *nicht-modellierbaren Restriktionen* enthalten, jedoch auf deren Exis-tenz hinweisen.

Entsprechend den Ausführungen in Abschnitt 2.2.4 werden die am Produktportfolio identifizierten Handlungsempfehlungen zur Umsetzung in Form von Projekten an das F&E-Portfolio weitergegeben. Dabei kann eine Handlungsempfehlung, z. B. die Varia-tion einer Produktlinie, durch mehrere Entwicklungsprojekte realisiert werden. Zur Prüfung der Plausibilität von Handlungsempfehlungen muss demnach die Umsetzbar-keit der Handlungsempfehlung im F&E-Portfolio überprüft werden. In Anlehnung an die BCG-Matrix und das Technologieportfolio nach PFEIFFER (vgl. Abschnitt 2.2.1, Ab-bildung 2-8) lässt sich dazu eine Portfoliodarstellung heranziehen. Anhand dieser Dar-stellung wird der Übertrag von Handlungsempfehlungen des Produktportfolios in das F&E-Portfolio plausibilisiert (vgl. Abbildung 5-45). Aus Sicht des Produktportfolios wird zunächst die **Marktattraktivität** je Handlungsempfehlung bewertet. Dabei lässt sich das *Marktwachstums* und der *Marktanteil* in den Märkten betrachten, welche die Hand-

---

[739] Vgl. Laux et al. (2018), Entscheidungstheorie, S. 56.

lungsempfehlungen adressieren. Aus Sicht des F&E-Portfolios wird die **Technologieattraktivität**, **Ressourcenbeanspruchung** und **Umsetzungszeit** je Handlungsempfehlung bewertet. Dabei richtet sich die Bewertung der Technologieattraktivität danach, welche *Reife die Technologie* hat, die für die jeweiligen Handlungsempfehlungen notwendig ist. Anhand des Ressourcenverzehrs werden die notwendigen *Projektressourcen* zur Umsetzung einer Handlungsempfehlung auf operativer Ebene geplant. Für die Bestimmung der Projektressourcen kann unterstützend der in Abschnitt 5.4.1 bestimmte Ressourcenverzehr je Handlungsoption herangezogen werden. Ebenso wird pro Projekt eine *Umsetzungsdauer* antizipiert, sodass sich entsprechend die Umsetzungsdauer einer Handlungsempfehlung planen lässt. Für die operative Planung und Steuerung von Projekten soll auf die Ansätze nach DÖLLE[740] und CHEN ET AL.[741] verwiesen werden.

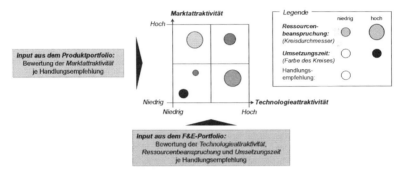

Abbildung 5-45: Umsetzbarkeit von Handlungsempfehlungen im F&E-Portfolio

Mit der zweistufigen Plausibilitätsprüfung schließt der vierte Methodikschritt und damit die Methodik selbst.

5.4.4 Zusammenfassung des Entscheidungsmodells zur unternehmenszielkonformen Produktportfoliosteuerung

Auf Basis der im dritten Methodikschritt ermittelten Konformitäten potenzieller Produktportfoliozustände bestand das Ziel des vierten Methodikschritts in der Identifikation von Handlungsempfehlungen zur Realisierung dieser zielkonformen Zustände. Im Hinblick auf die langfristige Unternehmenswertsteigerung liegt demnach eine Aufgabe des sequenziellen Entscheidens vor. In einem ersten Schritt wurde deshalb die Heraus-

---

[740] Vgl. Dölle (2018), Projektsteuerung in der Produktentwicklung.
[741] Vgl. Chen et al. (2016), Improving Resource Management.

forderung als Markov-Entscheidungsproblem modelliert. Zur Problemlösung wurde anschließend der Value Iteration Algorithmus auf den Kontext der Produktportfoliosteuerung angepasst. Durch die Algorithmusanwendung gelang die Identifikation einer optimalen Strategie für das strategische Management zur Produktportfoliosteuerung. Die so identifizierten Handlungsempfehlungen wurden letztlich auf Plausibilität hinsichtlich nicht-modellierbarer Restriktionen und hinsichtlich deren Umsetzbarkeit im F&E-Portfolio überprüft. Abbildung 5-46 fasst das Vorgehen und die Ergebnisse der Artefakterstellung im vierten Methodikschritt zusammen.

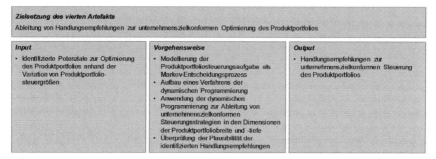

Abbildung 5-46:   Ableitung datenbasierter Handlungsempfehlungen

Mit dem Ergebnis des vierten Methodikschritts schließt die Methodikerarbeitung.

5.5   Zwischenfazit: Detaillierung der Methodik

Das Ziel des Kapitels bestand in der Ausgestaltung der Methodikschritte und damit in der Erarbeitung der in Unterkapitel 4.5 abgeleiteten Artefakte. Dazu wurde im ersten Methodikschritt ein Beschreibungsmodell für die *datenbasierte Produktportfoliobeschreibung* entwickelt (vgl. Unterkapitel 5.1). Mit Fokus auf die Schnittstellenposition des Produktportfolios zwischen unternehmensinterner Leistungserstellung und dem Anbieten derselben am Absatzmarkt wurde zunächst eine holistische Produktportfoliobeschreibung anhand von Betrachtungsperspektiven aufgebaut. Um den Zustand des Produktportfolios in den einzelnen Perspektiven anhand von numerischen Daten zu quantifizieren, wurden Kennzahlen in den Klassen *endogene Beschreibungsgrößen* und *exogene Beschreibungsgrößen* herangezogen.

Analog zu der datenbasierten Beschreibung des Produktportfolios wurde in Unterkapitel 5.2 das *produktportfoliorelevante Unternehmenszielsystem datenbasiert beschrieben*. Da keine abgeschlossene Liste an Unternehmenszielen existieren kann, wurde ein Ordnungsrahmen entwickelt, anhand welchem sich unternehmensspezifisch produktportfoliorelevante Unternehmensziele identifizieren lassen. Dabei wurde die langfristige Unternehmenswertsteigerung fokussiert und ein Vorgehen zur Modellierung von Rangordnung und Zielbeziehungen erarbeitet. Die Operationalisierung der Unternehmensziele erfolgte anhand von Kennzahlen des Typs *Zielgröße*. Zudem wurden als *Steuergrößen* diejenigen endogenen Beschreibungsgrößen identifiziert, deren Manipulation die numerischen Zielgrößenwerte beeinflusst. Exogene Beschreibungsgrößen, bzw. *Einflussgrößen*, hingegen, sind Kennzahlentypen, die nicht durch das Unternehmen beeinflussbar sind und zur Modellierung der Rahmenbedingungen der Steuerungssituation verwendet werden.

Das Ziel des dritten Methodikschritts bestand in der Identifikation von Optimierungspotenziale zur Steigerung der Konformität zwischen Produktportfolio und Unternehmenszielsystem. Zur Zielerreichung wurden in Unterkapitel 5.3 *Wirkzusammenhänge zwischen den Steuergrößen des Produktportfolios und den produktportfoliorelevanten Zielgrößen* durch multivariate Regression mittels Neuronaler Netze ermittelt. Entsprechend der Produktportfoliostruktur wurden Neuronale Netze für die Steuerung der Produktportfoliobreite und -tiefe modelliert. Dabei bildeten die Steuer- und Einflussgrößen die Eingangsneuronen ab und für die Ausgangsneuronen wurden die zuvor identifizierten Zielgrößen herangezogen. Die trainierten Neuronalen Netze wurden zur Herleitung eines Steuerungsraums verwendet, der sich aus allen erreichbaren Produktportfoliozustände einer zukünftigen Steuerungsperiode konstituiert. Anhand eines Konformitätsmaßes wurde für jeden Zustand im Steuerungsraum die Unternehmenszielsystemkonformität bewertet.

Aufbauend auf der Konformität potenzieller Produktportfoliozustände wurde im vierten Methodikschritt ein Entscheidungsmodell zur datenbasierten Ableitung von Handlungsempfehlungen für eine zielkonforme Produktportfoliosteuerung erarbeitet (vgl. Unterkapitel 5.4). Die Steuerung des Produktportfolios im Hinblick auf die langfristige Unternehmenswertsteigerung ist als sequenzielle Entscheidungsaufgabe zu verstehen. Entsprechend wurde die Aufgabe zunächst als Markov-Entscheidungsproblem modelliert. Anschließend fand die Adaption des Value Iteration Algorithmus statt, mit dessen Hilfe das Entscheidungsproblem gelöst wurde und sich Handlungsempfehlungen zur Optimierung der Zielkonformität datenbasiert ableiten ließen. Im Anschluss wurde die Plausibilität dieser Handlungsempfehlungen überprüft. Dabei wurden nicht-modellierbare unternehmensspezifische Restriktionen und der Übertrag der Handlungsempfehlungen zur Realisierung in das F&E-Portfolio betrachtet. Als Ergebnis liegen dem strategischen Management als Adressaten der Methodik plausibilisierte Handlungsempfehlungen zur Steuerung der Produktportfoliobreite und -tiefe vor.

6 Demonstration und Evaluation

Das Ziel des sechsten Kapitels besteht in der Anwendung und Überprüfung der entwickelten Methodik zur datenbasierten Produktportfoliosteuerung. Um das forschungsmethodische Vorgehen aufzuzeigen, wird zunächst die Evaluierungsstrategie erläutert (vgl. Abschnitt 6.1). Die Demonstration der Methodik erfolgt am Beispiel von zwei variantenreichen Serienfertigern (vgl. Abschnitt 6.2). Abschließend werden die Ergebnisse kritisch evaluiert (vgl. Abschnitt 6.3).

6.1 Herleitung der Evaluierungsstrategie

Neben der Artefaktentwicklung ist die Demonstration und Evaluation der Artefakte ein essenzieller Bestandteil des Design Cycles der DSR.[742] Mit der Absicht, den erzielten Fortschritt zu überprüfen, werden die entwickelten Artefakte durch Exemplifizierung demonstriert und anschließend evaluiert.[743] Während eine Demonstration durch Exemplifizierung im Anwendungskontext nachweist, „that the artefact works correctly"[744] besteht das Ziel der Evaluierung darin, zu überprüfen, „how well the artifact supports a solution to the problem"[745]. Damit umfasst die Evaluierung eine Demonstration der Artefakte und erhält eine essenzielle Bedeutung im Rahmen der DSR.[746] Zur Strukturierung der Durchführung der Evaluation schlagen VENABLE ET AL. die Formulierung einer Evaluierungsstrategie vor.[747] Diese Strategie besteht aus vier Schritten: Zunächst werden die Ziele und Anforderungen der Evaluierung bestimmt (I). Anschließend erfolgt die Charakterisierung des Evaluierungsvorhabens (II) und basierend darauf

---

[742] Vgl. Hevner (2007), A Three Cycle View of Design Science Research, S. 88.

[743] Vgl. Aier und Fischer (2011), Criteria of progress, S. 148.

[744] Winter und Aier (2016), Design Science Research in Business, S. 487.

[745] Peffers et al. (2014), A Design Science Research Methodology, S. 56.

[746] Vgl. March und Smith (1995), Design and natural science research, S. 258; Hevner et al. (2004), Design science in information systems, S. 85; Venable et al. (2012), Evaluation in Design Science Research, S. 423.

[747] Vgl. Venable et al. (2012), Evaluation in Design Science Research, S. 429.

die Auswahl einer geeigneten Evaluierungsmethode (III). Abschließend wird das Vorhaben detailliert (IV).[748]

Die Evaluierung zielt auf die Überprüfung der entwickelten Methodik ab, **Rigor** und **Relevance** zu vereinen. Um dies umzusetzen, werden die in Abschnitt 4.3.1 beschriebenen **inhaltlichen Anforderungen** herangezogen. Entsprechend den Ausführungen in Unterkapitel 4.2 wurden *Modelle* und *Methoden* als die relevanten Artefaktarten zur Methodikerarbeitung identifiziert. Demnach werden die inhaltlichen Anforderungen durch die in Abschnitt 4.3.2 dargestellten **formalen Anforderungen** an *Nützlichkeit, Konsistenz, Übertragbarkeit* und *Einfachheit* an diese Artefaktarten ergänzt. Zur Durchführung der Evaluierung existiert eine Vielzahl an Methoden.[749] Anhand des Ordnungsrahmens von VENABLE ET AL. werden diese entlang einer *Betrachtungsperspektive* und einer *Anwendungsperspektive* systematisiert. Hinsichtlich der Betrachtungsperspektive können Artefakte *Ex Ante* oder *Ex Post* der Instanziierung evaluiert werden. In der Anwendungsperspektive wird zwischen einer *echten* oder *künstlichen Umgebung* differenziert.[750] Da die Methodik in Kapitel 5 bereits vollständig erarbeitet wurde und im Folgenden durch Demonstration instanziiert wird, erfolgt eine **Ex Post-Betrachtung**. Zur Überprüfung der Relevanz der Methodik im industriellen Umfeld, findet die Demonstration unter **realen Bedingungen** statt, sodass **zwei Fallstudien** die ausgewählte Evaluierungsmethode bilden. Die Detaillierung des Evaluierungsvorhabens ergibt sich aus den folgenden Abschnitten.

6.2 Demonstration der Methodik an Unternehmensfallstudien

Die Demonstration der Methodik erfolgt am Beispiel der Automation AG und der Powertrain GmbH. Alle in der Demonstration verwendeten Unternehmensdaten wurden für die nachfolgenden Ausführungen anonymisiert.

6.2.1 Anwendung der Methodik am Beispiel der Automation AG

Nach der Darstellung der Ausgangssituation der Automation AG wird die Methodik demonstriert. Die Demonstration ist anhand der vier Methodikschritte gegliedert.

---

[748] Vgl. Venable et al. (2012), Evaluation in Design Science Research, S. 434f.

[749] Vgl. Peffers et al. (2012), Design Science Research Evaluation, S. 398; Hevner et al. (2004), Design science in information systems, S. 86.

[750] Vgl. Venable et al. (2012), Evaluation in Design Science Research, S. 429f.

Ausgangssituation der Automation AG

Die Automation AG ist ein führender international agierender Hersteller von Automatisierungs- und Steuerungstechnik. Das Produktportfolio der Automation AG umfasst eine hohe fünfstellige Anzahl an Produkten, worunter sich sowohl standardisierte Katalogprodukte als auch kundenspezifische Lösungen finden lassen. Aufgrund der Diversifikation der Geschäftsfelder ist das Produktportfolio in sechs verschiedene Ebenen strukturiert. Die für die Methodik relevanten Ebenen sind die *Ebene der Produktfamilien* und der *Produktserien*. Produktfamilien sind in einem Produktcluster zusammengefasst. Die Methodikdemonstration beschränkt sich auf das *Produktcluster Sensoren*. In den jeweiligen Clustern bzw. Geschäftsbereichen sind historisch gewachsene Produktlinien mit verschiedenen Technologien zu finden. Gefertigt werden die einzelnen Produkte in Kleinserien und in Massenproduktion. Damit entspricht die Automation AG dem Profil eines variantenreichen Serienfertigers (vgl. Abschnitt 2.1.1). Im Wettbewerbsumfeld gibt es wenige größere und einige kleine Wettbewerber. Die Marktführerschaft verteidigt die Automation AG mit kontinuierlichen technologischen Produktinnovationen, die zu geringen Kosten realisiert werden können. Obgleich die jeweiligen Produktportfoliobereiche sehr verschiedene Anwendungsgebiete fokussieren, soll die interne Vielfalt durch Ausnutzung von Kommunalitäten optimiert werden. Das Produktportfoliomanagement, welches als Stabstelle im Unternehmen die Verantwortung über das Produktportfolio hat, befasst sich bereits seit einigen Jahren mit dem Aufbau eines umfangreichen Tools zur datenbasierten Deskription des Produktportfolios. Aus diesem Grund eignet sich die Fallstudie im besonderen Maße zur Demonstration der Methodik.

Beschreibung des Produktportfolios

Die Identifizierung der relevanten **endogenen und exogenen Beschreibungsgrößen** für das Produktcluster Sensoren basiert auf den in Abbildung 5-11 vorgestellten Größen. Die Eignung dieser 31 Beschreibungsgrößen für das Produktportfolio der Automation AG wurde in einer Nutzwertanalyse anhand der in Abschnitt 5.1.2 erarbeiteten Kriterien *Aktualität, Glaubwürdigkeit* und *Zugänglichkeit* überprüft. Dabei hat sich gezeigt, dass für eine Vielzahl der Beschreibungsgrößen keine aktuellen Kennzahlenwerte zur Verfügung stehen. Andere Kennzahlen mussten wegen unzureichender Glaubwürdigkeit aufgrund intransparenter Kennzahlenherkunft vom weiteren Vorgehen ausgeschlossen werden. Abbildung 6-1 zeigt einen Ausschnitt der Beschreibungsgrößen, die als Ergebnis der Nutzwertanalyse für die weitere Methodikdemonstration berücksichtigt wurden. Die vollständige Übersicht der modellierten Beschreibungsgrößen findet sich in Abbildung A-2 in Anhang A.8.

Perspektive	Kennzahl	Kennzahlenklasse (Kennzahlentyp)	Strukturebene		Skalierung	Berechnung
Produktportfolio-struktur	ANZAHL PRODUKTFAMILIEN	Endogene Beschreibungsgröße (Steuergröße)	Produktportfolio	x	Absolutskaliert	-
			Produktlinie			
			Produkt			
	ANZAHL PRODUKTSERIEN	Endogene Beschreibungsgröße (Steuergröße)	Produktportfolio		Absolutskaliert	-
			Produktlinie	x		
			Produkt			
Produktportfolio-abhängigkeit	TYPENKOMMUNALITÄT	Endogene Beschreibungsgröße (Steuergröße)	Produktportfolio	x	Verhältnisskaliert	$TK_t = \frac{IM}{BT}$ mit: *IM*: Anzahl individueller Produktmerkmale *BT*: Anzahl aller Merkmale einer Produktlinie
			Produktlinie	x		
			Produkt			
Wettbewerbs-charakteristik	MARKTVOLUMEN DEUTSCHLAND	Exogene Beschreibungsgröße (Einflussgröße)	Produktportfolio	x	Absolutskaliert	*Quelle:* *Statistisches Bundesamt*
			Produktlinie	x		
			Produkt			
...		...	...		...	...

Abbildung 6-1:   **Auszug aus den Steuer- und Einflussgrößen der Automation AG**

Die **Produktportfoliostrukturperspektive** wird anhand der Steuergrößen *Anzahl Produktfamilien* bzw. *Anzahl Produktserien* auf Produktportfolio- bzw. Produktlinien-ebene beschrieben. Die Steuergröße *Typenkommunalität* wird zur Beschreibung des Produktportfoliozustands in der **Produktportfolioabhängigkeitsperspektive** verwendet. In Anlehnung an die in Tabelle A-59 in Anhang A.5 beschriebene Kennzahl *Commonality Index*, beschreibt die *Typenkommunalität* bei der Automation AG die Anzahl an bauteilspezifischen Produktmerkmalen in einer Produktfamilie, welche lediglich Bestandteil einer einzelnen Produktserie sind. Die als relevant identifizierten Einflussgrößen sind der **Wettbewerbscharakteristikperspektive** zuzuordnen und wurden für Produktportfolio- und Produktlinienebene als identisch angenommen.

Beschreibung des produktportfoliorelevanten Unternehmenszielsystems

Zur Identifikation der produktportfoliorelevanten Unternehmensziele wurde der in Abbildung 5-14 gezeigte Ordnungsrahmen verwendet und so ein holistisches Verständnis dessen vermittelt, was durch das Produktportfolio strategisch beeinflusst wird. Entsprechend wurden die unternehmensspezifischen Ziele der Automation AG erfasst und mittels paarweisen Vergleichs priorisiert (vgl. Abbildung 6-2). Das höchst priorisierte Ziel ist die **Senkung der Produktkosten**. Für dieses Ziel wurde entsprechend die Zielgröße *Herstellkosten* zur Operationalisierung festgelegt. An zweiter Stelle in der Priorisierung steht das Ziel **Steigerung der Profitabilität**. Zur Messung der Zielerreichung wurden die **Zielgrößen** *Absatzmenge, Umsatz* und *relativer Deckungsbeitrag* herangezogen.

Verlgeich von Zeile f zu Spalte g	Steigerung der Profitabilität	Senkung der Produktkosten	Steigerung der Kundenzufriedenheit	Ausbau der Marktposition auf langfristig profitablen Märkten	a_f	w_f
	f	1	2	3	4		
Steigerung der Profitabilität	1		$\frac{1}{7}$	5	7	12,14	0,31
Senkung der Produktkosten	2	7		7	7	21	0,54
Steigerung der Kundenzufriedenheit	3	$\frac{1}{5}$	$\frac{1}{7}$		$\frac{1}{5}$	0,54	0,01
Ausbau der Marktposition auf langfristig profitablen Märkten	4	$\frac{1}{7}$	$\frac{1}{7}$	5		5,29	0,14

Abbildung 6-2: Paarweiser Vergleich der Ziele der Automation AG

Abweichend vom methodischen Vorgehen wurde im Expertengespräch festgelegt, lediglich die beiden höchst priorisierten Ziele in der weiteren Demonstration zu berücksichtigen. Dabei wurde die Senkung der Produktkosten mit einem relativen Gewicht von 51 % geringfügig stärker gewichtet als die Profitabilitätssteigerung mit 49 %. Diese Abweichung vom Ergebnis des Methodikschritts ist mit der unternehmensinternen Vorgabe zu argumentieren, die eine Ressourcenfokussierung des Produktportfoliomanagements auf diesen beiden Zielen für die kommenden Jahre bestimmt. Da für das Ziel *Steigerung der Profitabilität* drei Zielgrößen verwendet werden, wurde das relative Zielgewicht gleichmäßig auf die Zielgrößen aufgeteilt, sodass jede Zielgröße mit einer Gewichtung von $w_1 = 0,16$ in die Modellierung einging. Die Zielgröße *Herstellkosten* hat entsprechend ein Gewicht von $w_2 = 0,51$.

Ermittlung von Wirkzusammenhängen

Die in Abbildung 5-22 gezeigte Grobstruktur des Datenanalyseverfahrens lässt sich ohne Adaption auf die Automation AG anwenden. Demnach wurde ebenfalls die in Abbildung 5-23 illustrierte **Grobstruktur** der Neuronalen Netze verwendet. Entsprechend der unternehmensspezifischen Bezeichnungen der Produktportfoliostrukturebenen wurden für die Grobstruktur *Produktserien* in *Produktfamilien* zusammengefasst und auf **Produktlinienebene** dargestellt. Ein *Produktcluster* fasst Produktfamilien zusammen und bildet die **Produktportfolioebene** ab. Auf Produktlinienebene wurden drei Produktfamilien (I, II und III) zur Demonstration ausgewählt (vgl. Abbildung 6-3). Damit ergaben sich insgesamt vier Analyseprobleme, die in jeweils einem Neuronalen Netz modelliert wurden.

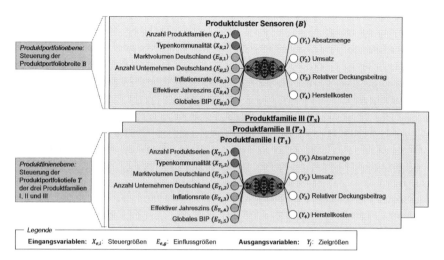

Abbildung 6-3:   Grobstruktur der Neuronale Netze der Automation AG

Für die retrospektive Datenaufnahme wurde eine monatliche Abtastfrequenz für alle Zeitreihen festgelegt. Mit einer verfügbaren Zeitspanne von Januar 2010 bis Mai 2019 ergaben sich $N = 113$ Datenpunkte für jedes Analyseproblem. Die Kennzahlenzeitreihen der Zielgrößen sowie die Daten zur Ermittlung der Steuergrößen lagen auf Produktebene in den IT-Systemen der Automation AG vor. Die Einflussgrößen *Marktvolumen* und die *Anzahl an Unternehmen* der deutschen verarbeitenden Industrie entsprechen den Erhebungen des STATISTISCHEN BUNDESAMTS[751], wobei spezifische Daten zur Industrie der Automatisierungs- und Steuerungstechnik nicht vorlagen. Die *Inflationsrate*, der *effektive Zinssatz* und das *globale Bruttoinlandsprodukt* wurden den Veröffentlichungen des GLOBAL ECONOMIC MONITORS[752] entnommen. Anhand der Zeitreihen aller Kennzahlen wurden Trainingsdatensätze erstellt, in denen für jeden Zeitpunkt die Werte der Eingangsvariablen den Werten der Ausgangsvariablen zugeordnet wurden. Die sich anschließenden Schritte der Datenvorbereitung inkludierten die **Bereinigung** um *Ausreißer* und Ergänzung *fehlender Werte* (vgl. Tabelle 6-1), die **Aggregation** der Datenpunkte und die abschließende **Normalisierung** der Daten (vgl. Abschnitt 5.3.1). Diese Datenvorbereitungsschritte wurden in der Programmiersprache *Python* in den Software-Tools *Anaconda Navigator* (Version 5.0.1) und *Jupyter Notebook* (Version 6.0.0) sowie in *Microsoft Excel* realisiert.

---

[751] Vgl. Statistisches Bundesamt (Destatis) (2019), Beschäftigte und Umsatz der Betriebe.
[752] Vgl. The World Bank (2019), Global Economic Monitor.

Tabelle 6-1:   Ergebnisse der Datenvorbereitung der Automation AG

	Produktcluster Sensoren (B)	Analyseproblem Produkt-familie I (T_1)	Produkt-familie II (T_2)	Produkt-familie III (T_3)
Anzahl Datenpunkte N pro Kennzahl	113	113	113	113
Anteil fehlender Daten-punkte [%]	2,5	2,5	2,5	2,5
Anteil Ausreißer [%]	3,7	3,4	3,0	2,4

Der sich anschließende Arbeitsschritt der **Modellierung der Neuronalen Netze** erfolgte entsprechend den Ausführungen in Abschnitt 5.3.2 und wurde in *Python* und mittels *Keras Functional API* realisiert. Die Ermittlung der exakten Netztopologie fand im Rahmen des **Trainings der Neuronalen Netze** unter Anwendung von LOO-CV statt. Aufgrund der in Tabelle 6-1 zu erkennenden Ähnlichkeit der Datensätze der einzelnen Analyseprobleme wurden die Modellierung und das Training nur anhand des Datensatzes von Analyseproblem B zur Steuerung der Produktportfoliobreite durchgeführt. Die Vorhersagegenauigkeit der Neuronalen Netze wurde anhand des aRMSE bewertet. Dabei wurde der RMSE in jeder Iteration der LOO-CV berechnet und anschließend gemäß Formel 5.16 zum aRMSE verrechnet. Entsprechend diesem Vorgehen wurde der aRMSE für verschiedene Netztopologien bestimmt (vgl. Abbildung 6-4). Um die Validität der Berechnungen zu erhöhen, wurde das Verfahren je Netztopologie mehrfach durchgeführt, sodass ein durchschnittlicher aRMSE angegeben werden konnte. Um die Aussagekraft zusätzlich zu erhöhen, wurde die Standardabweichung der aRMSE-Werte berechnet (vgl. Angaben in Klammern in Abbildung 6-4).

Analyseproblem: Sensoren (B) Gütekriterium: durchschn. aRMSE	Anzahl an verdeckten Schichten		
	$ts = 1; ns = 1$	$ts = 2; ns = 2$	$ts = 3; ns = 3$
Anzahl an Neuronen $a_s = 12; a_{ns} = 3$	**0,0576 (±0,0335)**	0,0436 (±0,0245)	0,0314 (±0,0224)
$a_s = 20; a_{ns} = 5$	0,0586 (±0,0371)	0,0262 (±0,0252)	
$a_s = 40; a_{ns} = 10$	0,0304 (±0,0225)		

Legende
ts: Anzahl teilender Schichten a_s: Anzahl Neuronen in teilenden Schichten   **Ausgewählte Topologie**
ns: Anzahl nicht-teilender Schichten a_{ns}: Anzahl Neuronen in nicht-teilenden Schichten

Abbildung 6-4:   Ergebnisse der LOO-CV für verschiedene Netztopologien

Obwohl die Ergebnisse der LOO-CV die höchste Genauigkeit und die geringste Streuung für eine Netztopologie mit zwei teilenden Schichten mit jeweils 20 Neuronen sowie zwei nicht-teilenden Schichten mit jeweils fünf Neuronen zeigten, wurde diese Netztopologie nicht verwendet. Zur Minimierung der *Gefahr des Overfittings* wurde stattdessen die Netztopologie mit einer teilenden und einer nicht-teilenden Schicht und jeweils zwölf bzw. drei Neuronen ausgewählt (vgl. Abbildung 6-4). Diese Topologie ist in Abbildung 6-5 dargestellt.

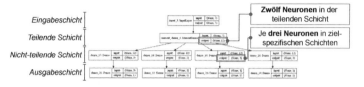

Abbildung 6-5:   Topologie der Neuronalen Netze der Automation AG

Mit der festgelegten Netztopologie fand das Training der Neuronalen Netze aller Analyseprobleme statt. Dabei wurden *Kostenfunktion* und *Optimierungsalgorithmus* entsprechend den Ausführungen in Abschnitt 5.3.3 verwendet. Als Abbruchkriterien wurde *Early Stopping* genutzt und die *Anzahl an Iteration* auf 100 begrenzt. Anhand der in Abbildung 6-6 visualisierten Kostenverläufe der Trainings- und Validierungsdaten, J_{train} bzw. J_{val}, sind zwei Auffälligkeiten zu erkennen: Zum einen ändern sich die Kostenverläufe ab der 50. Iteration nur noch unwesentlich, sodass die Iterationsanzahl auch ohne Beeinflussung der Vorhersagegenauigkeit hätte reduziert werden können. Zum anderen wird deutlich, dass sich die Kostenverläufe für alle Analyseprobleme stark ähneln. Dies bestätigt die Hypothese, dass die ermittelte Netztopologie für das Analyseproblem *B* auf alle Analyseprobleme übertragbar ist.

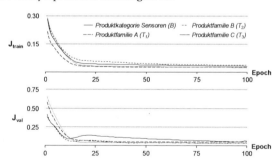

Abbildung 6-6:   Kostenverläufe der trainierten Neuronale Netze

Anhand des Kostenverlaufs der Validierungsdaten wird deutlich, dass die Netze die Wirkzusammenhänge zwischen den Eingangsvariablen und den Ausgangsvariablen, bzw. zwischen Steuer- und Einflussgrößen sowie Zielgrößen, präzise abbilden.

Für die **Anwendung der trainierten Neuronalen Netze** zur Vorhersage der Unternehmenszielkonformität wurde für jedes Analyseproblem ein Steuerungsraum S mit je 25 Produktportfoliozuständen s_z definiert (vgl. Abbildung 6-7). Dazu wurden die Steuerungsspannen der zwei Steuergrößen aus den vorliegenden Kennzahlenzeitreihen gebildet. Die Diskretisierung in 25 Produktportfoliozustände erfolgte unternehmensspezifisch für die Automation AG auf Basis der Anforderungsprofile der möglichen Handlungsoptionen (vgl. Abbildung A-1 in Anhang A.7). Zusätzlich wurde ein weiteres Anforderungsprofil der Handlungsoption *Variation einer Produktfamilie* (V') erstellt. Dieses stimmt mit allen Steuergrößenbeeinflussungen in Abbildung A-1 überein, geht jedoch von einer Steigerung der Steuergröße *Typenkommunalität* um zwei Einheiten aus. Der Zeithorizont der aktuellen Steuerungsperiode T_S wurde auf zwei Jahre festgelegt. Demnach wurden die Ausprägungen aller Einflussgrößen auf Mai 2021 extrapoliert. Für jeden der 25 Produktportfoliozustände wurden mittels der Neuronalen Netze die Zielgrößen vorhergesagt. Abbildung 6-7 zeigt links die Vorhersageergebnisse für ausgewählte Zustände und die Analyseprobleme *Produktcluster Sensoren* (B) und *Produktfamilie I* (T_1).

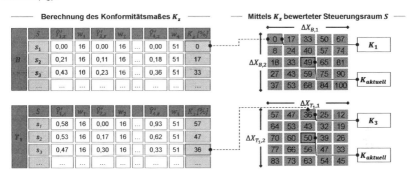

Abbildung 6-7:   Vorhersage der Unternehmenszielkonformitäten

Je Produktportfoliozustand wurde das Konformitätsmaß K_z nach Formel 5.18 berechnet. Der anhand des Konformitätsmaßes bewertete Steuerungsraum zeigt für beide Analyseprobleme, dass ein Optimierungspotenzial vorliegt (vgl. Abbildung 6-7, rechts). Für das Problem B beträgt die Konformität im aktuellen Zustand 49 % und ist damit deutlich geringer als der Zustand mit der höchsten Konformität in der aktuellen Steuerungsperiode $K_{25} = 100$ %. Für das Analyseproblem T_1 ergibt sich im aktuellen Zustand eine Konformität von 50 % und damit ein Optimierungspotenzial um maximal 33 Prozentpunkte auf $K_{20} = 83$ %. Die vollständigen Ergebnisse des Methodikschrittes sind in Anhang A.8 in Abbildung A-3 dargestellt.

Ableitung von Handlungsempfehlungen

Aufbauend auf dem bewerteten Steuerungsraum S wurde im dritten Methodikschritt ein Optimierungspotenzial je Analyseproblem abgeleitet. Die Entscheidungssituation wurde als **Markov-Entscheidungsproblem** nach den Ausführungen von Abschnitt 5.4.1 modelliert. Die Menge der möglichen Handlungsoptionen entsprach den in der Methodik erarbeiteten, zuzüglich des neuen Anforderungsprofils für die Variante einer Produktfamilie (V'). Die zur Konzipierung der *Übergangsfunktion* notwendigen Ausprägungen der Steuergrößenbeeinflussung $\Delta X_{e,i}^m$ wurden in Abstimmung mit dem strategischen Produktportfoliomanagement der Automation AG festgelegt (vgl. Abbildung 6-8, links). Für die Ermittlung der Belohnungsfunktion wurde die Umsetzungsdauer der einzelnen Handlungsoptionen $T_{e,m}$ im Expertengespräch ermittelt. Analog den Ausführungen in Abschnitt 5.4.1 wurde der Ressourcenverzehr einer Diversifikation als der maximale Ressourcenverzehr über alle Handlungsoptionen definiert und nach Formel 5.22 berechnet. Ausgehend vom maximalen Ressourcenbeanspruchungsindex I_{max}, wurden die Indizes $I_{e,m}$ aller Handlungsoptionen ermittelt, wobei der Kalkulationszinssatz b mit 25 % angesetzt war.

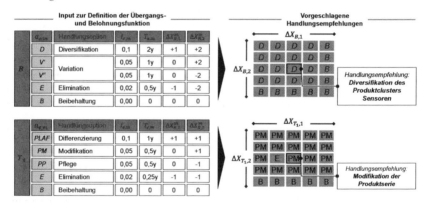

Abbildung 6-8:   Ableitung von Handlungsempfehlungen

Zur Lösung des MEP wurde der **Value Iteration Algorithmus** in der Programmiersprache *Python* umgesetzt. Der Diskontierungsfaktor γ entsprach einem Wert von 0,5, sodass kurz- und langfristige Belohnungen gleichwertig in die Berechnung eingingen. Die Ergebnisse des Value Iteration Algorithmus sind für die Analyseprobleme B und T_1 rechts in Abbildung 6-8 visualisiert. Für das Problem B wird eine Diversifikation (D) vorgeschlagen, für Problem T_1 eine Produktserienmodifikation (PM). Im Abgleich mit der Visualisierung in Abbildung 6-7 rechts zeigt sich, dass durch die vorgeschlagenen Handlungsoptionen für beide Analyseprobleme die Zielkonformität gesteigert werden kann. Zum Zeitpunkt der Ergebnispräsentation bei der Automation AG war bereits intern ein Vorschlag für die Einführung einer neuen Produktfamilie und damit für die Diversifikation des Produktclusters Sensoren in Diskussion. Durch die Methodikdemonstration sahen sich die Experten in ihren Vorschlägen bestätigt, sodass die Entwicklung der neuen Produktfamilie nach der Ergebnispräsentation entsprechend eingeplant wurde. Die abgeleiteten Handlungsoptionen für alle Analyseprobleme finden sich in Anhang A.8 in Abbildung A-4.

6.2.2 Anwendung der Methodik am Beispiel der Powertrain GmbH

Verglichen mit der Automation AG ähnelt sich das Vorgehen bei der Demonstration der Methodik am Beispiel der Powertrain GmbH. Aus diesem Grund wird nachfolgend der Vergleich beider Anwendungsfälle fokussiert.

Ausgangssituation der Powertrain GmbH

Analog der Automation AG lässt sich die Powertrain GmbH als ein variantenreicher Serienfertiger klassifizieren. Das Produktportfolio umfasst eine fünfstellige Anzahl an Produkten, worunter sich unterschiedliche Antriebsstrangkomponenten, z. B. Kupplungen und Bremsen, finden lassen. Die Produkte finden sowohl im Schiffs- und Landmaschinenbau als auch im Anlagenbau Anwendung. Die adressierte Branchenvielfalt spiegelt sich in einer Vielzahl an unterschiedlichen Produktanforderungen wieder, die wiederum zu einer historisch gewachsenen Vielfalt und Komplexität im Produktportfolio führte. Strukturiert wird die Vielfalt anhand von *Baureihen* und *Baugrößen*. Dabei werden in einer Baureihe Baugrößen zusammengefasst, welche sich hinsichtlich ihrer Funktionalität, ihres Aufbaus und des Anwendungsbereichs von anderen Baugrößen unterscheiden. Mit dem Ziel, Transparenz über den aktuellen Zustand im Produktportfolio zu erhalten, arbeitet das strategische Produktportfoliomanagement seit einiger Zeit an der Realisierung eines Cockpits. Das in dieser Initiative aufgebaute Wissen, um die Vorteilhaftigkeit datenbasierter Produktportfoliozustandsdescriptionen sowie die aufgebaute Struktur zur Datenextraktion und -aggregation in Kennzahlen stellen hinreichende Bedingungen zur Methodikdemonstration dar.

Beschreibung des Produktportfolios

Die Identifizierung der zur Produktportfoliobeschreibung relevanten **endogenen und exogenen Beschreibungsgrößen** erfolgte analog zum beschriebenen Vorgehen bei der

Automation AG. Aufgrund einer dezentralen Informationsarchitektur bei der Power-train GmbH war für einige Kennzahlen die *Zugänglichkeit* zu den Daten nicht gegeben, sodass diese nicht weiter betrachtet werden konnten. Auch gab es Kennzahlen, welche nicht regelmäßig erhoben wurden und/oder deren Datenquelle nicht nachvollziehbar dokumentiert war, sodass die Bewertung in den Kriterien *Aktualität* und *Glaubwürdig-keit* nur als gering bis mittel angegeben wurde. Als Ergebnis der Nutzwertanalyse wurden drei Steuergrößen und acht Einflussgrößen als relevant identifiziert. Eine Auswahl dieser ist in Abbildung 6-9 zu finden. Die vollständige datenbasierte Produktportfolio-beschreibung findet sich in Abbildung A-5 in Anhang A.9.

Perspektive	Kennzahl	Kennzahlenklasse (Kennzahlentyp)	Strukturebene		Skalierung	Berechnung
Produktportfolio-struktur	ANZAHL BAUREIHEN	Endogene Beschreibungsgröße (Steuergröße)	Produktportfolio	x	Absolutskaliert	-
			Produktlinie			
			Produkt			
	...		...		...	...
Produktportfolio-abhängigkeit	TYPENKOMMUNALITÄT	Endogene Beschreibungsgröße (Steuergröße)	Produktportfolio	x	Verhältnisskaliert	$TK = \dfrac{AT}{BT}$
			Produktlinie	x		*mit:*
			Produkt			*IM*: *Anzahl Alleinteile einer Baugröße*
						BT: *Anzahl aller Bauteile einer Baugröße*
Ressourcen-verteilung	F&E-RESSOURCEN	Exogene Beschreibungsgröße (Einflussgröße)	Produktportfolio	x	Absolutskaliert	*Quelle:*
			Produktlinie	x		*Powertrain GmbH*
			Produkt			

Abbildung 6-9:   Auszug aus den Steuer- und Einflussgrößen der Powertrain GmbH

Während die Beschreibung der **Produktportfoliostruktur-** und der **Produktportfolioab-hängigkeitsperspektive** identisch zur Automation AG erfolgt, wird bei der Power-train GmbH zusätzlich die **Ressourcenverteilungsperspektive** durch die Einflussgröße *F&E-Ressourcen* beschrieben. Damit wird das Beschreibungsmodell des ersten Metho-dikschrittes unternehmensspezifisch derart ergänzt, dass die dem Produktportfolioma-nagement zur Verfügung stehenden monetären Ressourcen als Einflussgrößen mit mo-delliert werden. Die Berechnung der Steuergröße *Typenkommunalität* erfolgte iden-tisch zur Automation AG.

Beschreibung des produktportfoliorelevanten Unternehmenszielsystems

Anhand des in Abschnitt 5.2.1 beschriebenen Ordnungsrahmens wurden 13 produkt-portfoliorelevante Unternehmensziele identifiziert und mittels paarweisen Vergleichs priorisiert. Das höchst priorisierte Ziel war auch hier die **Senkung der Produktkosten**. Als Ergebnis der Nutzwertanalyse wurde dieses Ziel durch die **Zielgröße** *Herstellkosten*

je Einheit operationalisiert. Es schloss sich die **Steigerung der Profitabilität des Produktportfolios** an, welche durch den *Umsatz* als Zielgröße operationalisiert wurde. Das dritt-
wichtigste Ziel war die **Steigerung der langfristigen Sicherung von Kundenwert**, quantifiziert durch den *Portfolio-Fitness-Index* als Zielgröße (vgl. Tabelle A-67 in Anhang A.5). Auf vierter und fünfter Stelle der Zielpriorisierung lagen die **Steigerung der
Kundenzufriedenheit**, abgebildet durch die *Lieferpünktlichkeit* als Zielgröße, und der
Ausbau der Marktposition in langfristig profitablen Segmenten, operationalisiert durch
die *Kundenumsatzquote*. Im Vergleich zur Automation AG umfasst das Zielsystem mehr
unterschiedliche Ziele, die zusätzlich stärkeren Interdependenzen unterliegen können.
So kann bspw. der Ausbau der Marktposition aufgrund begrenzter Produktions- und
Lieferkapazitäten zu Lieferengpässen führen und damit die Kundenzufriedenheit negativ beeinflussen.

Ermittlung von Wirkzusammenhängen

Auch für die Powertrain GmbH ließ sich die in der Methodikerarbeitung vorgestellte
Grobstruktur von Datenanalyseverfahren und Neuronalen Netzen ohne Adaption anwenden. Dabei wurden *Baugrößen* in *Baureihen* zusammengefasst, sodass Baureihen
Produktlinien darstellen und somit auf der **Produktlinienebene** abgebildet werden. Die
Zusammenfassung der Baureihen entspricht der **Produktportfolioebene**. Weil die Cock-
pitrealisierung für vier der über 100 Baureihen zum Demonstrationszeitpunkt bereits
fortgeschritten war, erfolgte die Methodikdemonstration ebenfalls anhand der vier Baureihen I, II, III und IV. Damit ergaben sich insgesamt fünf Analyseprobleme, die in jeweils einem Neuronalen Netz modelliert wurden (vgl. Abbildung 6-10). Dem methodischen Vorgehen entsprechend wurde zur Komplexitätsreduktion der Grobstruktur der
Neuronalen Netze eine ABC-Analyse durchgeführt. Abweichend vom methodischen
Vorgehen wurde festgelegt, dass nur die fünf relevantesten Ziele in der Demonstration
Berücksichtigung finden. Die Zielgewichte dieser fünf Ziele aggregieren sich zu knapp
54 % der Gewichte aller Ziele. Da je Ziel nur eine Zielgröße verwendet wurde, entsprechen die Zielgewichte den Gewichten der Zielgrößen, sodass $w_f = w_j$ galt. Mit
zehn Eingangs- und fünf Ausgangsvariablen beinhaltete jedes Analyseproblem im Vergleich zur Automation AG trotz Zielauswahl eine höhere Variablenanzahl.

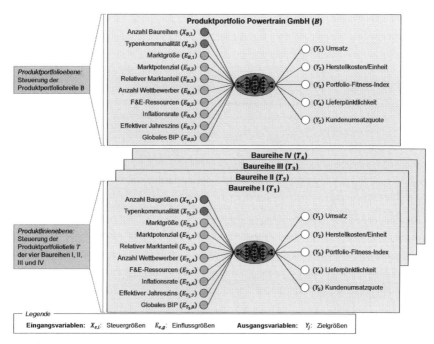

Abbildung 6-10:   Grobstruktur der Neuronalen Netze der Powertrain GmbH

Für die retrospektive Datenaufnahme wurde ebenfalls ein Zeitintervall von einem Monat für alle Zeitreihen festgelegt. Die verfügbare Zeitspanne beginnt im August 2011 und endet Ende Dezember 2018, sodass sich N=89 Datenpunkte für jedes Analyseproblem ergaben. Im Vergleich zur Automation AG standen also je Analyseproblem weniger Daten zur Verfügung. Die Ermittlung der Steuergrößen erfolgte in analogem Vorgehen zur Automation AG. Die Ausprägungen der Einflussgrößen *Marktgröße, Marktpotenzial, Marktanteil, Anzahl Wettbewerber* und *F&E-Ressourcen* wurden durch einen Experten aus dem Produktportfoliomanagement der Powertrain AG vorgegeben. Die Ausprägungen der Einflussgrößen der volkswirtschaftlichen Umwelt, d. h. *Inflationsrate, effektiver Zinssatz* und *globales Bruttoinlandsprodukt,* entsprechen denen aus der Fallstudie der Automation AG. Analog der Automation AG wurden die Einflussgrößen für alle fünf Analyseprobleme verwendet. Die Vorgänge der Trainingsdatenerstellung und **Datenvorbereitung** entsprachen denen der Automation AG. Die Ergebnisse der Datenvorbereitung sind in Tabelle A-75 in Anhang A.9 dargestellt. Vergleichend zur Automation AG fanden sich weniger Ausreißer, der Anteil fehlender Datenpunkte für die Analyseprobleme T_1, T_2 und T_4 war jedoch deutlich höher. Durch die Datenvorbereitung konnte die Datenqualität gesteigert werden.

Die **Modellierung der Neuronalen Netze** folgte dem Vorgehen bei der Automation AG. Die Spezifikation der Netztopologie im **Trainingsvorgang** fand ebenfalls mittels LOO-CV statt. Der direkte Vergleich der beiden Fallstudien hinsichtlich der Ergebnisse der LOO-CV zeigt, dass der durchschnittliche aRMSE der Powertrain GmbH über alle Trainingsvorgänge konstant über dem der Automation AG liegt (vgl. Abbildung 6-4 und Abbildung 6-11). Dabei sinkt der aRMSE ebenso mit steigender Anzahl an verdeckten Schichten und einer steigenden Anzahl an Neuronen in den verdeckten Schichten. Der größere Prognosefehler lässt sich auf zwei Ursachen zurückführen. Zum einen ist das Analyseproblem durch eine größere Anzahl an Eingangs- und Ausgangsvariablen komplexer. Die Komplexität betrifft die Anzahl der zu ermittelnden Wirkzusammenhänge zwischen Eingangs- und Ausgangsvariablen sowie die Interdependenzen zwischen den Ausgangsvariablen. Zum anderen standen mit 89 Datenpunkten je Zeitreihe weniger Trainingsdaten zur Verfügung. Nichtsdestotrotz ist eine Vorhersagegenauigkeit von einem durchschnittlichen $aRMSE = {\sim}0{,}7 - 0{,}8$ ausreichend, sodass auch in dieser Fallstudie die Wirkzusammenhänge zwischen dem Produktportfolio und den produktportfoliorelevanten Unternehmenszielen ermittelt werden konnten.

Analyseproblem: Produktportfolio (B) Gütekriterium: durchschn. aRMSE		Anzahl an verdeckten Schichten		
		$ts = 2; ns = 2$	$ts = 3; ns = 3$	$ts = 4; ns = 4$
Anzahl an Neuronen	$a_s = 15; a_{ns} = 3$	0,0891 (±0,0425)	0,0801 (±0,0445)	0,1210 (±0,0470)
	$a_s = 25; a_{ns} = 5$	0,0793 (±0,0459)	**0,0730 (±0,0449)**	
	$a_s = 50; a_{ns} = 10$	0,0752 (±0,0472)		

Legende

ts: Anzahl teilender Schichten a_s: Anzahl Neuronen in teilenden Schichten | **Ausgewählte Topologie** |
ns: Anzahl nicht-teilender Schichten a_{ns}: Anzahl Neuronen in nicht-teilenden Schichten

Abbildung 6-11:   Ergebnisse der LOO-CV für die Powertrain GmbH

Zur Vorhersage der Unternehmenszielkonformität wurde die Netztopologie mit dem geringsten durchschnittlichen aRMSE ausgewählt. Damit hatten alle Neuronalen Netze drei teilende und drei nicht-teilende verdeckte Schichten mit jeweils 25 bzw. 5 Neuronen (vgl. Abbildung 6-12).

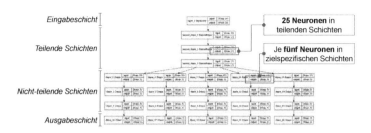

Abbildung 6-12:   Topologie der Neuronalen Netze der Powertrain GmbH

Der Trainingsvorgang für alle Analyseproblem fand analog zum Vorgehen bei der Automation AG statt. Dem Kostenverlauf der Validierungsdaten ist zu entnehmen, dass für die Analyseprobleme T_1, T_2 und T_4 ein vergleichsweise hoher Vorhersagefehler gemessen wird (vgl. Abbildung 6-13). Der Vergleich der Vorhersagegenauigkeiten mit den Ergebnissen der Datenvorbereitung (vgl. Tabelle A-75 in Anhang A.9) lässt einen klaren Zusammenhang erkennen. Mit steigender Anzahl fehlender Datenpunkte steigt trotz linearer Interpolation der Vorhersagefehler des Neuronalen Netzes. Eine Detailanalyse der Zielgrößen verdeutlicht, dass die hohe Anzahl fehlender Datenpunkte durch die Zielgröße Herstellkosten Y_2 verursacht wurde. Das Neuronale Netz war nicht in der Lage, die vielen durch Interpolation ergänzten Werte zu approximieren. Die Vorhersagegenauigkeit für die restlichen Zielgrößen genügte wiederum den Methodikanforderungen.

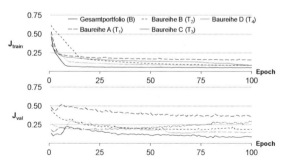

Abbildung 6-13:   Kostenverläufe der Neuronalen Netze der Powertrain GmbH

Weil das Vorgehen bei der **Anwendung der Neuronalen Netze** zur Vorhersage der Zielgrößen dem Vorgehen der der Automation AG entspricht, werden in Abbildung 6-14 lediglich vergleichend die Ergebnisse der Bewertung des Steuerungsraums S exemplarisch für die Analyseprobleme B und T_1 dargestellt.

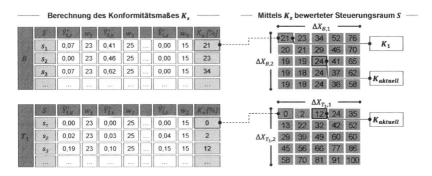

Abbildung 6-14:   Vorhersage der Unternehmenszielkonformitäten

Für beide Probleme wird deutlich, dass die Unternehmenszielkonformität des aktuellen Produktportfoliozustands nicht optimal ist. Für das Analyseproblem B zu Steuerung der Produktportfoliobreite ergibt sich im aktuellen Zustand ein Konformitätsmaß von $K_{13} = 24\,\%$, wobei das höchste Konformitätsmaß bei über 70 % liegt. Bei der Analyse der Baureihe I (T_1) ist die aktuelle Zielkonformität mit $K_3 = 12\,\%$ nicht optimal. Die vollständigen Ergebnisse des Methodikschrittes sind in Anhang A.9 in Abbildung A-6 dargestellt.

Ableitung von Handlungsempfehlungen

Die Modellierung des **Markov-Entscheidungsproblems** erfolgte analog zur Automation AG. Die Menge der möglichen Handlungsoptionen ist in der linken Hälfte der Abbildung 6-15 exemplarisch für die Analyseprobleme B und T_1 zu sehen. Dabei wurden die Anforderungsprofile der Neugestaltung und Rationalisierung einer Baureihe bzw. Baugröße hinzugefügt. Dabei stellen *Neugestaltung* (V') und *Rationalisierung* (V'') eine Art der in Anhang A.7 in Abbildung A-1 beschriebenen *Variation von Produkten* bzw. *Produktlinien* dar. Während beide keinen Einfluss auf die *Anzahl an Baureihen* $X_{B,1}$ und *Baugrößen* $X_{T_1,1}$ haben, wird bei einer Neugestaltung die Steuergröße *Typenkommunalität* $X_{B,2}$ bzw. $X_{T_1,2}$ erhöht und bei einer Rationalisierung verringert. Für das Analyseproblem B zeigt sich zudem, dass die kleinsten Beeinflussungen der beiden Steuergrößen $|\Delta X_{e,i,min}|$ über alle modellierten Handlungsoptionen einen Wert von $|\Delta X_{B,1,min}| = 4$ bzw. $|\Delta X_{B,2,min}| = 5$ haben. Demnach ändert sich die Steuergröße *Anzahl der Baureihen* $X_{B,1}$ um eine Anzahl von 4 von einem Produktportfoliozustand zum anderen. Die Steuergröße *Typenkommunalität* $X_{B,2}$ variiert um 5 Alleinteile zwischen zwei benachbarten Produktportfoliozuständen. Zur Modellierung der Belohnungsfunktion wurden zwecks Vergleichbarkeit der Fallstudienergebnisse dieselben Parameter verwendet. Für das Analyseproblem B wird im aktuellen Zustand eine Diversifikation vorgeschlagen, für die Baureihe I bzw. das Analyseproblem T_1 eine Auffüllung der Baureihe ($PLAF$) (vgl. Abbildung 6-15, rechts). Die Handlungsempfehlungen für die restlichen drei Analyseprobleme T_2, T_3 und T_4 finden sich in Anhang A.9 in Abbildung A-7.

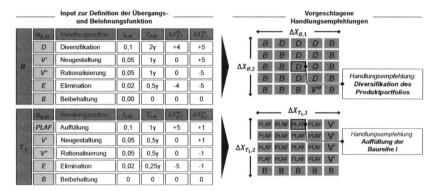

Abbildung 6-15:   Ableitung von Handlungsempfehlungen

Nach der erfolgreichen Demonstration der entwickelten Methodik in zwei Fallstudien erfolgt nachfolgend die Evaluation derselben.

6.3   Evaluation der entwickelten Methodik

Dass die Methodik eine datenbasierte Produktportfoliosteuerung ermöglicht, wurde anhand der beiden industriellen Fallstudien gezeigt. Im Folgenden soll evaluiert werden, in welchem Maß die Methodik die inhaltlichen und formalen Anforderungen erfüllt, welche der Methodikerarbeitung zugrunde liegen (vgl. Unterkapitel 6.1).

Erfüllung der inhaltlichen Anforderungen

Um die Mannigfaltigkeit der Einflussnahme des Produktportfolios auf den Unternehmenserfolg darzustellen, wird anhand von *Beschreibungsperspektiven* eine multiple Abbildungslogik des Produktportfoliozustands generiert. Die *Quantifizierung des Zustands* in den einzelnen Perspektiven erfolgt anhand von Kennzahlen. Dabei wird explizit zwischen beeinflussbaren und nicht-beeinflussbaren Kennzahlen, d. h. zwischen *Steuer- und Einflussgrößen*, differenziert. Die Identifikation des *produktportfoliorelevanten Unternehmenszielsystems* gelingt unternehmensspezifisch anhand eines *Ordnungsrah-*

mens. Mit Fokus auf der *langfristigen Unternehmenswertsteigerung* können je Ordnungsrahmenfeld Ziele ermittelt und mittels *Zielgrößen* operationalisiert werden. Die *Quantifizierung der Abhängigkeiten* zwischen Steuer- und Einflussgrößen sowie Zielgrößen erfolgt durch *multivariate Regression*. Bei der Modellierung des Analyseproblems werden *Produktportfolioebenen* und *Abhängigkeiten* zwischen Produktportfolioelementen betrachtet. Die Situation bei der Auswahl einer Handlungsoption wird als MEP unter Betrachtung von *Nutzen und Aufwand* je Handlungsoptionen modelliert. Die *datenbasierte Identifizierung* der optimalen Handlungsoption erfolgt durch *Verfahren der Strategieentwicklung*. Letztlich wird die *Plausibilitätsprüfung* der Handlungsempfehlungen methodisch unterstützt. Damit werden die inhaltlichen Anforderungen durch die erarbeitete Methodik vollumfänglich erfüllt.

Erfüllung der formalen Anforderungen

Die erarbeitete Methodik konstituiert sich aus vier Schritten, welche jeweils ein Artefakt bilden. Durch die Ableitung der Artefakte aus einer übergeordneten Zielsetzung ist sichergestellt, dass alle Artefakte *nützlich* sind und *interne Konsistenz* vorliegt. Die Artefakterarbeitung basiert auf der Analyse bestehender Ansätze in den einzelnen Wissensgebieten. So wurde z. B. das Modell der Neuronalen Netze an ein bestehendes Modell angelehnt. Damit liegt neben interner auch *externe Konsistenz* vor. Die Anforderung nach *Übertragbarkeit* wird bereits in der allgemeingültigen Herleitung der Methodik berücksichtigt und in den zwei Fallstudien bestätigt. Exemplarisch ist hier die Strukturierung des Analyseproblems entsprechend der Produktportfoliostruktur zu nennen. Unabhängig von der unternehmensspezifischen Bezeichnung der einzelnen Strukturebenen kann das Analyseproblem in ein Problem zur Steuerung der Produktportfoliobreite und eines zur Steuerung der -tiefe dekomponiert werden. Zudem lässt sich die Topologie der Neuronalen Netze für eine beliebige Anzahl an Eingabe- und Ausgabevariablen anpassen. In den Fallstudien zeigte sich, dass einzelne Modellelemente *einfach* unternehmensspezifisch adaptiert werden können, wobei das methodische Vorgehen unverändert bleibt. Als Beispiel ist hier die Aufnahme einer weiteren Handlungsoption bei der Automation AG zu nennen. Auch die Implementierung der Artefakte ist durch das Vorhandensein zahlreicher Software-Tools und Standardbibliotheken einfach möglich. Somit werden auch die formalen Anforderungen vollumfänglich erfüllt.

Im Rahmen der Demonstration der Methodik im industriellen Umfeld haben sich Impulse ergeben, die auf Möglichkeiten der Weiterentwicklung der Methodik hinweisen. So kann es für den Methodikanwender ausreichend sein, konkurrierende Ziele auf Basis von Expertenwissen zu priorisieren. Die dazu in der Methodik vorgeschlagene methodische Unterstützung anhand des paarweisen Vergleichs liefert zwar präzisere Ergebnisse, ist aber zugleich zeitaufwendiger. Des Weiteren hat sich die Definition der Umsetzungszeiten und der Ressourcenaufwände je Handlungsoption als zeitaufwendig erwiesen. Die Erfassung der dafür benötigten Daten in den unternehmensspezifischen Informationssystemen würde diesen Schritt vereinfachen. Zudem könnten empirische Untersuchungen helfen, unternehmensübergreifend je Handlungsoption Richtwerte für Zeiten und monetäre Aufwände zu definieren. In den beiden Fallstudien wurde der Steuerungsraums durch zwei Steuergrößen aufgespannt. Mit jeder weiteren Steuergröße wächst die Dimension des Steuerungsraums exponentiell. Bei hochdimensionalen Steuerungsräumen spricht man nach BELLMAN vom *Curse of Dimensionality*.[753] Zwar sind die verwendeten Methoden der dynamischen Programmierung bereits in der Lage, große Steuerungsräume zu handhaben, es bedarf dann aber größerer Trainingsdatensätze für eine hinreichende Beschreibung des Steuerungsraums.[754] Für die Fallstudien führte eine Anzahl von > 80 Datenpunkten zu einer guten Vorhersagegenauigkeit. Wenngleich diese Herausforderung rein mathematischer Natur ist und die Gültigkeit der Methodik nicht betrifft, wird dennoch empfohlen, die Praxistauglichkeit für kleinere Datensätze oder die Modellierung von mehr als zwei Steuergrößen zu überprüfen. Um die Eintrittswahrscheinlichkeit dieser Herausforderung zu reduzieren, erscheint der Einsatz von Methoden der Dimensionsreduktion sinnvoll (vgl. Abschnitt 2.4.3). Werden diese der multivariaten Regression vorgelagert, so kann die Anzahl an Steuergrößen und zugleich die Berechnungszeit für die Vorhersage der Zielgrößenausprägungen reduziert werden.[755]

---

[753] Vgl. Bellman (1972), Dynamic Programming, S. ix; Powell (2011), Solving the curses of dimensionality, S. 5f.
[754] Vgl. Sutton und Barto (2018), Reinforcement learning, S. 69.
[755] Für weitere Möglichkeiten zum Umgang mit hochdimensionalen Steuerungsräumen wird auf die Ausführungen nach POWELL verwiesen (vgl. Powell (2011), Solving the curses of dimensionality.).

7 Zusammenfassung und Ausblick

Hohe Marktdynamiken und kurze Produktlebenszyklen machen es für Unternehmen unverzichtbar, ihr Produktportfolio kontinuierlich zu überprüfen und derart zu steuern, dass die Wettbewerbsfähigkeit langfristig gesichert wird. Um fundierte Steuerungsmaßnahmen zu identifizieren, eignet sich die Verwendung von Datenanalyseverfahren in der Produktportfoliosteuerung. Zwar steigt die Verfügbarkeit der dafür notwendigen Daten in Unternehmen in den letzten Jahren durch Digitalisierung stetig an, jedoch werden Produktportfolioentscheidungen mehrheitlich auf Basis subjektiven Expertenwissens getroffen und entbehren damit einer notwendigen Objektivität. Die sich daraus ergebenen Probleme lassen sich in drei Bereiche fassen. Ersten werden aufgrund der hohen Komplexität in der Entscheidungssituation die falschen Maßnahmen zur Produktportfoliosteuerung identifiziert. Zweitens treten hohe Latenzzeiten bis zum Erkennen eines Steuerungsbedarfs auf. Drittens mangelt es an Transparenz im Entscheidungsprozess und an der Nachvollziehbarkeit des Entscheidungsergebnisses.

Aus der beschriebenen Problemstellung ergibt sich der Bedarf nach einer datenbasierten Entscheidungsfindung zur Steuerung des Produktportfolios. Die vorliegende Arbeit adressiert die methodische Unterstützung von variantenreichen Serienfertigern bei der Gestaltung der Produktportfoliosteuerung - vom Erkennen eines Steuerungsbedarfs bis zur Identifikation von Handlungsempfehlungen. Die Zielsetzung dieser Arbeit lag in der Entwicklung einer Methodik für eine datenbasierte und unternehmenszielkonforme Produktportfoliosteuerung mittels präskriptiver Datenanalyseverfahren. Hierfür galt es zunächst, das Produktportfolio sowie das produktportfoliorelevante Unternehmenszielsystem derart zu beschreiben, dass sich Wirkzusammenhänge dazwischen anhand präskriptiver Datenanalyseverfahren identifizieren lassen. Auf Basis der ermittelten Zusammenhänge wurde die aktuelle Zielkonformität des Produktportfolios bewertet und Optimierungspotenziale zur Steigerung der Produktportfoliokonformität identifiziert. Abschließend wurden Handlungsempfehlungen zur Erreichung von Produktportfoliozuständen höherer Konformität datenbasiert abgeleitet.

Auf Basis der Themenrelevanz sowie der Problemidentifikation erfolgte im ersten Kapitel die Ableitung der Zielsetzung der Arbeit. Das in der Zielsetzung beschriebene Forschungsobjekt wurde anschließend in die Wissenschaftssystematik nach ULRICH UND HILL eingeordnet. Als forschungsmethodisches Vorgehen wurde die Design Science Research ausgewählt und der Aufbau der Arbeit abgeleitet.

Kapitel 2 thematisierte die Beschreibung und Definition der relevanten Grundlagen. Zuerst wurde der variantenreiche Serienfertiger als der durch die Methodik adressierte Unternehmenstyp charakterisiert und die Begriffe ‚Produkt' und ‚Produktportfolio' erläutert. Dabei wurden insbesondere die Produktportfoliostruktur und Abhängigkeiten innerhalb des Produktportfolios betrachtet, sodass das Produktportfolio als das zentrale Analyseobjekt der Arbeit vollumfänglich beschrieben wurde. Im Anschluss fand die Definition des Vorgangs der Produktportfoliosteuerung als Anwendungskontext der Arbeit und als Aufgabe des strategischen Managements statt. Weiterhin wurden Kennzahlensysteme als Steuerungsinstrumente vorgestellt und Handlungsoptionen des Produktportfolios als Maßnahmen zur Realisierung eines Steuerungsbedarfs eingeführt. Dabei wurde die Differenzierung der Zuständigkeiten von Produkt- und F&E-Portfolio analysiert. Daran schloss sich die Beschreibung datenbasierter Analysen als das Lösungselement zur Entscheidungsfindung innerhalb der Produktportfoliosteuerung an. Nach der Definition der Begriffe ‚Daten' und ‚datenbasierte Analysen', fand eine Darstellung der verschiedenen Datenanalyseverfahren statt. Als prozessualer Ordnungsrahmen zur Generierung von Wissen aus Daten wurde das CRISP-DM-Modell vorgestellt. Abschließend wurden Methoden des maschinellen Lernens als Befähiger datenbasierter Analysen diskutiert. Der Aufbau der Methoden wurde spezifisch für *Neuronale Netze* erläutert. Das Kapitel schloss mit der Ableitung von Meta-Anforderungen an die zu entwickelnde Methodik.

Mit dem Ziel, Lösungselemente für die identifizierten Probleme zu finden, fokussierte das dritte Kapitel die Analyse bestehender wissenschaftlicher Ansätze. Dabei wurde anhand von Kriterien des Objektsbereichs überprüft, inwiefern eine Äquivalenz der Ansätze zum Betrachtungshorizont der vorliegenden Arbeit besteht. Komplementiert wurde die Bewertungslogik durch Kriterien des Zielbereichs. Diese wurden aus den Meta-Anforderungen des vorherigen Kapitels abgeleitet und dienten der Identifikation von möglichen Teillösungen für die beschriebene Problemstellung. Betrachtung fanden dabei Ansätze zur datenbasierten Steuerung des Produktportfolios, Ansätze aus dem Bereich der multivariaten Regression sowie Ansätze zur Strategieentwicklung. Es wurde analysiert, dass keiner der Ansätze eine holistische datenbasierte Produktportfoliobeschreibung in der Art erlaubt, dass zwischen Steuergrößen sowie exogen gegebenen Einflussgrößen differenziert wird. Zwar wurde die Relevanz der Ausrichtung des Produktportfolios an dem Unternehmenszielsystem in der Literatur erkannt, es mangelt jedoch

an einer datenbasierten Beschreibung produktportfoliorelevanter Ziele i. S. von anzu-
steuernden Zielgrößen. Letztlich wurden existierende Ansätze der Strategieentwicklung
nicht auf den Anwendungskontext der Produktportfoliosteuerung adaptiert, um so
Handlungsempfehlungen zur unternehmenszielkonformen Steuerung des Produktportfolios datenbasiert abzuleiten. Das identifizierte Forschungsdefizit wurde abschließend
nach GREGOR UND HEVNER als Adaption eingeordnet.

Ausgehend von dem identifizierten Forschungsdefizit bestand das Ziel des vierten Kapitels in der Konzeptionierung der zu entwickelnden Methodik. Ausgehend von einem
Zielbild wurden zunächst die Nutzenpotenziale der Methodik dargestellt. Die zur Realisierung der Nutzenpotenziale notwendigen Methodikelemente wurden aus der formalen Methodikkonstruktion und dem konstruktionsorientierten Modellverständnis ermittelt. Zur zielgerichteten Methodikerarbeitung wurden inhaltliche Anforderungen
aus den Ausführungen der Kapitel 1 bis 3 abgeleitet und um formale Anforderungen ergänzt. Die formalen Anforderungen nach AIER UND FISCHER wurden spezifisch je zuvor
ermitteltem Methodikelement definiert. Die Konzeption der Methodik erfolgte anschließend in vier Methodikschritten. Das Kapitel schließt mit der Ableitung der zu entwickelnden forschungsmethodischen Artefakte in Form von Beschreibungs-, Erklä-
rungs- und Entscheidungsmodellen.

Die Erarbeitung der definierten Artefakte und somit die Detaillierung der zuvor konzi-
pierten Methodik fand in Kapitel 5 statt. Im ersten Methodikschritt wurde eine holistische Produktportfoliobeschreibung anhand von Perspektiven aufgebaut. Die Quantifizierung des Produktportfoliozustands in den jeweiligen Perspektiven fand anhand von
Kennzahlen in den Klassen endogene und exogene Beschreibungsgrößen und damit anhand numerischer Daten statt. Ausgehend vom übergeordneten Ziel der Steigerung des
Unternehmenswertes wurden im zweiten Methodikschritt produktportfoliorelevante
Unternehmensziele identifiziert und anhand von Kennzahlen des Typs Zielgröße quantifiziert. Zur Ermittlung der Wirkzusammenhänge zwischen Beschreibungsgrößen auf
der einen Seite sowie den Zielgrößen auf der anderen Seite wurden Neuronale Netze
verwendet. Das Vorgehen zur Modellierung und zum Training der Netze wurde unter
Berücksichtigung der Charakteristika des Anwendungskontexts der Produktportfoliosteuerung gestaltet. Mithilfe der trainierten Netze lassen sich die Zielgrößenauspra-
gungen in potenziellen Produktportfoliozuständen vorhersagen. Anschließend wurde
ein Konformitätsmaß als Größe zur Quantifizierung der Konformität des jeweiligen Produktportfoliozustands hinsichtlich des Unternehmenszielsystems entwickelt. Zur Identifikation der Strategie, welche die Zielkonformität unter Berücksichtigung des Auf-

wand-Nutzen-Verhältnisses von Handlungsoptionen maximiert, wurde die Entscheidungssituation als Markov-Entscheidungsproblem modelliert. Das Vorgehen zur Problemlösung umfasste die Verwendung eines Algorithmus der dynamischen Programmierung. In der sich anschließenden Plausibilitätsprüfung der vorgeschlagenen Handlungsempfehlungen wurde das Zusammenspiels von Produkt- und F&E-Portfolio betrachtet.

In Kapitel 6 erfolgte die Demonstration der Methodik an zwei Fallstudien. Die Anwendung im realen industriellen Umfeld diente der Evaluierung der entwickelten Vorgehensweise. Die sich anschließende Evaluation der Demonstrationsergebnisse zeigte, dass die inhaltlichen und formalen Anforderungen vollständig erfüllt sind. Abschließend wurden die Evaluationserkenntnisse kritisch reflektiert, um auf Basis der Anwendungserfahrung Möglichkeiten der Weiterentwicklung der Methodik abzuleiten.

Die übergeordnete Vision, zu der diese Arbeit einen Beitrag leistet, besteht in der datenbasierten Gestaltung eines optimalen Produktportfolios. Dabei gilt ein Produktportfolio als ‚optimal‘, wenn dieses unter Berücksichtigung von marktseitiger Nachfrage und unternehmensinternen Restriktionen die Realisierung der strategischen Unternehmensziele ermöglicht. Die Methodik unterstützt den Anwender bei der datenbasierten Beschreibung von Produktportfolio und Unternehmenszielsystem, bei der Identifikation von Optimierungspotenzialen im Produktportfolio sowie bei der datenbasierten Ableitung von Handlungsempfehlungen zur Potenzialrealisierung. Damit stellt die Methodik ein umfangreiches Spektrum an methodischen Hilfsmitteln und Modellen zur Verfügung. Durch die Erweiterung des Betrachtungsbereichs auf vor- und nachgelagerte Aktivitäten der Methodik kann weiterer Forschungsbedarf identifiziert werden. So bedarf es des Vorhandenseins von Daten zur Produktportfolio- und Zielsystembeschreibung in hinreichender Quantität und Qualität. Dementsprechend müssen Unternehmen dazu befähigt werden, relevante Daten zur Berechnung der Steuer-, Einfluss- und Zielgrößen zu erfassen. Dies umfasst die systematische Unterstützung bei der Identifikation von Datenquellen und dem Aufbau eines datenbasierten Informationsmodells zur Kennzahlenextraktion.[756] Zudem sind empirische Untersuchungen denkbar, welche die identifizierten Steuergrößen des Produktportfolios validieren und ggf. deren Anzahl verringern, sodass beim Trainieren der Neuronalen Netze bereits mit kleinen Datensätzen eine hinreichende Güte erzielt wird. Hinsichtlich der Methodik nachgelagerter Aktivitäten kann untersucht werden, wie die Umfänge der identifizierten Steuerungsmaßnahmen des Produktportfolios in Entwicklungsprojektumfänge überführt und in die Entwicklungsroadmap eingetaktet werden.

---

[756] Ein erster Ansatz zur Ableitung eines Programms für die Verbesserung der Datenqualität findet sich bei Schuh et al. (2019), Data quality program management for digital shadows.

Literaturverzeichnis

Abramovici, M.; Gebus, P.; Herzog, O., Engineering im Umfeld von Industrie 4.0 - Einschätzungen und Handlungsbedarf, Abramovici, M., Herzog, O. (Hrsg.), 2016.

Aggarwal, C. C., Data mining - The textbook, Cham: Springer, 2015.

Aggarwal, C. C., Neural Networks and Deep Learning - A Textbook, Cham: Springer International Publishing, 2018.

Aho, T.; Ženko, B.; Džeroski, S.; Elomaa, T., Multi-Target Regression with Rule Ensembles, In: Journal of Machine Learning Research, Jg. 13 Nr. Aug, 2012, S. 2367-2407.

Aier, S.; Fischer, C., Criteria of progress for information systems design theories, In: Information Systems and e-Business Management, Jg. 9 Nr. 1, 2011, S. 133-172.

Alfs, M., Strategisches Portfoliomanagement als Aufgabenfeld des Konzern-Controllings - Risiko- und erfolgsorientierte Evaluierung der Kapitalallokation im Kontext der Corporate Strategy, Wiesbaden: Springer Gabler, 2015.

Alpaydin, E., Introduction to machine learning, 2nd ed., Cambridge, Mass: MIT Press, 2010.

Amelingmeyer, J., Gestaltungsfelder und Herausforderungen eines integrierten Produktportfoliomanagements, In: Schmahl, C. M.; Gleich, R. (Hrsg.), Produktportfoliomanagement, Lichtenberg (Odw.): Harland media, 2009, S. 3-22.

Ansoff, H., Strategies for Diversification, In: Harvard Business Review, Jg. 35 Nr. 5, 1957, S. 113-124.

Appice, A.; Džeroski, S., Stepwise Induction of Multi-target Model Trees, In: Kok, J. N.; Koronacki, J.; Mantaras, R. L. d.; Matwin, S.; Mladenič, D.; Skowron, A. (Hrsg.), Machine Learning: ECML 2007, Berlin, Heidelberg: Springer, 2007, S. 502-509.

Ardagna, D.; Cappiello, C.; Samá, W.; Vitali, M., Context-aware data quality assessment for big data, In: Future Generation Computer Systems, Jg. 89, 2018, S. 548-562.

Arora, B., Big Data Analytics - The Underlying Technologies Used by Organizations for Value Generation, In: Chahal, H.; Jyoti, J.; Wirtz, J. (Hrsg.), Understanding the Role of Business Analytics - Some Applications, Singapore: Springer Singapore, 2019, S. 9-30.

AS&P Unternehmensberatung, Key Performance Indicators, München: Bittera Druck GmbH, 2017.

Aumayr, K. J., Erfolgreiches Produktmanagement - Tool-Box für das professionelle Produktmanagement und Produktmarketing, 4., aktualisierte und erweiterte Auflage, Wiesbaden: Springer Gabler, 2016.

Awad, M.; Khanna, R., Efficient learning machines - Theories, concepts, and applications for engineers and system Designers, New York: Apress Open, 2015.

Backhaus, K.; Erichson, B.; Plinke, W.; Weiber, R., Multivariate Analysemethoden - Eine anwendungsorientierte Einführung, 15., vollständig überarbeitete Auflage, Berlin: Springer Gabler, 2018.

Backhaus, K.; Erichson, B.; Weiber, R., Fortgeschrittene Multivariate Analysemethoden - Eine anwendungsorientierte Einführung, 3., überarbeitete und aktualisierte Auflage, Berlin, Heidelberg: Springer Gabler, 2015.

Bandte, H., Komplexität in Organisationen, 1. Aufl., Wiesbaden: DUV Deutscher Universitäts-Verlag, 2007.

Barg, S. J., Kontextbezogene Auslegung von Produktbaukästen, Aachen: Apprimus Wissenschaftsverlag, 2018.

Barlow, G.; Tubb, A.; Grant, R., Driving business performance - Project Management Survey 2017, KPMG (Hrsg.), 2017.

Barroso, A.; Giarratana, M.; Pasquini, M., Product portfolio performance in new foreign markets: The EU trademark dual system, In: Research Policy, Jg. 48 Nr. 1, 2019, S. 11-21.

Barthélemy, F.; Knöll, H.-D.; Salfeld, A.; Schulz-Sacharow, C.; Vögele, D., Balanced Scorecard - Erfolgreiche IT-Auswahl, Einführung und Anwendung: Unternehmen berichten, Wiesbaden: Vieweg+Teubner Verlag, 2011.

Batra, G.; Jacobson, Z.; Santhanam, N., Using the power of advanced analytics to improve manufacturing, R&D, and sales - New techniques can help companies make better decisions by using accurate, reliable, and scientific information to analyze risk, optimize processes, and predict failure, In: McKinsey on Semiconductors Nr. 5, 2016, S. 68-78.

Bauernhansel, T.; Krüger, J.; Reihart, G.; Schuh, G., WGP-Standpunkt Industrie 4.0, Abele, E. (Hrsg.), 2016.

Bea, F. X.; Haas, J., Strategisches Management, 10., überarbeitete Auflage, München: UVK Verlag, 2019.

Becker, F. G.; Fallgatter, M., Unternehmungsführung - Einführung in das strategische Management, Bielefeld: E. Schmidt, 2002.

Becker, J.; Knackstedt, R.; Holten, R.; Hansmann, H.; Neumann, S., Konstruktion von Methodiken: Vorschläge für eine begriffliche Grundlegung und domänenspezifische Anwendungsbeispiele, In: Arbeitsberichte des Instituts für Wirtschaftsinformatik Nr. 77, 2001.

Becker, J.; Winkelmann, A., Handelscontrolling - Optimale Informationsversorgung mit Kennzahlen, 4. Aufl., Berlin, Heidelberg: Springer Gabler, 2019.

Becker, W., Strategisches Management, 6. Aufl., Bamberg: Otto-Friedrich-Univ, 2004.

Beeck, C., Balanced Innovation Card: Instrument des strategischen Innovationsmanagements für mittelständische Automobilzulieferer, In: Ahsen, A. (Hrsg.), Bewertung von Innovationen im Mittelstand, Berlin, Heidelberg: Springer, 2010, S. 123-137.

Bellman, R., A Markovian Decision Process, In: Journal of Mathematics and Mechanics, Jg. 6 Nr. 5, 1957, S. 679-684.

Bellman, R., Dynamic Programming, 6. Aufl., United States of America: Princeton University Press, 1972.

Berchtold, R., Strategische Unternehmungsplanung - Instrumente zur Umweltanalyse im Rahmen strategischer Unternehmungsplanung, Augsburg: Neu, 1990.

Bernat, S.; Karabag, S., Strategic alignment of technology: Organising for technology upgrading in emerging economy firms, In: Technological Forecasting and Social Change, Jg. 145, 2019, S. 295-306.

Berrar, D., Cross-Validation, Encyclopedia of Bioinformatics and Computational Biology, Elsevier, 2018, S. 542-545.

Biehal, G.; Sheinin, D., The Influence of Corporate Messages on the Product Portfolio, In: Journal of Marketing, Jg. 71 Nr. 2, 2007, S. 12-25.

Binder, V. A.; Kantowsky, J., Technologiepotentiale - Neuausrichtung der Gestaltungsfelder des Strategischen Technologiemanagements, Wiesbaden: Deutscher Universitätsverlag, 1996.

Bliss, C., Management von Komplexität - Ein integrierter, systemtheoretischer Ansatz zur Komplexitätsreduktion, Wiesbaden: Gabler Verlag, 2000.

Bohl, A., Kennlinien der Produkt- und Produktionskomplexität, Aachen: Apprimus Wissenschaftsverlag, 2015.

Borchani, H.; Varando, G.; Bielza, C.; Larrañaga, P., A survey on multi-output regression, In: Wiley Interdisciplinary Reviews: Data Mining and Knowledge Discovery, Jg. 5 Nr. 5, 2015, S. 216-233.

Bordley, R., Determining the Appropriate Depth and Breadth of a Firm's Product Portfolio, In: Journal of Marketing Research, Jg. 40 Nr. 1, 2003, S. 39-53.

Bossel, H., Systeme, Dynamik, Simulation - Modellbildung, Analyse und Simulation komplexer Systeme, Norderstedt: Books on Demand, 2004.

Brasil, V.; Eggers, J., Product and Innovation Portfolio Management, In: Chagas Brasil, V.; Eggers, J.P. (Hrsg.), Oxford Research Encyclopedia of Business and Management, Oxford University Press, 2019.

Brealey, R. A.; Myers, S. C.; Allen, F., Principles of corporate finance, 12. Aufl., New York: McGraw-Hill, 2017.

Brecht, L.; Stelzer, B.; Gentner, D.; Oßwald, M., Industrie 4.0 und resultierende Anforderungen an das Produktmanagement - Theorie und Empirie, Brecht, L. (Hrsg.), 2016.

Bruhn, M.; Hadwich, K., Produkt- und Servicemanagement - Konzepte, Methoden, Prozesse, München: Vahlen, 2006.

Buchholz, M., Theorie der Variantenvielfalt - Ein produktions- und absatzwirtschaftliches Erklärungsmodell, Wiesbaden: Gabler Verlag, 2012.

Büdenbender, W., Ganzheitliche Produktionsplanung und -steuerung - Konzepte für Produktionsunternehmen mit kombinierter kundenanonymer und kundenbezogener Auftragsabwicklung, Berlin, Heidelberg: Springer, 1991.

Büschken, J.; Thaden, C., Produktvariation, -differenzierung und -diversifikation, In: Albers, S. (Hrsg.), Handbuch Produktmanagement - Strategieentwicklung - Produktplanung - Organisation - Kontrolle, 3., überarb. und erw. Aufl.; Wiesbaden: Gabler, 2007, S. 595-616.

Caterini, A. L.; Chang, D. E., Deep Neural Networks in a Mathematical Framework, Cham: Springer International Publishing, 2018.

Chao, R.; Kavadias, S., A Theoretical Framework for Managing the New Product Development Portfolio - When and How to Use Strategic Buckets, In: Management Science, Jg. 54 Nr. 5, 2008, S. 907-921.

Chapman, P.; Clinton, J.; Kerber, R.; Khabaza, T.; Reinartz, T.; Shearer, C.; Wirth, R., CRISP-DM 1.0 - Step-by-step data mining guide, 2000, S. 1-78.

Chen; Chiang; Storey, Business Intelligence and Analytics - From Big Data to Big Impact, In: MIS Quarterly, Jg. 36 Nr. 4, 2012, S. 1165-1188.

Chen, H.; Moullec, M.-L.; Ball, N.; Clarkson, P., Improving Design Resource Management Using Bayesian Network Embedded in Task Network Method, 28th International Conference on Design Theory and Methodology, American Society of Mechanical Engineers, 2016.

Coldrick, S.; Longhurst, P.; Ivey, P.; Hannis, J., An R&D options selection model for investment decisions, In: Technovation, Jg. 25 Nr. 3, 2005, S. 185-193.

Cole, R.; Purao, S.; Rossi, M.; Sein, M., Being Proactive: Where Action Research Meets Design Research, In: ICIS 2005 Proceedings, 2005, S. 325-335.

Cooper, R., Where Are All the Breakthrough New Products? - Using Portfolio Management to Boost Innovation, In: Research-Technology Management, Jg. 56 Nr. 5, 2013, S. 25-33.

Cooper, R.; Edgett, S., Ten Ways to Make Better Portfolio and Project Selection Decisions, In: PDMA Visions Magazine, Jg. 30 Nr. 3, 2006, S. 11-15.

Cooper, R.; Edgett, S.; Kleinschmidt, E., New Product Portfolio Management: - Practices and performance, In: Journal of Product Innovation Management, Jg. 16 Nr. 4, 1999, S. 333-351.

Cooper, R.; Edgett, S.; Kleinschmidt, E., Portfolio management for new product development: results of an industry practices study, In: R&D Management (R and D Management), Jg. 31 Nr. 4, 2001, S. 361-380.

Cooper, R.; Edgett, S. J.; Kleinschmidt, E., Portfolio Management in New Product Development - Lessons from the Leaders—I, In: Research-Technology Management, Jg. 40 Nr. 5, 1997, S. 16-28.

Cooper, R. G., Winning at new products - Accelerating the process from idea to launch, 3. ed., 1. print, Cambridge, Mass.: Perseus, 2001.

Cooper, R. G.; Edgett, S. J.; Kleinschmidt, E. J., Portfolio management for new products, 2. Aufl., Cambridge: Perseus, 2001.

Criscuolo, P.; Dahlander, L.; Grohsjean, T.; Salter, A., Evaluating Novelty - The Role of Panels in the Selection of R&D Projects, In: Academy of Management Journal, Jg. 60 Nr. 2, 2017, S. 433-460.

Dal Zotto, C.; Gustavsson, V., Human Resource Management as Entrepreneurial Tool?, In: Elgar; Edward (Hrsg.), International handbook of entrepreneurship and HRM, Cheltenham, Northampton, Mass: Edward Elgar, 2008, S. 89-110.

DalleMule, L.; Davenport, T., What's Your Data Strategy? - The key is to balance offense and defense., In: Harvard Business Review, 2017, S. 1-11.

Daum, D., Marketingproduktivität - Konzeption, Messung und empirische Analyse, 1. Aufl., Wiesbaden: Dt. Univ.-Verl., 2001.

De'ath, G., Multivariate Regression Trees - A New Technique for Modeling Species-Environment Relationships, In: Ecology, Jg. 83 Nr. 4, 2002, S. 1105.

Decker, R.; Bornemeyer, C., Produktliniengestaltung, In: Albers, S. (Hrsg.), Handbuch Produktmanagement - Strategieentwicklung - Produktplanung - Organisation - Kontrolle, 3., überarb. und erw. Aufl.; Wiesbaden: Gabler, 2007, S. 573-593.

Delen, D.; Moscato, G.; Toma, I., The impact of real-time business intelligence and advanced analytics on the behaviour of business decision makers, 2018 International Conference on Information Management and Processing (ICIMP 2018) - Jan. 12-14, 2018, London, UK, Piscataway, NJ: IEEE, 2018, S. 49-53.

Dellanoi, R., Kommunalitäten bei der Entwicklung variantenreicher Produktfamilien, Bamberg: Difo-Druck GmbH, 2006.

DelVecchio, D., Moving beyond fit: the role of brand portfolio characteristics in consumer evaluations of brand reliability, In: Journal of Product & Brand Management, Jg. 9 Nr. 7, 2000, S. 457-471.

Dichtl, H., Ganzheitliche Gestaltung von Investmentprozessen - Integrierte Modellierung von Entscheidungsabläufen im Asset Management, Bad Soden/Ts.: Uhlenbruch, 2001.

DIN Deutsches Institut für Normung e.V., DIN 199-1, Berlin: Beuth Verlag GmbH, März 2002

DIN Deutsches Institut für Normung e.V., DIN EN ISO 10209, Berlin: Beuth Verlag GmbH, November 2012

DIN Deutsches Institut für Normung e.V., DIN EN ISO 9000, Berlin: Beuth Verlag GmbH, November 2015

Dölle, C., Projektsteuerung in der Produktentwicklung mittels Predictive Analytics, 1. Aufl., Aachen: Apprimus Wissenschaftsverlag, 2018.

Droge, C.; Vickery, S.; Jacobs, M., Does supply chain integration mediate the relationships between product/process strategy and service performance? - An empirical study, In: International Journal of Production Economics, Jg. 137 Nr. 2, 2012, S. 250-262.

Duncker, C.; Schütte, L., Trendbasiertes Innovationsmanagement - Ein Modell für markenbasiertes Produktmanagement, Wiesbaden: Springer Gabler, 2018.

Eggers, J., All experience is not created equal: learning, adapting, and focusing in product portfolio management, In: Strategic Management Journal, Jg. 33 Nr. 3, 2012, S. 315-335.

Ehrlenspiel, K.; Kiewert, A.; Lindemann, U.; Mörtl, M., Kostengünstig Entwickeln und Konstruieren - Kostenmanagement bei der integrierten Produktentwicklung, 7. Aufl., Berlin: Springer Vieweg, 2014.

Ehrlenspiel, K.; Meerkamm, H., Integrierte Produktentwicklung - Denkabläufe, Methodeneinsatz, Zusammenarbeit, 6. Aufl., München Wien: Carl Hanser Verlag, 2017.

ElMaraghy, H.; Schuh, G.; ElMaraghy, W.; Piller, F.; Schönsleben, P.; Tseng, M.; Bernard, A., Product variety management, In: CIRP Annals, Jg. 62 Nr. 2, 2013, S. 629-652.

Engeln, W., Methoden der Produktentwicklung, München: Oldenbourg Industrieverl., 2006.

Erevelles, S.; Fukawa, N.; Swayne, L., Big Data consumer analytics and the transformation of marketing, In: Journal of Business Research, Jg. 69 Nr. 2, 2016, S. 897-904.

Ernst, H., Success Factors of New Product Development - A Review of the Empirical Literature, In: International Journal of Management Reviews, Jg. 4 Nr. 1, 2003, S. 1-40.

Ertel, W., Grundkurs Künstliche Intelligenz - Eine praxisorientierte Einführung, 4., überarbeitete Auflage, Wiesbaden: Springer Vieweg, 2016.

Evans, J.; Lindner, C., Business Analytics: The Next Frontier for Decision Sciences, In: Decision Line, Jg. 43 Nr. 2, 2012, S. 4-6.

Evans, J. R., Business analytics - Methods, models, and decisions, Internat. ed., Boston, Mass.: Pearson, 2013.

Evans, J. R., Business analytics - Methods, models, and decisions, Second edition, global edition, Boston: Pearson, 2017.

Eversheim, W., Innovationsmanagement für technische Produkte - Mit Fallbeispielen, Berlin: Springer, 2003.

Eversheim, W.; Kuster, J.; Liestmann, V., Anwendungspotenziale ingenieurwissenschaftlicher Methoden für das Service Engineering, In: Bullinger, H.-J.; Scheer, A.-W. (Hrsg.), Service Engineering - Entwicklung und Gestaltung innovativer Dienstleistungen, Berlin, Heidelberg: Springer, 2003, S. 417-441.

Fabozzi, F. J.; Markowitz, H.; Kolm, P.; Gupta, F., Portfolio Selection, In: Fabozzi, F. J.; Markowitz, H. (Hrsg.), The Theory and Practice of Investment Management - Asset

Allocation, Valuation, Portfolio Construction, and Strategies, 2. Aufl.; Hoboken: Wiley, 2011, S. 45-78.

Facciano, C.; Holmes, A., Data-driven: Big decisions in the intelligence age, PwC (Hrsg.), 2016.

Fayyad, U.; Piatetsky-Shapiro, G.; Smyth, P., From Data Mining to Knowledge Discovery in Databases, In: AI Magazin, Jg. 17 Nr. 3, 1996, S. 37-54.

Fayyad, U.; Piatetsky-Shapiro, G.; Smyth, P., Knowledge Discovery and Data Mining - Towards a Unifying Framwork, In: KDD, Jg. 96, 1996, S. 82-88.

Feldhusen, J.; Grote, K.-H.; Kochan, D.; Beyer, C.; Vajna, S.; Lashin, G.; Kauf, F.; Gaub, H.; Schacht, M.; Erk, P., Die PEP-begleitenden Prozesse, In: Feldhusen, J.; Grote, K.-H. (Hrsg.), Pahl/Beitz Konstruktionslehre - Methoden und Anwendung erfolgreicher Produktentwicklung, 8., vollständig überarbeitete Auflage; Berlin, Heidelberg: Springer Vieweg, 2013, S. 25-236.

Feldhusen, J.; Grote, K.-H.; Nagarajah, A.; Pahl, G.; Beitz, W.; Wartzack, S., Vorgehen bei einzelnen Schritten des Produktentstehungsprozesses, In: Feldhusen, J.; Grote, K.-H. (Hrsg.), Pahl/Beitz Konstruktionslehre - Methoden und Anwendung erfolgreicher Produktentwicklung, 8., vollständig überarbeitete Auflage; Berlin, Heidelberg: Springer Vieweg, 2013, S. 291-409.

Fink, A.; Schneidereit, G.; Voß, S., Grundlagen der Wirtschaftsinformatik, 2., überarb. Aufl., Heidelberg: Physica-Verl., 2005.

Freeman, R. E.; Harrison, J. S.; Zyglidopoulos, S. C., Stakeholder theory - Concepts and strategies, Cambridge: Cambridge University Press, 2018.

Friedli, T., Die Architektur von Kooperationen, Bamberg: Difo-Druck OHG, 2000.

Friedrich, T., Strategische Produktprogrammplanung bei variantenreichen Produkten, Dissertation, Universität St.Gallen, 2004.

Gälweiler, A., Strategische Unternehmensführung, 3. Auflage, Frankfurt,New York: Campus Verlag, 2005.

Gaubinger, K.; Werani, T.; Rabl, M., Praxisorientiertes Innovations- und Produktmanagement - Grundlagen und Fallstudien aus B-to-B-Märkten, Wiesbaden: Springer Gabler, 2009.

Geiger, O., Kennzahlenorientiertes Entwicklungscontrolling - Ein ganzheitliches, kennzahlenbasiertes Planungs-, Steuerungs- und Kontrollinstrument zur Analyse des Entwicklungsbereichs industrieller Unternehmen, Aachen: Shaker, 2000.

Gerlach, M., Leistungsstaffelung in Produktprogrammen, 1. Auflage, Aachen: Apprimus Wissenschaftsverlag, 2016.

Géron, A., Hands-on machine learning with Scikit-Learn, Keras, and TensorFlow - Concepts, tools, and techniques to build intelligent systems, Second edition, Sebastopol, CA: O'Reilly, 2019.

Gerwin, D.; Ferris, J., Organizing New Product Development Projects in Strategic Alliances, In: Organization Science, Jg. 15 Nr. 1, 2004, S. 22-37.

Giachetti, C.; Dagnino, G., The impact of technological convergence on firms' product portfolio strategy: an information-based imitation approach, In: R&D Management, Jg. 47 Nr. 1, 2017, S. 17-35.

Gladen, W., Performance Measurement, Wiesbaden: Springer Fachmedien, 2014.

Gluchowski, P., Business Analytics – Grundlagen, Methoden und Einsatzpotenziale, In: HMD Praxis der Wirtschaftsinformatik, Jg. 53 Nr. 3, 2016, S. 273-286.

Godbole, S.; Sarawagi, S., Discriminative methods for multi-labeled classification, Advances in Knowledge Discovery and Data Mining, Berlin, Heidelberg: Springer, 2004, S. 22-30.

Goldkuhl, G., Design Theories in Information Systems - A Need for Multi-Grounding, In: Journal of Information Technology Theory and Application (JITTA), Jg. 6 Nr. 2, 2004.

Goodfellow, I.; Bengio, Y.; Courville, A., Deep learning, Cambridge, Massachusetts, London, England: MIT Press, 2016.

Goodfellow, I.; Warde-Farley, D.; Mirza, M.; Courville, A.; Bengio, Y., Maxout Networks, Proceedings of the 30th International Conference on Machine Learning, Atlanta, GA, USA, 2013, S. 1319-1327.

Goos, P.; Hagenhoff, S., Strategisches Innovationsmanagement: Eine Bestandsaufnahme, Göttingen: Schumann, M. (Hrsg.), 2003.

Gregor, S., The Nature of Theory in Information Systems, In: MIS Quarterly, Jg. 30 Nr. 3, 2006, S. 611-642.

Gregor, S.; Hevner, A., Positioning and Presenting Design Science Research for Maximum Impact, In: MIS Quarterly, Jg. 37 Nr. 2, 2013, S. 337-355.

Gregor, S.; Jones, D., The Anatomy of a Design Theory, In: Journal of the Association for Information Systems, Jg. 8 Nr. 5, 2007, S. 312-335.

Grewal, R.; Chakravarty, A.; Ding, M.; Liechty, J., Counting chickens before the eggs hatch - Associating new product development portfolios with shareholder expectations in the pharmaceutical sector, In: International Journal of Research in Marketing, Jg. 25 Nr. 4, 2008, S. 261-272.

Grimm, R.; Schuller, M.; Wilhelmer, R., Portfoliomanagement in Unternehmen - Leitfaden für Manager und Investoren, Wiesbaden: Springer Gabler, 2014.

Grote, K.-H.; Engelmann, F.; Beitz, W.; Syrbe, M.; Beyerer, J.; Spur, G., Das Ingenieurwissen - Entwicklung, Konstruktion und Produktion, Berlin: Springer Vieweg, 2014.

Grüning, M., Performance-Measurement-Systeme - Messung und Steuerung von Unternehmensleistung, 1. Aufl., Wiesbaden: Dt. Univ.-Verl., 2002.

Gunasekaran, A.; Scavarda, L. F.; Schaffer, J.; José Scavarda, A.; da Cunha Reis, A.; Schleich, H., Product variety - An auto industry analysis and a benchmarking study, In: Benchmarking: An International Journal, Jg. 16 Nr. 3, 2009, S. 387-400.

Hagan, M. T.; Demuth, H. B.; Beale, M. H.; Jesus, O. de, Neural network design, 2nd edition, Wrocław: Amazon Fulfillment Poland Sp. z o.o, 2014.

Han, J.; Kamber, M., Data mining - Concepts and techniques, 3rd ed., Haryana, India,Burlington, MA: Elsevier, 2012.

Hannila, H., Towards data-driven decision-making in product portfolio management - From company-level to product-level analysis, Tampere: Juvens Print, 2019.

Harrach, S., Neugierige Strukturvorschläge im maschinellen Lernen - Eine technikphilosophische Verortung, Bielefeld: Transcript, 2014.

Heiderich, T.; Schotten, M., Prozesse, In: Luczak, H.; Eversheim, W. (Hrsg.), Produktionsplanung und -steuerung - Grundlagen, Gestaltung und Konzepte, 2., korrigierte Auflage 1999; Berlin, Heidelberg: Springer, 1999, 75-143.

Heina, J., Variantenmanagement - Kosten-Nutzen-Bewertung zur Optimierung der Variantenvielfalt, Wiesbaden: Dt. Univ.-Verl., 1999.

Heinen, E., Das Zielsystem der Unternehmung - Grundlagen betriebswirtschaftlicher Entscheidungen, Wiesbaden: Gabler Verlag, 1966.

Heinen, E., Grundlagen betriebswirtschaftlicher Entscheidungen - Das Zielsystem der Unternehmung, 3., durchges. Aufl., Wiesbaden: Gabler, 1976.

Herrmann, A.; Huber, F., Produktmanagement - Grundlagen - Methoden - Beispiele, 3., vollst. überarb. u. erw. Aufl., Wiesbaden: Springer Gabler, 2013.

Hertweck, D.; Kinitzki, M., Datenorientierung statt Bauchentscheidung: Führungs- und Organisationskultur in der datenorientierten Unternehmung, In: Dorschel, J. (Hrsg.), Praxishandbuch Big Data - Wirtschaft -- Recht -- Technik, Wiesbaden: Springer Gabler, 2015, S. 15-32.

Hevner, A., A Three Cycle View of Design Science Research, In: Scandinavian Journal of Information Systems, Jg. 19 Nr. 2, 2007, S. 87-92.

Hevner, A.; Chatterjee, S., Design Research in Information Systems - Theory and Practice, Boston, MA: Springer Science+Business Media LLC, 2010.

Hevner, A.; March, S.; Park, J.; Ram, S., Design science in information systems research, In: MIS Quarterly, Jg. 28 Nr. 1, 2004, S. 75-105.

Hienzsch, M., Bewertungsmodell für die lebenszykluskostenorientierte Leistungsfähigkeit von Werkzeugbaubetrieben am Beispiel von Spritzgießwerkzeugen, 1. Auflage, Aachen: Apprimus Wissenschaftsverlag, 2016.

Hochdörffer, J.; Laule, C.; Lanza, G., Product Variety Management Using Data-Mining Methods - Reducing Planning Complexity by Applying Clustering Analysis on Product Portfolios, 2017 IEEE International Conference on Industrial Engineering & Engineering Management - IEEE IEEM 2017: December 10-13, Singapore, Piscataway, New Jersey: IEEE, 2017, S. 593-597.

Homburg, C., Marketingmanagement - Strategie - Instrumente - Umsetzung - Unternehmensführung, 6., überarbeitete und erweiterte Auflage, Wiesbaden: Springer Gabler, 2017.

Hornik, K., Approximation capabilities of multilayer feedforward networks, In: Neural Networks, Jg. 4 Nr. 2, 1991, S. 251-257.

Hornung, K.; Kusterer Frank, Controlling und Steuerung mit Kennzahlen in einem international tätigen Konzern - Strategische Rolle des CFO und erweiterte Aufgaben des Controllings, In: Wiesehahn, A.; Kißler, M. (Hrsg.), Erfolgreiches Controlling - Theorie, Praxis und Perspektiven: Prof. Dr. Thomas Reichmann zum 80. Geburtstag, 1st ed.; Baden-Baden: Nomos Verlagsgesellschaft, 2018, S. 203-216.

Horváth, P.; Gleich, R.; Seiter, M., Controlling, 13., komplett überarbeitete Auflage, München: Franz Vahlen, 2015.

Howard, J.; Sheth, J., The Theory of Buyer Behavior, In: Journal of the American Statistical Association, 1969, S. 467-487.

Howard, R., Dynamic Programming and Markov Processes, In: The MIT Press, 1960.

Huddleston, S.; Brown, G., Machine Learning, In: Cochran, J. J. (Hrsg.), INFORMS Analytics body of knowledge, Hoboken, NJ: John Wiley and Sons Inc, 2019, S. 231-274.

Hug, T., Einführung in die Wissenschaftstheorie und Wissenschaftsforschung, Baltmannsweiler: Schneider-Verl. Hohengehren, 2001.

Hungenberg, H., Strategisches Management in Unternehmen - Ziele - Prozesse - Verfahren, 8., aktualisierte Aufl., Wiesbaden: Springer Gabler, 2014.

Hungenberg, H.; Wulf, T., Grundlagen der Unternehmensführung - Einführung für Bachelorstudierende, 5. aktualisierte Aufl., Berlin: Springer Gabler, 2015.

Hunt, S.; Morgan, R., The Comparative Advantage Theory of Competition, In: Journal of Marketing, Jg. 59 Nr. 2, 1995, S. 1.

Jacobs, M.; Swink, M., Product portfolio architectural complexity and operational performance - Incorporating the roles of learning and fixed assets, In: Journal of Operations Management, Jg. 29 Nr. 7-8, 2011, S. 677-691.

Jank, M.-H.; Dölle, C.; Schuh, G., Product Portfolio Design Using Prescriptive Analytics, Advances in Production Research - Proceedings of the 8th Congress of the German Academic Association for Production Technology (WGP), Aachen, November 19-20, 2018, Cham: Springer International Publishing, 2019, S. 584-593.

Jiao, J.; Simpson, T.; Siddique, Z., Product family design and platform-based product development - A state-of-the-art review, In: Journal of Intelligent Manufacturing, Jg. 18 Nr. 1, 2007, S. 5-29.

Jugend, D.; da Silva, S., Product-portfolio management - A framework based on Methods, Organization, and Strategy, In: Concurrent Engineering, Jg. 22 Nr. 1, 2013, S. 17-28.

Jugend, D.; da Silva, S.; Salgado, M.; Miguel, P., Product portfolio management and performance - Evidence from a survey of innovative Brazilian companies, In: Journal of Business Research, Jg. 69 Nr. 11, 2016, S. 5095-5100.

Jung, A., Machine Learning - Basic Principles, 2019.

Junge, M., Controlling modularer Produktfamilien in der Automobilindustrie - Entwicklung und Anwendung der Modularisierungs-Balanced-Scorecard, 1. Aufl., Wiesbaden: Dt. Univ.-Verl., 2005.

Kang, W.; Montoya, M., The Impact of Product Portfolio Strategy on Financial Performance - The Roles of Product Development and Market Entry Decisions, In: Journal of Product Innovation Management, Jg. 31 Nr. 3, 2014, S. 516-534.

Kaplan, R.; Norton, D., The Balanced Scorecard - Measures That Drive Performance, In: Harvard Business Review, Jg. 70 Nr. 1, 1992, S. 71-79.

Kaplan, R.; Norton, D., Putting the Balanced Scorecard to Work, In: Harvard Business Review, Jg. 71 Nr. 5, 1993, S. 134-147.

Kavadias, S.; Chao, R., Resource allocation and new product development portfolio management, In: Loch, C.; Kavadias, S. (Hrsg.), Handbook of new product development management, Amsterdam, New York: Butterworth-Heinemann, 2007.

Keenan, P.; Owen, J.; Schumacher, K., Introduction to Analytics, In: Cochran, J. J. (Hrsg.), INFORMS Analytics body of knowledge, Hoboken, NJ: John Wiley and Sons Inc, 2019, S. 1-30.

Kemper, H.-G.; Baars, H.; Mehanna, W., Business Intelligence - Grundlagen und praktische Anwendungen - Eine Einführung in die IT-basierte Managementunterstützung, 3., überarbeitete und erweiterte Auflage, Wiesbaden: Vieweg+Teubner Verlag / GWV Fachverlage GmbH Wiesbaden, 2010.

Kieckhäfer, K., Marktsimulation zur strategischen Planung von Produktportfolios - Dargestellt am Beispiel innovativer Antriebe in der Automobilindustrie, Wiesbaden: Springer Gabler, 2013.

Kingma, D.; Ba, J., Adam: A Method for Stochastic Optimization, Conference Track Proceedings, San Diego, CA, 2015, S. 1-15.

Kissel, M., Mustererkennung in komplexen Produktportfolios, Dissertation, Technische Universität München, 2014.

Kleissl, J., Gestaltung von Produktordnungssystemen - Methoden zur Schaffung marktgerechter Produktprogramme, 1. Aufl., München: TCW Transfer-Centrum, 2004.

Kocev, D.; Džeroski, S.; White, M.; Newell, G.; Griffioen, P., Using single- and multi-target regression trees and ensembles to model a compound index of vegetation condition, In: Ecological Modelling, Jg. 220 Nr. 8, 2009, S. 1159-1168.

Kock, A.; Gemünden, H., Antecedents to Decision-Making Quality and Agility in Innovation Portfolio Management, In: Journal of Product Innovation Management, Jg. 33 Nr. 6, 2016, S. 670-686.

Kohlhase, N., Strukturieren und Beurteilen von Baukastensystemen - Strategien, Methoden, Instrumente, Als Ms. gedr, Düsseldorf: VDI-Verl., 1997.

Kohlhase, N.; VDI, Gesellschaft Entwicklung Konstruktion Vertrieb, Variantenreduzierung in der Praxis - ein Erfahrungsbericht aus der Einzel- und Kleinserienfertigung, Effektive Entwicklung und Auftragsabwicklung variantenreicher Produkte - Allgemeiner Maschinenbau, Anlagenbau, Fahrzeugtechnik; Tagung Würzburg, 7. und 8. Oktober 1998, Düsseldorf: VDI-Verl., 1998, S. 53-68.

Koluksuz, A., Effective Project Control within the Context of Lean Construction, Proceedings of the International Conference on Civil Infrastructure and Construction (CIC 2020), Qatar University Press, 2020, S. 172-177.

Kota, S.; Sethuraman, K.; Miller, R., A Metric for Evaluating Design Commonality in Product Families, In: Journal of Mechanical Design, Jg. 122 Nr. 4, 2000, S. 403-410.

Kotler, P.; Armstrong, G.; Opresnik, M. O., Principles of Marketing, 17th edition, global edition, Harlow: Pearson Education, 2018.

Kotler, P.; Keller, K. L., Marketing management, 15. global edition, Boston: Pearson, 2016.

KPMG, Mit Daten Werte Schaffen - Report 2017, KPMG AG Wirtschaftsprüfung (Hrsg.), 2017.

Krallmann, H.; Bobrik, A.; Levina, O., Systemanalyse im Unternehmen - Prozessorientierte Methoden der Wirtschaftsinformatik, 6., überarb. und erw. Aufl., München: Oldenbourg, 2013.

Krallmann, H.; Derszteler, G., Systemanalyse im Unternehmen - Geschäftsprozeßoptimierung, partizipative Vorgehensmodelle, objektorientierte Analyse, 2., durchges. Aufl., München: Oldenbourg, 1996.

Krause, D.; Gebhardt, N., Methodische Entwicklung Modularer Produktfamilien - Hohe Produktvielfalt Beherrschbar Entwickeln, Berlin, Heidelberg: Vieweg, 2018.

Kreikebaum, H.; Gilbert, D. U.; Behnam, M., Strategisches Management, 7., vollständig überarbeitete und erweiterte Auflage, Stuttgart: Verlag W. Kohlhammer, 2011.

Kricsfalussy, A., Das Zielsystem des Unternehmens, In: Seeger, K.; Burkhard, L. (Hrsg.), Zielorientierte Unternehmensführung, Wiesbaden: Springer Fachmedien, 2009, S. 3-37.

Kubat, M., An introduction to machine learning, Cham: Springer, 2015.

Kubicek, H., Heuristische Bezugsrahmen und heuristisch angelegte Forschungsdesigns als Elemente einer Konstruktionsstrategie empirischer Forschung, In: Köhler, R. (Hrsg.), Empirische und handlungstheoretische Forschungskonzeption in der Betriebswirtschaftslehre - Bericht über die Tagung in Aachen, Stuttgart: C. E. Poeschel, 1977.

Kühnapfel, J. B., Nutzwertanalysen in Marketing und Vertrieb, 2. Aufl. 2019, Wiesbaden: Springer Fachmedien Wiesbaden, 2019.

Küpper, H.-U.; Friedl, G.; Hofmann, C.; Hofmann, Y.; Pedell, B., Controlling - Konzeption, Aufgaben, Instrumente, 6. Aufl., Stuttgart: Schäffer-Poeschel, 2013.

Landauer, N., Produktportfoliomanagement - Explorative Bestandsaufnahme und empirische Untersuchung der Erfolgswirkung, Wiesbaden: Springer Fachmedien, 2013.

Landström, A.; Almström, P.; Winroth, M.; Andersson, C.; Öberg, A.; Kurdve, M.; Shahbazi, S.; Wiktorsson, M.; Windmark, C.; Zackrisson, M., A life cycle approach to business performance measurement systems, In: Procedia Manufacturing, Jg. 25, 2018, S. 126-133.

Langs, G.; Wazir, R., Machine Learning, In: Papp, S.; Weidinger, W.; Meir-Huber, M. (Hrsg.), Handbuch Data Science - Mit Datenanalyse und Machine Learning Wert aus Daten generieren, München: Carl Hanser Verlag, 2019, S. 177-198.

Lanquillon, C.; Mallow, H., Advanced Analytics mit Big Data, In: Dorschel, J. (Hrsg.), Praxishandbuch Big Data - Wirtschaft -- Recht -- Technik, Wiesbaden: Springer Gabler, 2015, S. 55-89.

Laux, H.; Gillenkirch, R. M.; Schenk-Mathes, H. Y., Entscheidungstheorie, 10. Aufl. 2018, Berlin, Heidelberg: Springer Berlin Heidelberg, 2018.

Lee, J.; Lapira, E.; Bagheri, B.; Kao, H.-a., Recent advances and trends in predictive manufacturing systems in big data environment, In: Manufacturing Letters, Jg. 1 Nr. 1, 2013, S. 38-41.

Lennertz, D., Produktmanagement - Planung, Entwicklung, Vermarktung. Wie Sie mit innovativen Produkten den Unternehmenserfolg steigern, Frankfurt am Main: Frankfurter Allgemeine Buch, 2010.

Levatić, J.; Ceci, M.; Kocev, D.; Džeroski, S., Semi-supervised Learning for Multi-target Regression, In: Appice, A.; Ceci, M.; Loglisci, C.; Manco, G.; Masciari, E.; Raś, Z. W. (Hrsg.), New frontiers in mining complex patterns - Third international workshop, NFMCP 2014, held in conjunction with ECML-PKDD 2014, Nancy, France, September 19, 2014, Cham: Springer, 2015, S. 3-18.

Lever, J.; Krzywinski, M.; Altman, N., Model selection and overfitting, In: Nature Methods, Jg. 13 Nr. 9, 2016, S. 703-704.

Liberatore, M.; Luo, W., The Analytics Movement - Implications for Operations Research, In: Interfaces, Jg. 40 Nr. 4, 2010, S. 313-324.

Lindemann, U., Methodische Entwicklung technischer Produkte - Methoden flexibel und situationsgerecht anwenden, 3., korrigierte Aufl., Berlin, Heidelberg: Springer-Verlag Berlin Heidelberg, 2009.

Lingnau, V., Variantenmanagement - Produktionsplanung im Rahmen einer Produktdifferenzierungsstrategie, Berlin: Schmidt, 1994.

Liu, Q.; Dang, C.; Huang, T., A One-Layer Recurrent Neural Network for Real-Time Portfolio Optimization With Probability Criterion, In: IEEE transactions on cybernetics, Jg. 43 Nr. 1, 2013, S. 14-23.

Liu, Y.; Foscht, T.; Eisingerich, A.; Tsai, H.-T., Strategic management of product and brand extensions: Extending corporate brands in B2B vs. B2C markets, In: Industrial Marketing Management, Jg. 71, 2018, S. 147-159.

Macharzina, K., Unternehmensführung - Das internationale Managementwissen. Konzepte - Methoden - Praxis, 2., aktualisierte und erweiterte Auflage, Wiesbaden: Gabler Verlag, 1995.

MacMillan, I.; Hambrick, D.; Day, D., The Product Portfolio and Profitability--A PIMS-Based Analysis of Industrial-Product Businesses, In: Academy of Management Journal, Jg. 25 Nr. 4, 1982, S. 733-755.

Magnusson, M.; Pasche, M., A Contingency-Based Approach to the Use of Product Platforms and Modules in New Product Development, In: Journal of Product Innovation Management, Jg. 31 Nr. 3, 2014, S. 434-450.

March, S.; Smith, G., Design and natural science research on information technology, In: Decision Support Systems, Jg. 15 Nr. 4, 1995, S. 251-266.

Mariscal, G.; Marbán, Ó.; Fernández, C., A survey of data mining and knowledge discovery process models and methodologies, In: The Knowledge Engineering Review, Jg. 25 Nr. 2, 2010, S. 137-166.

Markowitz, H., Portfolio Selection, In: The Journal of Finance, Jg. 7 Nr. 1, 1952, S. 77-91.

Marr, B., Key Performance Indicators (KPI) - The 75 measures every manager needs to know, Pearson Education UK, 2012.

Mathews, S., Innovation Portfolio Architecture, In: Research-Technology Management, Jg. 53 Nr. 6, 2015, S. 30-40.

McCue, C., Data mining and predictive analysis - Intelligence gathering and crime analysis, Second edition, Amsterdam: Butterworth-Heinemann, 2015.

McNally, R.; Durmusoglu, S.; Calantone, R.; Harmancioglu, N., Exploring new product portfolio management decisions: The role of managers' dispositional traits, In: Industrial Marketing Management, Jg. 38 Nr. 1, 2009, S. 127-143.

Medoza, R., Delivering Internal Business Intelligence Services - How Different Strategies Allow Companies to Succeed by Failing Fast, In: Anandarajan, M.; Harrison, T. D. (Hrsg.), Aligning business strategies and analytics - Bridging between theory and practice, Cham: Springer, 2019, 157-176.

Meeker, B.; Dipen, P.; Jhaveri, M., The complexity conundrum, In: Marketing Management Nr. 18, 2009, S. 54-59.

Meffert, H.; Burmann, C.; Kirchgeorg, M., Marketing - Grundlagen marktorientierter Unternehmensführung Konzepte - Instrumente - Praxisbeispiele, 12., überarbeitete und aktualisierte Auflage, Wiesbaden: Springer Gabler, 2015.

Meffert, H.; Burmann, C.; Kirchgeorg, M.; Eisenbeiß, M., Marketing - Grundlagen marktorientierter Unternehmensführung Konzepte - Instrumente - Praxisbeispiele, 13., überarbeitete und erweiterte Auflage, Wiesbaden: Springer Gabler, 2019.

Meifort, A., Innovation portfolio management: A synthesis and research agenda, In: Creativity and innovation management, Jg. 25 Nr. 2, 2016.

Mikkola, J., Portfolio management of R&D projects - Implications for innovation management, In: Technovation, Jg. 21 Nr. 7, 2001, S. 423-435.

Mitchell, T. M., Machine learning, International ed., [Reprint.], New York, NY: McGraw-Hill, 1997.

Möller, K.; Menninger, J.; Robers, D., Innovationscontrolling - Erfolgreiche Steuerung und Bewertung von Innovationen, Stuttgart: Schäffer-Poeschel, 2011.

Moons, B.; Bankman, D.; Verhelst, M., Embedded deep learning - Algorithms, architectures and circuits for always-on neural network processing, Cham: Springer, 2019.

Morgan, N.; Anderson, E.; Mittal, V., Understanding Firms' Customer Satisfaction Information Usage, In: Journal of Marketing, Jg. 69 Nr. 3, 2005, S. 131-151.

Müller, H.-E., Unternehmensführung - Strategie - Management - Praxis, 3. Aufl., Oldenbourg: De Gruyter, 2017.

Müller, S.; Kaiser Andreas, Was kostet eine Produktvariante? - Variantenmanagement als Kostenoptimierung in Entwicklung und Produktion, In: TR Transfer Nr. 40, 1995, S. 44-48.

Müller-Stevens, G.; Lechner, C., Strategisches Management - Wie strategische Initiativen zum Wandel führen, 5., überarb. Aufl., Stuttgart: Schäffer-Poeschel, 2016.

Necchi, P. G., Reinforcement Learning For Automated Trading, Necchi, P. G. (Hrsg.), 2016.

Neis, J., Analyse der Produktportfoliokomplexität unter Anwendung von Verfahren des Data Mining, Aachen: Shaker, 2015.

Neu, M.; Günter, J., Die optimale Gestaltung der Kundenbeziehung, In: Neu, M. (Hrsg.), Erfolgreiche Kundenrückgewinnung - Verlorene Kunden identifizieren, halten und zurückgewinnen, Wiesbaden Germany: Springer Gabler, 2015, S. 5-12.

Neuneier, R.; Zimmermann, H., How to Train Neural Networks, In: Montavon, G.; Orr, G. B.; Müller, K.-R. (Hrsg.), Neural networks: tricks of the trade, 2. ed.; Berlin: Springer, 2012, S. 369-418.

Nguyen, H.; Zhang, Y.; Calantone, R., Brand portfolio coherence: Scale development and empirical demonstration, In: International Journal of Research in Marketing, Jg. 35 Nr. 1, 2018, S. 60-80.

Nilles, V., Effiziente Gestaltung von Produktordnungssystemen - Eine theoretische und empirische Untersuchung, 1. Aufl., München: TCW-Transfer-Centrum, 2001.

Nilsson, N., Introduction to Machine Learning - An early draft of a proposed textbook, Stanford University, Department of Computer Science, 1998.

Nucleus Research (2014), Analytics pays back USD 13.01 for every dollar spent. URL: https://nucleusresearch.com/re-search/single/analytics-pays-back-13-01-for-every-dollar-spent/ [Zuletzt geprüft: 20.10.2019].

Nußbaum, C., Modell zur Bewertung des Wirkungsgrades von Produktkomplexität, 1. Aufl., Aachen: Apprimus, 2011.

Oliveira, M.; Rozenfeld, H., Integrating technology roadmapping and portfolio management at the front-end of new product development, In: Technological Forecasting and Social Change, Jg. 77 Nr. 8, 2010, S. 1339-1354.

Orfi, N.; Terpenny, J.; Sahin-Sariisik, A., Harnessing Product Complexity - Step 1—Establishing Product Complexity Dimensions and Indicators, In: The Engineering Economist, Jg. 56 Nr. 1, 2011, S. 59-79.

Ortlieb, C., Produktportfoliogerechte Baukastenstrukturierung, 1. Aufl., Aachen: Apprimus Wissenschaftsverlag, 2017.

Ossola-Haring, C., Das große Handbuch Kennzahlen zur Unternehmensführung - Kennzahlen richtig verstehen, verknüpfen und interpretieren, 2., überarb. Aufl., München: Redline Wirtschaft bei Verl. Moderne Industrie, 2003.

Otten, S.; Spruit, M.; Helms, R., Towards decision analytics in product portfolio management, In: Decision Analytics, Jg. 2 Nr. 1, 2015, S. 478-503.

Patzak, G., Systemtechnik - Planung komplexer innovativer Systeme - Grundlagen, Methoden, Techniken, Berlin, Heidelberg: Springer Berlin Heidelberg, 1982.

Paulukuhn, L., Typologisierung von Entwicklungsprojekten im Maschinenbau, Aachen: Shaker, 2005.

Peffers, K.; Rothenberger, M.; Tuunanen, T.; Vaezi, R., Design Science Research Evaluation, In: Peffers, K.; Rothenberger, M.; Kuechler, B. (Hrsg.), Design science research in information systems - Advances in theory and practice; 7th international conference, DESRIST 2012, Las Vegas, NV, USA, May 14 - 15, 2012; proceedings, Berlin, Heidelberg: Springer, 2012, S. 398-410.

Peffers, K.; Tuunanen, T.; Gengler, C.; Rossi, M.; Hui, W.; Virtanen, V.; Bragge, J., The design science research process: a model for producing and presenting information systems research, In: Proceedings of First International Conference on Design Science Research in Information Systems and Technology DESRIST, 2006, S. 83-106.

Peffers, K.; Tuunanen, T.; Rothenberger, M.; Chatterjee, S., A Design Science Research Methodology for Information Systems Research, In: Journal of Management Information Systems, Jg. 24 Nr. 3, 2014, S. 45-77.

Pepels, W., Produktmanagement - Produktinnovation - Markenpolitik - Programmplanung - Prozessorganisation, 6., überarb. und erweiterte Aufl., München: Oldenbourg, 2013.

Perridon, L.; Rathgeber, A. W.; Steiner, M., Finanzwirtschaft der Unternehmung, 17., überarb. und erw. Aufl., München: Vahlen, 2017.

Pfeiffer, W.; Metze, G.; Schneider, W.; Amler, R., Technologie-Portfolio zum Management strategischer Zukunftsgeschäftsfelder, 6., durchges. Aufl., Göttingen: Vandenhoeck & Ruprecht, 1991.

Poeschl, H., Strategische Unternehmensführung zwischen Shareholder-Value und Stakeholder-Value, Wiesbaden: Springer Gabler, 2013.

Porter, M., The five competitive forces that shape strategy, In: Harvard Business Review, Jg. 86 Nr. 1, 2008, 78-93.

Posselt, G., Renditeorientierte Führungsstrategien - Kennzahlen motivierend einsetzen, 2. Auflage, Wiesbaden: Springer Gabler, 2018.

Powell, W. B., Approximate dynamic programming - Solving the curses of dimensionality, 2nd ed., Hoboken, N.J: J. Wiley & Sons, 2011.

Prandini, M.; Lehmann, R.; Blumer, H.; Keller, J., After Sales Services im internationalen Geschäft, In: Prandini, M.; Lehmann, R.; Blumer, H.; Keller, J. (Hrsg.), Industrielle After Sales Services in China, Wiesbaden: Springer Fachmedien Wiesbaden, 2018, S. 7-10.

Probst, H.-J., Kennzahlen - Richtig anwenden und interpretieren, 4. Aufl., München: Redline, 2014.

Ramdas, K.; Sawhney, M., A Cross-Functional Approach to Evaluating Multiple Line Extensions for Assembled Products, In: Management Science, Jg. 47 Nr. 1, 2001, S. 22-36.

Rathnow, P. J., Integriertes Variantenmanagement - Bestimmung, Realisierung und Sicherung der optimalen Produktvielfalt, Göttingen: Vandenhoeck & Ruprecht, 1993.

Read, J.; Pfahringer, B.; Holmes, G.; Frank, E., Classifier Chains for Multi-label Classification, In: Buntine, W.; Grobelnik, M.; Mladenić, D.; Shawe-Taylor, J. (Hrsg.), Machine learning and knowledge discovery in databases - European conference, ECML PKDD 2009, Bled, Slovenia, September 7 - 11, 2009 ; proceedings, part II, Berlin: Springer, 2009, S. 254-269.

Reichmann, T.; Hoffjan, A.; Kißler, M.; Palloks-Kahlen, M.; Richter, H. J., Controlling
mit Kennzahlen - Die systemgestützte Controlling-Konzeption mit Analyse- und
Reportinginstrumenten, 8., überarb. und erw. Aufl., München: Vahlen, 2011.

Reinsel, D. et al. (2018), The Digitization of the World - From Edge to Core. URL:
https://www.seagate.com/files/www-content/our-story/trends/files/idc-seagate-
dataage-whitepaper.pdf [Zuletzt geprüft: 08.06.2020].

Reiß, M., Komplexitätsmanagement (I), In: WISU Nr. 1, 1993, S. 54-60.

Rennekamp, M., Methode zur Bewertung des Komplexitätsgrades von Unternehmen,
1. Aufl., Aachen: Apprimus-Verl., 2013.

Renner, I., Methodische Unterstützung funktionsorientierter Baukastenentwicklung
am Beispiel Automobil, 1. Aufl., München: Hut, 2007.

Rennhak, C.; Opresnik, M. O., Marketing - Grundlagen, 1. Auflage, Berlin,Heidelberg:
Springer Gabler, 2016.

Reschke, R., Gestaltungsmodell der Kennzahlen und Indikatoren bei der Einführung
und Weiterentwicklung von Qualitätsmanagementsystemen für deutsche Hoch-
schulen, 1. Auflage, Aachen: Apprimus Wissenschaftsverlag, 2019.

Reyes, O.; Ventura, S., Performing Multi-Target Regression via a Parameter Sharing-
Based Deep Network, In: International journal of neural systems, Jg. 29 Nr. 9, 2019,
S. 1-22.

Riebel, P., Einzelkosten- und Deckungsbeitragsrechnung - Grundfragen einer markt-
und entscheidungsorientierten Unternehmensrechnung, Fünfte, verbesserte und er-
gänzte Auflage, Wiesbaden: Gabler Verlag, 1986.

Riesener, M., Ähnlichkeitsbasierte Produktkonfiguration im Maschinenbau, Aachen:
Apprimus Wissenschaftsverlag, 2015.

Riesener, M.; Dölle, C.; Dierkes, C.; Jank, M.-H., Applying Supervised and Reinforcement Learning to Design Product Portfolios in Accordance with Corporate Goals,
In: Procedia CIRP, Jg. 91, 2020, 127-133.

Riesener, M.; Dölle, C.; Schmitt, L.; Jank, M.-H., Development of a Methodology to
Design Product Portfolios in Accordance to Corporate Goals Using an Evolutionary
Algorithm, 2018 IEEE International Conference on Industrial Engineering & Engineering Management - IEEE IEEM 2018: December 16-19, Bangkok, Thailand, Piscataway, New Jersey: IEEE, 2018, S. 1466-1470.

Riesener, M.; Dölle, C.; Schuh, G.; Lauf, H.; Jank, M.-H., Performance-driven and company goal-orientated design of product portfolios: A methodological framework, In:
Procedia CIRP, Jg. 84, 2019, S. 725-730.

Riesener, M.; Dölle, C.; Schuh, G.; Tönnes, C., Framework for defining information quality based on data attributes within the digital shadow using LDA, In: Procedia CIRP, Jg. 83, 2019, S. 304-310.

Riesener, M.; Dölle, C.; Schuh, G.; Zhang, W.; Jank, M.-H., Implementing Neural Networks within Portfolio Management to Support Decision-Making Processes, Proceedings of PICMET 2019: Technology Management in the World of Intelligent Systems, Portland: PICMET, Portland State University, 2019, S. 1-7.

Rommel, G.; Brück, F.; Diederichs, R.; Kempis, R. D.; Kluge, J., Einfach überlegen - Das Unternehmenskonzept, das die Schlanken schlank und die Schnellen schnell macht, Stuttgart: Schäffer-Poeschel, 1993.

Ropohl, G., Allgemeine Technologie - Eine Systemtheorie der Technik, Karlsruhe: Universitätsverlag Karlsruhe, 2009.

Ruder, S., An overview of gradient descent optimization algorithms, Ruder, S. (Hrsg.), 2017.

Rudolf, S., Produktionsgerechte Baukastengestaltung, 1. Aufl., Aachen: Apprimus Wissenschaftsverlag, 2013.

Rudolf, S.; Ortlieb, C.; Tönnes, C.; Schuh, G., Discovering Product Innovation Potential within Existing Product Architectures, In: Applied Mechanics and Materials, Jg. 794, 2015, S. 540-546.

Russell, S. J.; Norvig, P.; Davis, E.; Edwards, D., Artificial intelligence - A modern approach, Third edition, Global edition, Harlow, Enlgand: Pearson Education, 2016.

Saaty, T., Decision making with the analytic hierarchy process, In: International Journal of Services Sciences, Jg. 1 Nr. 1, 2008, S. 83-98.

Samuel, A., Some Studies in Machine Learning Using the Game of Checkers, In: IBM Journal of Research and Development, Jg. 3, 1959, S. 210-229.

Schawel, C.; Billing, F., Top 100 Management Tools - Das wichtigste Buch eines Managers: von ABC-Analyse bis Zielvereinbarung, 6. Auflage, Wiesbaden: Springer Gabler, 2018.

Schelp, J., Modellierung mehrdimensionaler Datenstrukturen analyseorientierter Informationssysteme, Gabler Edition Wissenschaft, Wiesbaden,s.l.: Deutscher Universitätsverlag, 2000.

Schendera, C. F. G., Datenqualität mit SPSS, München: Oldenbourg, 2007.

Schiffer, M. G., Szenariorobuste Produktarchitekturgestaltung, 1. Aufl., Aachen: Apprimus-Verl., 2013.

Schilling, M. A., Strategic management of technological innovation, Fifth edition, New York, NY: McGraw-Hill Education, 2017.

Schleich, H.; Schaffer, J.; Scavarda, L. F., Managing Complexity in Automotive Production, 19th Interantional Conference on Production Research, Valparaiso: International Foundation for Production Research, 2007.

Schmidt-Sudhoff, U., Unternehmerziele und unternehmerisches Zielsystem, Wiesbaden: Gabler Verlag, 1967.

Schomburg, E., Entwicklung eines betriebstypologischen Instrumentariums zur systematischen Ermittlung der Anforderungen an EDV-gestützte Produktionsplanungs- und -steuerungssysteme im Maschinenbau, Dissertation, Technische Hochschule Aachen, 1980.

Schuh, G., Gestaltung und Bewertung von Produktvarianten - Ein Beitrag zur systematischen Planung von Serienprodukten, Als Ms. gedr, Düsseldorf: VDI-Verl., 1989.

Schuh, G., InnovationsmanagementBerlin, Heidelberg: Springer Berlin Heidelberg, 2012.

Schuh, G.; Anderl, R.; Gausemeier, J.; Hompel, M. t.; Wahlster, W., Industrie 4.0 Maturity Index - Managing the Digital Transformation of Companies, Wahlster, W. (Hrsg.), April 2017.

Schuh, G.; Arnoscht, J.; Bender, D.; Bohl, A.; Pokraka, G.-D.; Rudolf, S.; Schöning, S.; Schulz, J.; Vogels, T., Lean Innovation mit Ähnlichkeitsmodellen, In: Brecher, C.; Klocke, F. (Hrsg.), Wettbewerbsfaktor Produktionstechnik - Aachener Perspektiven - AWK Aachener Werkzeugmaschinen-Kolloquium 2011, 26. bis 27. Mai, Aachen: Shaker, 2011, S. 265-296.

Schuh, G.; Brosze, T.; Brandenburg, U.; Cuber, S.; Schenk, M.; Quick, J.; Schmidt, C.; Helmig, J.; Schürmeyer, M.; Hering, N., Grundlagen der Produktionsplanung und -steuerung, In: Schuh, G.; Stich, V. (Hrsg.), Produktionsplanung und -steuerung, 4., überarbeitete Auflage; Berlin, Heidelberg: Springer Vieweg, 2012, S. 11-293.

Schuh, G.; Diels, F.; Ortlieb, C.; Riesener, M.; Schröder, S., Agile Produktentwicklung, In: Brecher, C.; Klocke, F.; Schmitt, R.; Schuh, G. (Hrsg.), Internet of Production für agile Unternehmen - AWK Aachener Werkzeugmaschinen-Kolloquium 2017, 18. bis 19. Mai, 1. Auflage; Aachen: Apprimus Wissenschaftsverlag, 2017, S. 27-51.

Schuh, G.; Friedli, T.; Schiffer, M.; Rohde, D.; Tönnes, C., Globales Komplexitätsmanagement - Zusammenfassung der Ergebnisse des Konsortial-Benchmarkings, Aachen, St.Gallen: Werkzeugmaschinenlabor WZL der RWTH Aachen, Institut für Technologiemanagement der Universität St.Gallen, Complexity Management Academy (Hrsg.), 2017.

Schuh, G.; Kampker, A., Strategie und Management produzierender Unternehmen - Handbuch Produktion und Management 1, 2., vollst. neu bearb. und erw. Aufl., Berlin, Heidelberg: Springer-Verlag, 2011.

Schuh, G.; Krumm, S.; Friedli, T., Komplexitätsmanagement 3.0 - Wie Führungskräfte das Thema Komplexität einschätzen und angehen, Aachen, St.Gallen: Werkezugmaschinenlabor WZL der RWTH Aachen (Hrsg.), 2013.

Schuh, G.; Rebentisch, E.; Riesener, M.; Ipers, T.; Tönnes, C.; Jank, M.-H., Data quality program management for digital shadows of products, In: Procedia CIRP, Jg. 86, 2019, S. 43-48.

Schuh, G.; Riesener, M., Produktkomplexität managen - Strategien - Methoden - Tools, 3., vollständig überarbeitete Auflage, München: Hanser, 2017.

Schuh, G.; Riesener, M.; Jank, M.-H., Managing Customized and Profitable Product Portfolios using Advanced Analytics, Customization 4.0 - Proceedings of the 9th World Mass Customization & Personalization Conference (MCPC 2017), Aachen, Germany, November 20th-21st, 2017, Cham: Springer International Publishing, 2018, S. 203-216.

Schuh, G.; Riesener, M.; Schrey, E.; Jank, M.-H., Structuring Information of Modular Product Platforms, Proceedings of the ASME International Design Engineering Technical Conferences and Computers and Information in Engineering Conference -- 2017, New York, N.Y: American Society of Mechanical Engineers, 2017, S. 1-9.

Schuh, G.; Rudolf, S.; Gerlach, M.; Yao, T., Methodik zur Optimierung der Produktdifferenzierung in Produktprogrammen, In: ZWF Zeitschrift für wirtschaftlichen Fabrikbetrieb, Jg. 110 Nr. 1-2, 2015, S. 28-31.

Schuh, G.; Stich, V.; Basse, F.; Franzkoch, B.; Harzenetter, F.; Luckert, M.; Prote, J.; Reschke, J.; Schmitz, S.; Tücks, Gregor, Weißkopf, J., Change Request im Produktionsbetrieb, In: Brecher, C.; Klocke, F.; Schmitt, R.; Schuh, G. (Hrsg.), Internet of Production für agile Unternehmen - AWK Aachener Werkzeugmaschinen-Kolloquium 2017, 18. bis 19. Mai, 1. Auflage; Aachen: Apprimus Wissenschaftsverlag, 2017, S. 109-131.

Schuh, G.; Warschat, J., Potenziale einer Forschungsdisziplin Wirtschaftsingenieurwesen, München: Utz, 2013.

Schütte, R., Grundsätze ordnungsmäßiger Referenzmodellierung - Konstruktion konfigurations- und anpassungsorientierter Modelle, Wiesbaden: Gabler Verlag, 1998.

Seidenschwarz, W., Portfoliomanagement, In: Lindemann, U. (Hrsg.), Handbuch Produktentwicklung, München: Hanser, 2016, S. 37-58.

Seifert, R.; Tancrez, J.-S.; Biçer, I., Dynamic product portfolio management with life cycle considerations, In: International Journal of Production Economics, Jg. 171, 2016, S. 71-83.

Shalev-Shwartz, S.; Ben-David, S., Understanding machine learning - From theory to algorithms, Cambridge: Cambridge University Press, 2014.

Sharafi, A., Knowledge Discovery in Databases - Eine Analyse des Änderungsmanagements in der Produktentwicklung, Wiesbaden: Springer Gabler, 2013.

Sharda, R.; Delen, D.; Turban, E., Business intelligence, analytics, and data science - A managerial perspective, Fourth edition, Boston: Pearson, 2018.

Shmueli, G.; Bruce, P. C.; Yahav, I.; Patel, N. R.; Lichtendahl, K. C., Data mining for business analytics - Concepts, techniques, and applications in R, Hoboken, NJ, USA: Wiley, 2018.

Shunko, M.; Yunes, T.; Fenu, G.; Scheller-Wolf, A.; Tardif, V.; Tayur, S., Product Portfolio Restructuring - Methodology and Application at Caterpillar, In: Production and Operations Management, Jg. 27 Nr. 1, 2018, S. 100-120.

Silva, I. N. D.; Spatti, D. H.; Andrade Flauzino, R.; Liboni, L. H. B.; Reis Alves, S. F. d., Artificial neural networks - A practical course, Cham: Springer, 2017.

Simpson, T. W.; Jiao, J.; Siddique, Z.; Hölttä-Otto, K., Advances in Product Family and Product Platform Design, New York, NY: Springer, 2014.

Söllner, C., Methode zur Planung eines zukunftsfähigen Produktportfolios, Dissertation, Universität Paderborn, 2016.

Spath, D.; Dangelmaier, M., Produktentwicklung Quo Vadis, In: Lindemann, U. (Hrsg.), Handbuch Produktentwicklung, München: Carl Hanser Verlag GmbH & Co. KG, 2016, S. 1-7.

Spiro, C. L., From Bench to Boardroom - The R&D Leader's Guide, Cham: Springer International Publishing, 2018.

Spyromitros-Xioufis, E.; Tsoumakas, G.; Groves, W.; Vlahavas, I., Multi-target regression via input space expansion: treating targets as inputs, In: Machine Learning, Jg. 104 Nr. 1, 2016, S. 55-98.

Stachowiak, H., Allgemeine Modelltheorie, Wien: Springer, 1973.

Staehle, W. H., Kennzahlen und Kennzahlensysteme als Mittel der Organisation und Führung von Unternehmen, Wiesbaden: Gabler Verlag, 1969.

Staehle, W. H., Management - Eine verhaltenswissenschaftliche Perspektive, 8. Auflage, München: Verlag Franz Vahlen, 1999.

Statistisches Bundesamt (Destatis) (2019), Beschäftigte und Umsatz der Betriebe im Verarbeitenden Gewerbe: Deutschland, Monate, Wirtschaftszweige (WZ2008 2-/3-/4-Steller) [Zuletzt geprüft: 29.07.2019].

Stegemann, P., Integrierte Komplexitätsbeherrschung in der Produktentwicklung durch Produktkommunalitäten, Universität der Bundeswehr Hamburg (Germany), 2010.

Steinmann, H.; Schreyögg, G., Management - Grundlagen der Unternehmensführung; Konzepte, Funktionen, Fallstudien, 5., überarb. Aufl., Nachdr, Wiesbaden: Gabler, 2002.

Strauch, B., Entwicklung einer Methode für die Informationsbedarfsanalyse im Data Warehousing, Bamberg: Difo-Druck GmbH, 2002.

Struyf, J.; Džeroski, S., Constraint Based Induction of Multi-objective Regression Trees, Knowledge Discovery in Inductive Databases, Springer Berlin Heidelberg, 2006, S. 222-233.

Sugiyama, M., Introduction to statistical machine learning, Waltham, MA: Morgan Kaufmann Publishers, 2016.

Sutton, R. S.; Barto, A., Reinforcement learning - An introduction, Second edition, Cambridge, MA,London: The MIT Press, 2018.

Tan, P.-N.; Steinbach, M.; Kumar, V., Introduction to data mining, First edition, Pearson new international edition, Harlow: Pearson, 2014.

The World Bank (2019), Global Economic Monitor [Zuletzt geprüft: 29.07.2019].

Thiebes, F.; Plankert, N., Umgang mit Komplexität in der Produktentwicklung – Komplexitätsbeherrschung durch Variantenmanagement, In: Schoeneberg, K.-P. (Hrsg.), Komplexitätsmanagement in Unternehmen - Herausforderungen im Umgang mit Dynamik, Unsicherheit und Komplexität meistern, Wiesbaden: Springer Gabler, 2014, S. 165-185.

Thommen, J.-P.; Achleitner, A.-K.; Gilbert, D. U.; Hachmeister, D.; Kaiser, G., Allgemeine Betriebswirtschaftslehre, 8., vollständig überarbeitete Auflage, Wiesbaden: Springer Gabler, 2017.

Thonemann, U.; Bradley, J., The effect of product variety on supply-chain performance, In: European Journal of Operational Research, Jg. 143 Nr. 3, 2002, S. 548-569.

Tolonen, A.; Harkonen, J.; Verkasalo, M.; Haapasalo, H., Product portfolio management process over horizontal and vertical portfolios, In: International Journal of Product Lifecycle Management, Jg. 8 Nr. 3, 2015, S. 189.

Tolonen, A.; Kropsu-Vehkaperä, H.; Haapasalo, H., Product Portfolio Management - Current challenges and preconditions, In: International Journal of Performance Measurement, Jg. 4 Nr. 2, 2014, S. 69-90.

Tolonen, A.; Shahmarichatghieh, M.; Harkonen, J.; Haapasalo, H., Product portfolio management - Targets and key performance indicators for product portfolio renewal over life cycle, In: International Journal of Production Economics, Jg. 170, 2015, S. 468-477.

Tönnes, C. C., Datenbasierte Informationsmodelle zur explorativen Analyse von Anlagenkonfigurationen, Aachen: Apprimus Wissenschaftsverlag, 2021.

Trattner, A.; Hvam, L.; Forza, C.; Herbert-Hansen, Z., Product complexity and operational performance: A systematic literature review, In: CIRP Journal of Manufacturing Science and Technology, Jg. 25, 2019, S. 69-83.

Trott, P., Innovation management and new product development, sixth edition, Harlow, Enlgand: Pearson, 2017.

Tucker, C.; Kim, H., Optimal Product Portfolio Formulation by Merging Predictive Data Mining With Multilevel Optimization, In: Journal of Mechanical Design, Jg. 130 Nr. 4, 2008, S. 1-15.

Ulrich, H., Die Unternehmung als produktives soziales System - Grundlagen der allgemeinen Unternehmungslehre, Haupt, 1970.

Ulrich, P.; Hill, W., Wissenschaftstheoretische Grundlagen der Betriebswirtschaftslehre (Teil I), In: Wirtschaftswissenschaftliches Studium: Zeitschrift für Ausbildung und Hochschulkontakt Nr. 7, 1976, S. 304-309.

Ungermann, F.; Jacob, A.; Verhaelen, B.; Itterheim, A.; Park, Y.-B.; Stricker, N.; Lanza, G., Die Zukunft der Kennzahlensysteme - Unternehmenssteuerung durch ein ganzheitliches KPI-Netzwerk auf Basis eines Digital Twins, In: Industrie 4.0 Management, Jg. 35 Nr. 5, 2019, S. 25-29.

Ureš, M.; Reinheimer, S., Semantische Netze zur Abbildung von Produktbeziehungswissen, In: HMD Praxis der Wirtschaftsinformatik, Jg. 55 Nr. 4, 2018, S. 748-765.

Vaishnavi, V.; Kuechler, W., Design science research methods and patterns - Innovating information and communication technology, Second edition, Boca Raton: CRC Press LLC, 2015.

van Aken, J., Management Research Based on the Paradigm of the Design Sciences - The Quest for Field-Tested and Grounded Technological Rules, In: Journal of Management Studies, Jg. 41 Nr. 2, 2004, S. 219-246.

Venable, J.; Pries-Heje, J.; Baskerville, R., A Comprehensive Framework for Evaluation in Design Science Research, In: Peffers, K.; Rothenberger, M.; Kuechler, B. (Hrsg.), Design science research in information systems - Advances in theory and practice; 7th international conference, DESRIST 2012, Las Vegas, NV, USA, May 14 - 15, 2012; proceedings, Berlin, Heidelberg: Springer, 2012, S. 423-438.

Verein Deutscher Ingenieure, VDI 3633 Blatt 1, Beuth Verlag GmbH, Dezember 2014

Verein Deutscher Ingenieure, VDI 3633, Beuth Verlag GmbH, Mai 2018

Vietor, T.; Stechert, C., Produktarten zur Rationalisierung des Entwicklungs- und Konstruktionsprozesses, In: Feldhusen, J.; Grote, K.-H. (Hrsg.), Pahl/Beitz Konstruktionslehre - Methoden und Anwendung erfolgreicher Produktentwicklung, 8., vollständig überarbeitete Auflage; Berlin, Heidelberg: Springer Vieweg, 2013, S. 817-871.

Vlassis, N., A Concise Introduction to Multiagent Systems and Distributed Artificial Intelligence, In: Synthesis Lectures on Artificial Intelligence and Machine Learning, Jg. 1 Nr. 1, 2007, S. 1-71.

Vogels, T., Controlling von Produktbaukästen, Dissertation, IIF - Institut für Industriekommunikation und Fachmedien GmbH, 2015.

Vom Brocke, J., Referenzmodellierung - Gestaltung und Verteilung von Konstruktionsprozessen, Dissertation, 2015.

Wan, X.; Evers, P.; Dresner, M., Too much of a good thing - The impact of product variety on operations and sales performance, In: Journal of Operations Management, Jg. 30 Nr. 4, 2012, S. 316-324.

Wang, C.-H.; Cheng, H.-Y.; Deng, Y.-T., Using Bayesian belief network and time-series model to conduct prescriptive and predictive analytics for computer industries, In: Computers & Industrial Engineering, Jg. 115, 2018, S. 486-494.

Weber, J.; Schäffer, U., Einführung in das Controlling, 15., überarbeitete und aktualisierte Auflage, Stuttgart: Schäffer-Poeschel, Juli 2016.

Webster, J.; Watson, R., Analyzing the Past to Prepare for the Future: Writing a Literature Review, In: MIS Quarterly Nr. 26, 2002, S. xiii-xxiii.

Wendt, S., Strategisches Portfoliomanagement in dynamischen Technologiemärkten - Entwicklung einer Portfoliomanagement-Konzeption für TIME-Unternehmen, Bamberg: Gabler Verlag, 2013.

Werth, D., Kollaborative Geschäftsprozesse - Integrative Methoden zur modellbasierten Deskription und Konstruktion, Berlin: Logos, 2006.

Wicharz, R., Strategie: Ausrichtung von Unternehmen auf die Erfolgslogik ihrer Industrie - Unternehmensstrategie - Geschäftsfeldstrategie - Konzernstrategie, 3. Auflage, Wiesbaden: Springer Gabler, 2018.

Wiering, M.; van Otterlo, M., Reinforcement Learning - State-of-the-ArtHeidelberg: Springer, 2012.

Wilden, R.; Gudergan, S.; Lings, I., Employer branding: strategic implications for staff recruitment, In: Journal of Marketing Management, Jg. 26 Nr. 1-2, 2010, S. 56-73.

Wilson, L.; Norton, J., Optimal Entry Timing for a Product Line Extension, In: Marketing Science, Jg. 8 Nr. 1, 1989, S. 1-17.

Winter, R.; Aier, S., Design Science Research in Business Innovation, In: Hoffmann, C. P.; Lennerts, S.; Schmitz, C.; Stölzle, W.; Uebernickel, F. (Hrsg.), Business Innovation: Das St. Galler Modell, Wiesbaden: Springer Gabler, 2016, S. 475-498.

Winter, R.; Gericke, A.; Bucher, T., Method Versus Model – Two Sides of the Same Coin?, Advances in Enterprise Engineering III - 5th International Workshop, CIAO! 2009, and 5th International Workshop, EOMAS 2009, held at CAiSE 2009, Amsterdam, The Netherlands, June 8-9, 2009. Proceedings, Springer Berlin Heidelberg, 2009, S. 1-15.

Wirth, R.; Hipp, J., CRISP-DM - Towards a Standard Process Model for Data Mining, 2000.

Wöhe, G.; Döring, U.; Brösel, G., Einführung in die allgemeine Betriebswirtschaftslehre, 26., überarbeitete und aktualisierte Auflage, München: Verlag Franz Vahlen, 2016.

Wolpert, D.; Macready, W., No free lunch theorems for optimization, In: IEEE Transactions on Evolutionary Computation, Jg. 1 Nr. 1, 1997, S. 67-82.

Yang, X.-S., Introduction to algorithms for data mining and machine learning, London: Academic Press, 2019.

Yu, L.; Wang, L., Product portfolio identification with data mining based on multi-objective GA, In: Journal of Intelligent Manufacturing, Jg. 21 Nr. 6, 2010, S. 797-810.

Zelewski, S., Grundlagen, In: Corsten, H.; Reiß, M. (Hrsg.), Betriebswirtschaftslehre - Band 1, 4., vollst. überarb. und wesentl. erw. Aufl.; München: Oldenbourg, 2008, S. 1-97.

Zhang, Y.; Yang, Y., Cross-validation for selecting a model selection procedure, In: Journal of Econometrics, Jg. 187 Nr. 1, 2015, S. 95-112.

Zhen, X.; Yu, M.; He, X.; Li, S., Multi-Target Regression via Robust Low-Rank Learning, In: IEEE transactions on pattern analysis and machine intelligence, Jg. 40 Nr. 2, 2018, S. 497-504.

Zhou, Y.; Wan, X., Product variety, sourcing complexity, and the bottleneck of coordination, In: Strategic Management Journal, Jg. 38 Nr. 8, 2017, S. 1569-1587.

A Anhang

A.1 Kennzahlensysteme für das strategische Management

Tabelle A-1: Vergleich von Analyse- und Steuerungs-Kennzahlensystemen nach GLADEN[757]

Vergleichskriterien	(reine) Analyse-Kennzahlensysteme	Steuerungs-Kennzahlensysteme
Aufgaben	Fallweise Analyseaufgaben	Laufende Durchsetzungsaufgaben (Zielvorgabe, Kontrolle, Abweichungsanalyse)
Hierarchieebenen	Meistens Verdichtungsebenen evtl. Ursache-Wirkungs-Ebenen	Organisations-, Leistungsebenen, evtl. Verdichtungsebenen
Kennzahlentyp	Oft global, monetär, seltener nicht-monetär	Bereichs- bzw. stellenspezifisch, monetär und nicht-monetär
Kennzahlenbeziehungen	Definitionslogisch (Rechensysteme), sachlogisch (Ordnungssysteme)	Empirische (sachlogische) Zweck-Mittel-Beziehungen
Gestaltungsansatz	Häufig generisch, standardisiert	Unternehmensspezifisch
Beispiele	DuPont-System, ZVEI-System, Rentabilitäts-Liquiditäts-System, Werttreiberbaum	Zielhierarchien, Balanced Scorecard-Hierarchie

---

[757] In Anlehnung an Gladen (2014), Performance Measurement, S. 101.

Tabelle A-2:   Vergleich bestehender Kennzahlensysteme[758]

Kennzah-lensystem	Adressat	Funktion	Kennzah-len	Aufbau-struktur	Systemtyp	Zahl und Art der Analyse-kategorien	Spitzen-kennzahl
Dupont-System	Führung	Analyse und Kontrolle des Unternehmens	ReWe Wert-größen	Hierar-chisch	Definito-risches System	Erfolgsbe-zogen	ROI
Residual Income	Führung	Planung Kontrolle	ReWe Wert-größen	Hierar-chisch	Definito-risches System	Erfolgsbe-zogen	Residual Income
PSR	Manage-ment	Effizienz-messung	ReWe Wert-größen	Hierar-chisch	Definito-risches System	Erfolgsbe-zogen	Profit/ Kapital
Heinen	Führung	Zielsystem zur Koor-dination von Ent-scheidun-gen	ReWe Wert- und Mengen-größen	Hierar-chisch	Weitge-hend Be-griffssys-tem mit definito-rischen Relationen	Erfolgsbe-zogen	Gesamt-kapital-rentabilität
Stachle	Unterneh-mensfüh-rung und externe Adressaten	Analyse-instrument	ReWe Wert-größen	Hierar-chisch bis zur ent-sprechen-den Abbruch-stelle	Definito-risch bis zur ent-sprechen-den Abbruch-stelle	Erfolgsbe-zogen	Rentabili-tät des in-vestierten Kapitals
ZVEI	Führung	Planung und Ana-lyse	ReWe Wert- und Mengen-größen	Hierar-chisch	Definito-risches System	Erfolgs-, liquiditäts-bezogen	Ordentli-ches Er-gebnis, Liquide Mittel

Legende

PSR: Project-Status-Reports; ReWe: Rechnungswesen; ROI: Return on Invest; ZVEI: Zentral-verband der Elektronischen Industrie

---

[758] In Anlehnung an Geiger (2000), Kennzahlenorientiertes Entwicklungscontrolling, S. 102.

Fortsetzung Tabelle A-2

Kennzah-lensystem	Adressat	Funktion	Kennzah-len (Quel-len/ Arten)	Aufbau-struktur	Systemtyp	Zahl und Art der Analyse-kategorien	Spitzen-kennzahl
RL	Geschäfts-leitung	Planung, Steuerung, Kontrolle, Analyse	ReWe Wert-und Mengen-größen	Hierar-chisch im allgemei-nen Teil	Definito-risches System	Erfolgs-, liquiditäts-bezogen	Ordentli-ches Er-gebnis, Liquide Mittel

Legende
RL: Rentabilität-Liquidität

A.2   Beschreibungsperspektiven des Produktportfolios

Tabelle A-3:   Perspektiven aus der Sphäre der Mikroumwelt

Segment	Sicht	Perspektive	Nachweis(e)	Perspektiven-betrachtung
Beschaffungs-markt	Eigenkapitalge-ber	Kostenperspektive	[1]	Berücksichtigt in In-vestitionsprofitabili-tätsperspektive
		Wertperspektive	[1]; [2]	Berücksichtigt in In-vestitionsprofitabili-tätsperspektive
	Lieferanten	Supply Chain-Per-spektive	[3]	Nicht relevant
	Stellen bewerber	Personal-Attraktivi-tätsperspektive	[4]	Nicht relevant
		Personal-Verfügbar-keitsperspektive	[5]	Nicht relevant
Absatzmarkt	Kunde	Bedürfnisperspektive	[6]; [7]	Berücksichtigt in Kundenanforde-rungsperspektive
		Informations-perspektive	[8]; [9]	Nicht relevant
		Kommunikations-perspektive	[10]; [11]	Nicht relevant
		Kundenanforde-rungsdynamik-perspektive	[12]	Berücksichtigt in Kundenanforde-rungsperspektive

Legende

[1] Hungenberg (2014), Strategisches Management in Unternehmen, S. 145; [2] Wicharz (2018), Strategie: Ausrichtung von Unternehmen, S. 27; [3] Hungenberg (2014), Strategisches Management in Unternehmen, S. 105; [4] Wilden et al. (2010), Employer branding, S. 58; [5] Dal Zotto und Gustavsson (2008), Human Resource Management as Entrepreneurial Tool, S. 92; [6] Meffert et al. (2019), Marketing, S. 4; [7] Hungenberg (2014), Strategisches Manage-ment in Unternehmen, S. 130; [8] Meffert et al. (2015), Marketing, S. 134; [9] Howard und Sheth (1969), The Theory of Buyer Behavior, S. 468; [10] Homburg (2017), Marketingmanage-ment, S. 159; [11] Biehal und Sheinin (2007), The Influence of Corporate Messages, S. 22; [12] Kleissl (2004), Gestaltung von Produktordnungssystemen, S. 76

Fortsetzung Tabelle A-3

Segment	Sicht	Perspektive	Nachweis(e)	Perspektiven-betrachtung
Absatzmarkt	Kunde	Kundenanforde-rungsperspektive	[13]; [14]; [15]; [16]; [17]	Berücksichtigt in Kundenanforde-rungsperspektive
		Kundenloyalitäts-perspektive	[18]	Berücksichtigt in Kundenloyalitäts-perspektive
		Kundenwert-perspektive	[19]	Berücksichtigt in Kundenloyalitätsper-spektive
		Kundenzufrieden-heitsperspektive	[20]; [21]	Berücksichtigt in Kundenloyalitätsper-spektive
		Lieferbedingungs-perspektive	[22]	Nicht relevant
		Markenperspektive	[23]; [24]	Nicht relevant
		Produktkosten	[25]	Berücksichtigt in Kundenanforde-rungsperspektive
		Qualitätsperspektive	[13]; [25]	Nicht relevant
		Relationalitäts-perspektive	[22]	Nicht relevant
Wettbewerb	Konkurrent	Differenzierungs-perspektive	[26]	Nicht relevant

Legende

[13] Amelingmeyer (2009), Gestaltungsfelder eines integrierten Produktportfoliomanagements, S. 9; [14] Kleissl (2004), Gestaltung von Produktordnungssystemen, S. 66; [15] Bordley (2003), Determining the Appropriate Depth and Breadth of a Firm's Product Portfolio, S. 39; [16] Yu und Wang (2010), Product portfolio identification with data, S. 797f.; [17] Mikkola (2001), Portfolio management of R&D projects, S. 426; [18] Homburg (2017), Marketingmanagement, S. 46; [19] Bordley (2003), Determining the Appropriate Depth and Breadth of a Firm's Product Portfolio, S. 40; [20] Meffert et al. (2019), Marketing, S. 112; [21] Homburg (2017), Marketing-management, S. 45f.; [22] Homburg (2017), Marketingmanagement, S. 156; [23] Homburg (2017), Marketingmanagement, S. 623; [24] Meffert et al. (2019), Marketing, S. 265ff.; [25] Homburg (2017), Marketingmanagement, S. 154; [26] Kleissl (2004), Gestaltung von Produktordnungssystemen, S. 80

Fortsetzung Tabelle A-3

Segment	Sicht	Perspektive	Nachweis(e)	Perspektiven-betrachtung
Wettbewerb	**Konkurrent**	Distributions-perspektive	[27]	Nicht relevant
		Konkurrenzverhalten-sperspektive	[15]; [28]	Berücksichtigt in Wettbewerbscharak-teristikperspektive
		Margenperspektive	[29]	Berücksichtigt in Wettbewerbscharak-teristikperspektive
		Marktdynamik-perspektive	[30]; [31]	Berücksichtigt in Wettbewerbscharak-teristikperspektive
		Marktle-benszyklusperspektive	[32]	Berücksichtigt in Wettbewerbscharak-teristikperspektive
		Marktpotenzial-perspektive	[27]; [33]; [34]; [35]; [36]; [37]; [38]	Berücksichtigt in Wettbewerbscharak-teristikperspektive
		Preiselastizitäts-perspektive	[39]	Berücksichtigt in Wettbew-erbsproduktperspek-tive
		Preissensitivitäts-perspektive	[13]; [40]; [41]	Berücksichtigt in Wettbewerbscharak-teristikperspektive

Legende

[27] Meffert et al. (2019), Marketing, S. 321; [28] Herrmann und Huber (2013), Produktmanagement, S. 115; [29] Magnusson und Pasche (2014), New Product Development, S. 441f.;
[30] Amelingmeyer (2009), Gestaltungsfelder eines integrierten Produktportfoliomanagements, S. 17; [31] Kohlhase (1997), Strukturieren und Beurteilen von Baukastensystemen, S. 66;
[32] Aumayr (2016), Erfolgreiches Produktmanagement, S. 264; [33] Schuh und Riesener (2017), Produktkomplexität managen, S. 21f.; [34] Meffert et al. (2019), Marketing, S. 56; [35] Coldrick et al. (2005), An R&D options selection model, S. 188; [36] Oliveira und Rozenfeld (2010), Integrating technology roadmapping and portfolio management, S. 1340; [37] Pepels (2013), Produktmanagement, S. 565; [38] Tolonen et al. (2015), Product portfolio management, S. 470; [39] Hungenberg (2014), Strategisches Management in Unternehmen, S. 97; [40] Meffert et al. (2019), Marketing, S. 216; [41] Tucker und Kim (2008), Optimal Product Portfolio Formulation, S. 2

Fortsetzung Tabelle A-3

Segment	Sicht	Perspektive	Nachweis(e)	Perspektivenbetrachtung
Wettbewerb	Konkurrent	Produktsubstitutionsperspektive	[42]; [43]	Berücksichtigt in Wettbewerbsproduktperspektive
		Reglementierungsperspektive	[27]	Berücksichtigt in Wettbewerbscharakteristikperspektive
		Wettbewerbssituationsperspektive	[44]; [45]	Berücksichtigt in Wettbewerbscharakteristikperspektive
Öffentlichkeit	Staat	Gesetzesperspektive	[30]; [46]; [47]	Berücksichtigt in Gesetzesperspektive
		Zulassungsperspektive	[35]; [47]; [48]	Berücksichtigt in Gesetzesperspektive

Legende

[42] Herrmann und Huber (2013), Produktmanagement, S. 6f.; [43] Hungenberg (2014), Strategisches Management in Unternehmen, S. 96; [44] Nilles (2001), Effiziente Gestaltung von Produktordnungssystemen, S. 83f.; [45] Hungenberg (2014), Strategisches Management in Unternehmen, S. 100; [46] Paulukuhn (2005), Typologisierung von Entwicklungsprojekten im Maschinenbau, S. 109; [47] Ehrlenspiel und Meerkamm (2017), Integrierte Produktentwicklung, S. 36; [48] Feldhusen et al. (2013), Die PEP-begleitenden Prozesse, S. 170

Tabelle A-4:   Perspektiven aus der Sphäre des Unternehmens

Sicht	Perspektive	Nachweis(e)	Perspektivenbetrachtung
Technologie	Innovationsperspektive	[1]; [2]; [3]	Berücksichtigt in Innovationsperspektive
	Technologiedynamikperspektive	[4]	Berücksichtigt in Technologiedynamikperspektive
	Technologielebenszyklusperspektive	[5]; [6]; [7]; [8]; [9]; [10] [11]	Berücksichtigt in Technologiedynamikperspektive
Produkt	Abhängigkeitsperspektive	[12]; [13]	Berücksichtigt in Produktportfolioabhängigkeitsperspektive
	Ähnlichkeitsperspektive	[14]; [15]; [16]	Berücksichtigt in Produktportfolioabhängigkeitsperspektive
	Baukastenperspektive	[17]; [18]; [19]; [20]	Berücksichtigt in Produktportfolioabhängigkeitsperspektive

Legende

[1] Meffert et al. (2019), Marketing, S. 321; [2] Hungenberg (2014), Strategisches Management in Unternehmen, S. 135ff.; [3] Duncker und Schütte (2018), Trendbasiertes Innovationsmanagement, S. 43f.; [4] Amelingmeyer (2009), Gestaltungsfelder eines integrierten Produktportfoliomanagements, S. 17; [5] Schuh und Riesener (2017), Produktkomplexität managen, S. 3; [6] Nilles (2001), Effiziente Gestaltung von Produktordnungssystemen, S. 78f.; [7] Duncker und Schütte (2018), Trendbasiertes Innovationsmanagement, S. 44; [8] Oliveira und Rozenfeld (2010), Integrating technology roadmapping and portfolio management, S. 1340; [9] Coldrick et al. (2005), An R&D options selection model, S. 188; [10] Tolonen et al. (2015), Product portfolio management, S. 470; [11] Söllner (2016), Methode zur Planung eines zukunftsfähigen Produktportfolios, S. 108; [12] Kleissl (2004), Gestaltung von Produktordnungssystemen, S. 78; [13] Otten et al. (2015), Towards decision analytics in product portfolio management, S. 478ff.; [14] Neis (2015), Analyse der Produktportfoliokomplexität, S. 73ff.; [15] Kleissl (2004), Gestaltung von Produktordnungssystemen, S. 80; [16] Ureš und Reinheimer (2018), Semantische Netze zur Abbildung von Produktbeziehungswissen, S. 757; [17] Pepels (2013), Produktmanagement, S. 626; [18] Neis (2015), Analyse der Produktportfoliokomplexität, S. 24f.; [19] Kissel (2014), Mustererkennung in komplexen Produktportfolios, S. 38; [20] Vietor und Stechert (2013), Produktarten zur Rationalisierung, S. 838ff.

Fortsetzung Tabelle A-4

Sicht	Perspektive	Nachweis(e)	Perspektivenbetrachtung
Produkt	Fertigungsperspektive	[21]; [22]; [23]	Nicht relevant
	Komplexitätsperspektive (externe Sicht)	[24]; [25]	Berücksichtigt in Produkt-portfoliostrukturperspektive
	Komplexitätsperspektive (interne Sicht)	[24]; [25]	Berücksichtigt in Produkt-portfolioabhängigkeits-perspektive
	Normierungsperspektive	[1]	Berücksichtigt in Produkt-portfolioabhängigkeits-perspektive
	Produktfunktionsperspektive	[16]; [22]; [26]; [27]	Nicht relevant
	Produktstrukturperspektive	[28]; [29]	Berücksichtigt in Produkt-portfolioabhängigkeits-perspektive
	Serviceperspektive	[30]; [31]	Nicht relevant
	Standardisierungsperspektive	[1]; [32]; [33]	Berücksichtigt in Produkt-portfolioabhängigkeits-perspektive
	Vielfaltsperspektive	[10]; [34]	Berücksichtigt in Produkt-portfoliostrukturperspektive

Legende

[21] Amelingmeyer (2009), Gestaltungsfelder eines integrierten Produktportfoliomanagements, S. 9; [22] Kissel (2014), Mustererkennung in komplexen Produktportfolios, S. 39; [23] Bordley (2003), Determining the Appropriate Depth and Breadth of a Firm's Product Portfolio, S. 39; [24] Ehrlenspiel und Meerkamm (2017), Integrierte Produktentwicklung, S. 36; [25] Neis (2015), Analyse der Produktportfoliokomplexität, S. 7; [26] Wilson und Norton (1989), Optimal Entry Timing, S. 2; [27] Yu und Wang (2010), Product portfolio identification with data, S. 799; [28] Renner (2007), Methodische Unterstützung funktionsorientierter Baukastenentwicklung, S. 119; [29] Schuh und Riesener (2017), Produktkomplexität managen, S. 90ff.; [30] Prandini et al. (2018), After Sales Services, S. 7; [31] Tolonen et al. (2015), Product portfolio management, S. 473; [32] Magnusson und Pasche (2014), New Product Development, S. 440f.; [33] Kissel (2014), Mustererkennung in komplexen Produktportfolios, S. 47; [34] Schuh und Riesener (2017), Produktkomplexität managen, S. 81ff.

Fortsetzung Tabelle A-4

Sicht	Perspektive	Nachweis(e)	Perspektivenbetrachtung
Ressourcen	Kompetenzperspektive	[7]; [35]	Nicht relevant
	Kundenattraktivitätsperspektive	[27]; [36]	Berücksichtigt in Ressourcenverteilungsperspektive
	Produktlebenszyklusperspektive	[37]; [38]; [39]; [40]; [41]	Berücksichtigt in Produktprofitabilitätsperspektive
	Produktportfoliorisikoperspektive	[1]; [10]; [42]; [43]	Berücksichtigt in Ressourcenverteilungsperspektive
	Produktpotenzialperspektive	[44]	Berücksichtigt in Produktprofitabilitätsperspektive
	Produktrisikoperspektive	[9]	Berücksichtigt in Produktprofitabilitätsperspektive
	Produktumsatzperspektive	[10]; [23]; [45]; [46]	Berücksichtigt in Produktprofitabilitätsperspektive
	Ressourcenperspektive	[1]; [7]; [10]; [47]; [48]	Berücksichtigt in Ressourcenverteilungsperspektive
	Unternehmensliquiditätsperspektive	[48]	Berücksichtigt in Ressourcenverteilungsperspektive

Legende

[35] Hungenberg (2014), Strategisches Management in Unternehmen, S. 150; [36] Hungenberg (2014), Strategisches Management in Unternehmen, S. 127; [37] Magnusson und Pasche (2014), New Product Development, S. 444; [38] Nilles (2001), Effiziente Gestaltung von Produktordnungssystemen, S. 72; [39] Aumayr (2016), Erfolgreiches Produktmanagement, S. 165; [40] Seifert et al. (2016), Dynamic product portfolio management, S. 74; [41] Tolonen et al. (2015), Product portfolio management, S. 468; [42] Pepels (2013), Produktmanagement, S. 563; [43] Alfs (2015), Strategisches Portfoliomanagement, S. 74ff.; [44] Oliveira und Rozenfeld (2010), Integrating technology roadmapping and portfolio management, S. 1346; [45] Wilson und Norton (1989), Optimal Entry Timing, S. 7; [46] Söllner (2016), Methode zur Planung eines zukunftsfähigen Produktportfolios, S. 157; [47] Hungenberg (2014), Strategisches Management in Unternehmen, S. 149; [48] Seifert et al. (2016), Dynamic product portfolio management, S. 72

A.3   Kennzahlen zur Perspektivenbeschreibung

Reihenfolge der Perspektiven analog zur Beschreibung in Abschnitt 5.1.1

Tabelle A-5:   Kennzahlen zur numerischen Beschreibung der
                    Investitionsprofitabilitätsperspektive

Kennzahlen-bezeichnung	Kurzbeschreibung der Kennzahl	Nachweis(e)
Earnings Before Interest, Taxes, Depreciation and Amortisation (EBITDA)	Misst die von Zins-, Steuer-, Abschreibungs- und Amortisationseffekten befreite betriebliche Profitabilität über die Zeit	[1]; [2]
Economic Value Added (EVA)	Misst, ob das Unternehmen einen betrieblichen Profit erzielt, der die Kosten für das eingesetzt Kapital übersteigt	[3]
Return on Assets (ROA)	Bestimmt die Profitabilität eines Unternehmens im Verhältnis zum eingesetzten Vermögenswert	[4]
Return on Capital Employed (ROCE)	Setzt den erzielten Gewinn und das von Investoren und Eigentümern zur Verfügung gestellte Kapital in Relation zueinander	[5]; [6]; [7]; [8]
Return on Equity (ROE)	Misst, wie hoch der Gewinn aus dem von Anteilseignern bereitgestellten Kapital ist.	[9]; [10]
Return on Investment (ROI)	Misst die Rentabilität des eingesetzten Gesamtkapitals vor Zinsen	[11]

Legende

[1] Marr (2012), Key Performance Indicators (KPI), S. 21ff.; [2] Gladen (2014), Performance Measurement, S. 65ff.; [3] Gladen (2014), Performance Measurement, S. 139f.; [4] Marr (2012), Key Performance Indicators (KPI), S. 49ff.; [5] Marr (2012), Key Performance Indicators (KPI), S. 45ff.; [6] Gladen (2014), Performance Measurement, S. 69; [7] Kricsfalussy (2009), Das Zielsystem des Unternehmens, S. 18f.; [8] Weber und Schäffer (2016), Einführung in das Controlling, S. 204; [9] Marr (2012), Key Performance Indicators (KPI), S. 53ff.; [10] Gladen (2014), Performance Measurement, S. 67; [11] Gladen (2014), Performance Measurement, S. 67ff.

Fortsetzung Tabelle A-5

Kennzahlen-bezeichnung	Kurzbeschreibung der Kennzahl	Nachweis(e)
Revenue growth rate	Beschreibt die relative Veränderung des Umsatzes über die Zeit	[12]
Total Shareholder Return (TSR)	Stellt die Sicht des Marktes auf die Leistung eines Unternehmens über einen bestimmten Zeitraum dar	[13]
Umsatzrentabilität	Stellt die Gewinnmarge des Umsatzes dar	[14]

Legende

[12] Marr (2012), Key Performance Indicators (KPI), S. 25ff.; [13] Marr (2012), Key Performance Indicators (KPI), S. 29ff.; [14] Gladen (2014), Performance Measurement, S. 88f.

Tabelle A-6: **Kennzahlen zur numerischen Beschreibung der Kundenanforderungsperspektive**

Kennzahlen-bezeichnung	Kurzbeschreibung der Kennzahl	Nachweis(e)
Kundeninteraktions-grad	Quantifiziert die Einbindung von Kunden in die Produktentwicklung anhand der Anzahl der Kundengespräche	[1]
Order fulfilment cycle time	Definiert die Zeit, die zwischen Auftragseingang und Eintreffen des Produkts beim Kunden vergeht	[2]
Produktänderungs-quote	Bestimmt die Häufigkeit von Änderungen, die Auswirkungen auf das betrachtete Produkt haben	[3]
Quality index	Beschreibt den Erfüllungsgrad definierter Qualitätsstandards	[4]
Verkaufspreis	Ist der durchschnittliche Verkaufspreis eines Produktes über einen bestimmten Zeitraum	[5]

Legende

[1] Beeck (2010), Balanced Innovation Card, S. 133; [2] Marr (2012), Key Performance Indicators (KPI), S. 193; [3] Expertengespräch; [4] Marr (2012), Key Performance Indicators (KPI), S. 237ff.; [5] Aumayr (2016), Erfolgreiches Produktmanagement, S. 241f.

Tabelle A-7:   Kennzahlen zur numerischen Beschreibung der
                Kundenloyalitätsperspektive

Kennzahlen-bezeichnung	Kurzbeschreibung der Kennzahl	Nachweis(e)
Customer complaints	Misst die Anzahl von Kundenbeschwerden/-reklamationen über einen bestimmten Zeitraum für ein bestimmtes Produkt	[1]
Customer engagement	Setzt die sich mit dem Produkt identifizierenden und zur Weiterentwicklung beitragenden Kunden ins Verhältnis zu den indifferenten Kunden	[2]
Customer profitability	Beschreibt die Profitabilität eines bestimmten Kunden	[3]
Customer retention rate	Beschreibt den Anteil der Kunden, die über einen bestimmten Zeitraum als Kunden gehalten werden können	[4]
Customer satisfaction index	Quantifiziert den Bedürfniserfüllungsgrad der Kunden	[4]; [5]
Customer turnover rate	Beschreibt das Verhältnis der Anzahl der verlorenen Kunden zum Kundenbestand eines Zeitraums	[6]
Einmalkundenquote	Bestimmt den Anteil an Kunden, die nur ein einziges Mal bestellen	[7]
First contact resolution	Ist der Anteil der Kundenreklamationen, die sofort/ohne Mehraufwand geklärt/behoben/gelöst werden können	[8]
Net promoter score	Quantifiziert die Bereitschaft der Kunden, Produkte weiterzuempfehlen	[9]
Reklamationsquote	Misst den Anteil der Reklamationen am gesamten Absatz eines Produktes	[10]
Stammkunden-Umsatzanteil	Gibt an, wie viel Prozent des Umsatzes durch Stammkunden erzielt wird	[11]

Legende

[1] Marr (2012), Key Performance Indicators (KPI), S. 121ff.; [2] Marr (2012), Key Performance Indicators (KPI), S. 117ff.; [3] Marr (2012), Key Performance Indicators (KPI), S. 103ff.; [4] Marr (2012), Key Performance Indicators (KPI), S. 91ff.; [5] Probst (2014), Kennzahlen, S. 164; [6] Marr (2012), Key Performance Indicators (KPI), S. 113ff.; [7] Expertengespräch; [8] Marr (2012), Key Performance Indicators (KPI), S. 251ff.; [9] Marr (2012), Key Performance Indicators (KPI), S. 85ff.; [10] Möller et al. (2011), Innovationscontrolling, S. 48; [11] Ossola-Haring (2003), Kennzahlen zur Unternehmensführung, S. 242f.

Tabelle A-8:   **Kennzahlen zur numerischen Beschreibung der Wettbewerbsproduktperspektive**

Kennzahlen-bezeichnung	Kurzbeschreibung der Kennzahl	Nachweis(e)
Anzahl Substitutionsprodukt-patente	Ermöglicht eine Antizipierung neuer vom Wettbewerb eingeführter Produkte am Markt	[1]
Anzahl substitutive Güter	Beschreibt die direkte Wettbewerbssituation eines Produktes in einem Markt	[1]; [2]
Neukundenquote	Gibt den Anteil von Aufträgen durch Neukunden im Vergleich zu den Aufträgen durch Bestandskunden an	[1]
Preissensitivität Substitutionsprodukt	Ermöglicht einen direkten Vergleich der Kundenreaktionen auf eine Preisänderung mit einem Substitutionsprodukt	[1]
Relativer Marktanteil eines Produkts zum Substitutionsprodukt	Beschreibt den relativen Markterfolg eines Produktes im Vergleich zu einem direkten Substitutionsprodukt	[1]
Legende		

[1] Expertengespräch; [2] Probst (2014), Kennzahlen, S. 164

Tabelle A-9:   **Kennzahlen zur numerischen Beschreibung der Wettbewerbscharakteristikperspektive**

Kennzahlen-bezeichnung	Kurzbeschreibung der Kennzahl	Nachweis(e)
Anzahl Wettbewerber	Misst die Anzahl der am Markt agierenden Wettbewerber	[1]
Deckungsbeitrag pro Kunde	Gibt an, welcher Betrag zur Deckung der Fixkosten je Kunde zur Verfügung steht	[2]
Inflationsrate	Beschreibt die sich über einen bestimmten Zeitraum auftretende Änderung der Inflation	[1]
Marktausschöpfungsgrad	Beschreibt, wie viel Prozent eines Marktes bereits vom Unternehmen und seinen Konkurrenten bedient werden	[3]
Legende		

[1] Expertengespräch; [2] Probst (2014), Kennzahlen, S. 163; [3] Meffert et al. (2019), Marketing, S. 57

Fortsetzung Tabelle A-9

Kennzahlen-bezeichnung	Kurzbeschreibung der Kennzahl	Nachweis(e)
Marktdynamik	Gibt an, wie sehr sich die Struktur eines Marktes auf Konkurrentenseite über einen bestimmten Zeitraum verändert	[1]
Marktpotenzial	Sagt aus, wie hoch der Anteil eines Unternehmens an dem gesamten (möglichen) Marktvolumen ist	[4]
Marktvolumen	Beschreibt die gegenwärtig von allen Anbietern abgesetzte Menge von Marktleistungen	[3]
Marktwachstum	Vergleicht den aktuellen und den Vorjahresumsatz eines Marktes	[5]
Nachfrageschwankung	Ermittelt die Volatilität von Nachfragen innerhalb eines Marktes über einen bestimmten Zeitraum	[1]; [6]
Relativer Marktanteil	Gibt an, wie hoch der Anteil des Unternehmens an einem Markt im Verhältnis zu dem der Konkurrenten ist	[7]
Sales Market Seperation	Quantifiziert die Marktüberschneidung zwischen zwei Produktvarianten im Produktportfolio ist	[8]
Umsatz pro Kunde	Misst den durchschnittlichen Umsatz, der mit einzelnen Kunden erzielt wird	[9]
Unternehmensexpertise	Ermöglicht die Messung der Erfahrungen, des Wissens sowie zum Teil des Erfolgs des Unternehmens am Markt	[10]

Legende

[4] Ossola-Haring (2003), Kennzahlen zur Unternehmensführung, S. 189; [5] Probst (2014), Kennzahlen, S. 156; [6] Aumayr (2016), Erfolgreiches Produktmanagement, S. 49; [7] Probst (2014), Kennzahlen, S. 158; [8] Junge (2005), Controlling modularer Produktfamilien, S. 162; [9] Probst (2014), Kennzahlen, S. 163; [10] Giachetti und Dagnino (2017), The impact of technological convergence, S. 26

Tabelle A-10:   Kennzahlen zur numerischen Beschreibung der
                  Gesetzesperspektive

Kennzahlen-bezeichnung	Kurzbeschreibung der Kennzahl	Nachweis(e)
Anzahl an kooperations- und kartellrechtlichen Regulierungen	Gibt an, wie sehr der Markt in einer bestimmten Region in Bezug auf mögliche Kooperationen und Absprachen reguliert ist	[1]; [2]
Anzahl relevanter Normen	Quantifiziert die bei der Produktentwicklung zu berücksichtigenden Normen	[1]; [2]
Anzahl Vorgaben im Produktlebenszyklus	Bestimmt die Anzahl der Gesetze, Normen, Regulierungen für ein bestimmtes Produkt in einer bestimmten Region über den gesamten Produktlebenszyklus	[1]; [2]
Steuerlast	Gibt an, wie hoch die Steuern für das Unternehmen in einem Land sind	[1]; [2]

Legende

[1] Engeln (2006), Methoden der Produktentwicklung, S. 63; [2] Lindemann (2009), Methodische Entwicklung technischer Produkte, S. 7

Tabelle A-11:   Kennzahlen zur numerischen Beschreibung der
                  Innovationsperspektive

Kennzahlen-bezeichnung	Kurzbeschreibung der Kennzahl	Nachweis(e)
Anzahl an Entdeckungen	Gibt die Anzahl der aus Forschungstätigkeiten geneierten Erfolge/Entdeckungen an	[1]
Deckungsbeitrags-Altersstruktur	Beschreibt den Deckungsbeitrag bezogen auf das Alter der Produkte, indem sie die Anteile der im laufenden Jahr und in den Vorjahren neu auf den Markt gebrachten Produkte am Deckungsbeitrag zeigt	[2]
F&E-Investitionen zu Gesamtinvestitionen (Investitionsanteil)	Beschreibt den Anteil der Zukunftsinvestitionen an den Gesamtinvestitionen	[3]
Floprate	Beschreibt den Anteil erfolgreicher Produktinnovationen am Markt und die dadurch entstehende Marktpräsenz	[4]; [5]
Innovationserfolg	Ermöglicht die Bewertung des ökonomischen Erfolgs von Produktinnovationen	[6]
Innovationsrate	Bestimmt den Gewinnanteil neuer Produkte am Gesamtgewinn für einen bestimmten Zeitraum	[7]; [8]; [9]
Produktaltersvergleich	Vergleicht das Marktalter eines Produkts zum Produktportfoliodurchschnitt	[10]
Return on innovation investment (ROI²)	Gibt den ausschließlich auf Investitionen basierenden Profit an	[11]
Umsatz-Altersstruktur	Differenziert den Umsatz nach dem Alter der Produkte	[12]
Variantenerstellungsindex	Bestimmt unter Berücksichtigung des Alters der Produktfamilien das Verhältnis neuer Produkte zur bestehenden Anzahl	[13]

Legende

[1] Möller et al. (2011), Innovationscontrolling, S. 46f.; [2] Ossola-Haring (2003), Kennzahlen zur Unternehmensführung, S. 264; [3] Probst (2014), Kennzahlen, S. 205; [4] Daum (2001), Marketingproduktivität, S. 84; [5] Beeck (2010), Balanced Innovation Card, S. 134; [6] Daum (2001), Marketingproduktivität, S. 85; [7] Probst (2014), Kennzahlen, S. 201; [8] Beeck (2010), Balanced Innovation Card, S. 134; [9] AS&P Unternehmensberatung (2017), Key Performance Indicators, S. 47; [10] Gladen (2014), Performance Measurement, S. 300; [11] Marr (2012), Key Performance Indicators (KPI), S. 221ff.; [12] Ossola-Haring (2003), Kennzahlen zur Unternehmensführung, S. 239; [13] Expertengespräch

Tabelle A-12:   Kennzahlen zur numerischen Beschreibung der
                  Technologiedynamikperspektive

Kennzahlen-bezeichnung	Kurzbeschreibung der Kennzahl	Nachweis(e)
Technologieneuerungs-grad	Gibt Auskunft über die Schaffung und Erneuerung von Technologiepotenzialen	[1]
Technologienutzungs-grad	Ermittelt das Maß der Nutzung von Technologiepoten-zialen	[1]
Legende		

[1] Geiger (2000), Kennzahlenorientiertes Entwicklungscontrolling, S. 148

Tabelle A-13:   Kennzahlen zur numerischen Beschreibung der
Produktportfolioabhängigkeitsperspektive

Kennzahlen-bezeichnung	Kurzbeschreibung der Kennzahl	Nachweis(e)
Anteil Standardteilverwendung	Gibt den Anteil der im Produkt verwendeten Standardteile an	[1]
Assortment Simplification	Misst die Komplexität des Sortiments durch die Berücksichtigung von Modulen und Modulschnittstellen	[2]
Baukastenbasierte Endproduktvarianz	Beschreibt die für den Kunden verfügbare Variantenvielfalt, die durch einen Produktbaukasten realisiert wird	[3]
Carry Over Index	Gibt das Verhältnis der Menge von Bauteilen, die aus älteren Produktgenerationen übernommen werden, zur Gesamtzahl aller Bauteile des Produktes, an	[3]; [4]; [5]
Commonality Index (CMI)	Bestimmt den Wiederverwendungsgrad einzelner Bauteile in verschiedenen Varianten eines Produktes innerhalb einer Baugruppe wieder	[6]
Component Commonality Index	Misst den Grad an Architekturüberschneidung und die gemeinsamen Produktions- und Montageprozesse einzelner Produkte in der Produktlinie	[7]
Differentiation-Point-Index	Zeigt an, zu welchem Zeitpunkt im Produktionsprozess die Produktvielfalt entsteht	[8]
Flexibilität der Produktarchitektur	Misst die Fähigkeit der Produktarchitektur auf wechselnde Kundenanforderungen einzugehen und trotzdem Skaleneffekte zu ermöglichen	[9]

Legende

[1] Möller et al. (2011), Innovationscontrolling, S. 47; [2] Junge (2005), Controlling modularer Produktfamilien, S. 139; [3] Expertengespräch; [4] Junge (2005), Controlling modularer Produktfamilien, S. 138; [5] Rennekamp (2013), Methode zur Bewertung des Komplexitätsgrades, S. 126f.; [6] Junge (2005), Controlling modularer Produktfamilien, S. 140; [7] Kota et al. (2000), A Metric for Evaluating Design, S. 406; [8] Rennekamp (2013), Methode zur Bewertung des Komplexitätsgrades, S. 128; [9] Nußbaum (2011), Modell zur Bewertung von Produktkomplexität, S. 133f.

Tabelle A-14:   Kennzahlen zur numerischen Beschreibung der
                   Produktportfoliostrukturperspektive

Kennzahlen-bezeichnung	Kurzbeschreibung der Kennzahl	Nachweis(e)
Anzahl der Produkte in einer Produktlinie	Quantifiziert die Tiefe des Produktportfolios anhand der Anzahl der Produkte, die einer Produktlinie zugeordnet sind	[1]; [2]
Anzahl der Produktlinien	Quantifiziert die Breite des Produktportfolios anhand der Anzahl an Produktlinien	[3]
Cross-Selling-Potential	Bestimmt, zu welchem Grad Produkte in Kombination mit anderen Produkten verkauft werden können	[4]
Kaufentwicklungsbeziehung	Beschreibt durch den Vergleich der Verkäufe Beziehungen zwischen zwei Produkten im Sinne von Verbundeffekten	[5]
Produktpolitikerfolg	Gibt den Erfolg der Produktportfoliobreite im Verhältnis zu den dadurch entstehenden Kosten an	[6]
Sortimentsbreite	Ermittelt, mit wie viel verschiedenen Produkten der Absatz realisiert wird	[7]

Legende

[1] Meffert et al. (2019), Marketing, S. 398; [2] Bruhn und Hadwich (2006), Produkt- und Servicemanagement, S. 23; [3] Gerlach (2016), Leistungsstaffelung in Produktprogrammen, S. 17; [4] Daum (2001), Marketingproduktivität, S. 85; [5] Pepels (2013), Produktmanagement, S. 646; [6] Daum (2001), Marketingproduktivität, S. 86; [7] Probst (2014), Kennzahlen, S. 185

Tabelle A-15:   Kennzahlen zur numerischen Beschreibung der
                 Produktprofitabilitätsperspektive

Kennzahlen-bezeichnung	Kurzbeschreibung der Kennzahl	Nachweis(e)
Deckungsbeitrag II	Ist die Differenz zwischen Erlös und dem Produkt zurechenbaren Kosten	[1]
Deckungsbeitragsintensität	Quantifiziert die Geschwindigkeit eines möglichen Gewinnrückgangs	[2]
Herstellkosten	Bestimmt die Höhe der Kosten für die Herstellung eines Produkts	[3]
Produktproduktivität	Setzt die Umsätze eines Produktes/einer Produktlinie zu den Kosten der Produkterzeugung ins Verhältnis	[4]
Produkt-Umsatzanteil	Setzt den Produktumsatz in Relation zum Gesamtumsatz des Produktportfolios	[5]

Legende

[1] Riebel (1986), Einzelkosten- und Deckungsbeitragsrechnung, S. 46; [2] Gladen (2014), Performance Measurement, S. 57; [3] Ehrlenspiel und Meerkamm (2017), Integrierte Produktentwicklung, S. 805; [4] Daum (2001), Marketingproduktivität, S. 85; [5] Expertengespräch

Tabelle A-16:   Kennzahlen zur numerischen Beschreibung der
                  Ressourcenverteilungsperspektive

Kennzahlen-bezeichnung	Kurzbeschreibung der Kennzahl	Nachweis(e)
Cash-Conversion-Cycle/ Cash-to-Cash-Zyklus	Beschreibt den benötigten Zeitraum, um Zahlungen an den Zulieferer in Bareinzahlungen von Kunden umzuwandeln	[1]; [2]
Human capital value added	Quantifiziert den Wertzuwachs des Unternehmens, der durch Mitarbeiter generiert wird	[3]
Komplexitätskontrolle	Gibt an, wie hoch der Umsatz pro angebotener Produktvariante ist	[4]
Kundenumsatzquote	Bestimmt den Anteil der Kunden, die für 80 % des Umsatzes verantwortlich sind	[5]
Portfolio-Fitness-Index (PFI)	Beschreibt das Verhältnis von verkauften Produktvarianten zu der Gesamtzahl der angebotenen Produktvarianten in einem Zeitraum	[6]
Product Sales Balance Index (PSI)	Zeigt die Verteilung der Umsatzerlöse innerhalb des Produktportfolios auf	[7]
Sales-N-Index (SNI)	Ermöglicht die verkaufsmengenbasierte Bewertung von Exoten eines Produktportfolios	[8]
Working-Capital-Requirement	Quantifiziert die notwendigen Mittel, um bei gegebenem Anlagevermögen, Eigenkapital und langfristigem Fremdkapital den Betriebsmittelzyklus zu finanzieren	[2]

Legende

[1] Marr (2012), Key Performance Indicators (KPI), S. 61ff.; [2] Gladen (2014), Performance Measurement, S. 76; [3] Marr (2012), Key Performance Indicators (KPI), S. 257ff.; [4] Daum (2001), Marketingproduktivität, S. 86; [5] Expertengespräch; [6] Rennekamp (2013), Methode zur Bewertung des Komplexitätsgrades, S. 113ff.; [7] Rennekamp (2013), Methode zur Bewertung des Komplexitätsgrades, S. 120ff.; [8] Rennekamp (2013), Methode zur Bewertung des Komplexitätsgrades, S. 123

A.4   Nutzwertanalyse der Kennzahlen

Reihenfolge der Perspektiven analog zu Anhang A.3

Tabelle A-17:   Nutzwertanalyse der Kennzahlen in der
                  Investitionsprofitabilitätsperspektive

Kennzahlen-bezeichnung	Genauigkeit	Suffizienz	Interpretier-barkeit	Kennzahlen-betrachtung
Earnings Before Interest, Taxes, Depreciation and Amortization (EBITDA)	1	1	5	Nein
Economic Value Added (EVA)	3	5	1	Nein
Return on Assets (ROA)	3	3	3	Nein
Return on Capital Employed (ROCE)	5	5	3	Ja
Return on Equity (ROE)	3	3	5	Ja
Return on Investment (ROI)	3	5	3	Ja
Revenue growth rate	3	1	5	Nein
Total Shareholder Return (TSR)	1	5	1	Nein
Umsatzrentabilität	3	3	5	Ja

Tabelle A-18:   Nutzwertanalyse der Kennzahlen in der
                  Kundenanforderungsperspektive

Kennzahlen-bezeichnung	Genauigkeit	Suffizienz	Interpretier-barkeit	Kennzahlen-betrachtung
Kundeninteraktionsgrad	1	3	1	Nein
Order fulfilment cycle time	1	3	3	Nein
Produktänderungsquote	1	1	1	Nein
Quality index	1	3	1	Nein
Verkaufspreis	5	1	5	Ja

Tabelle A-19:   Nutzwertanalyse der Kennzahlen in der
                  Kundenloyalitätsperspektive

Kennzahlen-bezeichnung	Genauigkeit	Suffizienz	Interpretier-barkeit	Kennzahlen-betrachtung
Customer complaints	3	1	5	Nein
Customer engagement	3	5	1	Nein
Customer profitability	3	3	1	Nein
Customer retention rate	5	3	5	Ja
Customer satisfaction index	5	3	1	Nein
Customer turnover rate	1	3	5	Nein
Einmalkundenquote	1	1	5	Nein
First contact resolution	1	3	3	Nein
Net promoter score	5	1	1	Nein
Reklamationsquote	3	3	5	Ja
Stammkunden-Um-satzanteil	5	3	5	Ja

Tabelle A-20:   Nutzwertanalyse der Kennzahlen in der
                  Wettbewerbsproduktperspektive

Kennzahlen-bezeichnung	Genauigkeit	Suffizienz	Interpretier-barkeit	Kennzahlen-betrachtung
Anzahl Substitutions-produktpatente	3	1	5	Nein
Anzahl substitutive Güter	5	1	5	Ja
Neukundenquote	3	3	5	Ja
Preissensitivität Substi-titutionsprodukt	5	3	5	Ja
Relativer Marktanteil eines Produkts zum Substitutionsprodukt	5	3	5	Ja

Tabelle A-21: Nutzwertanalyse der Kennzahlen in der
Wettbewerbscharakteristikperspektive

Kennzahlen-bezeichnung	Genauigkeit	Suffizienz	Interpretier-barkeit	Kennzahlen-betrachtung
Anzahl Wettbewerber	5	1	5	Ja
Deckungsbeitrag pro Kunde	3	3	5	Ja
Inflationsrate	5	1	5	Ja
Marktausschöpfungs-grad	5	3	3	Ja
Marktdynamik	5	3	3	Ja
Marktpotenzial	5	3	5	Ja
Marktvolumen	5	1	5	Ja
Marktwachstum	5	1	5	Ja
Nachfrageschwankung	5	5	5	Ja
Relativer Marktanteil	5	3	5	Ja
Sales Market Separation	3	5	1	Nein
Umsatz pro Kunde	3	3	5	Ja
Unternehmens-expertise	3	5	1	Nein

Tabelle A-22: Nutzwertanalyse der Kennzahlen in der
Gesetzesperspektive

Kennzahlen-bezeichnung	Genauigkeit	Suffizienz	Interpretier-barkeit	Kennzahlen-betrachtung
Anzahl an kooperations- und kartellrechtlichen Regulierungen	3	1	3	Nein
Anzahl relevanter Normen	3	1	3	Nein
Anzahl Vorgaben im Produktlebenszyklus	3	1	3	Nein
Steuerlast	3	1	3	Nein

Tabelle A-23:   Nutzwertanalyse der Kennzahlen in der
                  Innovationsperspektive

Kennzahlen-bezeichnung	Genauigkeit	Suffizienz	Interpretier-barkeit	Kennzahlen-betrachtung
Anzahl an Entdeckungen	3	1	1	Nein
Deckungsbeitrags-Altersstruktur	5	3	3	Ja
F&E-Investitionen zu Gesamtinvestitionen	3	3	3	Nein
Floprate	1	3	1	Nein
Innovationserfolg	5	3	1	Nein
Innovationsrate	5	3	5	Ja
Produktaltersvergleich	5	3	3	Ja
Return on innovation investment	3	5	3	Ja
Umsatz-Altersstruktur	5	1	3	Nein
Variantenerstellungsindex	5	5	5	Ja

Tabelle A-24:   Nutzwertanalyse der Kennzahlen in der
                  Technologiedynamikperspektive

Kennzahlen-bezeichnung	Genauigkeit	Suffizienz	Interpretier-barkeit	Kennzahlen-betrachtung
Technologieneuerungsgrad	3	3	3	Nein
Technologienutzungsgrad	3	3	3	Nein

Tabelle A-25: Nutzwertanalyse der Kennzahlen in der
Produktportfolioabhängigkeitsperspektive

Kennzahlen-bezeichnung	Genauigkeit	Suffizienz	Interpretier-barkeit	Kennzahlen-betrachtung
Anteil Standardteilver-wendung	5	3	5	Ja
Assortment Simplifica-tion	3	5	1	Nein
Baukastenbasierte End-produktvarianz	1	1	1	Nein
Carry Over	5	3	3	Ja
Commonality Index (CMI)	5	5	1	Ja
Component Commona-lity Index	1	5	3	Nein
Differentiation-Point-Index	1	3	1	Nein
Flexibilität der Pro-duktarchitektur	1	3	1	Nein

Tabelle A-26: Nutzwertanalyse der Kennzahlen in der
Produktportfoliostrukturperspektive

Kennzahlen-bezeichnung	Genauigkeit	Suffizienz	Interpretier-barkeit	Kennzahlen-betrachtung
Anzahl der Produkte in einer Produktlinie	5	1	5	Ja
Anzahl der Produktli-nien	5	1	5	Ja
Cross-Selling-Potential	1	3	1	Nein
Kaufentwicklungsbe-ziehung	1	3	1	Nein
Produktpolitikerfolg	1	3	1	Nein
Sortimentsbreite	1	3	1	Nein

Tabelle A-27:   Nutzwertanalyse der Kennzahlen in der
                  Produktprofitabilitätsperspektive

Kennzahlen-bezeichnung	Genauigkeit	Suffizienz	Interpretier-barkeit	Kennzahlen-betrachtung
Deckungsbeitrag II	5	3	5	Ja
Deckungsbeitragsin-tensität	1	3	1	Nein
Herstellkosten	5	1	5	Ja
Produktproduktivität	5	3	3	Ja
Produkt-Umsatzanteil	5	3	5	Ja

Tabelle A-28:   Nutzwertanalyse der Kennzahlen in der
                  Ressourcenverteilungsperspektive

Kennzahlen-bezeichnung	Genauigkeit	Suffizienz	Interpretier-barkeit	Kennzahlen-betrachtung
Cash-Conversion-Cy-cle/ Cash-to-Cash-Zyklus	1	5	1	Nein
Human capital value added	1	5	1	Nein
Komplexitätskontrolle	1	3	1	Nein
Kundenumsatzquote	5	3	3	Ja
Portfolio-Fitness-Index (PFI)	5	3	3	Ja
Product Sales Balance Index (PSI)	5	5	1	Ja
Sales-N-Index (PSN)	5	3	3	Ja
Working-Capital-Re-quirement	3	3	1	Nein

A.5   Kennzahlen-Tableaus

Tabelle A-29:   Kennzahlen-Tableau: Return on Capital Employed

Perspektive	Kennzahl	Kennzahlentyp	Strukturebene		Skalierung
Innovationspro-fitabilitätsper-spektive	Return on Capital Employed (ROCE)	Endogene Beschreibungsgröße	PPF PL P	X	Verhältnisskaliert

Berechnungsvorschrift

$$ROCE = \frac{EBIT_t}{Capital\ Employed_t}$$

$EBIT_t$:   Ergebnis vor Zinsen und Steuern im Zeitpunkt t

Legende und Quelle(n)

PPF: Produktportfolio; PL: Produktlinie; P: Produkt; Marr (2012), Key Performance Indicators (KPI), S. 46; Gladen (2014), Performance Measurement, S. 69

Tabelle A-30:   Kennzahlen-Tableau: Return on Equity

Perspektive	Kennzahl	Kennzahlentyp	Strukturebene		Skalierung
Innovationspro-fitabilitätsper-spektive	Return on Equity (ROE)	Endogene Beschreibungsgröße	PPF PL P	X	Verhältnisskaliert

Berechnungsvorschrift

$$ROE = \frac{Nettoeinkommen_t}{\overline{EK_{AE,t}}} * 100$$

$\overline{EK_{AE,t}}$:   Durchschnittliches von Anteilseignern bereitgestelltes Eigenkapital im Zeitpunkt t

Legende und Quelle(n)

PPF: Produktportfolio; PL: Produktlinie; P: Produkt; Marr (2012), Key Performance Indicators (KPI), S. 54

Tabelle A-31:   Kennzahlen-Tableau: Return on Investment

Perspektive	Kennzahl	Kennzahlentyp	Strukturebene		Skalierung
Innovationspro-	Return on	Endogene Be-	PPF	X	Verhältnisskaliert
fitabilitätsper-	Investment (ROI)	schreibungsgröße	PL		
spektive			P		

Berechnungsvorschrift

$$ROI = \frac{EBI_t}{Gesamtkapital} * 100$$

EBI_t: Ergebnis vor Zinsen im Zeitpunkt t

Legende und Quelle(n)

PPF: Produktportfolio; PL: Produktlinie; P: Produkt; Gladen (2014), Performance Measurement, S. 69

Tabelle A-32:   Kennzahlen-Tableau: Umsatzrentabilität

Perspektive	Kennzahl	Kennzahlentyp	Strukturebene		Skalierung
Innovationspro-	Umsatzrentabili-	Endogene Be-	PPF	X	Verhältnisskaliert
fitabilitätsper-	tät	schreibungsgröße	PL		
spektive			P		

Berechnungsvorschrift

$$Umsatzrentabilität = \frac{G_t}{U_t}$$

G_t: Gewinn im Zeitpunkt t
U_t: Umsatz im Zeitpunkt t

Legende und Quelle(n)

PPF: Produktportfolio; PL: Produktlinie; P: Produkt; Gladen (2014), Performance Measurement, S. 88

Tabelle A-33:   Kennzahlen-Tableau: Verkaufspreis

Perspektive	Kennzahl	Kennzahlentyp	Strukturebene		Skalierung
Kundenanforde-	Verkaufspreis	Endogene Be-	PPF	X	Absolutskaliert
rungsperspektive		schreibungsgröße	PL	X	
			P	X	

Berechnungsvorschrift

$$Verkaufspreis\ eines\ Produkts\ p$$

Legende und Quelle(n)

PPF: Produktportfolio; PL: Produktlinie; P: Produkt; Aumayr (2016), Erfolgreiches Produktmanagement, S. 241

Tabelle A-34:   Kennzahlen-Tableau: Customer retention rate

Perspektive	Kennzahl	Kennzahlentyp	Strukturebene		Skalierung
Kundenloyalitäts-	Customer re-	Endogene Be-	PPF	X	Verhältnisskaliert
perspektive	tention rate	schreibungsgröße	PL	X	
	(CRR)		P	X	

Berechnungsvorschrift

$$CRR_t = \frac{AK_{t-1}}{AK_t}$$

AK_t: Anzahl Kunden im Zeitpunkt t

AK_{t-1}:   Anzahl Kunden im vorhergegangenen Zeitpunkt $t-1$

Legende und Quelle(n)

PPF: Produktportfolio; PL: Produktlinie; P: Produkt; Marr (2012), Key Performance Indicators (KPI), S. 92

Tabelle A-35:   Kennzahlen-Tableau: Reklamationsquote

Perspektive	Kennzahl	Kennzahlentyp	Strukturebene		Skalierung
Kundenloyalitäts-	Reklamations-	Endogene Be-	PPF	X	Verhältnisskaliert
perspektive	quote (RQ)	schreibungsgröße	PL	X	
			P	X	

Berechnungsvorschrift

$$RQ_t = \frac{REK_{t,ges}}{S_{t,ges}}$$

$REK_{t,ges}$:   Anzahl der Reklamationen im Zeitpunkt t

$S_{t,ges}$:   Summe aller Aufträge im Zeitpunkt t

Legende und Quelle(n)

PPF: Produktportfolio; PL: Produktlinie; P: Produkt; in Anlehnung an Möller et al. (2011), Innovationscontrolling, S. 48

Tabelle A-36:   Kennzahlen-Tableau: Stammkunden-Umsatzanteil

Perspektive	Kennzahl	Kennzahlentyp	Strukturebene		Skalierung
Kundenloyalitäts-	Stammkunden-	Endogene Be-	PPF	X	Verhältnisskaliert
perspektive	Umsatzanteil	schreibungsgröße	PL	X	
			P	X	

Berechnungsvorschrift

$$Stammkundenumsatzanteil_t = \frac{USK_t}{U_t}$$

USK_t: Umsatz durch Stammkunden (d. h. Kunden, die länger als 5 Jahre
                 beliefert wurden) im Zeitpunkt t

U_t: Umsatz im Zeitpunkt t

Legende und Quelle(n)

PPF: Produktportfolio; PL: Produktlinie; P: Produkt; Ossola-Haring (2003), Kennzahlen zur Unternehmensführung, S. 242

Tabelle A-37:   Kennzahlen-Tableau: Anzahl substitutive Güter

Perspektive	Kennzahl	Kennzahlentyp	Strukturebene		Skalierung
Wettbewerbs-	Anzahl substitu-	Exogene Be-	PPF	X	Absolutskaliert
produktperspek-	tive Güter	schreibungsgröße	PL	X	
tive			P	X	

Berechnungsvorschrift

Anzahl der Produkte, die ein direktes Substitut
zum Produkt im eigenen Produktportfolio bilden

Legende und Quelle(n)

PPF: Produktportfolio; PL: Produktlinie; P: Produkt; Expertengespräch

Tabelle A-38:   Kennzahlen-Tableau: Neukundenquote

Perspektive	Kennzahl	Kennzahlentyp	Strukturebene		Skalierung
Wettbewerbs-	Neukundenquote	Endogene Be-	PPF	X	Verhältnisskaliert
produktperspek-	(NKQ)	schreibungsgröße	PL	X	
tive			P	X	

Berechnungsvorschrift

$$NKQ_t - \frac{AEA_t}{AK_t}$$

AEA_t: Anzahl der Erstaufträge/Neukunden im Zeitpunkt t

AK_t: Anzahl der Kunden im Zeitpunkt t

Legende und Quelle(n)

PPF: Produktportfolio; PL: Produktlinie; P: Produkt; in Anlehnung an Probst (2014), Kennzahlen, S. 164; Expertengespräch

Tabelle A-39:   Kennzahlen-Tableau: Preissensitivität Substitutionsprodukt

Perspektive	Kennzahl	Kennzahlentyp	Strukturebene		Skalierung
Wettbewerbs-	Preissensitivität	Exogene Be-	PPF	X	Verhältnisskaliert
produktperspek-	Substitutionspro-	schreibungsgröße	PL	X	
tive	dukt (PSS)		P	X	

Berechnungsvorschrift

$$PSS_{p,s,t} = \frac{PS_{p,t}}{PS_{s,t}} = \frac{\dfrac{dP_p}{dS_p} * \dfrac{P_{p,t}}{S_{p,t}}}{\dfrac{dP_s}{dS_s} * \dfrac{P_{s,t}}{S_{s,t}}}$$

$PS_{p,t}$:   Preissensitivität des Produkts p im Zeitpunkt t

$PS_{s,t}$:   Preissensitivität des Substitutionsprodukts s im Zeitpunkt t

dP_p: Änderung des Verkaufspreises des Produkts p

dS_p: Änderung des Absatzes des Produkts p

$P_{p,t}$:   Verkaufspreis des Produkts p im Zeitpunkt t

$S_{p,t}$:   Absatz des Produkts p im Zeitpunkt t

dP_s: Änderung des Verkaufspreises des Substitutionsprodukts s

dS_s: Änderung des Absatzes des Substitutionsprodukts s

$P_{s,t}$:   Verkaufspreis des Substitutionsprodukts s im Zeitpunkt t

$S_{s,t}$:   Absatz des Substitutionsprodukts s im Zeitpunkt t

Legende und Quelle(n)

PPF: Produktportfolio; PL: Produktlinie; P: Produkt; Expertengespräch

Tabelle A-40: Kennzahlen-Tableau: Relativer Marktanteil eines Produkts zum Substitutionsprodukt

Perspektive	Kennzahl	Kennzahlentyp	Strukturebene		Skalierung
Wettbewerbs- produktperspek- tive	Relativer Markt- anteil eines Pro- dukts zum Substi- tutionsprodukt (RMS)	Endogene Be- schreibungsgröße	PPF PL P	X X X	Verhältnisskaliert

Berechnungsvorschrift

$$RMS_{p,t} = \frac{Marktanteil_{p,t}}{Marktanteil_{s,t}}$$

$Marktanteil_{p,t}$: Marktanteil des Produkts p im Zeitpunkt t

$Marktanteil_{s,t}$: Marktanteil des Substitutionsprodukts s im Zeitpunkt t

Legende und Quelle(n)

PPF: Produktportfolio; PL: Produktlinie; P: Produkt; Expertengespräch

Tabelle A-41: Kennzahlen-Tableau: Anzahl Wettbewerber

Perspektive	Kennzahl	Kennzahlentyp	Strukturebene		Skalierung
Wettbewerbs- charakteristik- perspektive	Anzahl Wettbe- werber	Exogene Be- schreibungsgröße	PPF PL P	X X X	Absolutskaliert

Berechnungsvorschrift

$$WET_{p,t} = \text{Anzahl der Wettbewerber für Produkt p und Zeitpunkt t}$$

Legende und Quelle(n)

PPF: Produktportfolio; PL: Produktlinie; P: Produkt; Expertengespräch

Tabelle A-42:   Kennzahlen-Tableau: Deckungsbeitrag pro Kunde

Perspektive	Kennzahl	Kennzahlentyp	Strukturebene		Skalierung
Wettbewerbs-	Deckungsbeitrag	Endogene Be-	PPF	X	Verhältnisskaliert
charakteristik-	pro Kunde	schreibungsgröße	PL	X	
perspektive			P	X	

Berechnungsvorschrift

$$Deckungsbeitrag\ pro\ Kunde = \frac{DBI_t}{AK_t}$$

DBI_t: Deckungsbeitrag II im Zeitpunkt t
AK_t: Anzahl der Kunden im Zeitpunkt t

Legende und Quelle(n)

PPF: Produktportfolio; PL: Produktlinie; P: Produkt; Probst (2014), Kennzahlen, S. 163

Tabelle A-43:   Kennzahlen-Tableau: Inflationsrate

Perspektive	Kennzahl	Kennzahlentyp	Strukturebene		Skalierung
Wettbewerbs-	Inflationsrate	Exogene Be-	PPF	X	Absolutskaliert
charakteristik-		schreibungsgröße	PL		
perspektive			P		

Berechnungsvorschrift

/

Legende und Quelle(n)

PPF: Produktportfolio; PL: Produktlinie; P: Produkt; Expertengespräch

Tabelle A-44:   Kennzahlen-Tableau: Marktausschöpfungsgrad

Perspektive	Kennzahl	Kennzahlentyp	Strukturebene		Skalierung
Wettbewerbs-charakteristik-perspektive	Marktausschöp-fungsgrad	Exogene Be-schreibungsgröße	PPF PL P	X X	Verhältnisskaliert

Berechnungsvorschrift

$$Marktaussch\ddot{o}pfungsgrad = \frac{Marktvolumen}{Marktpotenzial}$$

Legende und Quelle(n)

PPF: Produktportfolio; PL: Produktlinie; P: Produkt; Meffert et al. (2019), Marketing, S. 57

Tabelle A-45:   Kennzahlen-Tableau: Marktdynamik

Perspektive	Kennzahl	Kennzahlentyp	Strukturebene		Skalierung
Wettbewerbs-charakteristik-perspektive	Marktdynamik	Exogene Be-schreibungsgröße	PPF PL P	X X	Verhältnisskaliert

Berechnungsvorschrift

$$Marktdynamik = \frac{EIN_{p,t}}{WET_{p,t}}$$

$EIN_{p,t}$:   Anzahl Markteintritte im Zeitraum t für Produkt p

$WET_{p,t}$:   Anzahl Wettbewerber im Zeitpunkt t für Produkt p

Legende und Quelle(n)

PPF: Produktportfolio; PL: Produktlinie; P: Produkt; Expertengespräch

Tabelle A-46:   Kennzahlen-Tableau: Marktpotenzial

Perspektive	Kennzahl	Kennzahlentyp	Strukturebene		Skalierung
Wettbewerbs-	Marktpotenzial	Exogene Be-	PPF	X	Verhältnisskaliert
charakteristik-		schreibungsgröße	PL	X	
perspektive			P		
Berechnungsvorschrift					

$$Marktpotenzial = \frac{Marktanteil}{Marktvolumen} * 100$$

Legende und Quelle(n)

PPF: Produktportfolio; PL: Produktlinie; P: Produkt; Ossola-Haring (2003), Kennzahlen zur Unternehmensführung, S. 189

Tabelle A-47:   Kennzahlen-Tableau: Marktvolumen

Perspektive	Kennzahl	Kennzahlentyp	Strukturebene		Skalierung
Wettbewerbs-	Marktvolumen	Exogene Be-	PPF	X	Absolutskaliert
charakteristik-		schreibungsgröße	PL	X	
perspektive			P		
Berechnungsvorschrift					

Marktvolumen
= Von allem Marktteilnehmern abgesetzte Menge an Marktleistungen

Legende und Quelle(n)

PPF: Produktportfolio; PL: Produktlinie; P: Produkt; Meffert et al. (2019), Marketing, S. 56

Tabelle A-48:   Kennzahlen-Tableau: Marktwachstum

Perspektive	Kennzahl	Kennzahlentyp	Strukturebene		Skalierung
Wettbewerbs-charakteristik-perspektive	Marktwachstum	Exogene Be-schreibungsgröße	PPF PL P	X X	Verhältnisskaliert

Berechnungsvorschrift

$$Marktwachstum = 100 - \frac{U_t}{U_{t-1}} * 100$$

U_t: Umsatz im Zeitpunkt t

U_{t-1}:   Umsatz im vorherigen Zeitpunkt $t - 1$

Legende und Quelle(n)

PPF: Produktportfolio; PL: Produktlinie; P: Produkt; Probst (2014), Kennzahlen, S. 156

Tabelle A-49:   Kennzahlen-Tableau: Nachfrageschwankung

Perspektive	Kennzahl	Kennzahlentyp	Strukturebene		Skalierung
Wettbewerbs-charakteristik-perspektive	Nachfrage-schwankung	Exogene Be-schreibungsgröße	PPF PL P	X X X	Verhältnisskaliert

Berechnungsvorschrift

$$Nachfrageschwankung = \frac{\sum_{i=0}^{t} \left| \frac{N_t - N_i}{N_t} \right|}{n}$$

N_t: Nachfrage im aktuellen Zeitpunkt t

n: Anzahl der betrachteten Zeiträume

N_i: Nachfrage zum Zeitpunkt i

Legende und Quelle(n)

PPF: Produktportfolio; PL: Produktlinie; P: Produkt; Expertengespräch; Aumayr (2016), Erfolgreiches Produktmanagement, S. 49

Tabelle A-50:   Kennzahlen-Tableau: Relativer Marktanteil

Perspektive	Kennzahl	Kennzahlentyp	Strukturebene		Skalierung
Wettbewerbs-	Relativer Markt-	Endogene Be-	PPF	X	Verhältnisskaliert
charakteristik-	anteil (RM)	schreibungsgröße	PL	X	
perspektive			P		

Berechnungsvorschrift

$$RM = \frac{Eigener\ Marktanteil}{Marktanteil\ Hauptwettbewerber}$$

Legende und Quelle(n)

PPF: Produktportfolio; PL: Produktlinie; P: Produkt; Probst (2014), Kennzahlen, S. 158

Tabelle A-51:   Kennzahlen-Tableau: Umsatz pro Kunde

Perspektive	Kennzahl	Kennzahlentyp	Strukturebene		Skalierung
Wettbewerbs-	Umsatz pro Kunde	Endogene Be-	PPF	X	Verhältnisskaliert
charakteristik-		schreibungsgröße	PL	X	
perspektive			P	X	

Berechnungsvorschrift

$$Umsatz\ pro\ Kunde = \frac{U_t}{AK_t}$$

U_t:	Umsatz im Zeitpunkt t
AK_t:	Anzahl der Kunden zum Zeitpunkt t

Legende und Quelle(n)

PPF: Produktportfolio; PL: Produktlinie; P: Produkt; Probst (2014), Kennzahlen, S. 163

Tabelle A-52:   Kennzahlen-Tableau: Deckungsbeitrags-Altersstruktur (DBA)

Perspektive	Kennzahl	Kennzahlentyp	Strukturebene		Skalierung
Innovationsper-	Deckungsbei-	Endogene Be-	PPF	X	Verhältnisskaliert
spektive	trags-Altersstruk-	schreibungsgröße	PL		
	tur (DBA)		P		

Berechnungsvorschrift

$$DBA_t = \frac{\sum_{\forall p_N \in NP} \sum_{i=0}^{t} DBII_{p_N, t-i}}{\sum_{\forall p \in P} \sum_{i=0}^{t} DBII_{p, t-i}} * 100$$

$DBII_{p_N, t-i}$:	Deckungsbeitrag II eines Neuprodukts p_N im Zeitpunkt t
$DBII_{p, t-i}$:	Deckungsbeitrag II eines Produkts p im Zeitpunkt t
P:	Gesamtzahl der Produkte im Zeitpunkt t
NP:	Gesamtzahl der Neuprodukte im Zeitpunkt t

Legende und Quelle(n)

PPF: Produktportfolio; PL: Produktlinie; P: Produkt; Ossola-Haring (2003), Kennzahlen zur Unternehmensführung, S. 264

Tabelle A-53:   Kennzahlen-Tableau: Innovationsrate

Perspektive	Kennzahl	Kennzahlentyp	Strukturebene		Skalierung
Innovationsper-	Innovationsrate	Endogene Be-	PPF	X	Verhältnisskaliert
spektive		schreibungsgröße	PL	X	
			P	X	

Berechnungsvorschrift

$$Innovationsrate = \frac{\sum_{p_N=1}^{NP} G_{p_N, n}}{\sum_{p=1}^{P} G_{p, n}}$$

$G_{p_N, n}$:	Gewinn mit neuem Produkt p_N im Jahr n
$G_{p, n}$	Gewinn je Produkt p im Jahr n
NP:	Gesamtzahl der neuen Produkte im Jahr n
P:	Gesamtzahl der Produkte im Jahr n

Legende und Quelle(n)

PPF: Produktportfolio; PL: Produktlinie; P: Produkt; Beeck (2010), Balanced Innovation Card, S. 134; AS&P Unternehmensberatung (2017), Key Performance Indicators, S. 47

Tabelle A-54: Kennzahlen-Tableau: Produktaltersvergleich

Perspektive	Kennzahl	Kennzahlentyp	Strukturebene		Skalierung
Innovationsperspektive	Produktalters-vergleich	Endogene Beschreibungsgröße	PPF PL P	X	Verhältnisskaliert

Berechnungsvorschrift

$$Produktaltersvergleich = \frac{AGE_{p/pl}}{\overline{AGE}}$$

$AGE_{p/pl}$:   Alter des Produkts p bzw. der Produktlinie pl
$\overline{AGE}$:   Durchschnittsalter des gesamten Produktportfolios

Legende und Quelle(n)

PPF: Produktportfolio; PL: Produktlinie; P: Produkt; Gladen (2014), Performance Measurement, S. 300

Tabelle A-55: Kennzahlen-Tableau: Return on innovation investment (ROI²)

Perspektive	Kennzahl	Kennzahlentyp	Strukturebene		Skalierung
Innovationsperspektive	Return on innovation investment (ROI²)	Endogene Beschreibungsgröße	PPF PL P	X	Verhältnisskaliert

Berechnungsvorschrift

$$ROI^2 = \frac{G_{NP,t} - K_{INN,t}}{K_{INN,t}}$$

$G_{NP,t}$:   Unternehmensgewinn durch neue Produkte im Zeitpunkt t
$K_{INN,t}$:   Innovationskosten für neue Produkte im Zeitpunkt t

Legende und Quelle(n)

PPF: Produktportfolio; PL: Produktlinie; P: Produkt; Marr (2012), Key Performance Indicators (KPI), S. 222

Tabelle A-56:   Kennzahlen-Tableau: Variantenerstellungsindex (VEI)

Perspektive	Kennzahl	Kennzahlentyp	Strukturebene		Skalierung
Innovationsper-	Variantenerstel-	Endogene Be-	PPF	X	Verhältnisskaliert
spektive	lungsindex (VEI)	schreibungsgröße	PL	X	
			P		

Berechnungsvorschrift

$$VEI = \frac{V_{NP,pl,t}}{t} * \frac{AGE_{pl}}{V_{ges,pl,t}}$$

$V_{NP,pl,t}$:	Anzahl neuer Varianten in der Produktlinie pl zum Zeitpunkt t
t:	Betrachteter Zeitpunkt bzw. -raum t in Jahren
AGE_{pl}:	Alter der Produktlinie pl in Jahren
$V_{ges,pl,t}$:	Anzahl bestehender Varianten in der Produktlinie pl

Legende und Quelle(n)

PPF: Produktportfolio; PL: Produktlinie; P: Produkt; Expertengespräch

Tabelle A-57:   Kennzahlen-Tableau: Anteil Standardteileverwendung

Perspektive	Kennzahl	Kennzahlentyp	Strukturebene		Skalierung
Produktportfolio-	Anteil Standard-	Endogene Be-	PPF	X	Verhältnisskaliert
abhängigkeitsper-	teileverwendung	schreibungsgröße	PL	X	
spektive			P	X	

Berechnungsvorschrift

$$Anteil\ Standardteileverwendung = \frac{ST_p}{BT_p}$$

ST_p:	Anzahl der Standardteile eines Produkts p
BT_p:	Anzahl aller Bauteile eines Produkts p

Legende und Quelle(n)

PPF: Produktportfolio; PL: Produktlinie; P: Produkt; in Anlehnung an Möller et al. (2011), Innovationscontrolling, S. 47

Tabelle A-58:   Kennzahlen-Tableau: Carry Over

Perspektive	Kennzahl	Kennzahltyp	Strukturebene		Skalierung
Produktportfolio- abhängigkeitsper- spektive	Carry Over	Endogene Be- schreibungsgröße	PPF PL P	X X	Verhältnisskaliert

Berechnungsvorschrift

$$Carry\ Over = \frac{CT_{pl}}{BT_{pl}}$$

CT_{pl}:   Anzahl der Bauteile einer Produktlinie pl, die von einer vorheri
                     gen Produktgeneration übernommen wurden
BT_{pl}:   Anzahl aller Bauteile einer Produktlinie pl

Legende und Quelle(n)

PPF: Produktportfolio; PL: Produktlinie; P: Produkt; in Anlehnung an Rennekamp (2013), Methode zur Bewertung des Komplexitätsgrades, S. 127; in Anlehnung an Junge (2005), Controlling modularer Produktfamilien, S. 138; Expertengespräch

Tabelle A-59:   Kennzahlen-Tableau: Commonality Index (CMI)

Perspektive	Kennzahl	Kennzahltyp	Strukturebene		Skalierung
Produktportfolio- abhängigkeitsper- spektive	Commonality In- dex (CMI)	Endogene Be- schreibungsgröße	PPF PL P	X X X	Verhältnisskaliert

Berechnungsvorschrift

$$CMI = \frac{AT_p}{BT_p}$$

AT_p: Anzahl der Alleinteile eines Produkts p
BT_p: Anzahl aller Bauteile eines Produkts p oder einer Baureihe

Legende und Quelle(n)

PPF: Produktportfolio; PL: Produktlinie; P: Produkt; in Anlehnung an Junge (2005), Controlling modularer Produktfamilien, S. 140

Tabelle A-60:   Kennzahlen-Tableau: Anzahl der Produkte in einer Produktlinie

Perspektive	Kennzahl	Kennzahlentyp	Strukturebene		Skalierung
Produktportfo-	Anzahl der Pro-	Endogene Be-	PPF	X	Absolutskaliert
liostrukturper-	dukte in einer	schreibungsgröße	PL	X	
spektive	Produktlinie		P		

Berechnungsvorschrift

$$/$$

Legende und Quelle(n)

PPF: Produktportfolio; PL: Produktlinie; P: Produkt; Trattner et al. (2019), Product complexity and operational performance, S. 74; Meffert et al. (2019), Marketing, S. 398; Bruhn und Hadwich (2006), Produkt- und Servicemanagement, S. 23

Tabelle A-61:   Kennzahlen-Tableau: Anzahl der Produktlinien

Perspektive	Kennzahl	Kennzahlentyp	Strukturebene		Skalierung
Produktportfo-	Anzahl der Pro-	Endogene Be-	PPF	X	Absolutskaliert
liostrukturper-	duktlinien	schreibungsgröße	PL	X	
spektive			P		

Berechnungsvorschrift

$$/$$

Legende und Quelle(n)

PPF: Produktportfolio; PL: Produktlinie; P: Produkt; Trattner et al. (2019), Product complexity and operational performance, S. 74; Gerlach (2016), Leistungsstaffelung in Produktprogrammen, S. 17

Tabelle A-62:   Kennzahlen-Tableau: Deckungsbeitrag II

Perspektive	Kennzahl	Kennzahltyp	Strukturebene		Skalierung
Produktprofitabi-	Deckungsbeitrag	Endogene Be-	PPF	X	Absolutskaliert
litätsperspektive	II (DBII)	schreibungsgröße	PL	X	
			P	X	

Berechnungsvorschrift

$$DBII = DBI - KL_{var} = U_t - KV_{var} - KS_{var} - KL_{var}$$

DBI:	Deckungsbeitrag I
KL_{var}:	Variable Lohnkosten
U_t:	Umsatz im Zeitpunkt t
KV_{var}:	Variable preis- und mengenabhängige Vertriebseinzelkosten
KS_{var}:	Variable Stoffkosten (z. B. Rohstoffe, Verpackungen)

Legende und Quelle(n)

PPF: Produktportfolio; PL: Produktlinie; P: Produkt; Riebel (1986), Einzelkosten- und Deckungsbeitragsrechnung, S. 47

Tabelle A-63:   Kennzahlen-Tableau: Herstellkosten

Perspektive	Kennzahl	Kennzahltyp	Strukturebene		Skalierung
Produktprofitabi-	Herstellkosten	Endogene Be-	PPF	X	Absolutskaliert
litätsperspektive	(HK)	schreibungsgröße	PL	X	
			P	X	

Berechnungsvorschrift

$$HK_p = Summe\ aller\ Kosten\ für\ die\ Herstellung\ eines\ Produkts\ p$$

Legende und Quelle(n)

PPF: Produktportfolio; PL: Produktlinie; P: Produkt; Ehrlenspiel und Meerkamm (2017), Integrierte Produktentwicklung, S. 805

Tabelle A-64:   Kennzahlen-Tableau: Produktproduktivität

Perspektive	Kennzahl	Kennzahlentyp	Strukturebene		Skalierung
Produktprofitabi-	Produktprodukti-	Endogene Be-	PPF	X	Verhältnisskaliert
litätsperspektive	vität	schreibungsgröße	PL	X	
			P	X	

Berechnungsvorschrift

$$Produktproduktivität_p = \frac{U_{p,t}}{K_{ges,p,t}}$$

$U_{p,t}$:   Umsatz pro Produkt p im Zeitpunkt t

$K_{ges,p,t}$:   Gesamtkosten pro Produkt p im Zeitpunkt t

Legende und Quelle(n)

PPF: Produktportfolio; PL: Produktlinie; P: Produkt; Daum (2001), Marketingproduktivität, S. 85

Tabelle A-65:   Kennzahlen-Tableau: Produkt-Umsatzanteil

Perspektive	Kennzahl	Kennzahlentyp	Strukturebene		Skalierung
Produktprofitabi-	Produkt-Umsatz-	Endogene Be-	PPF	X	Verhältnisskaliert
litätsperspektive	anteil	schreibungsgröße	PL	X	
			P	X	

Berechnungsvorschrift

$$Produkt - Umsatzanteil_p = \frac{U_{p,t}}{U_t}$$

$U_{p,t}$:   Umsatz pro Produkt im Zeitpunkt t

U_t: Gesamtumsatz im Zeitpunkt t

Legende und Quelle(n)

PPF: Produktportfolio; PL: Produktlinie; P: Produkt; Expertengespräch

Tabelle A-66:   Kennzahlen-Tableau: Kundenumsatzquote

Perspektive	Kennzahl	Kennzahlentyp	Strukturebene		Skalierung
Ressourcenvertei- lungsperspektive	Kundenumsatz- quote	Endogene Be- schreibungsgröße	PPF PL P	X	Verhältnisskaliert

Berechnungsvorschrift

$$Kundenumsatzquote = \frac{AK_{80,t}}{AK_t}$$

$AK_{80,t}$:   Anzahl der Kunden, mit denen 80 % Umsatz im Zeitpunkt t erzielt wurde

AK_t: Gesamtanzahl der Kunden im Zeitpunkt t

Legende und Quelle(n)

PPF: Produktportfolio; PL: Produktlinie; P: Produkt; Expertengespräch

Tabelle A-67:   Kennzahlen-Tableau: Portfolio-Fitness-Index

Perspektive	Kennzahl	Kennzahlentyp	Strukturebene		Skalierung
Ressourcenvertei- lungsperspektive	Portfolio-Fitness- Index (PFI)	Endogene Be- schreibungsgröße	PPF PL P	X	Verhältnisskaliert

Berechnungsvorschrift

$$PFI = 1 - \frac{V_{ver,t}}{V_{ges,t}}$$

$V_{ver,t}$:   Anzahl verkaufter Produkte im Zeitpunkt t

$V_{ges,t}$:   Gesamtanzahl angebotener Produkte im Zeitpunkt t

Legende und Quelle(n)

PPF: Produktportfolio; PL: Produktlinie; P: Produkt; Expertengespräch; Rennekamp (2013), Methode zur Bewertung des Komplexitätsgrades, S. 120

Tabelle A-68:   Kennzahlen-Tableau: Product-Sales-Balance-Index

Perspektive	Kennzahl	Kennzahlentyp	Strukturebene		Skalierung
Ressourcenvertei- lungsperspektive	Product-Sales-Ba- lance-Index (PSI)	Endogene Be- schreibungsgröße	PPF PL P	X	Verhältnisskaliert

Berechnungsvorschrift

$$PSI = 1 - \frac{1,25 * V_{80,t}}{V_{ver,t}}$$

$V_{80,t}$: Anzahl verkaufter Produktvarianten, die zum Zeitpunkt t 80 % der Erlöse erzielen

$V_{ver,t}$: Anzahl verkaufter Produktvarianten zum Zeitpunkt t

Legende und Quelle(n)

PPF: Produktportfolio; PL: Produktlinie; P: Produkt; Rennekamp (2013), Methode zur Bewertung des Komplexitätsgrades, S. 122

Tabelle A-69:   Kennzahlen-Tableau: Sales-N-Index

Perspektive	Kennzahl	Kennzahlentyp	Strukturebene		Skalierung
Ressourcenvertei- lungsperspektive	Sales-N-Index (SNI)	Endogene Be- schreibungsgröße	PPF PL P	X	Verhältnisskaliert

Berechnungsvorschrift

$$SNI = \frac{V_{s,t}}{V_{ver,t}}$$

$V_{s,t}$: Anzahl der im Zeitpunkt t weniger als n-mal verkauften Produktvarianten

$V_{ver,t}$: Gesamtanzahl verkaufter Produktvarianten im Zeitpunkt t

Legende und Quelle(n)

PPF: Produktportfolio; PL: Produktlinie; P: Produkt; Rennekamp (2013), Methode zur Bewertung des Komplexitätsgrades, S. 123

A.6   Produktportfoliorelevante Unternehmensziele

Tabelle A-70:   Identifikation von produktportfoliorelevanten Unternehmenszielen

Auflistung in alphabetischer Sortierung je Ordnungsrahmenfeld

Bezeichnung	Nachweis(e)	Ordnungsrahmenfeld
Aufbau neuer Geschäftsfelder bzw. Marktsegmente	[1]; [2]; [3]; [4]; [5]	Aufbau von Erfolgspotenzialen
Erwerb, Nutzung und Festigung zukünftig wichtiger Kompetenzen im Unternehmen	[6]; [7]	Aufbau von Erfolgspotenzialen
Expansion in profitablen Marktsegmente	[8]	Aufbau von Erfolgspotenzialen
Steigerung der externen Vielfalt bzw. markseitigen Differenzierung	[6]; [9]	Aufbau von Erfolgspotenzialen
Steigerung der Innovationsfähigkeit des Unternehmens	[5]; [10]; [11]	Aufbau von Erfolgspotenzialen
Steigerung des nachhaltigen Wachstums	[1]	Aufbau von Erfolgspotenzialen
Erzielung von technologischer und wirtschaftlicher Marktführerschaft	[12]	Aufbau von Erfolgspotenzialen

Legende

[1] Wicharz (2018), Strategie: Ausrichtung von Unternehmen, S. 31; [2] Liu et al. (2018), Strategic management of product and brand extensions, S. 147; [3] Eggers (2012), Learning, adapting, and focusing in product portfolio, S. 330; [4] DelVecchio (2000), Moving beyond fit, S. 466ff.; [5] Barroso et al. (2019), Product portfolio performance in new foreign markets, S. 13; [6] Amelingmeyer (2009), Gestaltungsfelder eines integrierten Produktportfoliomanagements, S. 9; [7] Bernat und Karabag (2019), Strategic alignment of technology, S. 297ff.; [8] Friedrich (2004), Strategische Produktprogrammplanung bei variantenreichen Produkten, S. 96; [9] Jiao et al. (2007), Product family design and platform-based product development, S. 5; [10] Wendt (2013), Strategisches Portfoliomanagement in dynamischen Technologiemärkten, S. 205; [11] McNally et al. (2009), Exploring new product portfolio management, S. 139; [12] Geiger (2000), Kennzahlenorientiertes Entwicklungscontrolling, S. 66

Fortsetzung Tabelle A-70

Bezeichnung	Nachweis(e)	Ordnungsrahmenfeld
Steigerung der Aktivität in attraktiven Märkten	[6]; [13]; [14]	Nutzung vorhandener Erfolgspotenziale
Reduzierung der Aktivität in unattraktiven Märkten	[13]	Nutzung vorhandener Erfolgspotenziale
Steigerung der Balance des Risikos in einzelnen Geschäftsfeldern	[10]	Nutzung vorhandener Erfolgspotenziale
Steigerung der Balance zwischen aktuellem und angestrebtem Technologierealisierungsgrad	[6]; [15]	Nutzung vorhandener Erfolgspotenziale
Steigerung Balance zwischen lang- und kurzfristig relevanten Produkten im Produktportfolio	[14]; [15]; [16]	Nutzung vorhandener Erfolgspotenziale
Steigerung der Effizienz für bestehende Marktsegmente	[8]	Nutzung vorhandener Erfolgspotenziale
Steigerung der Ertragskraft/ des Erfolgsbeitrags	[10]; [13]	Nutzung vorhandener Erfolgspotenziale
Reduzierung der internen Vielfalt	[9]	Nutzung vorhandener Erfolgspotenziale
Steigerung der Kundenzufriedenheit	[6]; [13]; [17]; [18]	Nutzung vorhandener Erfolgspotenziale
Steigerung der Marktdominanz in bestehenden Geschäftsfeldern	[2]; [6]; [12]	Nutzung vorhandener Erfolgspotenziale
Steigerung der Produkt-Marktattraktivität	[15]	Nutzung vorhandener Erfolgspotenziale
Steigerung der Produktqualität	[6]; [14]	Nutzung vorhandener Erfolgspotenziale
Steigerung der Transparenz über die Entwicklung des Unternehmens	[13]	Nutzung vorhandener Erfolgspotenziale
Steigerung des Absatzes	[19]	Maximierung der Erfolge

Legende

[13] Wicharz (2018), Strategie: Ausrichtung von Unternehmen, S. 33; [14] Cooper et al. (2001), Portfolio management for new product development: results, S. 364; [15] Tolonen et al. (2015), Product portfolio management, S. 470; [16] Amelingmeyer (2009), Gestaltungsfelder eines integrierten Produktportfoliomanagements, S. 8; [17] Morgan et al. (2005), Understanding Firms' Customer Satisfaction Information, S. 148; [18] Nguyen et al. (2018), Brand portfolio coherence, S. 61; [19] Gerlach (2016), Leistungsstaffelung in Produktprogrammen, S. 30

Fortsetzung Tabelle A-70

Bezeichnung	Nachweis(e)	Ordnungsrahmenfeld
Reduzierung der Produktkosten	[13]; [16]	Maximierung der Erfolge
Steigerung der Profitabilität in bestehenden Marktsegmenten	[8]	Maximierung der Erfolge
Steigerung des Umsatzes	[6]; [9]; [13]; [18]	Maximierung der Erfolge
Steigerung des finanziellen Unternehmenswertes	[1]	Maximierung der Erfolge
Steigerung der Werthaltigkeit von Produkten und Geschäftsfeldern	[10]	Maximierung der Erfolge
Steigerung der effizienten Ressourcennutzung	[10]; [14]; [15]; [18]	Gewährleistung gleichbleibender Erfolge
Reduzierung der Ergebnisvolatilität	[13]; [16]	Gewährleistung gleichbleibender Erfolge

Tabelle A-71: Nutzwertanalyse der endogenen Beschreibungsgrößen für die Operationalisierung des Ziels ‚Aufbau neuer Geschäftsfelder'

Sortierung der endogenen Beschreibungsgrößen analog der Auflistung in Abbildung 5-11

Steuergröße	Genauigkeit	Suffizienz	Interpretierbarkeit	Eignung als Zielgröße
Return on Capital Employed (ROCE)	1	5	3	Nein
Return on Equity (ROE)	1	3	5	Nein
Return on Investment (ROI)	1	5	3	Nein
Umsatzrentabilität	1	3	5	Nein
Verkaufspreis	3	1	5	Nein
Customer retention rate	5	3	5	Ja
Reklamationsquote	1	3	5	Nein
Stammkunden-Umsatzanteil	1	3	5	Nein
Neukundenquote	5	3	5	Ja
Relativer Marktanteil eines Produkts zum Substitutionsprodukt	5	3	5	Ja
Deckungsbeitrag pro Kunde	1	3	5	Nein
Relativer Marktanteil	5	3	5	Ja
Umsatz pro Kunde	3	3	5	Ja
Deckungsbeitrags-Alterstruktur	5	3	3	Ja
Innovationsrate	5	3	5	Ja
Produktaltersvergleich	3	3	3	Nein
Return on innovation investment (ROI^2)	5	5	3	Ja
Variantenerstellungsindex	5	5	5	Ja
Anteil Standardteilverwendung	1	3	5	Nein
Carry Over	1	3	3	Nein
Commonality Index (CMI)	1	5	1	Nein
Anzahl der Produkte in einer Produktlinie	1	1	5	Nein
Anzahl der Produktlinien	1	1	5	Nein

Fortsetzung Tabelle A-71

Steuergröße	Genauigkeit	Suffizienz	Interpretierbar-keit	Eignung als Zielgröße
Deckungsbeitrag II	1	3	5	Nein
Herstellkosten	1	1	5	Nein
Produktproduktivität	1	3	3	Nein
Produkt-Umsatzanteil	3	3	5	Ja
Portfolio-Fitness-Index (PFI)	1	3	3	Nein
Product Sales Balance Index (PSI)	1	5	1	Nein
Sales-N-Index (SNI)	1	3	3	Nein
Kundenumsatzquote	1	3	3	Nein

Tabelle A-72:   Nutzwertanalyse der endogenen Beschreibungsgrößen für die Operationalisierung des Ziels ‚Reduzierung der internen Vielfalt'

Sortierung der endogenen Beschreibungsgrößen analog der Auflistung in Abbildung 5-11

Steuergröße	Genauigkeit	Suffizienz	Interpretierbar-keit	Eignung als Zielgröße
Return on Capital Employed (ROCE)	1	5	3	Nein
Return on Equity (ROE)	1	3	5	Nein
Return on Investment (ROI)	1	5	3	Nein
Umsatzrentabilität	1	3	5	Nein
Verkaufspreis	3	1	5	Nein
Customer retention rate	1	3	5	Nein
Reklamationsquote	1	3	5	Nein
Stammkunden-Umsatzanteil	1	3	5	Nein
Neukundenquote	1	3	5	Nein
Relativer Marktanteil eines Produkts zum Substitutionsprodukt	1	3	5	Nein
Deckungsbeitrag pro Kunde	1	3	5	Nein

Fortsetzung Tabelle A-72

Steuergröße	Genauigkeit	Suffizienz	Interpretierbar-keit	Eignung als Zielgröße
Relativer Marktanteil	1	3	5	Nein
Umsatz pro Kunde	1	3	5	Nein
Deckungsbeitrags-Al-terstruktur	1	3	3	Nein
Innovationsrate	1	3	5	Nein
Produktaltersvergleich	1	3	3	Nein
Return on innovation in-vestment (ROI²)	1	5	3	Nein
Variantenerstellungsindex	1	5	5	Ja
Anteil Standardteilverwen-dung	5	3	5	Ja
Carry Over	5	3	3	Ja
Commonality Index (CMI)	5	5	1	Ja
Anzahl der Produkte in ei-ner Produktlinie	1	1	5	Nein
Anzahl der Produktlinien	1	1	5	Nein
Deckungsbeitrag II	3	3	5	Ja
Herstellkosten	3	1	5	Nein
Produktproduktivität	3	3	3	Nein
Produkt-Umsatzanteil	1	3	5	Nein
Portfolio-Fitness-Index (PFI)	1	3	3	Nein
Product Sales Balance Index (PSI)	3	5	1	Nein
Sales-N-Index (SNI)	1	3	3	Nein
Kundenumsatzquote	1	3	3	Nein

Tabelle A-73:   Nutzwertanalyse der endogenen Beschreibungsgrößen für die Operationalisierung des Ziels ‚Steigerung des finanziellen Unternehmenswertes'

Sortierung der endogenen Beschreibungsgrößen analog der Auflistung in Abbildung 5-11

Steuergröße	Genauigkeit	Suffizienz	Interpretierbarkeit	Eignung als Zielgröße
Return on Capital Employed (ROCE)	5	5	3	Ja
Return on Equity (ROE)	3	3	5	Ja
Return on Investment (ROI)	3	5	3	Ja
Umsatzrentabilität	3	3	5	Ja
Verkaufspreis	1	1	5	Nein
Customer retention rate	1	3	5	Nein
Reklamationsquote	1	3	5	Nein
Stammkunden-Umsatzanteil	1	3	5	Nein
Neukundenquote	1	3	5	Nein
Relativer Marktanteil eines Produkts zum Substitutionsprodukt	3	3	5	Ja
Deckungsbeitrag pro Kunde	3	3	5	Ja
Relativer Marktanteil	3	3	5	Ja
Umsatz pro Kunde	1	3	5	Nein
Deckungsbeitrags-Altersstruktur	1	3	3	Nein
Innovationsrate	1	3	5	Nein
Produktaltersvergleich	1	3	3	Nein
Return on innovation investment (ROI²)	3	5	3	Ja
Variantenerstellungsindex	1	5	5	Ja
Anteil Standardteilverwendung	1	3	5	Nein
Carry Over	1	3	3	Nein

Fortsetzung Tabelle A-73

Steuergröße	Genauigkeit	Suffizienz	Interpretierbar-keit	Eignung als Zielgröße
Commonality Index (CMI)	1	5	1	Nein
Anzahl der Produkte in einer Produktlinie	1	1	5	Nein
Anzahl der Produktlinien	1	1	5	Nein
Deckungsbeitrag II	3	3	5	Ja
Herstellkosten	1	1	5	Nein
Produktproduktivität	1	3	3	Nein
Produkt-Umsatzanteil	1	3	5	Nein
Portfolio-Fitness-Index (PFI)	1	3	3	Nein
Product Sales Balance Index (PSI)	1	5	1	Nein
Sales-N-Index (SNI)	1	3	3	Nein
Kundenumsatzquote	1	3	3	Nein

Tabelle A-74:   Nutzwertanalyse der endogenen Beschreibungsgrößen für die Operationalisierung des Ziels ‚Reduzierung der Ergebnisvolatilität'

Sortierung der endogenen Beschreibungsgrößen analog der Auflistung in Abbildung 5-11

Steuergröße	Genauigkeit	Suffizienz	Interpretierbar-keit	Eignung als Zielgröße
Return on Capital Employed (ROCE)	1	5	3	Nein
Return on Equity (ROE)	1	3	5	Nein
Return on Investment (ROI)	1	5	3	Nein
Umsatzrentabilität	1	3	5	Nein
Verkaufspreis	1	1	5	Nein
Customer retention rate	1	3	5	Nein
Reklamationsquote	1	3	5	Nein
Stammkunden-Umsatzanteil	1	3	5	Nein
Neukundenquote	1	3	5	Nein

Fortsetzung Tabelle A-74

Steuergröße	Genauigkeit	Suffizienz	Interpretierbar-keit	Eignung als Zielgröße
Relativer Marktanteil eines Produkts zum Substitutionsprodukt	1	3	5	Nein
Deckungsbeitrag pro Kunde	1	3	5	Nein
Relativer Marktanteil	1	3	5	Nein
Umsatz pro Kunde	1	3	5	Nein
Deckungsbeitrags-Altersstruktur	3	3	3	Nein
Innovationsrate	3	3	5	Ja
Produktaltersvergleich	5	3	3	Ja
Return on innovation investment (ROI²)	1	5	3	Nein
Variantenerstellungsindex	3	5	3	Ja
Anteil Standardteilverwendung	1	3	5	Nein
Carry Over	1	3	3	Nein
Commonality Index (CMI)	1	5	1	Nein
Anzahl der Produkte in einer Produktlinie	1	1	5	Nein
Anzahl der Produktlinien	1	1	5	Nein
Deckungsbeitrag II	1	3	5	Nein
Herstellkosten	1	1	5	Nein
Produktproduktivität	1	3	3	Nein
Produkt-Umsatzanteil	5	3	5	Ja
Portfolio-Fitness-Index (PFI)	5	3	3	Ja
Product Sales Balance Index (PSI)	3	5	1	Nein
Sales-N-Index (SNI)	3	3	3	Nein
Kundenumsatzquote	1	3	3	Nein

A.7 Anforderungsprofile der Handlungsoptionen

Name der Steuergröße	Einflussnahme der Handlungsoption je Steuergröße $\Delta X_{e,i}^m$							
	$\Delta X_{e,i}^D$	$\Delta X_{e,i}^E$	$\Delta X_{e,i}^V$	$\Delta X_{e,i}^{PLAW}$	$\Delta X_{e,i}^{PLAF}$	$\Delta X_{e,i}^{PM}$	$\Delta X_{e,i}^{PP}$	$\Delta X_{e,i}^{PE}$
Rel. Marktanteil zum Subst.-Produkt	3	-3	0	2	1	1	0	-3
Deckungsbeitrags-Altersstruktur	-2	3	-1	-1	-1	1	2	2
Produktaltersvergleich	-3	-2	-1	-1	-1	0	0	-1
Return on innovation investment	-3	3	-2	-1	-1	0	0	3
Variantenerstellungsindex	3	2	3	1	1	0	0	2
Anteil Standardteileverwendung	-3	2	1	-2	-1	-1	0	0
Commonality Index	-3	3	-2	-2	-2	-1	-1	1
Anzahl Produkte in einer Produktlinie	0	-3	0	2	1	0	0	-2
Anzahl der Produktlinien	3	-3	0	2	1	0	0	-2
Produktproduktivität	-1	3	1	2	1	1	0	2
Product-Sales-Balance-Index	-1	-1	-1	-2	-1	-2	-2	-2
Sales-N-Index	2	0	-2	-1	-1	-3	-2	-3

Legende

D: Diversifikation   E: Elimination von Produktlinien   V: Variation von Produktlinien   PLAW: Produktlinienausweitung

PLAF: Produktlinienauffüllung   PM: Produktmodifikation   PP: Produktpflege   PE: Produktelimination

Abbildung A-1:   Anforderungsprofile aller Handlungsoptionen

A.8 Demonstration der Methodik am Beispiel der Automation AG

Perspektive	Kennzahl	Kennzahlenklasse (Kennzahlentyp)	Strukturebene		Skalierung	Berechnung
Produktportfolio-struktur	ANZAHL PRODUKTFAMILIEN	Endogene Beschreibungsgröße (Steuergröße)	Produktportfolio	x	Absolutskaliert	-
			Produktlinie			
			Produkt			
	ANZAHL PRODUKTSERIEN	Endogene Beschreibungsgröße (Steuergröße)	Produktportfolio		Absolutskaliert	-
			Produktlinie	x		
			Produkt			
Produktportfolio-abhängigkeit	TYPENKOMMUNALITÄT	Endogene Beschreibungsgröße (Steuergröße)	Produktportfolio	x	Verhältnisskaliert	$TK_t = \dfrac{IM}{BT}$ mit: IM: Anzahl individueller Produktmerkmale BT: Anzahl aller Merkmale einer Produktlinie
			Produktlinie	x		
			Produkt			
Wettbewerbs-charakteristik	MARKTVOLUMEN DEUTSCHLAND	Exogene Beschreibungsgröße (Einflussgröße)	Produktportfolio	x	Absolutskaliert	Quelle: Statistisches Bundesamt
			Produktlinie	x		
			Produkt			
	ANZAHL UNTERNEHMEN PRODUZIERENDE INDUSTRIE DTL.	Exogene Beschreibungsgröße (Einflussgröße)	Produktportfolio	x	Absolutskaliert	Quelle: Statistisches Bundesamt
			Produktlinie	x		
			Produkt			
	INFLATIONSRATE	Exogene Beschreibungsgröße (Einflussgröße)	Produktportfolio	x	Absolutskaliert	Quelle: Global Economic Monitor
			Produktlinie	x		
			Produkt			
	EFFEKTIVER ZINSSATZ	Exogene Beschreibungsgröße (Einflussgröße)	Produktportfolio	x	Absolutskaliert	Quelle: Global Economic Monitor
			Produktlinie	x		
			Produkt			
	GLOBALES BIP	Exogene Beschreibungsgröße (Einflussgröße)	Produktportfolio	x	Absolutskaliert	Quelle: Global Economic Monitor
			Produktlinie	x		
			Produkt			

Abbildung A-2: Steuer- und Einflussgrößen der Automation AG

B	Anzahl Produktfamilien				
Kommunalität	-1	-1	SQ	+1	+1
-2	0 %	17 %	33 %	50 %	67 %
-2	8 %	24 %	40 %	57 %	74 %
SQ	18 %	33 %	49 %	65 %	81 %
+2	27 %	43 %	59 %	75 %	90 %
+2	37 %	53 %	68 %	84 %	100 %

T_1	Anzahl Produktserien				
Kommunalität	-1	-1	SQ	+1	+1
-1	57 %	47 %	36 %	25 %	12 %
-1	64 %	53 %	43 %	32 %	19 %
SQ	70 %	60 %	50 %	39 %	26 %
+1	77 %	66 %	56 %	47 %	33 %
+1	83 %	73 %	63 %	54 %	45 %

T_2	Anzahl Produktserien				
Kommunalität	-1	-1	SQ	+1	+1
-2	91 %	76 %	67 %	67 %	67 %
-2	67 %	52 %	47 %	47 %	47 %
SQ	43 %	28 %	32 %	37 %	43 %
+2	28 %	22 %	28 %	34 %	39 %
+2	20 %	19 %	24 %	30 %	36 %

T_3	Anzahl Produktserien				
Kommunalität	-1	-1	SQ	+1	+1
-1	59 %	50 %	47 %	44 %	41%
-1	59 %	50 %	47 %	44 %	41 %
SQ	60 %	50 %	47 %	44 %	41 %
+1	61 %	50 %	4 7%	44 %	41 %
+1	61 %	50 %	47 %	43 %	40 %

Legende
SQ: Status-quo bzw. aktueller Produktportfoliozustand

Abbildung A-3:   Anhand des Konformitätsmaßes bewerteter Steuerungsraum der Automation AG

B	Anzahl Produktfamilien				
Kommunalität	-1	-1	SQ	+1	+1
-2	D	D	D	D	B
-2	D	D	D	D	B
SQ	D	D	D	D	B
+2	D	D	D	D	B
+2	B	B	B	B	B

T_1	Anzahl Produktserien				
Kommunalität	-1	-1	SQ	+1	+1
-1	PM	PM	PM	PM	PM
-1	PM	PM	PM	PM	PM
SQ	PM	E	PM	PM	PM
+1	PM	PM	PM	PM	PM
+1	B	E	E	E	E

T_2	Anzahl Produktserien				
Kommunalität	-1	-1	SQ	+1	+1
-2	B	B	B	B	B
-2	B	E	E	E	E
SQ	B	E	E	E	E
+2	B	E	E	E	E
+2	B	E	E	E	E

T_3	Anzahl Produktserien				
Kommunalität	-1	-1	SQ	+1	+1
-1	B	B	B	B	B
-1	PP	E	E	E	E
SQ	PP	E	E	E	E
+1	PP	E	E	E	E
+1	PP	E	E	PP	E

Legende
SQ: Status-quo bzw. aktueller Produktportfoliozustand

B: Beibehaltung des aktuellen Produktportfoliozustands

D: Diversifikation

E: Elimination von Produktfamilien (für Problem B) bzw. Produktserien (für Probleme T_L)

PM: Modifikation einer Produktserie

PP: Pflege einer Produktserie

Abbildung A-4:   Ergebnisse des Value Iteration Algorithmus der Automation AG

A.9   Demonstration der Methodik am Beispiel der Powertrain GmbH

Perspektive	Kennzahl	Kennzahlenklasse (Kennzahlentyp)	Strukturebene		Skalierung	Berechnung
Produktportfolio-struktur	ANZAHL BAUREIHEN	Endogene Beschreibungsgröße (Steuergröße)	Produktportfolio	x	Absolutskaliert	-
			Produktlinie			
			Produkt			
	ANZAHL BAUGRÖßEN	Endogene Beschreibungsgröße (Steuergröße)	Produktportfolio		Absolutskaliert	-
			Produktlinie	x		
			Produkt			
Produktportfolio-abhängigkeit	TYPENKOMMUNALITÄT	Endogene Beschreibungsgröße (Steuergröße)	Produktportfolio	x	Verhältnisskaliert	$TK = \dfrac{AT}{BT}$ mit: *IM:* Anzahl Alleinteile einer Baugröße *BT:* Anzahl aller Bauteile einer Baugröße
			Produktlinie	x		
			Produkt			
Wettbewerbs-charakteristik	MARKTGRÖßE	Exogene Beschreibungsgröße (Einflussgröße)	Produktportfolio	x	Absolutskaliert	*Quelle: Powertrain GmbH*
			Produktlinie	x		
			Produkt			
	MARKTPOTENZIAL	Exogene Beschreibungsgröße (Einflussgröße)	Produktportfolio	x	Verhältnisskaliert	$Marktpotenzial = \dfrac{Marktanteil}{Marktvolumen} * 100$
			Produktlinie	x		
			Produkt			
	RELATIVER MARKTANTEIL (RM)	Exogene Beschreibungsgröße (Einflussgröße)	Produktportfolio	x	Verhältnisskaliert	$RM = \dfrac{Eigener\ MA}{MA\ Hauptwettbewerber}$ *MA: Marktanteil*
			Produktlinie	x		
			Produkt			
	ANZAHL WETTBEWERBER	Exogene Beschreibungsgröße (Einflussgröße)	Produktportfolio	x	Absolutskaliert	*Quelle: Powertrain GmbH*
			Produktlinie	x		
			Produkt			
	INFLATIONSRATE	Exogene Beschreibungsgröße (Einflussgröße)	Produktportfolio	x	Absolutskaliert	*Quelle: Global Economic Monitor*
			Produktlinie	x		
			Produkt			
	EFFEKTIVER ZINSSATZ	Exogene Beschreibungsgröße (Einflussgröße)	Produktportfolio	x	Absolutskaliert	*Quelle: Global Economic Monitor*
			Produktlinie	x		
			Produkt			
	GLOBALES BIP	Exogene Beschreibungsgröße (Einflussgröße)	Produktportfolio	x	Absolutskaliert	*Quelle: Global Economic Monitor*
			Produktlinie	x		
			Produkt			
Ressourcen-verteilung	F&E-RESSOURCEN	Exogene Beschreibungsgröße (Einflussgröße)	Produktportfolio	x	Absolutskaliert	*Quelle: Powertrain GmbH*
			Produktlinie	x		
			Produkt			

Abbildung A-5:   Steuer- und Einflussgrößen der Powertrain GmbH

Tabelle A-75:   Ergebnisse der Datenvorbereitung der Powertrain GmbH

	Analyseproblem				
	Gesamt-portfolio (B)	Baureihe I (T_1)	Baureihe II (T_2)	Baureihe III (T_3)	Baureihe IV (T_4)
Anzahl Datenpunkte N pro Kennzahl	89	89	89	89	89
Anteil fehlender Datenpunkte [%]	1,5	8,7	7,6	2,0	13,9
Anteil Ausreißer [%]	2,8	1,0	2,5	2,0	1,6

B — Anzahl Baureihen

Kommunalität	-4	-4	SQ	+4	+4
-5	21 %	23 %	34 %	52 %	76 %
-5	20 %	21 %	29 %	46 %	70 %
SQ	19 %	19 %	24 %	41 %	65 %
+5	19 %	18 %	24 %	37 %	62 %
+5	19 %	18 %	24 %	36 %	58 %

T_1 — Anzahl Baugrößen

Kommunalität	-5	-5	SQ	+5	+5
SQ	0 %	2 %	12 %	24 %	35 %
+1	13 %	22 %	32 %	42 %	52 %
+1	29 %	39 %	49 %	60 %	70 %
+1	45 %	56 %	66 %	77 %	86 %
+1	58 %	70 %	81 %	91 %	100 %

T_2 — Anzahl Baugrößen

Kommunalität	-400	-400	SQ	+400	+400
-1	25 %	26 %	28 %	29 %	30 %
-1	29 %	30 %	30 %	31 %	33 %
SQ	34 %	35 %	35 %	36 %	36 %
+1	33 %	36 %	38 %	40 %	46 %
+1	61 %	62 %	64 %	64 %	65 %

T_3 — Anzahl Baugrößen

Kommunalität	-400	-400	SQ	+400	+400
-1	16 %	28 %	37 %	47 %	56 %
-1	11 %	21 %	31 %	42 %	52 %
SQ	8 %	19 %	30 %	43 %	54 %
+1	18 %	29 %	39 %	53 %	66 %
+1	26 %	40 %	54 %	69 %	83 %

T_4 — Anzahl Baugrößen

Kommunalität	-1	-1	SQ	+1	+1
-1	8 %	15 %	22 %	30 %	33 %
SQ	12 %	22 %	33 %	43 %	49 %
+1	19 %	30 %	43 %	56 %	60 %
+1	28 %	39 %	53 %	67 %	71 %
+1	40 %	52 %	66 %	79 %	85 %

Legende
SQ: Status-quo bzw. aktueller Produktportfoliozustand

Abbildung A-6:   Anhand des Konformitätsmaßes bewerteter Steuerungsraum der Powertrain GmbH

B — Anzahl Baureihen (Kommunalität)

B	-4	-4	SQ	+4	+4
-5	B	D	D	D	B
-5	B	B	D	D	B
SQ	B	B	D	D	B
+5	B	B	D	D	B
+5	B	B	B	V''	B

T₁ — Anzahl Baugrößen (Kommunalität)

T_1	-5	-5	SQ	+5	+5
SQ	PLAF	PLAF	PLAF	PLAF	V'
+1	PLAF	PLAF	PLAF	PLAF	V'
+1	PLAF	PLAF	PLAF	PLAF	V'
+1	PLAF	PLAF	PLAF	PLAF	V'
+1	B	B	B	B	B

T₂ — Anzahl Baugrößen (Kommunalität)

T_2	-400	-400	SQ	+400	+400
-1	V'	V'	V'	V'	V'
-1	V'	V'	V'	V'	V'
SQ	V'	V'	V'	V'	V'
+1	V'	V'	V'	V'	V'
+1	B	B	B	B	B

T₃ — Anzahl Baugrößen (Kommunalität)

T_3	-400	-400	SQ	+400	+400
-1	PLAF	PLAF	PLAF	PLAF	B
-1	PLAF	PLAF	PLAF	PLAF	V'
SQ	PLAF	PLAF	PLAF	PLAF	V'
+1	PLAF	PLAF	PLAF	PLAF	V'
+1	B	B	B	B	B

T₄ — Anzahl Baugrößen (Kommunalität)

T_4	-1	-1	SQ	+1	+1
-1	PLAF	PLAF	PLAF	PLAF	V'
SQ	PLAF	PLAF	PLAF	V'	V'
+1	PLAF	PLAF	PLAF	V'	V'
+1	PLAF	PLAF	PLAF	PLAF	V'
+1	B	B	B	B	B

Legende

SQ: Status-quo bzw. aktueller Produktportfoliozustand PLAF: Auffüllen einer Baureihe
B: Beibehaltung des aktuellen Produktportfoliozustands V': Neugestaltung einer Baureihe bzw. Baugröße
D: Diversifikation V'': Rationalisierung einer Baureihe bzw. Baugröße

Abbildung A-7:   Ergebnisse des Value Iteration Algorithmus der Powertrain GmbH

Lebenslauf

Persönliche Angaben

Name	Merle-Hendrikje Jank

Ausbildung

2001-2010	Ernst-Haeckel Gymnasium, Werder (Havel)
2010-2014	Bachelorstudium Wirtschaftsingenieurwesen mit technischer Fachrichtung Maschinenbau, Technische Universität Darmstadt
2012-2013	Studienaufenthalt im Rahmen des Bachelorstudiums, KTH Royal Institute of Technology, Stockholm, Schweden
2014-2016	Masterstudium Wirtschaftsingenieurwesen, Karlsruhe Institute of Technology
2016	Forschungsaufenthalt im Rahmen der Masterarbeit, McMaster University, Hamilton, Ontario, Kanada

Berufliche Erfahrung

2010	Praktikum, Siemens AG, Regensburg
2013-2014	Praktikum, Airbus Group, Hamburg
2014-2015	Studentische Mitarbeiterin, wbk Institut für Produktionstechnik, Karlsruhe Institute of Technology
2016-2017	Wissenschaftliche Mitarbeiterin am Department for Aeronautical and Vehicle Engineering, KTH Royal Institute of Technology, Stockholm, Schweden
Seit 2017	Wissenschaftliche Mitarbeiterin am Lehrstuhl für Produktionssystematik, Werkzeugmaschinenlabor WZL der RWTH Aachen University

In der Reihe **Ergebnisse aus der Produktionstechnik** zuletzt erschienen:

Grunwald, Tim
Modellierung des Werkzeugverschleißes bei der Quarzglasumformung
ISBN 978-3-86359-976-8
Erscheinungsdatum: 17.06.2021

Mazak, Julia
Method for Optimizing the Tool and Process Design for Bevel Gear Plunging Processes
ISBN 978-3-86359-973-7
Erscheinungsdatum: 17.06.2021

Koch, Jan
Methodik zur Verbesserung der Transparenz und Steuerbarkeit der Produktkomplexität
ISBN 978-3-86359-972-0
Erscheinungsdatum: 10.06.2021

Wissing, Tobias
Kognitive Kooperation in der Produktionssteuerung
ISBN 978-3-86359-968-3
Erscheinungsdatum: 07.05.2021

Feng, Juejing
Disziplinübergreifendes Framework zur Unterstützung des technischen Service an Produktionssystemen
ISBN 978-3-86359-965-2
Erscheinungsdatum: 20.04.2021

Ellerich, Max
Potenziale von Machine Learning Modellen zur Prognose von Lastgängen bei Fertigungsprozessen
ISBN 978-3-86359-939-3
Erscheinungsdatum: 16.04.2021

Rüßmann, Maximilian
Leistungsmessung des Fehlermanagementprozesses
ISBN 978-3-86359-952-2
Erscheinungsdatum: 08.04.2021

Jank, Merle-Hendrikje
Produktportfoliosteuerung mittels präskriptiver Datenanalyseverfahren
ISBN 978-3-86359-957-7
Erscheinungsdatum: 01.04.2021

Bredemann, Judith
Bewertung der patienteninduzierten Unsicherheit medizinischer Computertomografiemessungen zur Abschätzung des Verletzungsrisikos
ISBN 978-3-86359-945-4
Erscheinungsdatum: 25.03.2021

Mohammadnejad, Menoush
Phase Field Simulation of Microstructure Evolutions in the Heat Affected Zone of a Spark-Eroded Workpiece
ISBN: 978-3-86359-946-1
Erscheinungsdatum: 11.03.2021

Stracke, Felix:
Gestaltungsmodell für den vernetzten und synchronisierten Serienanlauf von Werkzeugen
ISBN: 978-3-86359-941-6
Erscheinungsdatum: 11.03.2021

Storms, Thomas:
Laserunterstütztes Kragenziehen
ISBN: 978-3-86359-924-9
Erscheinungsdatum: 04.03.2021

Edition Wissenschaft
Apprimus

Rüngeler, Markus
Analyse der Übertragbarkeit des Schrägverzahnungspulsens auf den Laufversuch
ISBN: 978-3-86359-935-5
Erscheinungsdatum: 04.03.2021

Ngo, Hao
Gestaltungsmodell für qualitätsorientierte Produktionsanläufe
ISBN: 978-3-86359-932-4
Erscheinungsdatum: 19.02.2021

Tönnes, Christian:
Datenbasierte Informationsmodelle zur explorativen Analyse von Anlagenkonfigurationen
ISBN: 978-3-86359-929-4
Erscheinungsdatum: 11.02.2021

Peng, Bingxiao:
Multiscale Modeling of Thermomechanical Loads in the Broaching of Direct Aged Inconel 718
ISBN: 978-3-86359-925-6
Erscheinungsdatum: 18.01.2021

Kühn, Felix:
Auslegung der Makro- und Mikrogeometrie von Wälzfräserschneiden
ISBN: 978-3-86359-920-1
Erscheinungsdatum: 21.12.2020

Lienenlüke, Lars:
Modellbasierte planungsintegrierte und steuerungstechnische Störgrößenkompensation bei robotergestützten Bearbeitungsprozessen
ISBN: 978-3-86359-923-2
Erscheinungsdatum: 16.12.2020

Kostyszyn, Kevin:
Statistical Testing for Sufficient Control Chart Performances Based on Short Runs and Small Mixed Batches
ISBN: 978-3-86359-944-7
Erscheinungsdatum: 04.03.2021

Hüttemann, Guido:
Model-based A Priori Analysis of Lineless Mobile Assembly Systems
ISBN: 978-3-86359-943-0
Erscheinungsdatum: 19.02.2021

Brimmers, Jens:
Funktionsorientierte Auslegung topologischer Zahnflankenmodifikationen für Beveloidverzahnungen
ISBN: 978-3-86359-927-0
Erscheinungsdatum: 18.01.2021

Bastuck, Thomas:
Skalierbarkeit von Rolle-zu-Rolle-UV-Nano-Imprint-Prozessen
ISBN: 978-3-86359-917-1
Erscheinungsdatum: 21.12.2020

Busam, Thomas:
Kontinuierliche Verbesserung mittels Prescriptive Analytics
ISBN: 978-3-86359-921-8
Erscheinungsdatum: 16.12.2020

Peters, Tido:
Untersuchungen zum diodenlaserbasierten in-situ Tapelegen als Produktionstechnologie für einen großserienfähigen hybriden Leichtbau
ISBN: 978-3-86359-913-3
Erscheinungsdatum: 23.11.2020

Edition Wissenschaft
Apprimus